## 内容简介

本书旨在向读者提供一个全球视野下财务报告及其相关准则、实务的比较与分析框架。全书共分为五部分：第一部分介绍了本书的背景，包括产生财务报告差异的原因、财务报告的分类、国际协调等。第二部分重点分析了上市公司财务报告的环境、国际财务报告准则的背景和美国的财务报告等。第三部分考察了中国和日本的财务报告。第四部分涵盖了仍由各国监管和规范的财务报告，这些财务报告的部分内容与国际财务报告准则、美国公认会计原则差别很大。第五部分着眼于财务报告准则的实施。

本书适合会计学专业本科生、研究生、MBA、MPAcc以及相关专业的教师、研究人员学习使用。本书英文版《国际会计（英文版·第14版）》已出版（ISBN：978-7-300-29219-9），方便读者中英对照学习。

## 作者简介

**克里斯托弗·诺布斯（Christopher Nobes）** 伦敦大学皇家霍洛威学院和悉尼大学会计学教授。2002年被美国会计学会评为"杰出国际会计教育家"，2015年获英国会计与金融学会"杰出学术奖"。1993—2015年担任欧洲审计专家联合会会计委员会副主席。

**罗伯特·帕克（Robert Parker）** 英国埃克塞特大学会计学教授。1997年被英国会计学会评为"年度杰出学者"，2003年被美国会计学会评为"杰出国际会计教育家"。

## 译者简介

**毛新述** 北京工商大学商学院教授、博士生导师。入选教育部青年长江学者。兼任财政部第一、二届企业会计准则咨询委员会咨询委员、财政部国际财务报告准则中文翻译审核专家组成员，中国会计学会常务理事、金融会计专业委员会副主任委员。在Management Science、《经济研究》等权威刊物发表论文40余篇。主持多个国家社会科学基金重大项目、国家自然科学基金面上项目，获省部级奖励多项。

**何玉润** 北京工商大学商学院院长、教授、博士生导师。全国会计领军人才。兼任中国会计学会金融会计专业委员会委员。在《管理世界》等刊物发表论文40余篇。主持或参与国家社会科学基金、国家自然科学基金以及教育部人文社科基金等的重大项目或面上项目6项。

**刘青青** 北京工商大学商学院副教授。在《南开管理评论》、Review of Quantitative Finance and Accounting等国内外期刊发表多篇论文，主持国家自然科学基金项目1项，参与国家级及省部级课题研究多项。

工商管理经典译丛·会计与财务系列

Business Administration Classics

# 国际会计

## Comparative International Accounting
### （Fourteenth Edition）

［英］克里斯托弗·诺布斯（Christopher Nobes）
罗伯特·帕克（Robert Parker）　著　　毛新述　何玉润　刘青青　译

第14版

中国人民大学出版社
·北京·

2019 年习近平总书记在亚洲文明对话大会上提到"坚持美人之美、美美与共",旨在呼吁各个民族、各个国家的优秀文化互相包容、互相学习。《国语·郑语》中亦阐述了"和实生物,同则不继",意即万事万物在和谐与共中求得差异化发展,方可激发出持久的生命力。作为各国经济活动中重要组成部分的会计行业亦是如此。

会计活动古已有之,且在世界各国资本市场高速发展的今天更是发挥着举足轻重的作用。随着经济全球化趋势的不断加强,国际商贸往来对会计活动的国际协调提出了迫切的需求。而在国际会计准则、美国公认会计原则等规范的影响下,各国会计的规范近年来日益呈现出趋同的态势。

然而,由于存在历史、文化等多维因素的影响,各国的会计活动之间仍存在诸多差异。因此,比较各国会计差异的历史与现状、剖析差异产生的原因和影响因素、研究协调差异的途径十分必要。尽管学者在会计规范与实务的国际比较领域已经取得了较为丰硕的成果,但大多数相关研究主要针对某些特定准则在有限范围国家之间的对比与分析,能够综合宏观与微观视角、覆盖世界主要经济区域、集合众多最新研究成果、阐述各国会计制度的渊源与近况的学术成果尚不多见。

同时,我国的会计制度与实务处于不断的发展变化之中,且面临着诸多新的挑战。会计制度的修订与完善需要新思想、新智慧的碰撞与启迪,"一带一路"的不断推进对我国会计准则制定者、实务工作者和学者加快理解共建国家的会计制度提出了新的需求。

基于上述背景,我们引入克里斯托弗·诺布斯(Christopher Nobes)教授与罗伯特·帕克(Robert Parker)教授撰写的《国际会计》(第 14 版),希望能在系统而严谨的学术框架之下为读者呈现全球化视角下会计规范与实务的百家争鸣之态,开拓思想、启迪智慧,以期借他山之石,琢本土之玉。

我们在保留原著整体框架的基础上,出于突出重点、精简篇幅的考虑,对原书的内容做了部分调整。具体包括:(1)章后的参考文献和网站链接改用二维码形式呈现;(2)删除了部分延伸阅读的内容；（3）删除了部分附录（包括章节附录 12.1、15.1、15.2、16.1～16.3 及书后附录 A）；（4）删除了原书中的第 17 章（外币换算）、第 18 章（分部财务报告）、第 19 章（国际审计）三章内容。

　　本书适合会计工作者、学者、相关专业的学生以及其他对国际会计感兴趣的读者阅读及参考。囿于译者视野和水平的局限性，难免存在疏漏，希望广大读者不吝指正。

## 目的

本书旨在探究国际财务会计的整合和协调，主要适用于本科生和研究生教育中涉及国际财务报告比较的相关课程。要正确理解国际财务会计，首先需要一个宽泛性的概述（见第一部分），但也必须基于真实的国家和公司信息（见第二到第四部分），以及对主要话题的全面比较（见第五部分）。

本书于 1981 年首次出版。本版是第 14 版。本书是由克里斯托弗·诺布斯（Christopher Nobes）和罗伯特·帕克（Robert Parker）共同编写的。然而，帕克在 2016 年第 13 版出版后不久就去世了。本版面世的目的之一是纪念他。帕克生前发表的最后一篇论文是对本书前 13 个版本的一个综述（因此也是对国际会计发展的综述），详见《会计史》（*Accounting History*）第 21 卷（第 4 期）。

第 14 版对第 13 版进行了全面更新。例如，自第 13 版以来，国际会计准则理事会于 2018 年发布了修订后的概念框架；许多日本公司自愿采用国际财务报告准则；国际会计准则理事会和美国发布了关于租赁会计的新准则（因此产生了新的国际差异）；此外，学者们还发表了大量相关的学术论文。

除了大范围的更新，本书还做了以下修改或完善：

● 增加了对公共部门财务报告的国际差异的讨论（见第 4 章）；

● 完全重新安排了关于国际财务报告准则内容的材料（将之前第 6、9、16 章的材料重新编排并集中于新版本的第 6、7、8 章）。

## 作者

在编写本书的过程中，我和帕克试图从那些对当地情况非常了解的专家那里获得经验。例如，最初关于北美的章节是与一位曾担任美国财务会计准则委员会助理研究员的英国人合著的，他关于美国会计的知识因此可以被非美国读者了解。关于美国章节的修订版是由本书的作者帕克编写的，他曾在几所美国大学任教。这是强调差异和避免因过于熟悉而错过要点的最可能的方法。关于政治游说的部分是由斯蒂芬·泽夫（Stephen Zeff）撰写的，他是一位美国人，对国际会计的历史和发展有全面的了解。

两位主要作者在九个国家工作过。克里斯托弗·诺布斯目前在澳大利亚和英国的大学任职。

## 结构

本书第一部分奠定了国际财务报告的研究基础。在导论中以及对国际差异的主要原因进行探讨时（见第2章）考虑了许多国家。随后尝试对财务报告进行分类（见第3章），从而进一步讨论财务报告国际协调的目的及进程（见第4章）。

第一部分的所有内容是为阅读本书其他部分所做的准备。然而，只有对本书其余部分的内容了如指掌，才能完全理解第一部分的内容，因此读者应该在读完本书之后重新回到第一部分，并将此部分作为对全文的总结。

第二部分考察了上市公司的财务报告。世界上许多国家在编制财务报告时会采用国际会计准则理事会或美国的会计准则，至少在编制合并报表时如此。第二部分中有三章关于国际财务报告准则主要要求的内容以国际比较的方式进行编写。在此基础上，第9章研究了为何存在不同国家版本的国际财务报告准则。随后，第10章将美国公认会计原则与国际财务报告准则进行了比较，第11章则讨论了关于会计准则的政治游说。

第三部分涉及中国和日本的财务报告。它们有许多共同之处，包括均以罗马的商业法律体系为基础，以及对上市公司合并报表的要求不同于其他类型报告。尽管国际财务报告准则或美国公认会计原则的影响很大，但中国和日本并没有直接使用。因此，将这两个国家与使用国际财务报告准则或美国公认会计原则的国家分开讨论（见第12章）更为合理。

第四部分聚焦于另外一些国家，它们对非上市公司或非合并财务报表有其单独的会计准则。第13章研究了与单个公司财务报告环境相关的一些问题，例如会计与税务之间的关系，此外还探讨了中小企业对国际财务报告准则的使用。第14~16章探讨欧洲的财务报告，因为那里有世界上仅次于美国、中国和日本的最大经济体。其中，第14章研究了欧盟的协调化问题，第15章和第16章介绍了法国、德国和英国的单个公司财务报告准则的制定，以及这些准则的内容和实施情况。

第五部分（第17章）探讨了财务报告准则的实施。

对于本版，斯蒂芬·泽夫就书稿的大部分内容提供了许多有用的建议。尽管大家对此书付出了诸多努力，但难免仍有疏漏，我对书中可能出现的错误或不当之处负全部责任。

克里斯托弗·诺布斯

伦敦大学皇家霍洛威学院和悉尼大学

Contents | **目 录**

## 第一部分　确定背景

# 第二部分 上市公司使用国际财务报告准则或美国公认会计原则进行财务报告

## 第三部分　中国和日本的财务报告

## 第四部分　单个公司的财务报告

# 第五部分　实　施

# 第一部分

# 确定背景

第 **1** 章

导　论

**学习目标**

学完本章后，你应该能够：

● 解释澳大利亚、巴西、加拿大、俄罗斯、韩国、欧盟成员国以及其他很多国家在采用国际财务报告准则（IFRS）的情况下，财务报告依然存在国际差异的原因；

● 解释会计如何受到世界政治、国际贸易和对外直接投资的增长、股票市场全球化、股权持有模式差异以及国际货币体系的影响；

● 从历史的、比较的和协调的角度来解释学习国际会计的理由。

## 1.1　财务报告的差异

当来自不同国家甚至是来自同一国家的会计师，根据相同的交易事项编制财务报告时，他们提供的报告也许并不完全相同，导致这种结果的原因有很多。首先，不同国家之间甚至一个国家内部的会计准则都不尽相同，尤其是公司合并报表准则与单个公司报表准则。跨国经营的公司在多个国家经营，各国在会计准则上存在的差异给它们带来了无数的麻烦。然而，尽管所有会计师都需要遵循某套会计准则来编制财务报告，却并没有哪一套准则能够覆盖所有可能发生的事项，并对每个细节进行描述和说明。因此，这其中总存在会计师职业判断的空间，这在一定程度上取决于会计师所处的会计环境（例如，税务机关是否被视为财务报告的主要使用者）。

在本书中，"会计"（accounting）是指对外公布的财务报告。由于认识到财务报告之间存在的差异，国际会计准则理事会（International Accounting Standards Board，IASB）和欧盟（EU）都在尽力减少这种差异。国际会计准则理事会发布了国际财务报告准则（IFRS），欧盟也发布了相关指令和法规。美国股票市场以及总部位于美国的跨国公司在世界经济中的重要地位意味着美国公认会计原则（Generally Accepted Accounting Principles，GAAP）对世界各地会计准则的制定都产生了重大影响。这无疑减少了各国会计准则的差异，然而，正如本书将要讲述的，许多差异依旧存在。

我们可以以一家英国制药公司葛兰素史克（GlaxoSmithKline，GSK）的财务报告为例来说明这些会计差异。2004年之前，葛兰素史克公司采用的会计准则是英国公认会计原则（UK GAAP），从2005年开始采用国际财务报告准则。该公司同时在纽约和伦敦证券交易所上市。根据美国证券交易委员会（Securities and Exchange Commission，SEC）的要求，公司必须将截止到2006年已公布财务报告中的利润和所有者权益的数据调整为根据美国公认会计原则编制的数据，见表1-1和表1-2。

**表1-1　葛兰素史克公司按照美国公认会计原则调整的净利润**　　　　单位：百万英镑

| 年份 | 英国公认会计原则 | 国际财务报告准则 | 美国公认会计原则 | 差异（%） |
|---|---|---|---|---|
| 1995 | 717 | | 296 | —59 |
| 1996 | 1 997 | | 979 | —51 |
| 1997 | 1 850 | | 952 | —49 |
| 1998 | 1 836 | | 1 010 | —45 |
| 1999 | 1 811 | | 913 | —50 |
| 2000 | 4 106 | | (5 228) | —227 |
| 2001 | 3 053 | | (143) | —105 |
| 2002 | 3 915 | | 503 | —87 |
| 2003 | 4 484 | | 2 420 | —46 |
| 2004 | 4 302 | | 2 732 | —36 |
| 2005 | | 4 816 | 3 336 | —31 |
| 2006 | | 5 498 | 4 465 | —19 |

**表1-2　葛兰素史克公司按照美国公认会计原则调整的所有者权益**　　　　单位：百万英镑

| 年份 | 英国公认会计原则 | 国际财务报告准则 | 美国公认会计原则 | 差异（%） |
|---|---|---|---|---|
| 1995 | 91 | | 8 168 | +8 876 |
| 1996 | 1 225 | | 8 153 | 566 |
| 1997 | 1 843 | | 7 882 | 328 |
| 1998 | 2 702 | | 8 007 | 196 |
| 1999 | 3 142 | | 7 230 | 130 |
| 2000 | 7 517 | | 44 995 | 499 |
| 2001 | 7 390 | | 40 107 | 443 |
| 2002 | 6 581 | | 34 992 | 432 |

续表

| 年份 | 英国公认会计原则 | 国际财务报告准则 | 美国公认会计原则 | 差异（%） |
|---|---|---|---|---|
| 2003 | 5 059 | | 34 116 | 574 |
| 2004 | 5 925 | | 34 042 | 475 |
| 2005 | | 7 570 | 34 282 | 353 |
| 2006 | | 9 648 | 34 653 | 259 |

从每张表最右一列可以看出（以百分比计算），差异是巨大的。而造成这些差异的最大原因则是对商誉的处理（详见第 8 章）。

遗憾的是，由于美国证券交易委员会自 2007 年起认可外国公司提供的按照国际财务报告准则披露的财务报告，我们无法再获得有关会计差异的有用信息。然而，本书后面将提供其他调整报表的数据（特别是当公司采取的会计准则从某个国家的准则改为国际财务报告准则时）。很明显，使用不同会计准则造成的会计差异巨大。简单易行的调整方法不足以消除这种差异。部分原因在于会计数据的差异不能简单地归因于几套准则之间的差异，还应归因于按照这些准则编制报表的公司对会计政策的选择。许多上市公司开始采用国际财务报告准则，而且国际财务报告准则与美国公认会计原则日益协调，这些努力减少了会计差异，但并没有消除这些差异。

到目前为止，本书所阐述的都是营利性质的公司公布的财务报告，这实际上也是本书设定的背景。此外，公共部门（如政府或大学）也要为外部使用者编制财务报告。这种类型的报告在国际上也有所不同，这部分内容我们将在第 4 章的最后进行讨论。

比较国际会计的一个主题是试图理解为什么财务报告过去存在差异，为什么这些差异到现在仍然存在，以及为什么差异在将来不会完全消失。在 1.2 节和 1.3 节，我们将着眼于财务报告的全球环境，特别是跨国公司的性质和发展。随后，我们将详细地论述学习国际会计的原因。在 1.4 节，我们将介绍本书的结构。

## 1.2 会计的全球化环境

### 1.2.1 概述

会计是一种技术手段，它适用于不同的国际或国内政治、经济和社会环境。事实上，自 20 世纪的最后 25 年以来，会计准则和会计实务的全球化变得不可阻挡，基于狭隘的国内会计准则编制的财务报告难以为继。

其中尤为重要的全球化环境因素包括以下几个方面：

- 主要的政治事件，例如美国在国际社会中的主导地位以及欧盟的扩张等。
- 经济全球化，包括国际贸易和对外直接投资（foreign direct investment，FDI）的自由化和迅猛增长。
- 全球金融市场的出现。
- 股权模式，包括私有化的影响。

● 国际货币体系的变化。

这些相互联系的环境因素都对财务报告产生了影响，并且促使会计技术在国家之间传播。下面我们将对上述几个方面逐个进行分析。

### 1.2.2　会计与世界政治

自 1945 年第二次世界大战结束以来，重要的政治事件包括：美国和苏联成为两个超级大国，随后苏联在 20 世纪 90 年代初解体；英国和欧洲大陆国家的海外殖民王国瓦解；欧盟建立并扩张（其从最初的六个核心国家扩展到西欧的大部分国家）。这些政治事件对会计的影响将在后面的章节详细阐述。这里我们只进行简要的分析：

● 几十年来，美国在会计和财务报告方面使用的方法一直是全球最具影响力的。2001 年，美国的能源贸易企业安然公司倒闭，并累及其会计师事务所安达信，这一事件对世界主要经济体的会计体系都产生了影响。

● 国际会计准则的发展主要归功于前英联邦国家的会计师（最初与美国会计师的关联很少）。国际会计准则委员会（International Accounting Standards Committee，IASC）及其改组后的继任者国际会计准则理事会（IASB）的总部都设在伦敦，而倡导建立国际会计准则委员会的本森爵士（Lord Benson）是一位出生于南非的英国会计师。

● 发展中国家的会计仍然深受前殖民国家的影响。前英联邦国家通常有注册会计师协会（在独立以后成立）、《公司法》和民间准则制定机构。前法国殖民地一般有详细的政府训令，从复式记账到财务报告编制等所有的事务都在《会计总方案》和《商法》中进行了规定。

● 欧洲会计受到了欧盟协调计划的深远影响，特别是其中与会计相关的欧盟指令，以及对上市公司合并财务报表采用国际财务报告准则编制的规定。

● 中欧和东欧社会主义国家的解体导致许多前社会主义国家的会计和审计开始转轨。德国的统一给德国经济带来了巨大压力，导致许多大型德国公司需要筹集外资，并且不得不修改财务报告。

### 1.2.3　经济全球化、国际贸易和对外直接投资

第二次世界大战以来全球经济的一个显著特征是经济活动的日益全球化。这意味着除产品和服务之外，人口、技术和理念同样会在世界范围内传播。同时，职业会计师的人数剧增。国际会计师联合会（International Federation of Accountants，IFAC）目前已有超过 200 万成员。这些国家的会计师们不得不去接触陌生的会计准则、实务或理念。

关于全球化的相关论著颇丰，论点各有差异甚至意见相左。其中《外交政策》（Foreign Policy）杂志每年都会披露全球化指数，这是一种引人注目的做法。它试图通过对各国的全球化程度进行排名来量化全球化这一概念。该指数的内容包括：政治参与度（通过参加国际组织的数量等来衡量）、科技联通性（通过互联网使用情况来衡量）、个人联系度（通过交通、旅游及电话线路繁忙程度等来衡量）以及经济一体化（主要通过国际贸易和对外直接投资来衡量）。该指数的编制者说，并非所有方面都可以量化，例如指数中并不包括文化交流。各国的排名每年都有所不同，但

根据该指数，全球化程度最高的国家都是规模比较小的经济体，如新加坡、瑞士和爱尔兰。不过，规模小并不是全球化程度高的国家的唯一特征，前 20 名也包括美国、英国和德国。该排名可能会引申出的一个推论是，全球化的衡量标准受到国界线的影响，假如把欧盟看作一个国家，或者把美国的各州都视为独立的国家，那么这个排名会有什么不同呢？

从财务报告的角度来看，全球化最重要的两个方面是国际贸易和对外直接投资（即持有外国企业的权益以获得控制权或重大影响权）。表 1-3 解释了衡量国际贸易自由化及其增长的指标，即部分国家商品出口额占国内生产总值（gross domestic product，GDP）的比重。在世界范围内，这一比重在第二次世界大战结束后的 50 年里增加了两倍多。全球贸易对欧盟成员国的重要性尤为明显，其中大部分是欧盟内部的贸易。在区域层面，欧盟和北美自由贸易区（North American Free Trade Area，NAFTA，包括美国、加拿大和墨西哥）等经济体都支持经济一体化和自由贸易。关税及贸易总协定（General Agreement on Tariffs and Trade，GATT）及其后身世界贸易组织（World Trade Organization，WTO）通过多轮会谈来消除贸易壁垒，这使得贸易自由化得到进一步发展。然而，国际贸易自由化在 2008—2009 年受到了威胁，原因有二：信贷紧缩与需求下降导致贸易减少；不断上升的失业率要求保护国内产业免受国外进口的影响。2018 年，政治因素引发的贸易战再次爆发。

表 1-3　按 1990 年价格计算的部分国家商品出口额占国内生产总值的比重（%）

| 国家 | 1950 年 | 1973 年 | 1998 年 |
| --- | --- | --- | --- |
| 法国 | 7.7 | 15.2 | 28.7 |
| 德国 | 6.2 | 23.8 | 38.9 |
| 荷兰 | 12.2 | 40.7 | 61.2 |
| 英国 | 11.3 | 14.0 | 25.0 |
| 西班牙 | 3.0 | 5.0 | 23.5 |
| 美国 | 3.0 | 4.9 | 10.1 |
| 墨西哥 | 3.0 | 1.9 | 10.7 |
| 巴西 | 3.9 | 2.5 | 5.4 |
| 中国 | 2.6 | 1.5 | 4.9 |
| 印度 | 2.9 | 2.0 | 2.4 |
| 日本 | 2.2 | 7.7 | 13.4 |
| 全球 | 5.5 | 10.5 | 17.2 |

资料来源：Maddison, A. (2001) *The World Economy: A Millennial Perspective*. Organisation for Economic Cooperation and Development (OECD), Paris.

农产品的贸易自由化程度相对来说较低，Finn（1996）在对国际贸易优缺点的讨论中批判贸易自由化更多地惠及了发达国家而非发展中国家。

表 1-4 说明了对外直接投资的重要性。该表列示了根据国外资产排名的世界十大非金融性跨国公司。该表还展示了这些跨国公司的国外资产规模、销售额和雇员数的比重，以及一个简单的跨国指数（TNI），该指数为上述比重的平均数。这些跨国公司的母国分别是英国（3 家）、美国（3 家）、日本（2 家）、法国和德国（各 1 家）。其行业包括石油（5 家）、汽车（2 家）、电力

（1家）、烟草（1家）和电信（1家）。英美烟草、道达尔石油和荷兰皇家壳牌的跨国指数最高。当然，跨国公司的性质也意味着公司母国的界定可能并不清晰。例如在表1-4中，我们依据数据来源将荷兰皇家壳牌视为一家英国公司。

**表1-4　根据国外资产排名的世界十大非金融性跨国公司（2018年）[a]**

| 公司 | 国家 | 行业 | 国外资产（十亿美元） | 国外比例（%） | | | |
|---|---|---|---|---|---|---|---|
| | | | | 资产规模 | 销售额 | 雇员数 | TNI[b] |
| 荷兰皇家壳牌 | 英国 | 石油 | 344 | 84 | 67 | 72 | 75 |
| 丰田汽车 | 日本 | 汽车 | 303 | 64 | 68 | 64 | 66 |
| 道达尔石油 | 法国 | 石油 | 235 | 97 | 78 | 67 | 81 |
| 英国石油 | 英国 | 石油 | 220 | 80 | 67 | 59 | 68 |
| 大众汽车 | 德国 | 汽车 | 220 | 43 | 81 | 66 | 60 |
| 日本软银 | 日本 | 电信 | 215 | 73 | 51 | 73 | 66 |
| 艾克森石油 | 美国 | 石油 | 204 | 58 | 65 | 58 | 61 |
| 英美烟草 | 英国 | 烟草 | 189 | 99 | 99 | 86 | 95 |
| 通用电气 | 美国 | 电力 | 187 | 49 | 62 | 66 | 59 |
| 雪佛龙 | 美国 | 石油 | 184 | 72 | 52 | 51 | 60 |

注：a. 截至2018年3月31日或之前的年份。b. TNI为跨国指数，以资产规模、销售额和雇员数百分比的平均值计算。
资料来源：Compiled by the author from data in United Nations Conference on Trade and Development（UNCTAD）（2018）*World Investment Report 2018*，Table 19.

荷兰皇家壳牌的确是在英国注册成立的。以下是一些关于该公司的其他情况：

- "荷兰"一词（以及"皇家"一词指的是荷兰，而非英国）反映了之前发生的合并；
- 总部设在荷兰，同时荷兰也是其纳税所在地；
- 在阿姆斯特丹、伦敦和纽约的证券交易所上市；
- 披露的财务报表所使用的货币是美元；
- 业务遍及90个国家，股东遍布世界各地。

除了上述这些有趣的融合，该公司选择英国作为注册地产生了一些重要的影响，例如：

- 依据英国法律编制年度财务报告；
- 依照英国法律委派审计师；
- 依照英国法律计算可分配利润；
- 遵循英国的公司治理准则。

### 1.2.4　股票市场全球化

随着国际贸易和对外直接投资的增加，股票市场也在日益全球化。主要国家金融市场的管制放松（例如1986年伦敦证券交易所"大爆炸"式的金融自由化改革，以及1998年在日本发生的类似事件）、金融创新的加速（包括非常复杂的新交易方式和新金融工具的产生）、电子通信技术的迅猛发展，以及各国金融市场和世界金融市场之间日益密切的联系等因素均加速了股票市场全球化。表 1-5 列出了主要证券交易所，在这些证券交易所上市的公司的市场价值（不包括投资基金）均超过了 14 000 亿美元。在金砖五国（巴西、俄罗斯、印度、中国和南非）中，只有中国和印度的证券交易所上榜。

表 1-5 主要证券交易所（2018 年 8 月）

| 国家/地区 | 交易所 | 上市的本国公司数 | 国内股权的市值（十亿美元） | 本国股权市值相当于纽约证券交易所股票市值的百分比（%） |
|---|---|---|---|---|
| 欧洲 | | | | |
| — | 泛欧证券交易所[a] | 1 078 | 4 370 | 18 |
| 德国 | 德国证券交易所 | 460 | 2.147 | 9 |
| 瑞士 | 瑞士证券交易所 | 235 | 1 611 | 7 |
| 英国 | 伦敦证券交易所 | 2 079 | 4 147 | 17 |
| 美洲 | | | | |
| 加拿大 | 多伦多证券交易所 | 3 316 | 2 297 | 9 |
| 美国 | 纳斯达克证券交易所 | 2 608 | 11 971 | 49 |
| | 纽约证券交易所 | 1 780 | 24 239 | 100 |
| 亚太地区 | | | | |
| 中国 | 香港证券交易所 | 2 107 | 4 104 | 17 |
| | 上海证券交易所 | 1 440 | 4 254 | 18 |
| | 深圳证券交易所 | 2 117 | 2 709 | 11 |
| 印度 | 孟买证券交易所 | 5 068 | 2 248 | 9 |
| 日本 | 东京证券交易所 | 3 630 | 6 050 | 25 |
| 韩国 | 首尔证券交易所 | 2 149 | 1 642 | 7 |
| 澳大利亚 | 澳大利亚证券交易所 | 2 151 | 1 449 | 6 |

注：a. 由比利时、法国、荷兰和葡萄牙的证券交易所合并而成。
资料来源：Prepared using data from World Federation of Exchanges.

Davis 等（2003）研究了 19 世纪以来股票市场的国际特性，并制作表格记录了伦敦、柏林、巴黎和纽约交易所上市要求提高的情况。Michie（2008）也研究了股票市场的国际化历程。我们很难制定出世界股票市场国际化相对准确的衡量标准。两个粗略的衡量标准是：跨国上市和企业为便利国外投资者将年报翻译成其他语言的程度。例如，法国公司已经在澳大利亚、比利时、加拿大、德国、卢森堡、荷兰、西班牙、瑞典、瑞士、英国和美国的证券交易所上市（Gélard，2001，pp. 1038-9）。

到 21 世纪中期，纽约证券交易所的国外上市公司的数量遥遥领先，这些公司因此得以进入全球最大的股票市场。然而，由于监管越来越严格，比如《萨班斯-奥克斯利法案》的出台和美国会计原则本身的原因，纽约市场变得不再那么受欢迎。在 2008 年及以后的动荡之前，伦敦证券交易所一直位于年度新股发行排行榜的榜首。2009 年，伦敦证券交易所和纽约证券交易所都出现了公司退市数量超过新上市公司数量的现象。

表 1-6 列示了 2018 年 8 月国外公司在全球证券交易所上市的情况，其中交易所的规模为拥有 100 家以上国外上市公司的交易所。东京证券交易所（世界第三大证券交易所）没有出现在榜单上，因为只有 6 家国外公司在东京证券交易所上市。如果要找到哪个证券交易所拥有最大比例的国外上市公司，我们必须研究表 1-5 以外的国家，去看那些相对较小但是开放的经济体：卢森堡证券交易所上市公司中 84% 是国外公司，新加坡证券交易所上市公司中 36% 是国外公司。在上市的国外公司的绝对数量和百分比方面，维也纳证券交易所均位居榜首。这是因为该交易所逐渐转变为中东欧前社会主义国家企业的上市中心。

**表 1-6　国外公司在主要证券交易所的上市情况（2018 年 8 月）**

| 证券交易所 | 国外公司上市数量 |
| --- | --- |
| 维也纳证券交易所 | 552 |
| 纽约证券交易所 | 502 |
| 纳斯达克证券交易所 | 419 |
| 伦敦证券交易所 | 421 |
| 新加坡证券交易所 | 264 |
| 欧洲证券交易所 | 161 |
| 香港证券交易所 | 146 |
| 卢森堡证券交易所 | 139 |

任何特定公司都可以在多个证券交易所上市。例如，瑞典商用汽车公司沃尔沃就在 2000 年的年报中披露了其在 5 个国外证券交易所上市的信息；但在 2007 年，该公司仅在纳斯达克证券交易所上市。沃尔沃在 2008 年的年报中解释说，这是因为纳斯达克证券交易所与瑞典证券交易所合并，因此就仅在一家交易所上市了。挪威能源公司挪威水力（Norsk Hydro）披露其 2000 年在 7 家国外证券交易所上市，而在 2008 年仅在美国、英国和德国的证券交易所以及泛欧证券交易所上市，到 2011 年，该公司仅在伦敦证券交易所上市。

上述两家公司都是总部所在地是较小国家的大型企业，这暗示了其在国外上市的主要原因之一是吸引更多的投资者，并扩大股东规模。例如，挪威水力在 2014 年的报告中称，其 9% 的股份由美国股东持有，另外 9% 的股份由英国股东持有。Gray 等（1994）调查了几家大型的欧洲公司在国外上市的情况。Saudagaran（1988）发现，一家公司的相对规模（与其国内交易所相比）有助于解释该公司在国外上市的原因。

在国外上市的另一个原因是，公司希望优化其在国外潜在消费者、雇员或监管机构面前的形象。第一家在美国证券交易所上市的德国公司（戴姆勒-奔驰公司，1993）之所以选择在美国上市，与其在美国建厂和扩大销售有关。Radebaugh 等（1995）对这个特殊案例进行了更详细的研究。该德国公司随后被美国一家汽车公司（克莱斯勒公司）接管，该行为被表述成出于公众和会计原因而进行的"强强合并"。与公司有关财务会计的其他决策一样，公司高层管理人员的动机也与公司国外上市存在关联。Charitou 和 Louca（2017）发现，如果加拿大公司的 CEO 拥有大量的股票期权，公司更有可能在美国上市，这是因为在美国上市会提高公司股价。

　　当然，公司在国外上市除了能够获得潜在利益之外，也存在相应的成本。这些成本包括最初满足国外证券交易所或其监管机构在会计和其他方面要求的费用，以及之后因为国外证券交易所的要求不同于国内，导致公司不得不持续提供额外的或不同的会计信息所发生的成本。Biddle 和 Saudagaran（1989）发现了来自 8 个国家（包括英国）的跨国公司对额外披露存在抵制的证据，但是 Gray 和 Roberts（1997）并没有发现英国公司存在相关的证据。全球最大的股票市场位于纽约，包括纽约证券交易所和纳斯达克证券交易所。这些交易所都有自己的要求，但计划在这些交易所上市的公司面临的主要问题还是满足美国证券交易委员会的相关要求，包括《萨班斯-奥克斯利法案》中所规定的有关审计和公司治理方面的要求。国外注册的公司可以提交根据美国公认会计原则编制的完整的年度报告，但通常它们会选择提交 20 - F 表格（注册地不在美国的国外公司的年报），该表格包括许多证券交易委员会要求的正常的披露项目，同时允许非美国公司对权益和收入项目在会计处理上根据美国公认会计原则进行数字调整。从 2007 年开始，如果财务报告采用了国际财务报告准则（由国际会计准则理事会发布），就不需要再进行调整。

　　如果非美国公司想在美国上市却并不想投入大额成本，它们可以通过美国存托凭证（American Depositary Receipts，ADR）进行场外交易（非完全上市）。在这种情况下，交易标的是美国存托凭证（包含一揽子股票），而非股票本身。这样，美国证券交易委员会就会接受没有按照美国公认会计原则调整的国外公司的年度财务报告。但也存在公司虽在证券交易所进行存托凭证交易但仍需对年报进行调整的可能性。

　　一些公司会使用多种语言披露年报。其中最重要的原因是大型跨国公司需要筹集资金，并在美国和英国进行股票交易。这也解释了为什么英语是最常用的第二报表语言。Jeanjean 等（2010）研究了为什么在某些国家年报翻译成英语更普遍。Jeanjean 等（2015）也表示，欧洲公司如果将年报翻译成英语，会吸引更多的外方投资，也会引起更多分析师的跟踪。

　　使用多种语言披露年报的另一个原因是跨国公司所在国使用多种官方语言，即其总部设在多个国家，或者在多个国家都进行重要的商业活动。例如，芬兰电信公司诺基亚不仅用芬兰语和瑞典语（芬兰的两种官方语言）发布年度财务报告，也会用英语发布。年报的商业评论部分还使用了法语、德语、意大利语、葡萄牙语、西班牙语、中文和日语（Parker，2001b）。在 5.7.2 节，我们将会讨论会计术语在不同语言之间的翻译问题。

　　一个更复杂的衡量全球化的方法是证券市场"一体化"程度，即证券在多大程度上按照国际因素而非国内因素定价（Wheatley，1988）。Froot 和 Dabora（1999）认为，即使是荷兰皇家壳牌和英荷消费品集团联合利华的这种英国-荷兰"孪生"公司的股票，国内因素对其定价而言也是很重要的。各国证券交易所监管机构的重要性差别很大。在一些国家中，证券监管机构的权力较大，不仅执行会计准则，而且大量参与会计准则的制定，美国证券交易委员会就是最明显的例子。这些监管机构除了对本国市场进行监管之外，还通过其参与的一些国际组织，如国际证监会组织（International Organization of Securities Commissions，IOSCO）及欧洲证券和市场管理局（European Securities and Markets Authority，ESMA），在会计准则的全球化中发挥着日益重要的作用（见第 4 章）。

### 1.2.5 股权模式

股票市场的全球化并不意味着全球投资者的行为都将一致。各国的股权模式及其发展趋势都存在显著差异。上市公司投资者的性质对财务报告的风格有一定的影响。上市公司的所有者和管理者之间的分离程度越大，投资者就越需要公开的、经过独立审计的财务报告。La Porta 等（1999）将家族企业、国有控股企业、由分散金融公司或分散非金融公司控股的公司进行了区分。他们的数据涵盖了 27 个国家和地区（不包括中国大陆、印度和东欧）。根据这些数据可知，在 20 世纪 90 年代中期，全球有 36％的公司被投资者分散持股，30％的公司为家族控股，国家控股的公司则占 18％。以分散持股为主的前 20 大公司，其母公司所在国家（按持股比例递减）是英国、日本、美国、澳大利亚、爱尔兰、加拿大、法国和瑞士。以家族控股为主的公司，其母公司所在国家和地区包括墨西哥、中国香港和阿根廷；以国有控股为主的公司，其母公司所在国包括奥地利、新加坡、以色列、意大利、芬兰和挪威。15％以上的公司由金融公司分散持股，其母公司所在国家包括比利时、德国、葡萄牙和瑞典。

从股权调查中我们可以获得更多、更新的数据。这些数据显示了各国存在不同的趋势。在美国，直接或间接投资于股票和债券的家庭投资者比例自 1989 年以来迅速增长，在 2001 年达到 50％的峰值，但在 2008 年降至 47％（Investment Company Institute et al.，2008）。2017 年初，英国的国外投资者的持股比例为 54％，个人投资者为 12％，单位和投资信托基金为 12％，保险公司为 5％，养老基金为 3％，银行为 2％，其他金融机构则为 8％。其中，保险公司和养老基金的持股比例有所下降，但国外投资者的持股比例一直在稳步上升（National Statistics，2018）。造成这一现象的原因包括：国际合并使一些新公司在英国上市；国外母公司绝对控股的英国子公司个数有所增加以及母公司移至英国境内。关于这方面的更多数据见 2.4 节，该部分讨论了上述问题对会计的影响。

许多国家通过出售国有企业等私有化活动极大地增加了私人企业的数量。例如，自 20 世纪 80 年代以来，英国公用事业公司和其他国有企业的私有化活动，在法律和会计准则许可的范围内使一些特大型公司诞生。在短期内，个人持有的股份数显著增加，但许多人后来都出售了其持有的股份，而且一些公司也故意减少了小股东的数量。私有化同时使公司对外资开放，因此刺激了对外直接投资的增长，为英国公司向外国市场的扩张提供了便利。在中欧和东欧的前社会主义国家，私有化进程尤为迅猛。较为典型的例子是俄罗斯，私有化导致大公司的所有权从国家转移到一小群所谓的"寡头"手中。2008 年，全球许多政府为了挽救金融机构勉为其难地从这些机构购买了股份。因此，私有化暂时有回头的趋势。

前文已经探讨了公司可能会寻求国外投资者的原因，现在我们再来看一下投资者寻求国外投资机会的原因。追溯过去的 1 年、5 年或 10 年，我们很容易发现哪些公司在国外的股价比在国内上涨得更快。如果根据过去的数据能够很好地预测未来，这就是支持投资者进行海外投资的一个理由。即便不能预测，大量投资者也希望在几个国家进行多元化投资，因为在全球不同的区域股票价格的变动并非强烈相关。2000 年，国外投资者每年购买的美国证券总额达 70 000 亿美元，而美国人购买国外证券的总额约为该数据的一半。这些数据在过去的 10 年里增长了 10 倍（Griever et al. ，2001）。

　　然而，Lewis（1999）的报告称，欧洲、日本和美国的投资者仅投资了约 10% 的国外股票，这远远低于那些认为国外股票是国内股票完美替代品的人的预期水平。Choi 和 Levich（1990）研究了来自美国、日本和欧洲的投资者，他们发现其中许多人出于对各国不同会计实务的考虑而放弃了国外投资，其他投资者放弃国外投资则是由于调整国外报表需承担额外的费用。Choi 和 Levich（1996）发现，大约 1/4 的欧洲投资者会受限于国际会计实务的差异。Miles 和 Nobes（1998）发现，总部位于伦敦的投资者通常不会对会计实务差异进行调整。

　　造成国外投资偏见的其他原因可能包括货币风险、政治风险、语言障碍、交易成本和税收。Coval 和 Moskovitz（1999）发现，即使在美国，投资经理也会表现出地区偏好。关于类似问题，Helliwell（1998）也报告说，加拿大人与本国人交易的意愿是同美国人交易的 10 倍以上。

### 1.2.6　国际货币体系

　　从 1945 年到 1972 年，布雷顿森林协议（Bretton Woods Agreement，1944）下的国际货币体系是基于定期调整的固定汇率制度。从 1973 年起，主要货币汇率浮动剧烈，非常不稳定。然而，在欧盟内部，除英镑和斯堪的纳维亚货币外，大多数国家的货币都在 1999 年被统一的货币——欧元取代。一直以来，会计准则制定者都对套期保值和其他外币交易非常关注。在第 7 章中将会对这些问题进行讨论。

　　作为布雷顿森林体系的一部分，国际货币基金组织和世界银行应运而生。世界银行向各国提供贷款，与此同时，它也鼓励各国采用更准确的会计准则，特别是国际会计准则（Camfferman and Zeff，2018，p.295）。

　　2008 年和 2009 年，全球金融体系承受着前所未有的压力。金融机构和整个经济的崩溃引发了世界对新布雷顿森林体系的呼吁。这也使股市监管成为人们关注的焦点。市场价值在会计中的使用遭到广泛批评，部分原因是市场价值会下降（源于损失的出现），市场很难运作，导致市场价格很难确定。学者认为，会计不应当受到指责（Andre et al.，2009；Barth and Landsman，2010）。

## 1.3　跨国公司的性质和发展

　　从广义视角来看，跨国公司可以被定义为在两个或两个以上的国家生产产品或提供服务的公司。跨国公司是一个经济范畴，而不是一个法律范畴。大多数跨国公司的规模都非常大，因此它们需要筹集外部资金，以在证券交易所上市。作为上市公司（即股票公开交易的公司），它们的财务报告会受到特殊准则的约束，本书第 5～11 章将详细讨论这些准则的规定。跨国公司的存在给国内的许多领域，例如审计等，带来了新的视角。跨国公司所特有的一个问题是为编制合并报表需要对国外子公司的财务报表进行本土转化。世界上大多数跨国公司根据国际财务报告准则或美国公认会计原则编制合并财务报表。

　　上文对跨国公司的定义非常广泛，根据定义，14 世纪早期的一些企业亦可纳入跨国公司的范畴，如加勒拉尼公司（Gallerani）。这是一家由锡耶纳（Sienese）商人拥有的公司，在伦敦和其他地方设有分支机构，其账目也是现存最早的复式记账的例子之一（Nobes，1982）。从 16 世纪晚期开始，特许土地及贸易公司——尤以英国、荷兰和法国的东印度公司为最，是早期"资源寻求"型跨国公司的典型代表，也就是说，它们跨国经营的目标是获得本国无法获得的自然资源。现代跨国公司的起源可以追溯到 1870 年至 1914 年，欧洲人和欧洲投资大量进入世界其他地方，美国也在当时崛起成为一个工业强国。第一次世界大战前夕，累计外国直接投资股份规模较大的前几个国家依次为英国、美国、德国、法国和荷兰。

两次世界大战使欧洲国家的经济重要性相对下降，美国经济的重要性得到了提升。表 1-7 是 1914 年到 2017 年，外国直接投资股份累计百分比的排名情况。第二次世界大战后，美国仍然是世界上最大的外国直接投资出口国。然而最近，至少在一段时间内，美国和欧洲的跨国公司都受到了日本公司的挑战。值得注意的是，尽管可以看到，表中所列 6 个国家的具体排名发生了一些变化，但在一个多世纪里，这 6 个国家一直是外国直接投资股份的最大持有国。截至 2000 年（含 2000 年），中国在外国直接投资中所占比例不到 1％（因此并没有包括在表 1-7 中）。但到 2017 年，这一比例已达到 10％以上。这些国家都是外国直接投资的主要接受方和提供方。另外，其他几个欧洲国家现在也成为外国直接投资股份的重要持有国。

表 1-7 按原产国列示的外国直接投资股份累计百分比（1914—2017 年）

| 国家 | 1914 年 | 1938 年 | 1980 年 | 1990 年 | 2000 年 | 2017 年 |
|------|---------|---------|---------|---------|---------|---------|
| 英国 | 45 | 40 | 15 | 13 | 13 | 5 |
| 美国 | 14 | 28 | 42 | 24 | 36 | 25 |
| 德国 | 14 | 1 | 8 | 8 | 7 | 5 |
| 法国 | 11 | 9 | 5 | 6 | 5 | 5 |
| 荷兰 | 5 | 10 | 8 | 6 | 4 | 5 |
| 日本 | — | — | 4 | 11 | 4 | 5 |

资料来源：Based on Dunning (1992) and UNCTC (2018, annex table 2).

跨国公司可以根据其主要活动进行分类。如上所述，19 世纪及早期的大多数跨国公司都属于"资源寻求"型。20 世纪，其他类型的跨国公司也得到了发展。一类跨国公司为"市场寻求"型，也就是说，它们在国外设立子公司，生产产品以供应所在国家的市场；另一类跨国公司则是"效率寻求"型，这类公司的子公司只专注于一小部分产品，或负责特定产品的某几个生产流程。跨国制造业公司也成立了专门从事贸易和分销或提供保险、银行或金融等服务的子公司。一些跨国公司，如较大的银行和会计师事务所，都在全球范围内提供服务。技术进步促进了专门从事信息传递的海外子公司的诞生。

产品生产和服务的国际化程度在国家和行业之间存在差异。美国的外国直接投资（FDI）绝对额是全世界最高的，但因其经济规模较大，使得美国相对于许多欧洲国家来说，海外投资的重要性较低，尽管该百分比高于日本。这方面的数据并不是每年都公布，我们从表 1-8 中可以了解以前年度的一些数据。表 1-9 则显示了世界最大的 100 家跨国公司的总部在美国、欧洲、中国和日本的分布情况。整个世界格局变幻莫测。例如，现在看来中国拥有的跨国大公司比英国多得多，而在 10 年前英国却拥有更多的大公司。

**表 1-8　外国直接投资累计占 GDP 的百分比（2005 年）**

| 国家 | % |
|---|---|
| 挪威 | 123 |
| 瑞士 | 107 |
| 比利时 | 104 |
| 荷兰 | 103 |
| 瑞典 | 57 |
| 英国 | 56 |
| 法国 | 41 |
| 加拿大 | 35 |
| 德国 | 35 |
| 意大利 | 17 |
| 美国 | 16 |
| 日本 | 9 |
| 世界平均水平 | 24 |

资料来源：United Nations Conference on Trade and Development（UNCTAD）（2007）*World Investment Report 2007：Transnational Companies Extractive Industries and Development*. Geneva UNCTAD.

**表 1-9　全球前 100 家跨国公司收入的份额情况（2018 年）**

| 国家 | | |
|---|---|---|
| 美国 | | 37 |
| 欧洲： | | 26 |
| 德国 | 8 | |
| 法国 | 6 | |
| 英国 | 3.5 | |
| 意大利 | 3 | |
| 荷兰 | 2.5 | |
| 西班牙 | 1 | |
| 欧盟 | 24 | |
| 瑞士 | 2 | |
| 中国 | | 21 |
| 巴西 | | 1 |
| 日本 | | 9 |
| 俄罗斯 | | 2 |
| 韩国 | | 3 |
| 中国台湾 | | 1 |
| | | 100 |

资料来源：Prepared by the authors from *Fortune Global. 500.*

　　经济学家和其他学者都试图解释跨国公司出现的原因。目前广为接受的解释是邓宁（Dunning）教授的国际生产折中理论（Eclectic Paradigm）。该理论指出，一个特定国家的企业是否存在从事或扩充海外生产的意愿是由三个相互关联的条件决定的。这些条件分别是：（1）企业拥有或能够通过特权获得某些资产的程度，这些资产使它们比当地公司更具有竞争优势；（2）企业利用自身优势的相对交易成本是适度的，而不是要将其授权给其他公司；（3）相关成本和政府政策在多大程度上推动企业将生产迁往海外，而并非为了满足本国的出口需求。跨国企业增长的一个重要结果是大部分世界贸易不仅发生在公司内部，也发生在国家之间。交易发生时的价格是内部转让价格，这通常与公开市场价格不同。这对税收、经营控制和跨国公司与其东道国之间的关系有着重要的影响。

跨国公司的崛起是推动会计职业国际化的主要因素之一。会计师事务所一直紧跟坐落在世界各地的客户，在海外设立新的办事处或与海外事务所合并。

## 1.4 会计的比较特性及国际特性

上述的全球化背景给我们提供了很充分的理由来学习国际会计。此外，至少还有三个原因可以说明采用比较方法学习国际会计是恰当的。首先，通过比较可以提醒我们，美国和其他盎格鲁-撒逊（Anglo-Saxon）① 国家并非当今世界会计制度的唯一贡献者。其次，这也论证了各国财务报告的编制者、使用者和监管机构可以相互学习，借鉴彼此的思想和经验。最后，它解释了为什么会计需要进行国际协调以及为什么协调如此困难。下面我们将更详细地阐述这三点。

采用比较方法的第一个原因是，从历史上看，许多国家都对会计的发展做出了重要的贡献。罗马人尽管没有采用复式记账法，但他们已经采用了簿记形式并进行利润核算。当欧洲还处于中世纪的黑暗时代时，伊斯兰国家就已经在算术和簿记方面有所发展。在 14 世纪和 15 世纪，意大利作为商业贸易的主导者，其会计也居于领先地位。意大利的复式记账法首先传到了欧洲其他地区，最终传播到全世界。意大利会计的主导地位影响至今，其中一个表现是英语中有许多会计和财务术语均源自意大利语，例如银行（bank）、资本（capital）、现金（cash）、借（debit）、贷（credit）和日记账（journal）。

在 19 世纪，英国在会计上处于领先地位，20 世纪之后被美国超越。结果，英语成为国际会计的通用语言（Parker，2001a）。表 1-10 表明，绝大多数较大的国际会计师事务所诞生于英国和美国。

**表 1-10　居领先地位的国际会计师事务所（截至 2020 年）**

| 会计师事务所 | 主要诞生国 |
| --- | --- |
| 德勤会计师事务所 | 英国，美国，加拿大，日本 |
| 安永会计师事务所 | 美国，英国 |
| 毕马威会计师事务所 | 荷兰，英国，美国，德国 |
| 普华永道会计师事务所 | 英国，美国 |

注：以上名称均为事务所国际通用的名称，事务所在不同国家可能有不同的名称。

---

① 这一表达在本书中的含义取自欧洲常用的表达意义，即英国、美国和其他以英语为主要语言的国家，如加拿大、澳大利亚和新西兰。

表 1-11 列出了国际会计师联合会的成员，显示了现代会计职业最早在苏格兰和英格兰得到发展。一些国家（如澳大利亚、加拿大和英国）有多个会计职业团体。会计职业团体多样化的情况主要存在于英语国家，最大的会计职业团体是美国注册会计师协会。

表 1-11 国际会计师联合会部分成员的创建时期和规模（2018 年初）

| 国家 | 团体 | 创建日期* | 成员估计数（千人） |
| --- | --- | --- | --- |
| 澳大利亚 | 澳大利亚注册会计师协会 | 1952（1886）年 | 164 |
| | 澳大利亚和新西兰特许会计师公会 | 2014（1885）年 | 117 |
| 巴西 | 巴西会计师协会 | 1946 年 | 348 |
| 加拿大 | 加拿大特许专业会计师协会 | 2013（1880）年 | 210 |
| 中国 | 中国注册会计师协会 | 1988 年 | 237 |
| 法国 | 法国注册会计师协会 | 1942 年 | 19** |
| 德国 | 德国法定审计师协会 | 1932 年 | 12 |
| 印度 | 印度特许会计师协会 | 1949 年 | 270 |
| 日本 | 日本公认注册会计士协会 | 1948（1927）年 | 29‡ |
| 荷兰 | 荷兰皇家注册会计师协会 | 2013（1895）年 | 21 |
| 英国和爱尔兰 | 英格兰及威尔士特许会计师协会 | 1880（1870）年 | 149 |
| | 苏格兰特许会计师协会 | 1951（1854）年 | 22 |
| | 特许公认会计师公会 | 1939（1891）年 | 208 |
| | 爱尔兰特许会计师协会 | 1888 年 | 27 |
| 美国 | 美国注册会计师协会 | 1887 年 | 431 |

注：* 括号内为该组织前身的成立日期。某些组织的名字有时会变化。
** 该数据源自 2011 年。
‡ 不包括初级注册会计师。

表 1-11 并未显示会计组织的增长速度。其中，中国注册会计师协会近年来已发展成为世界第四大注册会计师协会。

此外，表 1-11 也没有显示哪些团体不仅仅拥有国内成员，而且在向国际发展。例如，总部位于英国的特许公认会计师公会（ACCA）一直积极致力于增加其全世界范围内的成员数，并且非常成功。通过该表还可以发现，一些国家的会计师占总人口比重较大。例如，在 2011 年，法国有 6 000 万总人口和 19 000 名会计师，而新西兰有 400 万总人口和 32 000 名会计师。换句话说，在新西兰，每百万人口就有比英国多 25 倍的会计师。当然，这种比重在一定程度上取决于各国对"会计师"的定义。我们将在第 2 章详细讨论各国的会计职业团体。

不同的会计方法、惯例和概念已经在全世界范围内被借鉴和传播。例如，英国不仅从意大利引进复式记账法，还把职业会计的概念传播到世界其他地区，同时传播了真实公允反映财务信息的理念。这一理念最初仅传播到其他英联邦国家，后来传播到欧盟其他成员国（Parker，1989；Nobes，1993）。在工业化国家，管理会计理论和实务在很大程度上应当归功于美国人的创新精神。20 世纪下半叶，日本对管理会计和控制做出了贡献。Carnegie 和 Napier（2002）为研究国际比较会计历史提出了一个很有说服力的案例。

采用比较方法的第二个原因是可以学习其他国家成功的经验，从而避免滋生民族优越感所带来的危险。一个国家可以通过观察其他国家对会计问题的处理方法来改进本国的会计制度。当会计方法存在差异时，最终会证实导致这些差异的原因是不同的经济、法律和社会环境，而非纯粹出于偶然。这些偶然事件不会阻碍会计的协调化（见2.6节），那些更加根本的差异才是更难协调的。

近几十年的一个趋势是，各国在很大程度上都愿意接受并适应其他国家的会计方法和制度。在本书的许多章节中都可以找到相关的例子。例如，英国接受了欧洲大陆关于促使财务报告排版更加统一的观点。法国和德国也接受了英美国家编制合并报表的方法。荷兰强化了对公司会计和审计的管制。法国和澳大利亚设立了类似于美国证券交易委员会的机构。德国采纳了美国证券交易委员会与英国财务报告审查小组（Financial Reporting Review Panel，FRRP）之间的折中模式，而在此之前，德国会计准则的执行机制一直不够强硬。就连自2001年以来因会计丑闻而受到冲击的美国，也表现出愿意参考英国和国际会计准则理事会所制定的会计准则。

采用比较方法的第三个原因是为了更好地理解差异化会计方法之间的国际协调。自20世纪70年代以来，国际协调的重要性与日俱增。我们将在第4章讨论赞成和反对差异协调的争论。如本书后文所述，不同国家处理租赁、企业合并和外币折算等主要会计问题的方法截然不同，当然有时也会发现各国处理这些问题的共同模式。美国财务会计准则委员会（Financial Accounting Standards Board，FASB）是世界上最权威的会计准则制定机构，其制定的会计准则历来都具有很大的影响力，但也并非都会被采纳。事实上，许多国家和企业接受国际准则的一个原因就是它不是美国的公认会计原则。

国际会计准则理事会的话语权不断增强，以及其准则被欧盟采用（部分原因是阻止欧洲的跨国公司采用美国公认会计原则）都可以视为监管竞争的过程（Esty and Geradin，2001），使公司在国际会计准则理事会和美国财务会计准则委员会之间"择优"。欧盟内部的协调也意味着每个主要国家所提出的解决方法受到了挑战，因而它们不得不做出技术上和政治上的妥协。显然，任何关于协调财务报告差异的尝试都会涉及比会计本身更广泛的问题。在第2章中，我们将考察导致差异的一些基本原因。在此之前，我们需要解释一下本书的结构。

## 1.5 本书的结构

### 1.5.1 大纲

本书分为五个部分。第一部分介绍了本书的背景，包括产生财务报告差异的原因和性质、财务报告的分类以及国际协调等。第二部分则涉及上市公司的财务报告，特别是国际财务报告准则和美国公认会计原则主导下的上市公司的财务报告。第三部分考察了中国和日本的财务报告。第四部分涵盖了继续由各国规则所监管和规范的财务报告（特别是欧洲单个法律主体的报告），这些财务报告中有部分内容和国际财务报告准则及美国公认会计原则差别很大。第五部分则着眼于审计和实施方面的国际问题。本书还附有附录。

下面将详细阐述本书五个部分的章节和附录的内容。

### 1.5.2 确定背景（第一部分）

尽管欧盟在 2002 年就正式宣布推行国际财务报告准则，而且国际财务报告准则与美国公认会计原则存在日益趋同的形势，但这依然没有消除各国财务报告的差异。其中一个原因是许多国家仅仅要求在编制合并报表时使用国际财务报告准则，另外一个原因是世界各国具体应用的国际财务报告准则不同。这些差异的原因和性质将在第 2 章展开讨论。研究国际会计的一些作者曾试图根据不同的财务报告对国家进行分类。这些分类我们将在第 3 章进行讨论和评价。这种分类均明确或含蓄地假设每个国家存在着同质化的财务报告。后来的研究人员认识到，一个国家（甚至某个公司）可能使用不止一种会计方法，因此研究重点从对国家的分类转移到了对会计制度的分类上。在本书中，我们讨论了国家、制度和公司之间的差异。第 4 章将对国际上对于会计差异进行协调的情况进行介绍，并解释近几十年对国际协调的需求发生变化的原因及其是如何变化的。我们尤其关注国际会计准则委员会及之后的国际会计准则理事会在满足这些需求方面所取得的成绩。此外，还有一节内容关于公共部门财务报告的国际差异。

### 1.5.3 上市公司使用国际财务报告准则或美国公认会计原则进行财务报告（第二部分）

第 5 章承接第 4 章的内容，探究国际会计准则和各国准则之间的关系，包括国际财务报告准则和最有影响力的国家会计准则——美国公认会计原则之间的竞争和趋同问题。这一章还对国际化背景下的财务报告进行了分析。国际财务报告准则的内容将在第 6～8 章进行解释和说明，顺序如下：

- 概念、披露和收入（第 6 章）；
- 资产和负债（第 7 章）；
- 集团会计（第 8 章）。

第 9 章考察了各国运用国际财务报告准则时会计实务存在差异的原因。第 10 章描述并分析了美国公司的财务报告及其环境，并将美国公认会计原则与国际财务报告准则进行了比较。会计准则的制定和实施也与政治有关，因此第 11 章考察了会计政治化，尤其探讨了财务报告编制者对会计准则制定机构所进行的政治游说。

### 1.5.4 中国和日本的财务报告（第三部分）

第 12 章比较了东亚两个主要国家（日本和中国）的财务报告。这两个国家都是世界上很大的经济体。两个国家过去和现在都受到很大的外部影响，但是仍然保持着自己的民族特征。这两个国家都没有强制规定使用国际财务报告准则或美国公认会计原则，但都受到了这些会计制度的极大影响。这一章还考察了两国上市公司和非上市公司以及单个公司和企业集团的会计实务。

### 1.5.5 单个公司的财务报告（第四部分）

单个公司的财务报告比上市公司集团的财务报告更加多样化。第 13 章解释了上述现象产生的原因，特别关注了税务部门的信息需求和对未分配利润的确认，还考察了中小企业对国际财务报告准则的使用。第 14 章则探讨了为协调欧盟内部成员国各式各样的财务报告差异所做的努力，并将其作为消除经济壁垒这一更广泛目标的一部分。该章还解释了最初在协调欧洲大陆和英美会计实践时遇到的困难，以及最近新加入欧盟的一些经济体不得不将其会计从计划经济模式转向市场经济模式的过程中遇到的问题。第 15 章分析了欧洲各国的各种规则（会计方案、法律条文、法令、准则）制定方式，并对其有用性进行了评价。第 16 章解释了欧洲单个公司的会计规则与国际财务报告准则或美国公认会计原则的不同之处，特别参考了法国、德国和英国的做法，而这三个国家的经济规模仅次于美国、中国和日本。

### 1.5.6　实施（第五部分）

本部分主要考察了从交易发生到账簿登记、财务报告，再到审计，最后到监管和实施阶段的整个过程。第 17 章探讨了在美国、欧盟主要成员国（英国、法国和德国）以及其他重要国家（澳大利亚、中国和日本）的上市公司财务报告中，如何对国际财务报告准则和美国公认会计原则的应用进行监督管理。其中一个主要方法是外部审计。

### 1.5.7　附　录

读者们将会发现在阅读本书的过程中，不时地查阅附录是非常有用的，它们分别是：缩略语表和部分章末问题的参考答案。

◀ 小　结 ▶

● 尽管许多国家的上市公司已经采用了国际财务报告准则，但是公司财务报告之间的国际差异仍然很大。第二次世界大战以来，财务报告所处的全球环境出现了以下特征：世界政治发生了巨大变化；国际贸易和对外直接投资急剧增长；股票市场全球化；股权模式多样化；动荡的国际货币体系；跨国公司崛起，它们既是对外直接投资的主要输入方和输出方，又是会计职业国际化的主要推动者。历史上一些国家对会计和财务报告的发展都做出了重要贡献。比较各国的会计准则和实务可以非常好地抵制会计的民族优越感的滋生，一个国家成功的创新实践可以被其他国家模仿。

● 区域和国际层面的会计差异都有所协调。

● 本书分为五个部分：确定背景；上市公司使用国际财务报告准则或美国公认会计原则进行财务报告；中国和日本的财务报告；单个公司的财务报告；实施。

◀ 问　题 ▶

带星号问题的参考答案见书末附录 B。

1.1* 第二次世界大战结束以来，世界主要的政治事件对会计和财务报告产生了哪些影响？

1.2* 为什么主要的会计师事务所已经成为国际性会计师事务所？它们主要发源于哪些国家？为什么发源于这些国家？

1.3 从历史上来看，意大利、英国、美国、日本对会计及其术语做出了哪些主要贡献？

1.4 在以下几个方面，哪些国家排名前三位？

（a）世界 500 强公司的份额；

（b）通过专业合格认证的会计师数量；

（c）证券交易所的市值。

为什么这三个问题的答案不一样？

1.5 什么因素使得全球股票市场国际化成为可能？

1.6 什么因素导致了跨国公司的产生？

1.7 从历史的角度来看，哪些国家是跨国公司的发源国？这些国家同时也是国际会计师事务所的诞生地吗？

1.8 为什么新西兰的人均会计师数量要比法国多？

1.9 为什么欧盟国家的一些公司要在非欧洲国家（尤其是北美）的证券交易所上市？

1.10 为什么英语是国际公司财务报告的主要语言？

◀ **在线资源** ▶

扫描下列二维码即可阅读本章参考文献和推荐网站。

# 第 **2** 章

# 国际差异的原因及举例

**学习目标**

学完本章后，你应该能够：

● 讨论国际文化差异可以解释会计差异的程度；

● 概述西方世界的两种主要法律体系，以及它们与会计差异之间的关系；

● 解释公司融资的主要方式为何在国际上有所不同，以及这如何影响会计的目的和性质；

● 说明税收和财务报告之间的联系，并说明这一联系为何在某些国家中比在其他国家中更紧密；

● 概述国际会计多样性与会计行业之间的关系；

● 综合上述所有关系，解释财务报告中的国际差异；

● 总结财务报表格式的国际差异；

● 概述在德国国家准则下比国际财务报告准则更为稳健的会计处理方式；

● 解释准备金和公积金之间的区别，并说明一些国家的准备金的定义在何种程度上比其他国家宽泛；

● 概述主要国家的资产的主要计价基础。

## 2.1 引　言

本书主要探讨了会计实务方面的国际差异，例如在一些国家，如法国和德国，公司财务报告的发布实际上意指在报纸或杂志上进行了"发布"。而在如英国等其他国家，"发布"则表示向政府注册处报备。

如第 5 章所述，尽管国际财务报告准则在一些国家出于某些目的而被直接使用，但大多数国家仍有属于本国的、独特的会计准则，在 2.9 节中将举例详细说明。在此之前，我们尝试探寻这些差异存在的原因，虽然我们无法确定下面讨论的因素一定是造成这些问题的原因，但是这些因素有助于做出合理的推论。

在其他研究人员过去的著作中可以找到大量的产生国际差异的可能原因（例如，Choi and Meek，2008，第 2 章；Radebaugh，Gray and Black，2006，第 3 章）。一些研究人员根据对这些原因的判断对各国的会计体系做出了分类（见第 3 章）。还有一些研究人员对会计实践中的差异与其所感知到的因果关系之间的相关性进行了研究（例如，Frank，1979；Doupnik and Salter，1995）。

Jaafar 和 McLeay（2007）研究了不同公司之间的会计差异是否主要受公司所在国家、规模、行业或股票交易所的数量的影响。他们发现这些因素都在一定程度上产生着作用，但是公司所处的国家在所有因素中占比最重。该研究是在国际会计准则被广泛使用之前的国家会计系统的背景下进行的，这同样适用于本章的大部分内容。但是在后文（例如第 3 章和第 9 章）会看到即使采用了国际会计准则，国家因素仍会对会计实践产生影响。

我们使用"会计制度"（accounting system）来指代特定公司的年度报告所使用的制度惯例。一个国家的不同公司可能使用不同的会计制度。此外，相同的公司也可能出于不同目的使用不同的会计制度。例如，在许多欧盟国家，合并报表是根据国际财务报告准则编制的，而非合并报表则使用国内会计准则。本章主要研究了国家制度为何不同，以及如何不同。正如第 9 章中进一步解释的那样，这里的讨论还可以用来解释为何不同国家会表现出不同的使用国际财务报告准则的惯例和风格。

与会计制度差异有关的几个因素会在本章进行分析。从下面的讨论我们可以看出，这些因素不一定是造成差异的原因，反而可能是差异导致的结果。

## 2.2　文　化

显然，会计会受到周围环境的影响，包括其所在国家的文化。Hofstede（1980）建立了一种文化模型，作为一种集体的思维程序，可以将一类人群与另一类区分开来。Hofstede 认为，就像计算机操作系统包含一系列作为参考点的规则以及对高级程序的一系列约束一样，文化也包含一系列驱动制度形式和实践的社会价值观。Gray（1988，p.5）指出：

> 社会价值由生态影响决定，并由外部因素修正……反过来，社会价值以法律制度、政治制度、资本市场的性质、公司所有制等形式产生制度上的影响。

任何国家的文化都包含着个人可能拥有的最基本的价值观，它影响着人们对于社会结构化以及他们如何与社会子结构作用方式的选择——会计可以被视为这些子结构之一。正如 Gray

（1988，p.5）所解释的那样：

> 会计的价值体系或态度可能与社会价值有关，并从社会价值中衍生而来，特别是与工作有关的价值。会计的"价值观"反过来将对会计制度产生影响。

为了进一步了解各国的基本文化模式，我们再次看向 Hofstede 的研究。基于对 39 个国家超过 100 000 名 IBM 员工的研究，Hofstede（1984，pp.83，84）对以下四个文化基本层面进行定义和评述：

（1）个人主义与集体主义。个人主义意味着对社会中松散的社会结构的偏好，在这种社会结构中，个人仅应照顾自己及直系亲属。该文化层面所解决的根本问题是一个社会在个体之间维持的相互依存度。

（2）大权力距离与小权力距离。权力距离是社会成员接受制度和组织中权力分配不均的程度。在权力距离大的社会中，人们接受等级制秩序，个体身份无须进一步证明。这个层面阐释的一个问题是，当出现人与人之间的不平等现象时，社会该如何处理。

（3）规避不确定性的强与弱。规避不确定性是指社会成员对不确定性和歧义感到不自在的程度，这种感觉使他们相信，世界上一定存在确定性的承诺，并维持制度来保护一致性。社会对不确定性强的事物进行规避，保持着严格的信念和行为准则，不容忍偏离正常社会标准的人和思想。不确定性弱的社会保持更加宽松的氛围，在这里习惯比原则更重要，容忍偏差也更容易。这个层面解决的一个基本问题是，社会对于时间的不可逆性和未来的不可知性是试图控制还是任其发生。

（4）阳刚气质与阴柔气质。阳刚气质代表着社会对成就、英雄主义、自信和物质成功的偏好。与之相反的是阴柔气质，它代表着对人际关系、谦虚、关心弱者和生活质量的偏好。

Gray（1988）用这些文化差异来解释会计师行为的国际差异，从而解释了会计实务的本质差异。例如，Gray 建议，具有强规避不确定性和低个人主义的国家将更有可能表现出对收入的保守衡量，并且倾向于限制披露与其业务密切相关的信息，采取更稳健的收入计量方式。稳健性将作为本章后面国际差异的一个示例来介绍。

Gray 提出了以下四对"会计价值观"：

其一，专业性与法律控制；

其二，统一性与灵活性；

其三，稳健与乐观；

其四，保密与透明。

前两个与权威性和强制性有关，Gray 发现盎格鲁文化区与亚洲地区之间存在显著差异。后两个涉及计量和披露，Gray 将盎格鲁文化与拉丁文化和日耳曼文化进行了对比。

这种方法对于分析诸如审计师行为的国际差异（例如，Soeters and Schreuder，1988）或审计师选择（Hope et al.，2008）等问题可能非常有用。但是，对于财务报告而言，与对会计外部环境的直接相关要素（如法律制度或股票市场）进行衡量相比，对文化属性的衡量比较模糊且不那么直接。同样，文化方面的因素作为论据在会计环境中可能并不可靠。例如，Hofstede 将西非国家分类在一起，但它们的法律和会计制度大不相同。另一个问题来自以下事实：为获得充分的证据，Hofstede 考察了一家大型跨国公司的雇员。在衡量文化属性时，如何应对跨国公司在新加坡、阿布扎比等地的许多雇员来自其他国家或少数族裔这一事实？McSweeney（2002）对 Hofstede 的方法论提出了一系列批评。Baskerville（2003）也认为将国家与文化等同是危险的，试图通过数字指标来理解文化存在困难。Hofstede（2003）对上述批评进行了回应。

Salter 和 Niswander（1995）试图检验 Gray 针对 29 个国家的假设，但在衡量 Gray 的几种"会计价值观"时遇到了相当大的困难，因此他们采用了间接的计量方式。例如，统一性取决于一个国家是否具有普通法或法典，但这并不是对会计实务差异的真正检验，而是对会计实务差异产生的可能原因的检验。如若对统一性进行更直接的衡量，则 Gray 的假设不成立。对于稳健性，一些假设的关系成立，但其他关系并不成立。Gray 假设的一个最有说服力的支持是，随着不确定性规避的减弱，透明度增加了，但是其他与保密有关的假设不成立。Chanchani 和 Willett（2004）对印度和新西兰财务报表编制者和使用者的会计价值观进行了抽样，他们得出的一些证据也支持 Gray 对专业性和统一性的论述。

Chanchani 和 MacGregor（1999）对有关会计和文化的研究进行了综述。Doupnik 和 Tsakumis（2004）对此有所更新。Doupnik（2008）研究了文化对盈余管理的影响，例如盈余随着时间的推移而平滑，并发现强规避不确定性和低个人主义与盈余的平滑相关。Ronen 和 Shenkar（2013）根据与工作相关的态度，绘制图像对世界各国进行了分类。图像清晰地显示出阿拉伯和盎格鲁集群，但在东亚或拉丁国家集群程度较低。Chand 等（2012）研究了同一国家的不同文化如何影响会计判断，他们将有中国背景和盎格鲁凯尔特背景的澳大利亚学生作为研究对象。

Heidhues 和 Patel（2011）提出，许多研究人员不假思索地应用了 Gray 模型。Heidhues 和 Patel 以德国为例，研究了可能导致稳健性的因素。尽管在任何国家都需要这种详细的方法来正确理解会计，但是 Heidhues 和 Patel 的发现似乎并没有直接与 Gray 模型产生任何矛盾。

据此，我们得出结论，考察会计环境的另一种方法是确定更直接的潜在影响，例如法律制度、公司理财、税收体系等等。这些因素以复杂的方式与文化相互作用，会影响一个国家的财务报告和会计职业风格。在本章的其余部分，我们将研究其他外部环境因素。

在研究会计差异的可能原因时，会计环境可能也包括殖民主义的影响。许多国家受到其他国家的严重影响，特别是前殖民主义国家的影响。因此，在预测或解释许多非洲或亚洲国家的会计要求时，查阅其历史或许更为有效。在第 3 章讨论分类时会再次讨论这些问题，对于某些特定国家，后续章节会再提到此类问题。

## 2.3　法律制度

一些国家的法律制度依赖数量有限的法律条文，并由法院解释，法院通过大量的判例法补充法规。这样的普通法体系起源于英格兰，主要是在 1066 年诺曼征服后，由代表国王行事的法官所形成（van Caenegem，1988）。它不像成文法（codified law）那样抽象（见下文）。普通法的目的是为具体案件提供答案，而不是据此在未来制定一般规则。尽管普通法系起源于英国，但在受英国影响的许多国家中也可能存在类似的形式。因此，美国的联邦法律及爱尔兰、印度、澳大利亚的法律等或多或少都以英国普通法为蓝本。这自然会影响到《商法》，而《商法》通常不会对公司应如何准备其财务报表做出详细规定。取而代之的是，会计师自己制定了会计实务规则，然后将其写下来作为建议或标准。接着，结合法律制度后，既独立于国家又独立于会计职业的准则制定机构逐渐成立。

另外一些国家的法律体系以罗马的《万民法》（ius civil）为基础，由 6 世纪的拜占庭皇帝编撰，并于 12 世纪以来由欧洲一些大学的学者加以完善。该法律秉持了公平与道德的理念，并以此作为立法的信条。"成文"一词可能与上述法律体系相关。上述法律体系与普通法的差异是，《公司法》或《商法》中规定了财务报告的详细准则，例如在德国，公司会计很大程度上是法律的一个分支。

表 2-1 说明了一些发达国家采用这两种类别法律的情况。中国和日本的现代商业法律体系都是基于 19 世纪后期德国商业法规的译本（见第 12 章）。在某些罗马法系国家中，国家干预（集权制和控制经济的意愿）导致了"会计计划"的存在（见第 15 章）。David 和 Brierley（1985）讨论了法律制度的分类。

**表 2-1　西方法律体系**

| 普通法 | 成文法 |
| --- | --- |
| 英格兰和威尔士 | 法国 |
| 爱尔兰 | 意大利 |
| 美国 | 德国 |
| 加拿大 | 西班牙 |
| 澳大利亚 | 荷兰 |
| 新西兰 | 葡萄牙 |
| | 日本（商法） |

注：苏格兰、以色列、南非、加拿大魁北克州、美国路易斯安那州和菲律宾的法律综合了两种法律体系的特点。

一个国家会计法规的性质（与会计准则的内容相对）受其一般法律制度的影响，这是第 15 章的主题。普通法国家和大型股票市场之间似乎也存在某种联系（见 2.4 节）。此外，有一些普通法国家与特定类型的会计实务相关联，但因果关系尚不明确（见 2.8 节）。例如，Jaggi 和 Low（2000）发现，普通法国家的公司具有较高的披露水平。Bushman 和 Piotroski（2006）研究发现，普通法国家存在立即报告会计损失的动机。

然而，Lindahl 和 Schadéwitz（2013）对区分普通法和成文法来理解会计差异的合理性产生了质疑。他们认为这两种法律体系之间存在重要差异。此外，协调机制（例如欧盟）的存在已经减少了一些普通法国家和成文法国家之间的差异。

一个国家的会计监管体系会受其法律制度性质的影响，会计准则和实务也可能会受到其他问题的影响。一个国家可能会不论其法律制度如何而出于其部分或全部目的采用国际财务报告准则。

## 2.4　资金提供者

各国的企业组织形式和所有权的类型有所不同。在德国、法国和意大利，银行提供的资金非常重要，对小型家族企业来说也是如此。相比之下，在美国和英国，许多公司依靠数百万私人股东来融资。通过考察各国上市公司的数量，可以发现对这种特征的推测是合理的。第 1 章的表 1-5 显示了一些大型经济体在证券交易所上市的国内上市公司的数量。表 2-2 则列出了四个国家的数据，并根据人口或经济规模进行了调整。表中数据显示美国和英国的股票市场比德国和意大利的股票市场有更强的实力。

表 2-2　股票市场的相对实力

| | 国内上市公司/百万人口 | 股票市值/GDP |
| --- | --- | --- |
| 意大利 | 4.5 | 0.22 |
| 德国 | 8.2 | 0.4 |
| 美国 | 12.9 | 1.11 |
| 英国 | 64.4 | 1.13 |

资料来源：Prepared by the authors from World Bank statistics（such as，http://data.worldbank.org/indicator/CM.MKT.LDOM.NO，accessed 25 April 2015）。

如同表 2-1 中的法律体系一样，这些国家很明显可以被分为两类。La Porta 等（1997）发现普通法国家与强大的股票市场之间存在相关性。La Porta 等（1998）指出，普通法国家对投资者的法律保护比罗马法系国家强。但是，Lindahl 和 Schadéwitz（2013）对这些文章中的法律保护得分表示怀疑。Roe（2003）认为，西方发达国家的企业结构之间的差异是由政治差异引起的。这些政治差异不仅直接影响企业结构，还影响企业结构的技术制度（例如法律安排）。

以上讨论掩盖了另一个重要的区别：股东与广大投资者之间的区别。在包括英国在内的欧洲，法律上的规定与现有股东有关。相比之下，美国各州的法律几乎没有为股东提供保护。相反，美国证券交易委员会保护投资者，其中包括对债权人和股东的保护，以及对潜在和现有投资者的保护。

荷兰是上市公司历史最长的国家。尽管它的证券交易所规模很小，但许多跨国公司（如联合利华公司、飞利浦公司、壳牌公司）都在那里上市。因此，将荷兰和说英语的国家归入"外部股东"类，而不是"银行/家族""类似乎是合理的。此外，表 2-3 使用最新数据显示了各个国家公司的平均资产负债率。总体而言，表中数据与假设相符，所选国家对股权的依赖较少表明对债务的依赖更多，与英国企业相类似，美国企业的资产负债率较低。

表 2-3　所选国家的资产负债率

| 排名 | 国家 | 资产负债率* |
| --- | --- | --- |
| 1 | 西班牙 | 240.26 |
| 2 | 德国 | 236.35 |
| 3 | 爱尔兰 | 223.2 |
| 4 | 希腊 | 194.15 |
| 5 | 丹麦 | 186.32 |
| 6 | 意大利 | 177.99 |

续表

| 排名 | 国家 | 资产负债率* |
|:---:|:---:|:---:|
| 7 | 日本 | 175.33 |
| 8 | 澳大利亚 | 146.82 |
| 9 | 比利时 | 129.95 |
| 10 | 瑞典 | 129.15 |
| 11 | 奥地利 | 121.61 |
| 12 | 法国 | 120.64 |
| 13 | 挪威 | 112.15 |
| 14 | 波兰 | 108.72 |
| 15 | 英国 | 107.07 |
| 16 | 瑞士 | 100.55 |
| 17 | 美国 | 98.03 |
| 18 | 加拿大 | 87.1 |
| 19 | 新西兰 | 72.68 |

注：＊债务占普通股的百分比。

资料来源：Data from Datastream. Kindly provided in 2007 by Jon Tucker and David Bence of Bristol Business School.

Zysman（1983）提出了按金融体系将国家分类的提议，其构成如下：

- 资本市场体系（例如英国、美国）；
- 政府信贷体系（例如法国、日本）；
- 金融机构贷款体系（例如德国）。

Parker（1994）将这一分析应用于西太平洋的 10 个国家，并提出了其对财务报告实务的解释力。

Zysman 的三种类型可以简化为"股权国"和"债权国"两类。比较这两类国家可以进一步发现，在债权国中，即使是相对较少的上市公司也可能由银行、政府或家族进行控制。例如，在德国，银行是公司的重要所有者以及债务融资的提供者。许多上市公司的多数股份由银行（例如德意志银行）作为代理拥有或控制。在许多国家，例如德国、法国或意大利，银行或国家政府可以任命董事，从而能够获得信息并影响决策。表 2-4 列出了 1977 年欧洲 3 个国家的上市公司股东的类型，此时欧盟的统一准则或国际准则还未影响到这些国家。可以看出，法国和德国的内部持股比例（T1）大于外部持股比例（T2），但在英国则相反。

表 2-4　内部和外部股东的百分比（1977 年）

| | 银行 | 其他公司 | 政府 | T1 | 金融机构 | 国内个人 | 国外 | T2 |
|:---:|:---:|:---:|:---:|:---:|:---:|:---:|:---:|:---:|
| 法国 | 12 | 36 | 12 | 60 | 10 | 20 | 10 | 40 |
| 德国 | 10 | 42 | 9 | 61 | 7 | 23 | 14 | 44 |
| 英国 | 1 | 4 | 3 | 8 | 51 | 37 | 5 | 93 |

资料来源：Prepared from OEE/IODS，2012. The data for Germany and the UK does not add up to 100%. This is probably due to rounding for the UK.

如表 2-5 所示，上述 3 个国家之间的差异在之后的数十年中不断缩小，但仍存在显著差异。对于这 3 个国家来说，股东类型发生的最剧烈变化与外国投资者有关。表 2-6 显示，所有这些国家的外国投资者数量都有了大幅增长。这必然预示着会计的统一将会被推动。但是，这也可能是相反过程的证据。也就是说，到 2007 年，3 个国家的上市公司都在使用国际准则，因此投资者可能会对外国公司提供的财务报告感到更满意。

**表 2-5　外部股东持股百分比**

|  | 1977 年 | 1987 年 | 1997 年 | 2007 年 | 2012 年 |
|---|---|---|---|---|---|
| 法国 | 40 | 50 | 68 | 67 | 69 |
| 德国 | 44 | 46 | 46 | 62 | 55 |
| 英国 | 93 | 91 | 99 | 97 | 94 |

资料来源：Prepared from tables in OEE/IODS, 2012.

**表 2-6　国外股东持股百分比**

|  | 1977 年 | 1987 年 | 1997 年 | 2007 年 | 2012 年 |
|---|---|---|---|---|---|
| 法国 | 10 | 11 | 32 | 39 | 42 |
| 德国 | 14 | 17 | 15 | 41 | 28 |
| 英国 | 5 | 10 | 24 | 44 | 48 |

资料来源：Prepared from tables in OEE/IODS, 2012.

如果欧洲大陆国家的上市公司都是由银行、政府或家族主导的话，那么公开信息的需求就会相对较少。这也适用于审计，因为这是基于在所有者都是"外部人"的情况下对经理进行的检查。Franks 和 Mayer（2001）讨论了德国公司的所有权和控制权问题。

尽管在英国和美国等国家，越来越多的股份由机构投资者而非个人股东持有（见第 1 章），但这仍然有别于由国家、银行或家族持有。机构投资者持股的增加可为下述假设提供佐证：公司所有权集中度较低的国家中，股东难以获得公司内部信息，因而对信息披露、审计和公允信息会有迫切的需求。而机构投资者因其持股量更大且管理模式更为高效，对上述信息有更为迫切的需求。当然不能排除机构投资者通过向公司施加压力获得比普通公众更为详细的信息的可能。

在这里，"公允"的概念需要被定义。这是一个与大量外部投资者有关的概念，这些外部投资者需要关于企业经营成败及其运营状态的无偏信息（Flint，1982；Parker and Nobes，1994）。尽管公司适当地审慎行事是股东所期望的，但股东其实更关注将不同年度不同公司的相关数据进行比较，此时无偏信息是非常有用的，因为它们将有助于进行预测。信息的无偏与否需要判断，因此需要专家。审计师检查财务报表也需要这种专业判断。在英国、美国和荷兰等国家，几十年来会计师制定了自己的专业标准。由于会计师的影响力和专业性总是优于政府（作为股东、公共利益的保护者或税收征管者），这一做法通常为政府所接受。因此，公认会计原则会主导会计，而这些原则是由会计师和私营部门主导的委员会制定的。在政府干预的范围内，他们制定了披露、申请和执行方面的要求。

在大多数欧洲国家和日本，相对缺乏"外部"股东意味着外部财务报告的主要目的是保护债权人和作为税收征管者或控制者的政府。这种情形无法促进灵活性、判断力、公允性或试验性的发展。但是，它确实带来了谨慎性、统一性和稳定性。在这些国家，债权人的地位越来越高，导致会计处理的方式需要更为稳健。这是因为债权人更关心在最坏的情况下是否能够收回自己的钱，而股东可能会对未来前景的无偏预期更为关注。

尽管如此，即使在德国、法国或意大利等上市公司相对较少的地方，政府也已经认识到自身有责任要求上市公司发布经过审计的详细财务报表。大部分此类国家都制定了相关法律，政府还专门设立了管控证券市场的机构：如 1960 年成立的法国证券交易所委员会（Commission des Opérations de Bourse）及其后身金融市场管理局（Autorité des Marchés Financiers），以及意大利在 19 世纪 70 年代成立的全国公司及证券交易委员会（Commissione Nazionale per le Società e la Borsa，CONSOB）。后来，德国也成立了联邦金融监管局（Bundesanstalt für Finanzdienstleistungsaufsicht，BaFin）。这些机构在某种程度上都以美国证券交易委员会为效仿对象（见第 10 章），它们在遵循英美会计实务发展方向的前提下，对财务报告的发展过程起到了重要作用。这不足为奇，因为这些证券交易所的监管机构正在扮演私人股东和机构股东本来应该扮演的角色，而这两者在更长的一段时间里帮助塑造了英美会计体系。

在某种程度上，这种清晰的局面正在发生变化。例如，机构投资者和私人投资者在法国和德国的重要性不断提高（见表 2-5）。另外，如第 15 章所述，在 1990 年后期，这两个国家建立了民间的准则制定机构。尽管如此，二者的差异仍然显著存在。总之，我们认为，债权/内部股东和权益/外部股东之间的差异是造成财务报告中国际差异的主要原因。表 2-7 在此基础上提出了一些国家的初步分类。

**表 2-7  基于公司融资的初步分类**

| A | B |
|---|---|
| 特征 ||
| 强劲的股票市场 | 疲弱的股票市场 |
| 许多外部股东 | 核心、内部股东 |
| 大型审计行业 | 小型审计行业 |
| 单独的会计和税收准则 | 税收主导会计准则 |
| 国家的例子 ||
| 澳大利亚 | 法国 |
| 英国 | 德国 |
| 美国 | 意大利 |

这种双分类法产生了一些重要结果。首先，债权/内部股东类型的国家（表 2-7 中的 B 类）对审计和发布财务报告的市场需求不大。因此，年度会计报表的需求与政府计算应纳税所得额的需求密切相关，使得税收方面的考虑将主导会计准则。相比之下，在权益/外部股东类型的国家中，会计执行市场职能，因此需要将准则与税收分开，导致在权益/外部股东类型的国家中存在两套会计准则，其中一套用于规范财务报告，另一套用于计算应纳税所得额。

如果债权/内部股东类型的国家中也存在发展有效股票市场的需求，那么满足对不同类型信息的新需求的一种方法是对合并报表实施一套不同的准则（例如国际财务报告准则）。

基于融资体系的国家分类的第二个影响是，债权/内部股东类型的国家需要的审计师远少于权益/外部股东类型的国家。如 2.7 节所述，这将影响会计行业的历史、规模和地位。

## 2.5　税　收

虽然可以通过多种方式对税收体系进行分类，但其中一些与财务报告无关。例如，我们很容易根据公司税将国家分为使用"古典税收制"的国家和使用"归属抵免制"的国家（James and Nobes，2018），但是这种区别（着眼于股息的征税方式）不会对财务报告产生重大影响。与财务报告更相关的是税收准则对会计实务的影响，以及与某个国家的主要会计目的有关的原因。例如，根据德国国家会计准则，税务账户（Steuerbilanz）应与商业账户（Handelsbilanz）相同，甚至还可以用一个专门的德语词来形容：决定性原则（Handelsbilanz）（Haller，1992）。

重要的一点是，在大多数国家中，被征税的主体是单独的法人主体，因此税收计算所依据的主体是单独的财务报表，而不是合并报表。即使在存在某种形式的集团税收的国家中，税收的"集团"也不同于财务报告的"集团"。图 2-1 显示了一个简单的国际集团，其中包含五个法人主体。这些主体在其注册国家的法律范围内运作。它们按照当地法律缴税和分红。在许多国家（例如整个欧洲），包括母公司在内的五家公司中的每家都必须准备财务报表。财务报表是否必须进行审计和发布，要依据当地法律确定。通常母公司需要准备另一套财务报表（合并报表），这些报表的编制是将五个主体视为一个单独的主体，并使用相同的会计准则。在一些国家（例如美国），仅对合并报表进行审核和发布。

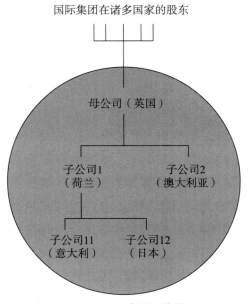

**图 2-1　一个国际集团**

折旧是一些国家受税收影响严重的另一个典型因素，而在另一些国家则不受此影响。在英国，已发布财务报表中的折旧金额是根据 20 世纪的实务确定的，并最终将其记入《标准会计实务公告第

12 号》、随后的《财务报告准则第 15 号》，以及现在的《财务报告准则第 102 号》的后续会计准则：

> 该准则要求主体在资产的使用寿命内系统地分配资产的可折旧额。

该准则的要求相当笼统（类似于《国际会计准则第 16 号》中的要求），没有确切的法规或标准，而是依据惯例和实务决定了所选择的方法（通常是直线折旧法，因为它更容易）、残值的大小（通常是 0，因为它更易于操作）以及预期寿命（对于机器而言，为便于操作，通常为 10 年）。

英国出于税收目的而允许的折旧额完全独立于这些会计数字，它由资本免税额确定，有一项正式的税收折旧免税额计划，旨在将允许的金额标准化，并起到激励投资的作用。例如，在 2019 和 2020 年，英国出于税收目的，使机器在递减余额的基础上每年折旧 20%。与其他国家不同，英国不允许大多数商业建筑物在税前进行任何折旧抵扣。由于两种折旧方法是分开的，因此不存在税收的主观性，但是在对于折旧费用的财务处理上有充分的判断余地。

相反，另一种极端情况是，在德国等国家，税收准则规定了特定资产的折旧上限。这些折旧的上限通常基于资产的预期使用寿命。但是在某些情况下，可以加速折旧：例如，对于生产节能或抗污染产品的行业或德国东部部分地区的行业而言就有诸如此类的情况。如果是出于税收目的（通常是明智的）计提折旧，则必须在财务报表中作为费用扣减。因此，英国会计师认为由此计算出的利润不算是"公允"的，即使可以肯定是"正确"或"合法"的。在德国，甚至在选择如何计提折旧的具体方法上也受到了上述因素的影响，正如巴斯夫公司的解释：可移动固定资产主要通过余额递减法计提折旧，当折旧额过高时则改用直线法计提折旧（2010 年母公司年度报告，第 30 页）。巴斯夫公司还报告（第 31 页）："特别准备金在资产负债表中的确认程度是由财务的接受程度（fiscal acceptance）决定的，而其金额是根据财务规则设定的。"但是，税收和会计之间的紧密联系最近在某种程度上减弱了（见第 15 章）。巴斯夫公司 2017 年的年度报告删除了"财务接受程度"的表述，且将折旧方法改为直线法，对于前期资产仍通过余额递减法折旧，直到直线法导致更大的支出为止。

欧莱雅公司 2017 年的母公司财务报表提供了一个法国的折旧例子，其中提到无形资产的"加速税收"摊销和有形资产的折旧（第 292 页）。税收产生影响的其他例子也很容易找到：如坏账备抵（由意大利或西班牙的税法确定）或政府主导的资产重估（例如 1978 年的法国、1986 年的西班牙和 2000 年的意大利）。在德国、法国、比利时、日本和许多其他国家，税收对财务报告的影响存在一些差异。它会影响许多会计问题，例如养老金会计、库存估价、准备金和土地估价。这种现象的一个表现是，由税法会计差异引起的递延税在这些国家并不重要。相比之下，以英国和美国为例，递延税问题引起了很大的争议，相关会计准则文件的数量也相当可观。在这一点上，关于合并报表的一个主要例外情况在 20 世纪 90 年代变得特别重要。由于税收一般涉及的是单个公司的应纳税所得额，而不是集团的应纳税所得额，因此国家可以对合并报表采取宽松的态度。这促进了集团层面会计的国际协调。例如，自 2005 年以来，欧盟上市公司的合并报表使用国际财务报告准则。同样，在中国和日本，合并报表适用不同的会计准则。

以英国、美国、澳大利亚和荷兰为代表的另一种方法是，发布的财务报表的业绩指标设计主要为投资决策服务，因此在许多会计领域，商业规则与税收准则分开运作。表 2-1 左侧的国家在不同程度上都是这样的。在大多数情况下，英国的税收和财务报告之间相互分离的程度并没有以资本免税额的形式体现。但是在所有这些国家中，税务部门必须出于自身目的对商业账户进行诸多调整。在美国，对存货估价使用后进先出法（last in，first out，LIFO）是一个重要的例外，这主要是由于税收的原因（见第 10 章）。

人们尝试通过税收和财务报告之间的关联程度对国家进行分类。例如，Hoogendoorn（1996）对 13 个国家进行了分类。但是，这种分类存在问题，因为需要分成 7 个组并且同时考虑两个事项：税收/财务报告的关联以及递延税的处理。Lamb 等（1998）尝试研究第一个事项。他们认为，可以将英国/美国的税收和会计分离与德国的税收和会计紧密联系相区分。他们的方法后来被用于西班牙（Oliveras and Puig，2005）、挪威（Nobes and Schwencke，2006）和意大利（Gavana et al.，2013）。Nobes 和 Schwencke（2006）研究了税收和财务报告在时间轴上的关联，他们以挪威为例，记录了一个世纪以来两者从紧密联系到分离的过程。

在德国，自 Lamb 等（1998）的研究以来，税收和财务报告之间出现了一些差异。例如，出于税收目的，只有在预计减值持续时间较长的情况下才允许计提减值。此外，应对长期准备金进行折现。第 16 章指出了德国从 2010 年开始的会计制度的一些变化，这些变化降低了税收和财务报告的关联性。

以上措施与国家会计和税收规则有关，这些都是非合并报表的内容。对于合并报表，则更容易逃避税收影响。Lamb 等（1998）注意到法国存在上述问题。使用国际财务报告准则进行合并报告应大大减少甚至消除征税的影响。然而，如果由于税收原因在非合并报表中做出会计选择，并且这些选择会影响合并报表，那么税收影响仍然可能存在。Gee 等（2010）使用 Lamb 等的方法在使用国际财务报告准则编制合并报表的背景下考察了德国和英国的情况。Gavana 等（2013）也研究了意大利的国际财务报告准则。这些学者表示，在德国和意大利采用了国际财务报告准则的报表中，税收影响已大大减少，但并未消除。上述所有的研究都涉及对税收与财务报告之间关系的大量判断。那些在 Lamb 等的研究基础上展开的进一步研究都是非常费力的，这就是他们只关注少数几个国家的原因。

上述所有方法都是评估税收影响的定性方法，尽管大多数结果都是通过数值评分得出的。最近，已经有学者尝试根据一些国家的公司数据使用定量的方法。Atwood 等（2010）基于不能用税前利润（profit before tax，PBT）变化来解释的当期税收费用变化量（用作应纳税所得额的代理变量）来度量账面税收一致性（book-tax conformity，BTC）。他们选取 1992 年至 2005 年期间的 33 个国家，并列示了每个国家当期税收费用对税前利润的年度回归结果的平均标准误。标准误越高表示账面税收一致性越低。Tang（2015）在衡量账面税收一致性方面有不同的关注点，因为她企图捕捉她称之为"强制合格性"的存在。Tang 分年份和国家（1994 年至 2007 年，32 个国家）对账面税收差异（以税前利润乘以法定税率减去当前税费后得出）与可操纵性应计（运用修正的琼斯模型）及避税的代理变量进行了回归。

Atwood 等（2010）和 Tang（2015）使用的数据在很大程度上有所重合。在某种程度上，他们也得出了类似的结论，例如，美国和加拿大的账面税收一致性较低。但是在一些亚洲国家或地区（例如中国香港和新加坡）中，他们得到的结论大不相同：Atwood 等（2010）认为上述国家的会计税收差异较低，而 Tang（2015）则持相反的观点。

在许多国家，国际财务报告准则（或《中小企业国际财务报告准则》）都已经被采用（或趋同），甚至用于非合并的财务报告（见第 13 章）。这意味着必须将税收与财务报告广泛分离。否则，每次国际会计准则理事会更改准则时，应纳税所得额都可能发生变化。在公司可以选择使用国际财务报告准则或国内会计准则以产生两个不同利润数字的国家中（例如丹麦、荷兰、挪威和英国），二者的分离尤为重要。在会计和税法不分离的情况下，公司也可以通过选择使用国际财务报告准则还是国内会计准则来确定应纳税所得额。公司税基与财务报告之间的差异导致了递延税的会计问题。这将在第 7 章中讨论。

## 2.6 其他外部影响

我们已经讨论了文化对会计发展的影响。另外，有学者提出殖民影响可能成为首要因素。还有许多因素会在形成会计实务方面发挥作用。一个示例是为应对经济或政治事件而制定新的法律。例如，20 世纪 20 年代末期和 20 世纪 30 年代初期的美国经济危机催生了《证券交易法》，并通过引入广泛的披露要求和国家对会计准则的控制（通常仅通过威慑），改变了美国会计的发展轨迹。美国会计准则的其他变化则是由于 2001 年安然公司的倒闭和 2007 年的全球金融危机。

外部影响的其他例子还包括通过政府决策将英美会计准则引入国内的意大利，以及由于欧盟的要求将合并和详细披露要求引入本国的卢森堡。西班牙采取的会计制度源自法国，而法国又是受 20 世纪 40 年代初期占领其国家的德国的影响。反过来，由于欧盟的要求，英国在 1981 年采用了源自 1965 年德国《股份法》（Aktiengesetz）的统一格式。对于罗马法系国家而言，目前它们必须努力适应"真实和公允的观点"（见第 14 章）。

外部影响的一个重要例子是采用国际会计准则理事会发布的会计准则或与之保持趋同。例如，欧盟已强制规定上市公司的合并报表执行这些准则。这样做是由于政治和经济方面的原因（见第 5 章），它覆盖了本章中的其他因素。更妙的是，欧盟成员国家的其他准则，以及其余国家的会计准则正在逐渐与国际会计准则融合。也许最出乎意料的是发展中国家对英国《公司法》或各种国际财务报告准则的适应，这些发展中国家的上市公司或私人股东在数量上微不足道，而正是上市公司或私人股东催生了这些法律或准则中所包含的财务报告实践。

另一个影响会计实务的因素是通货膨胀水平。尽管事实证明，在采取果断行动时，英语国家的会计师明显不受通货膨胀的影响，但有些国家的通货膨胀已经势不可挡。在一些南美国家，会计实务最明显的特征是采用了一般价格水平调整方法（Tweedie and Whittington，1984）。之所以选择这种相对简单的方法，可能是因为以下因素：当通货膨胀率每年发生数百个百分点的变动时，通货膨胀与任何特定的价格变动之间均有联系；政府发布指标的客观性；会计和税收的联系；缺乏训练有素的会计师。如果不提及通货膨胀，就无法解释受该因素严重影响的几个国家的会计差异。

在 19 世纪 70 年代的欧洲大陆，法国、西班牙和意大利对通货膨胀做出反应的是政府，这一事实表明在这些国家，政府参与了会计监管。相比之下，19 世纪 70 年代的美国、英国和澳大利亚主要是会计师委员会对通货膨胀做出反应。据此可能会得出结论，尽管任何国家都会对大规模通货膨胀做出反应，但人们更多的是去关注做出反应的主体是谁，因为由此能够说明该国会计制度的基本特征。

在一些情况下，理论也对会计实务产生重大影响，最明显的是荷兰的微观经济学理论对会计的影响。荷兰的会计理论家（特别是 Theodore Limperg，Jr）提出了这样一种观点：允许会计师根据某一特定公司的情况进行判断、选择和提供会计数字，财务报表的使用者就可以对该公司的业绩和状况产生最公允的看法，尤其是重置成本信息，这或许是对事实最好的描述。荷兰法律和税收要求的宽松性，以及会计行业对微观经济学思想的接受程度（毫无疑问，部分原因是学术理论家的影响），导致了会计实务的多样性，并尝试采用重置成本会计（Zeff et al.，1992）。

在其他国家，理论并不那么受重视。在欧洲大陆和日本大部分地区，会计一直是国家的工具（例如征税）。在英美国家，尽管从 19 世纪 70 年代中期以来，概念框架的发展改变了这一状况，但传统上理论在会计实务中并不重要（见第 6 章和第 10 章）。

## 2.7 行 业

另一个与财务报告密切相关并被一些研究者认为造成了国际差异的因素是会计行业。但是，这可能是一个因变量，而不是一个自变量。

一个国家会计行业的实力、规模和能力可能在很大程度上取决于上述各种因素以及所提供的财务报告类型。例如，某些国家缺乏大量的上市公司和私人股东，这意味着其对审计师的需求比英国或美国要少得多。然而，该行业的性质也反映在已实行和可能实行的会计制度上。例如，意大利 1975 年颁布的一项法令要求国家必须如同英国和美国一样，对上市公司进行广泛的审计，但直到国际会计师事务所在意大利出现后，该法令才真正开始生效（20 世纪 30 年代才生效）。这一因素对一些国家之间进行重大而深层次的会计协调的尝试构成了很大的障碍。在德国执行《欧盟第 4 号指令》（见第 14 章）时，是否需要外聘审计师是一个有争议的问题。

第 1 章的表 1-11 列出了一些会计机构的成员即公司财务报表审计师的人数，对这些不寻常的数字有必要做些解释。例如，在实务中，德国会计师协会的成员只能由从事注册会计师工作的人担任，而在英国至少有一半的成员来自商业、工业、政府、教育等领域。

## 2.8 关于国际差异起因的总结

财务报告的国际差异是多种多样的，本书将对此进行详细研究。文化差异显然是与财务报告差异相关的，至少文化会影响那些决定财务报告的因素。Doupnik 和 Salter（1995）提出了一个模型，其中会计差异可以用 Gray 的 4 种文化变量（见 2.2 节）和其他 6 个变量（包括 2.3 节至 2.7 节的因素）来解释。但是，Nobes（1998）认为这样存在一些问题，因为：（1）最好将文化变量视为影响其他 6 个变量的因素，而不是直接影响会计的因素；（2）后 6 个变量中的几个（例如会计行业的性质）似乎在很大程度上是因变量，而不是自变量。

Nobes（1998）提出，造成财务报告差异的最直接原因是将国家分为两种（见第 3 章）：（1）具有重要股票市场和许多外部股东的国家；（2）具有信贷融资体系且外部股东相对不重要的公司的国家。权益/外部股东的体系会导致决策有用的会计、税收和会计准则以及大型审计行业之间的分离。这通常也与普通法相关联，尽管荷兰是一个例外：该国采用成文法，但许多与会计有关的其他特征类似于美国或英国。

Ball 等（2000）提出了普通法与会计某些方面之间的联系，例如对于损失报告的速度。如前所述，La Porta 等（1997，1998）研究了普通法与大型股票市场之间的某些联系，但人们对普通法或二分法的准确性和相关性存有疑问。

可能与此相关但上面没有提到的因素包括语言、历史、地理、宗教、教育和许多其他因素。其中一些可能太模糊而无法发挥作用，例如，与一般意义上的历史研究相比，针对股票市场或法律制度的历史研究可能与会计的国际差异更具相关性。

但是，当观察那些受到其他地方文化影响强烈的国家（例如许多前殖民地）时，会计制度的最佳预测指标可参照其前殖民国。并且这一因素往往比其他因素更为重要，甚至超过公司财务体系本身的影响力。例如，非洲的一些前英国殖民地，即使根本没有股票市场，也建立了以英国会计制度为基础的会计制度。Elad（2015）展示了如何根据一个国家是英国还是法国殖民地来预测非洲会计实务。在其他国家（例如新西兰），前殖民地可以沿用殖民国的法律制度、股票市场和会计行业以及会计制度。对于许多英联邦国家来说，英国对会计的影响已经被国际会计准则理事会取代。

Xiao 等（2004）将 Nobes（1998）和 Ball 等（2000）的观点应用到中国的会计发展。他们认为，政府的影响可以减缓会计制度因不断增长的股票市场而变化的速度。Phuong 和 Richard（2011）在越南也发现了类似的情况：会计核算是在以前的制度结构之内进行的。

Tarca 等（2013）考察了德国向国际财务报告准则的融合，并确认了这一融合过程与外部股东权益增长之间的联系。Zeghal 和 Mhedhbi（2006）发现，在发展中国家，存在资本市场和英美文化的地方最有可能采用国际会计准则。但是，Tyrrall 等（2007）发现，至少在新兴经济体中，使用国际财务报告准则的外部压力很大，以至于 Nobes（1998）的提议不再适用。问题在于国际财务报告准则的应用速度和完整性如何。

即使采用国际财务报告准则，影响会计的各种因素仍然存在。也就是说，国际财务报告准则在不同国家的实施方式可能不同。第 5 章和第 9 章对此进行了研究。

## 2.9 国际差异的两个例子

### 2.9.1 概述

有许多出版物和学术论文记录了会计实务的国际差异。例如，Jaafar 和 McLeay（2007）研究了存货估价（inventory valuation）、折旧方法（depreciation methods）和商誉处理方法（goodwill treatment）。在分类（见第 3 章）和统一（见第 4 章）的背景下还提到了许多其他此类论文。

本节现在着重探讨两个可以揭示主要国际差异的会计问题：财务报表的格式和稳健性。第一个问题很容易理解，第二个则相对复杂。其中，稳健性的表现可能在于减少股息或税收的支付，它可以通过许多方式实现，例如增加预计负债或选择低价值的资产。

### 2.9.2 财务报表的格式

资产负债表的变化主要有两种（见表 2-8）。首先，在某些国家中，资产是按照流动性减少的顺序显示的（库存现金优先），而在其他国家中，则是按流动性增加的顺序显示的（无形资产优先）。预测的关键是受到美国影响的国家使用降序，而欧盟国家通常使用升序。

表 2-8 常用资产负债表的格式

| 国家 | 流动性顺序 | 格式 |
| --- | --- | --- |
| 澳大利亚 | 减少 | 财务状况 |
| 法国 | 增加 | 双面 |
| 德国 | 增加 | 报告 |
| 意大利 | 增加 | 双面 |
| 日本 | 减少 | 双面 |
| 英国 | 增加 | 财务状况 |
| 美国 | 减少 | 双面或报告 |

资产负债表的另一个主要变化是它们的格式。有些公司将所有借方和所有贷方结合在一起，这样的资产负债表可以是双面的（资产在左侧），也可以是报告表格在单个页面上（资产在顶部）（见表 2-9）。一些公司则会安排资产负债表项目以计算流动资产净额和净资产的合计，这可以称为财务状况格式。这样，资产负债表上主要就是净资产和股东权益，两者的金额相等。这三种形式（总是以资产的流动性增加来排序）在欧盟指令中都是允许的，但欧盟法律和欧盟的具体会计实务因国家而异。美国对资产负债表的格式没有要求。

表 2-9 资产负债表的演变（简化版）

| 1965 年德国《股份法》（AktG）（第 151 条） | | 1971 年欧盟指令草案（第 8 条） | | 英国 1981 年法案（第 2 版） | |
| --- | --- | --- | --- | --- | --- |
| 资产（左侧） | | | | | |
| I | 未缴股本 | A | 未缴股本 | A | 未缴股本 |
| | | B | 开办费 | | |
| II | 固定资产和金融资产 | C | 固定资产 | B | 固定资产 |
| | A 固定资产和无形资产 | | I 无形资产 | | I 无形资产 |
| | B 金融资产 | | II 有形资产 | | II 有形资产 |
| | | | III 子公司 | | III 投资 |
| III | 流动资产 | D | 流动资产 | C | 流动资产 |
| | A 股票 | | I 股票 | | I 股票 |

续表

| 1965 年德国《股份法》（AktG）〔第 151 条〕 | | 1971 年欧盟指令草案〔第 8 条〕 | | 英国 1981 年法案〔第 2 版〕 | |
| --- | --- | --- | --- | --- | --- |
| | B 其他流动性资产 | II | 债务人 | II | 债务人 |
| | | III | 证券 | III | 投资 |
| | | | | IV | 现金 |
| IV | 递延费用 | E | 预付款项 | D | 预付款项 |
| V | 累计亏损 | F | 损失 | | |
| | | I | 本年度 | | |
| | | II | 前期 | | |

负债和权益（右侧）

| | | | | | |
| --- | --- | --- | --- | --- | --- |
| I | 普通股 | A | 已认缴资本 | A | 资本和公积金 |
| II | 披露的公积金 | B | 公积金 | I | 催缴资本 |
| | | | | II | 股本溢价 |
| | | | | III | 重估准备 |
| | | | | IV | 其他公积 |
| | | | | V | 利润和亏损 |
| III | 减值准备 | C | 价值调整 | | |
| IV | 偿债准备 | D | 费用准备 | B | 偿债和费用准备 |
| V | 负债（4 年以上） | E | 债权人 | C | 债权人 |
| VI | 其他负债 | | | | |
| VII | 递延收入 | F | 应计费用 | D | 应计费用 |
| VIII | 利润 | G | 利润 | | |
| | | I | 本年度 | | |
| | | II | 前期 | | |

表 2-9 记录的当前的欧盟格式可以追溯到较早的德国格式。可以看出，该指令的第一版（1971 年）草案非常接近以前的德国格式。该指令的最终版本（1978 年）被包含在了欧盟成员国的法律（例如英国的《公司法》）中。在 1981 年法案和 2006 年法案中，上述英国格式是英国在其 1981 年法案中做出的规定，这一规定沿用至 2006 年的相关法案。目前情况下，英国公司会改用"财务状况"类型的表格，但仍然以表 2-9 显示的资产顺序开始。

在一定程度上，由于很难达成国际协议，关于这一主题的国际财务报告准则对格式没有任何要求，既不要求统一流动性顺序，也不要求统一格式。传统的各国实务做法在国际财务报告准则下仍然存在。例如，澳大利亚的国际财务报告准则仍以库存现金开头，而德国的国际财务报告准则通常将其作为最后一项资产。第 9 章讨论了国际财务报告准则下的各国实务。资产负债表的国际变化不会给财务报告使用者带来很多问题，除非读者关注不同的合计项目，例如总资产而不是净资产。表 2-9 的格式也没有单独列出流动负债，因此可能很难根据附注计算出这笔总数。

利润表的差异对报表使用者来说更是一个问题。表 2-10 显示了一些国家的不同情况。垂直格式和双面格式之间的差异对于用户来说应该不是难题，尽管非会计人员可能会觉得很难理解双面格式。真正的问题在于合并成本的方式有两种：按性质或按职能分类。按性质分类的格式将成本合并为总购买、总折旧、总工资等。相反，按职能分类的格式则按生产阶段将成本合并为销售成本、管理成本、分配成本等。例如，制造费用和折旧是销售成本。然后，按职能分类的格式可以计算制造公司的毛利，而按性质分类的格式则不能，因为没有关于制造费用、折旧等的信息，而这些信息是计算销售成本所必需的。

表 2-10　国家法律规定的通常的利润表

| 国家 | 格式 | 合并成本的依据 |
| --- | --- | --- |
| 澳大利亚 | 垂直 | 职能 |
| 法国 | 双面 | 性质 |
| 德国 | 垂直 | 混合 |
| 意大利 | 垂直 | 性质 |
| 日本 | 垂直 | 职能 |
| 英国 | 垂直 | 职能 |
| 美国 | 垂直 | 职能 |

同样，《国际会计准则第 1 号》不包含利润表格式的要求。与资产负债表的情况一样，以前国家会计准则的某些方面在国际财务报告准则实务中得以保留，例如按（报表项目的）性质进行划分的格式（by-nature formats）在法国比在英国更受欢迎。

本章讨论了会计与外部股东优先权之间的联系。股东定位的影响要比会计原则大得多，它影响财务报表的格式。最明显的是，在英国普遍使用垂直格式，而不是像法国使用水平格式（即上文中的双面格式），这表明英国更倾向于股东。如上所述，这是因为资产负债表的财务状况格式可以表示营运资金和净资产，并且可以将净资产与股东资金进行对比。非会计人员更容易阅读垂直格式的利润表。

但是，即使在资产负债表的复式版本中（见表 2-9），当前欧盟版本的资产负债表也比欧盟统一之前更具股东导向。例如，它显示了股东资金的组成部分，而不是将当年的净利润作为单独的项目显示在资产负债表上，就像 1965 年的德国《股份法》（1987 年之前德国的法律）、1989 年西班牙出台的法律和意大利 1993 年出台的法律一样。通过将"坏账准备"（provisions for bad debts）列为负债，并将"实收资本"（called-up share capital not paid）作为第一资产列示，证明欧洲对于资产负债表复式记账的特征方面更感兴趣。20 世纪 80 年代为实施《欧盟第 4 号指令》而引入的格式消除了许多这样的差异。

### 2.9.3　稳健性

会计文献中的"稳健性"一词具有两种不同的含义。在本书中，我们用它来表示低估利润和资产的趋势。政府希望限制红利以保护债权人利益，公司希望减少应纳税所得额，这就是稳健性产生的原因。稳健性的另一个含义是报告损失的速度（Basu，1997；Ball et al.，2000；Ryan，2006）。这将在第 5 章中进一步讨论。

由于不同国家财务报告使用者的构成不同，所以稳健性（在以前的意义上）的程度也有所差异。例如，德国银行的重要性可能是在财务报告中注重更高稳健性的原因。人们普遍认为，银行家对"最低的"数字更感兴趣，以便确认长期贷款的安全性。

欧盟法律常使用的是"谨慎性"而不是"稳健性"，在谨慎性和权责发生制冲突的情况下，会计准则多半会采取折中的解决办法。例如，《国际会计准则第 38 号》要求将某些研发支出资本化并不完全是稳健的，但在某些条件下可能是谨慎的做法。国际会计准则理事会目前将谨慎性定义为"在不确定性条件下进行判断时要谨慎行事"（2018 年概念框架，第 2.16 段）。类似的论点适用于在《国际财务报告准则第 9 号》下确认某些未出售投资的收益，以及《国际财务报告准则第 15 号》中对于完成长期合同之前取得的收入的确认问题。英美国家使用类似的处理方式。例如，尽管美国的会计实务通常不允许将研发支出资本化，却要求确认某些未出售投资中的利得。Hung（2000）发现，一些国家在不同情况下使用权责发生制会降低会计信息的有用性，但在英美国家则不存在这样的情况。

一项对已公布的财务报表的研究表明，欧洲大陆的稳健性更为多样化。德国巴斯夫公司 2017 年的母公司报告提供了以下示例（始于 2.5 节中与税收影响有关的内容）：

> 资产大都采用余额递减法计提折旧，若此方法导致较高的折旧，则转而使用直线法计提折旧。
>
> 巴斯夫公司没有利用选择权来将内部产生的无形资产作为固定资产的一部分进行资本化。
>
> 超过 150 欧元但不超过 410 欧元的附加费用在购买年度的当年进行折旧。
>
> 融资成本（在建资产）、社会服务成本、自愿社会福利成本和养恤金成本不做资本化处理。
>
> 原材料的取得或生产成本以及在产品、产成品和商品的成本都是采用后进先出法确定的。
>
> 涉及巴斯夫公司在建化工厂的在建工程，其利润在项目最终完工或部分完工时予以确认。
>
> 其他准备金是用来确认预计的或有负债、可能由未决交易产生的损失，以及年底已忽略但预计在次年 3 个月内发生的维修费用。
>
> 长期外币应收款应按收回日的现行汇率估价，如收回日的现行汇率较低则按资产负债表日的汇率估价。长期外币负债按购买日与资产负债表日孰高的汇率折算。

欧洲大陆的高稳健性是一种长期现象。Davidson 和 Kohlmeier（1966）、Abel（1969）指出，在法国、瑞典、德国和荷兰的会计准则下，如果根据美国或英国的做法，对存货和折旧的差异进行调整，利润将持续下降。

更精确的一种研究方法是建立一个稳健性指数。Gray（1980）提出以下比率：

$$1-[(R_A-R_D)/|R_A|]$$

其中，$R_A$ 为调整后的利润，而 $R_D$ 为披露的利润。比率大于 1 的公司将采用相对乐观的会计实务，而比率小于 1 的公司将相对稳健。

Gray（1980）使用证券分析师的利润调整额的估计值对法国、德国和英国的公司进行了检验，并以此构建了一个稳健性指数。他总结说："法国和德国公司比英国公司稳健或者说悲观得多。"这可以描述为设置"秘密公积金"（见第 7 章）。但是，戴姆勒-奔驰公司（Daimler-Benz）在 1992 年至

1995 年间披露的从德国准则调整为美国准则的数据表明，在经济萧条时期，德国的数字可能会不太稳健。此外，如前所述，Ball 等（2000）发现欧洲大陆的公司花费更长的时间来确认损失。Hellman（2008）回顾了关于稳健性的文献。他认为，消除欧洲大陆普遍存在的一贯的稳健性可能会为暂时性稳健的出现提供更多机会，而这些暂时性的稳健稍后可能会被逆转，因为国际财务报告准则需要更多的估算。

相比于分析师的估计，更可靠的数据来源是公司发布的、按照美国公认会计原则的数值进行调整对账的公开报告（见表 1-1）。一些研究人员已经使用这些数据来构建国家的稳健性指数。某些研究人员则将其称为"可比性指标"。表 2-11 显示了这些研究的一些细节，总的来说，研究发现英国和澳大利亚会计方面的稳健程度低于美国，但欧洲大陆公司通常更为稳健。

表 2-11　对美国公认会计原则的研究

| 作者 | 样本量 | 国家 | 涵盖期间 |
| --- | --- | --- | --- |
| 1 Weetman 和 Gray（1991） | 57 | 英国，瑞典，荷兰 | 1986—1988 |
| 2 Cooke（1993） | 5 | 日本 | 1989—1991 |
| 3 Hellman（1993） | 13 | 瑞典 | 1981—1990 |
| 4 Norton（1995） | 13 | 澳大利亚 | 1985—1993 |
| 5 Zambon 和 Dick（1998） | 40 | 法国，德国，意大利 | 1983—1996 |
| 6 Zambon（1998） | 68 | 英国 | 1994—1996 |
| 7 Weetman，Jones，Adams 和 Gray（1998） | 25 | 英国 | 1988、1994 |
| 8 Rueschhoff 和 Strupeck（1998） | 58 | 13 个发展中国家 | 1994 |
| 9 Adams，Weetman，Jones 和 Gray（1999） | 41 | 英国 | 1994 |
| 10 Street，Nichols 和 Gray（2000） | 33 | 33 个使用 IAS 的国家 | 1997 |
| 11 Whittington（2000） | 2 | 英国和法国 | 1988—1996 |
| 12 Lang，Raedy 和 Wilson（2006） | 698 | 38 个国家 | 1991—2002 |

资料来源：By kind permission of Felix Soria，adapted from an unpublished draft PhD thesis，University of Reading，2001；updated by the authors.

有关谨慎性的最新数据可以通过检查公司从国内准则到国际财务报告准则所做的调整找到。以德国为例，从德国准则转向国际财务报告准则时，大众汽车的对账调整显示出其权益增加了一倍以上（见表 2-12）。

表 2-12　大众汽车（2001 年，期初余额调整）

| | 百万欧元 |
| --- | --- |
| 股权（德国法律）（2000 年 1 月 1 日） | 9 811 |
| 开发成本的资本化 | 3 982 |
| 有形和无形资产的使用年限和折旧方法的修正 | 3 483 |
| 间接费用的资本化 | 653 |
| 出租方对租赁合同的不同会计处理 | 1 962 |
| 金融工具的不同估值 | 897 |

续表

| | 百万欧元 |
|---|---|
| 递延税的影响 | （1 345） |
| 特殊项目的取消 | 262 |
| 养老金和类似债务评估的修正 | （633） |
| 准备金会计处理方法的修正 | 2 022 |
| 不构成权益部分的少数股东权益的分类 | （197） |
| 其他变化 | 21 |
| 权益（国际财务报告准则）（2000年1月1日） | 20 918 |

资料来源：Adapted from *Volkswagen AG Annual Report 2001*. Volkswagen AG, Wolfsburg, Germany.

研究人员经常讨论的一个重要问题是，发布此数据的公司可能不是其所在国家或地区的典型代表。例如，一家德国公司为了减少需要调整的项目的数量，会尽量在可选择的德国法律中尽可能多地贴近美国准则。这意味着该公司在会计处理方面遵循德国的法律，但其做法却非德国会计实务的典型惯例。戴姆勒-奔驰公司在1993年至1995年的情况很明显（例如1995年年度报告第65页）。因此，公司自身的调整行为可能会使研究人员低估大多数公司的典型国际差异。

一些欧洲国家和日本通过使用法定准备金来保护债权人，即在利润公布之前提取不可用于分配的法定公积金。这是对债权人的一种超出正常资本维持规则的额外保护。在法国、德国和比利时，公司必须提取其年度利润的5%，直到法定公积金达到已发行股本的10%（意大利和西班牙为20%；日本为25%）。

在国内准则向国际准则趋同的过程中，稳健性的国际差异始终难以消弭（见第14章）。例如，欧盟和国际的协调努力都没有解决法定公积金问题。同样，《欧盟第4号指令》将谨慎性作为德语（和大多数其他语言）版本的首要原则，而不是英语版本（Evans and Nobes，1996）的首要原则。

"准备金"（provision）和"公积金"（reserve）存在语言上的差异，例如，在美式英语中，"公积金"通常指的是英式英语中的"准备金"（provision）（见表2-13）。我们将在此处使用英式英语，但仍然存在另一个难点，即"准备金"一词用于表示两件事：（1）时间或金额不确定的负债（例如"养老准备金"）；（2）资产价值的减值准备（例如"坏账准备"或"折旧准备"）。为了避免在本节中造成混淆，我们将使用"准备金"（provision）来表达上述第一层意思，使用"减值"（impairment）来表达第二层意思。这也是国际财务报告准则的用法。

表2-13 国际财务报告准则术语"准备金"和"公积金"的不同国家表达

| | 准备金 | 公积金 |
|---|---|---|
| 英式英语 | provision | reserve |
| 美式英语 | reserve | ［element of equity］ |
| 法语 | provision | réserve |
| 德语 | rückstellung | rücklage |
| 意大利语 | fondo | riserva |

　　计提准备金或计提减值都需要从收入中扣除，但有一个重要的区别，减值是与已经确认的资产有关的计量问题。相比之下，计提准备金需要考虑：是否属于负债？是否应予以承认？应该如何测量？这个主题我们将在第 7 章详细讨论。

　　准备金和公积金之间的区别对于财务报告很重要，因为准备金是按费用和利润确认的负债，而公积金是未分配利润形成的权益组成部分。导致准备金激增的原因可能来自稳健性原则和宽松的税收法规。我们已对这两个因素进行了讨论，并探讨了它们对准备金的影响。

　　过度确认准备金的做法可能有损于权责发生制原则以及财务报告的公允性，并最终导致收入平滑。与利润成反比关系波动的风险准备金和或有事项准备金就是收入平滑的例子。

　　在上文中，对准备金进行评述时已经讨论过德国的例子。在国际财务报告准则或美国公认会计原则中，不应建立一般风险的准备金，因此不应通过逐年改变收入的大小来平滑收入。1998年，国际会计准则理事会（见第 4 章）明确，当且仅当资产负债表日存在对第三方负债的情况下才能够确认准备金（《国际会计准则第 37 号》），该规定明确禁止巴斯夫公司为明年的维修费用提供资金（见上文）。

　　税收影响有时会产生相反的效果。例如，在许多国家，养老金支出在缴纳之前是不能抵税的。在美国和英国，由于会计准则的要求，养老金费用（以及有关养老金的准备金）可用以抵税。然而，根据法国公认会计原则，许多公司并不确认养老金义务，因为它们与税务无关。例如，欧莱雅 2017 年母公司财务报表（第 293 页）解释说，对于未支付的义务，公司未确认相关的准备金。

　　这使我们陷入另一种语言问题。也就是说，一项准备金（或公积金）不应与同一笔货币或投资相混淆，如果这些货币或投资已从公司控制权中不可撤销地转移了，则应称为"基金"（fund）。例如，当一家公司认识到它有责任向现雇员和前雇员支付未来的退休金时，应设立一项准备金。但是，这仅仅是确认一项负债。如果公司希望考虑得更长远，在公司外部留出资金以支付债务，则需要设立一项基金。例如，在英国和美国，公司通常将钱存入合法独立的养老基金或人寿保险公司。由此产生的资金缩小了资产负债表中准备金的规模。请注意（见表 2-13），"准备金"一词在意大利语中是"fondo"，"基金"一词在意大利语中也是"fondo"，所以可能会引起混淆。

　　稳健性的另一个方面是国际上允许或要求偏离历史成本计量的程度有很大差异。在一个有着详细法律规则，且税收要求和会计实务相一致的国家中，主要的估价体系会涉及尽可能少的判断。灵活性和主观判断使审计师很难确定公司是否已经遵守法律，并可能导致任意征税。因此，在类似德国这样的国家中根据国内准则要求，采用严格的历史成本估值的方法是可以被理解的。同理，这也解释了德国对通货膨胀（以及调整通货膨胀）的抵触，这是两次世界大战后恶性通货膨胀的惨痛经历导致的后果。

　　另一个极端案例是荷兰。直到最近，一些荷兰公司（例如飞利浦公司）在采用重置成本法编制财务报表，且这一做法已经持续了 40 年。尽管这仍然是少数派的做法，但在通货膨胀时期，许多荷兰公司都使用重置成本法。荷兰的实务反映了微观经济理论的影响以及对公允的追求。荷兰ING 银行选择根据国际财务报告准则，以公允价值计量其土地和建筑物（包括投资性房地产和其他）（见 2017 年年度报告第 125 页）。而严格遵循国际财务报告准则的所有德国银行均不会做此选择。

在这两个极端之间，直到20世纪90年代后期英国"规则"才允许混合情况的存在，一些公司可以在某些时候使用多种方法对其进行重估，这也是大多数英语国家的方法，除了由于美国证券交易委员会的影响，美国和加拿大仍使用历史成本计量（金融资产除外）。在20世纪70年代和20世纪80年代的通货膨胀期间，英语国家都进行了现行成本会计的试验，通常是通过补充报表的形式进行的。现在，国际财务报告准则和英国准则都允许对有形资产进行重估，前提是该类资产可持续，并运用同类计价基础。实际上，除投资性房地产外，很少使用公允价值（见第9章）。如前所述，在法国、西班牙和意大利，税收和其他的政府影响很大，位于这些国家的公司会根据国内会计准则不时进行重估。在通货膨胀率非常高的南美洲，人们尝试了一种用价格指数来调整会计计数的简单方法。

## ◀ 小 结 ▶

● 大量国际会计差异的原因可以在文献中找到。

● 文化差异影响会计是很合理的。尽管很多研究者都在尽力尝试量化文化因素，但很难将其应用于会计差异的度量。可以考虑在会计、法律和金融体系之间建立更直接的联系。

● 本书中考虑的大多数国家可以被视为普通法或成文法国家，这与会计类型也存在一些联系。

● 拥有大型股票市场的国家需要适合向投资者披露有用信息的财务报表。其他国家则更可能拥有与应纳税所得额和可分配收入的计算相关的会计制度。

● 在一些国家（如德国），税收与财务报表密切相关。

● 外部因素会影响一个国家的会计，特别是在存在前殖民地的情况下。国际会计准则理事会现在是重要的外部因素。

● 高水平的通货膨胀通常会对会计产生影响，但因国家而异。理论在大多数国家似乎没有什么影响，但是在概念框架的形成过程中，其重要性越来越高。

● 会计行业实力和规模的国际差异很明显，但它们可能更多是导致会计差异的结果。

● 总而言之，会计制度最主要是受是否有强大的股票市场的影响。

● 国际上的财务报表格式差异显著，这给比较带来了一些困难。一个国家的股东导向程度会影响财务报表的格式。

● 各国之间可以发现不同程度的稳健性。税收和会计紧密联系且有稳健的报表使用者（例如银行家）的国家可能会期望更高的稳健性。确保稳健的一种方法是留出"不必要的"准备金。然而，在情况不好的年份这些准备金会被冲回，从而逆转了稳健性对收益数据的影响。

● 资产计量显示出重要的国际差异。一些国家要求严格的历史成本，一些国家则允许在特定的时间对选定资产进行重估。在一些国家，政府要求不时对固定资产进行有控制的重估。

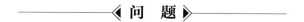

## ◀ 问 题 ▶

● 带星号问题的参考答案见书末附录B。

2.1* 请针对"国际财务报告实务差异的根本原因是政府对会计的干预程度不同"展开讨论。

2.2* 历史的偶然性事件是否是造成公司财务报告国际差异的主要原因？

2.3 如果试图预测非洲国家的财务报告法规和实务，那么你将测量哪些非会计变量？

2.4 解释公司所有权和融资的国际差异如何导致财务报告的差异。

2.5 应纳税所得额计算准则的国际差异是造成会计差异的原因还是结果？

2.6 为什么很难在特定的外部因素和国际会计差异之间建立因果关系？讨论确定可能原因的方法论。

2.7 本章讨论的这些因素如何影响不同国家的公司治理结构？

2.8 财务报表格式的国际差异是否成为比较财务报表的主要障碍？

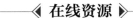

◈ **在线资源** ▶

扫描下列二维码即可阅读本章参考文献。

第 **3** 章

# 财务报告的国际分类

**学习目标**

学完本章后，你应该能够：

● 解释为什么分类在自然科学、政治学以及会计研究中是一种有用的方法；

● 概述已存在的会计制度分类方法，并区分哪些是根据外部影响进行的分类，哪些是根据实务差异进行的分类；

● 解释为什么明确被分类的对象是很重要的：是实务还是规则，是规则还是法律体系，是所有公司还是仅上市公司的实务，是计量实务还是披露实务，是国家还是财务报表集；

● 根据被分类的国家，指出哪些国家可以与其他国家归为一类；

● 评论文献中的分类。

## 3.1 引　言

第 2 章讨论了财务报告在实践中出现国际差异的成因和性质。我们已经注意到一些国家之间的相似性，并且根据某些目的将国家分为两大类。本章将更具体地考察是否可以根据这些国家在会计方面的相似之处和不同之处对它们进行分类。

首先要说明的是，除了其他可能出于税收或其他目的的私人会计之外，许多国家现在至少提出了两种财务报告体系。例如，在法国，上市公司的合并报表使用国际财务报告准则，而个别法国公司，无论其是否为集团子公司，都使用法国的会计准则。因此，现在依据会计体系或是否使用美国公认会计原则分类可能比依据国家分类更有用。特别是在 2005 年以后，大多数关于分类的研究工作都是在这一认识之前完成的。因此对于那些只对上市公司合并报表感兴趣的读者来说，这些较早的分类研究具有历史价值。

不过许多国家的大多数财务报告（即所有的非合并报表和一些合并报表）仍然遵循国内会计准则，所以国际差异仍然很重要，尽管随着一些国家的国内会计准则与国际财务报告准则趋同，这些差异正变得不那么明显。区分这种趋同的过程以及在一个国家出于何种目的去采用国际财务报告准则都是非常重要的。更进一步说，各国对国际财务报告准则的不同解释或对处理方法的选择偏好都可能带来国际差异（见第 9 章）。

本章首先对自然科学和社会科学分类的性质进行讨论，在 3.2 节和 3.3 节中展开讲述，随后对国际会计分类的目的进行审查。此外，也可以根据可能影响会计的外部因素（见 3.5 节）和会计实务来进行分类（3.6～3.8 节）。3.9 节考察了是否真的存在英美国家类别。3.10 节则提出了一个问题，在国际财务报告准则下，分类是否存在目的性。通过总结，3.11 节对分类进行了细化。

研究分类为研究国际协调（第 4 章）和各国会计准则差异（第 12 章和第 16 章）奠定了良好的基础。

## 3.2  分类的性质

分类可以使大量的数据变得有意义：使描述和分析更加清晰；揭示数据潜在的结构；根据对象（例如化学元素）在分类中的位置来预测其属性。分类也可以洞察到某个对象曾经存在（例如生物分类中进化缺失的一环）、将来可能存在或现在的确存在且正在等待被发现（例如门捷列夫化学元素周期表中的一个缺口）。

一般认为，一个好的分类需要四个性质（AAA，1977，pp. 77－8）。首先，分类的特征应当保持一致。也就是说，在任何分类中，用于区分不同对象的特征都应该是相同的。不同的分类目的将导致使用不同的特征。其次，一个好的分类可能包含足够多的子集，这样才能将对象充分分类。再次，所有子集都是互斥的，任何对象都不能落在一个以上的子集中。最后，要遵守分层的完整性。例如，在林奈（Linnaean）生物分类中，任何一种特定的植物或动物总是在特定类别的最底层，总是属于一个"属"，而这个属又总是属于一个"科"，诸如此类。Roberts（1995，pp. 653－5）对这些特性进行了研究和批判。Bowker 和 Star（2000，p. 324）认为，在任何领域都很少有分类能同时具有这些性质。

分类存在很多不同类型，从最简单的一分为二的分类（例如，黑色和白色）或等级排序（例如，依据班里学生的身高），到具有更复杂标准的分类（例如，化学元素周期表）或系统化（例如，林奈的生物分类）。社会科学中常用的元素分类方法有多维尺度和形态结构两种方法。第一种方法在不同的轴上使用两个或更多的特征，试图找到表现出相似特征的集群。第二种方法则试图通过重要的区分因素来列出对象的形态。然后，我们就会更清楚哪些对象是彼此相似的（见图 3－1）。

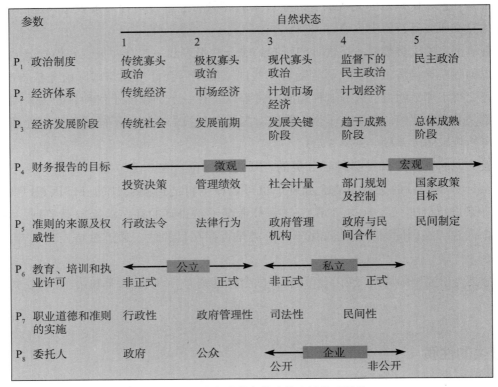

**图 3-1 美国会计学会的比较会计体系结构**

资料来源：Adapted from *Accounting Review*, Supplement to Vol. 52, p. 99. Copyright ⓒ 1977 American Accounting Association，reproduced with permission of the American Accounting Association.

Nobes（2018a）建议可以使用会计的概念框架来帮助我们考虑一个分类是不是一个好的分类：它是可观察现象的如实反映吗？（即它是真实和公正的吗？）它是否与某些目的相关？Nobes 指出，在伽利略之前，太阳被归为行星（即运动的天体），地球并没有被归为行星。但后来的事实证明，这是不正确的。再举一个例子，早在门捷列夫的化学元素周期表之前，炼金术士就已经把元素分为固体、液体和气体。然而，这种分类并不是十分明确，因为如果改变温度和压力，任何元素都可以是液体。

柏拉图把人归为没有羽毛的两足动物。然而，现在看来，人类与鸟类的联系并不是很密切，而是与大多数四足动物，甚至与根本没有脚的海豚的关系更为密切。亚里士多德就发现了后者。他称其为同源物，即结构相似的物体扮演着不同角色（如人的脚和海豚的鳍状肢），而类似物则是由完全不同的物体执行相似的功能（如鸟的翅膀和蜜蜂的翅膀，它们有着完全不同的结构）。"同源物"一词表示了不同对象之间密切的关系。

通过对林奈生物分类的进一步研究，我们可以发现，在对动物进行分类时，生物学家基本上都忽略了最明显的特征。也就是说，他们没有对动物进行体重、外表颜色、腿的数量、身体覆盖毛皮的特性、寿命长短等因素进行分析。例如，会把人与鸵鸟、海豚与鲨鱼、蝙蝠与猫头鹰放在一起。事实上，生物学家通过一个包含潜在（但不太明显）特征的主观模型，将人、海豚和蝙蝠划分为三种动物，但它们之间的联系比任何其他三种动物都更为紧密。然后我们就会发现，行为、智力、繁殖和祖先也适用于这个分类方法。生物学家使用了一种进化的分类方法，而这个方法的关注点在于潜在的基本变量。

还应该指出的是，植物学家其实比动物学家遇到了更大的困难。这可能部分是由于缺少可供观察的骨骼和化石。而生物分类的现代研究方法包括对各种生物 DNA 相似程度的分析。

现在我们从如实反映转向相关性。例如，大学图书馆可以选择根据颜色对图书进行分类，但这与大多数图书馆对图书进行排列的目的无关。我们可以使用本节的思路来评估本章后面部分要研究的会计分类。

## 3.3　社会科学家的分类

在简要分析了分类的本质和分类所使用的技术之后，我们接下来研究会计领域的传统分类方法。它包括对政治、经济和法律制度进行的分类。例如，政治体制被分为民主政治、监督下的民主政治、现代寡头政治、极权寡头政治和传统寡头政治（Shils，1966）。经济体系被分为资本主义、社会主义、共产主义和法西斯主义。关于经济体系的另一种分类是传统经济、市场经济和计划经济（Neuberger and Duffy，1976）。Gregory 和 Stuart 在 2003 年对后者提供了一个更新的版本。

传统分类方法也包括对法律制度的分类（Kagan，1955；Derrett，1968；David and Brierley，1985）。一系列学者在对法律制度进行分类时，提供了判断两种制度是否属于同一组别的标准：如果"一种法律教育背景下的人能够毫不费力地处理另一种法律制度下的案件"（David and Brierley，1985，p. 21），则这两种法律制度可判断为同一类。当然，两种制度不能建立在相互对立的哲学、政治或经济原则之上。第二个标准则是确保同一组别中的法律制度不仅要具有相似的外在特征，也应当具有相似的基本结构，并且还可能以相似的方式对新环境做出相似的反应。根据这些标准，David 和 Brierley 对法律制度进行了四组分类：罗马法系、习惯法系、社会主义法系和哲学宗教法系。研究会计的学者会使用这种分类作为解释变量，他们通常将国家分为两种类型：适用罗马法系的国家和适用习惯法系的国家（例如 LaPorta et al.，1998）。

Lindahl 和 Schadéwitz（2013）认为这种法律制度分类现在来看过于简单，把它作为一个自变量去预测国家间的会计差异并不是十分有用。Nobes（2018a）提供了法律制度如何被错误分类的其他例子。

在上述的所有示例中，所用到的分类类型都是比较初级的，只涉及将整个体系划分成几类。分类形成的组别之间有时并没有明确的界定或者没有包括全部的对象。同时，用于确定组别的方法几乎都是基于个人的知识储备和描述性文献的主观分类方法。由于社会科学的复杂性和不确定性，这些缺点是难以克服的。

关于其他领域的分类研究，及其如何与会计相关，Nobes（2018a 和 2018b，见第 2 章）进行了进一步讨论。

## 3.4 会计分类

在第 2 章中我们提出，用"会计制度"这个词表示公司年报中的财务会计实务，根据会计制度的特征（相似或不同），可以将其划分为几组。如果一个国家的所有或大多数企业都使用非常相似的会计实务方法，这可能意味着可以根据会计实务方法对国家进行分类。即便如此，一个国家使用的会计体系可能每年都在变化。在接下来的讨论中，我们可以清楚地看到，研究者一直在试图对各种对象进行分类，而不仅仅是对会计制度进行归类。

如上所述，对某一学科进行分类的原因也是对财务报告各种制度进行分类的原因之一。分类应该成为描述和比较不同体系的有效方法。它需要有助于描绘一个国家从一种制度到另一种制度的演变进程，并通过记录以主导国家制度为中心的其他国家制度来体现主导国家制度的思想进步。分类的准备工作所涉及的活动（如上面提到的多维尺度或形态结构）应关注准确性。此外，在社会科学中，分类可以用来帮助事物的形成和发展，而不仅仅是描述事物和解释原因。例如，分类应当有助于研究协调的必要性及其所面临的困难。这对学术界和那些协调组织或度量协调的人都很有价值（Doupnik，1987）。分类还应当有助于培训处理国际业务的会计师和审计师。此外，通过对分类形态的研究，观察其他国家使用的特定报告系统，发展中国家能够更好地了解现有的财务报告类型，以及哪一种最适合自身国情。同时，通过考察同类的其他国家的情况，一个国家应该可以预测将会面临的问题以及有效的解决办法。

也有建议说，要促使一个国家从一种会计制度向另一种会计制度转变，可以调整经济和政治因素，这会更有利于其转变为更理想的体系（AAA，1977，p.100）。然而，这种方法无异于通过摇晃狗来使其摆尾。对会计分类有一个正确的认识很重要，原因有以下几点：数以百计的学术论文都将分类作为激励研究的一部分（Gray，1988；Ball et al.，2000；O'Donnell and Prather-Kinsey，2010）或证明一个自变量（会计制度类型）有望影响诸如价值相关性等问题（Ali and Hwang，2000）。此外，会计分类也有了新的用途，例如，可以解释哪些公司在被强制采纳国际财务报告准则之前就已经自愿遵守（Tarca et al.，2013），各地区如何应对国际财务报告准则的规定（Sellhorn and Gornik-Tomaszewski，2006；Tyrrall et al.，2007），各个国家在不同组别之间如何变化（Xiao et al.，2004），在一些主要事项上会计实务处理如何随时间改变（Ding et al.，2008），公司如何应对国际财务报告准则允许选择的会计处理方法（Nobes，2011），为什么大量对国际财务报告准则的游说因国家的不同而有所不同（Orens et al.，2011），有多少国家的国内会计准则要求与国际财务报告准则之间存在差异（Ding et al.，2007），以及在选择所研究国家时如何识别具有相似背景的国家（Delvaille et al.，2005）。如果分类不恰当，研究背景或变量将会出现问题。

对于金融分析师、学生和政策制定者来说，分类是一种简化和总结的便利方法。因此，不恰当的分类很可能误导人。例如，许多关于新会计准则发展的争论都是具有政治性的（Harrison and McKinnon，1986），而且现在经常有抵制英美会计的说法。又比如，德国作家将国际准则制定者视为隐藏了英美会计准则的特洛伊木马（Kleekämper，2000），或来自伦敦的未知敌人（Hennes and Metzger，2010）。Botzem 和 Quack（2009）则认为，国际会计准则委员会的历史其实就是被错误报道的英美会计成功上位的故事（p.991）。然而，正如后文将会说明的一样，一些分类否认了英美会计的存在。

3.5 节我们将概括一些分类方法，这些尝试是基于可观察到的可能会影响会计实务的特征，而不是基于会计实务本身。这种分类可称为外部分类。当然，关于这些因素中哪些比较重要（见第 2 章）的不同结论将导致不同的分类。相比之下，内部分类基于会计本身。我们将会在 3.6～3.8 节中讨论这些问题。

判断一个分类是外部的还是内部的取决于被分类的对象。例如，3.5 节中被描述为外部分类之一的是监管体系。这是因为本书的主题是公司的财务报告实务和控制它们的准则的内容。这些问题受到经济因素和其他因素的影响，而会计实务在监管制度的框架范围之内。相比之下，在专门有一章集中讨论监管体系的情况下，直接根据这些制度的性质进行分类属于内部分类。

其实关于 3.6～3.8 节的一些所谓的内部分类研究与财务报告实务也存在一定差距，因为它们的内容是基于报告准则，而不是基于实务。同样，关注被分类的对象是十分有帮助的。在许多情形下，分类的对象是国家，通常根据一系列公司的财务报告准则或实务的性质来对各国进行分类。后文也有讲到，最好针对财务报告系统本身的主要特征进行分类。

表 3-1 总结了 16 个关于会计的分类。可以看到，国家数从 2 到 64 个不等，度量特征数从 1 到 264 个不等。下面将讨论这 16 种分类中的大部分内容。Nobes 和 Stadler（2013）对此进行了研究。

## 3.5　外部分类

### 3.5.1　穆勒的会计体系分类

20 世纪 60 年代末，格哈德·穆勒（Gerhard Mueller）教授通过编写国际会计体系分类（Mueller，1967）和商业环境分类（Mueller，1968）的相关文章，开创了新的领域。他将国际会计体系简单地分为四种发展模式，但并没有解释分类的方法。即便如此，这四种发展模式还是被大多数人认为涵盖了会计所有的内容，因为目前它在世界各地都为人所知并被付诸实践（Mueller，1967，p.2）。每一种发展模式都用一个或两个例子来说明。需要指出的是，对于一项开创性的工作，期望进行更复杂的分类是不合理的，而且穆勒具有见地的判断可能已经是当时最好的分类方法之一。

穆勒强调说，一个国家现存的会计准则类型是经济、政治和其他决定国际会计体系性质的环境的产物。这也表明，一个国家的会计准则可能对于其他国家来说并不适合，每个国家都必须选择适合自身需要的准则。因此，穆勒对协调的可能性和有用性产生了疑问。后来的研究（Choi and Meek，2005，见第 2 章）对穆勒会计体系的四种发展模式进行的总结如下所示：

（1）宏观经济框架内的会计。在这些国家中，会计已演变为国家经济政策的附属品。我们可能会期望这种财务会计重视增值表，鼓励平滑收入，能够等同于税务会计，并在会计中强调社会责任。据研究，瑞典就是上述情况的一个例子。

表 3-1 一些分类的特点

| 1. 研究者 | 2. 国家数 | 3. 公司范围（例如，行业类别、大型公司，上市公司） | 4. 数据的可获得年份 | 5. 度量特征数 | 6. 数据的类型 | 7. 分类方法 | 8. 分类形式 |
|---|---|---|---|---|---|---|---|
| 1. Hatfield (1966) | 4 | 未详细说明 | 未详细说明，大约为 1910 年 | 0 | 对会计实务的印象 | 评价法 | 3 组 |
| 2. Mueller (1967) | 5 | 未详细说明 | 未详细说明，大约为 1965 年 | 1 | 对会计目的印象 | 评价法 | 无关联的 4 组 |
| 3. Seidler (1967) | 13 | 未详细说明 | 未详细说明，大约为 1965 年 | 1 | 对产生影响的印象 | 评价法 | 无关联的 4 组加上其他提到的国家 |
| 4. AAA (1977) | 6 | 未详细说明 | 未详细说明，大约为 1975 年 | 1 | 对产生影响的印象 | 评价法 | 无关联的 5 组 |
| 5. DaCosta 等 (1978) | 38 | 未详细说明 | 未详细说明，大约为 1973 年 | 100 | 对准则和实务的混合印象（来自普华永道合伙人） | 主成分分析法 | 无关联的 2 组 |
| 6. Frank (1979) | 38 | 未详细说明 | 未详细说明，大约为 1973 年 | 233 | 对准则和实务的混合印象（来自普华永道合伙人） | 主成分分析法，多维等级法 | 无关联的 4 组 |
| 7. Nair 和 Frank (1980) | 38, 46 | 未详细说明 | 未详细说明，大约为 1973 和 1975 年 | 233, 264 | 对准则和实务的混合印象（来自普华永道合伙人） | 主成分分析法，小空间分析法 | 无关联的 4 或 5 组；披露的 7 组 |
| 8. Goodrich (1982) | 64 | 未详细说明 | 未详细说明，大约为 1979 年 | 26 | 对概念的印象（来自普华永道合伙人） | 主成分分析法 | 无关联的 5 组 |
| 9. Nobes (1983) | 14 | 上市公司 | 1980 年 | 9 | 对会计实务的印象 | 主成分分析法 | 2 组层级，共分为 6 组 |
| 10. Puxty 等 (1987) | 4 | 未详细说明 | 未详细说明，大约为 1985 年 | 3 | 对监管类型的印象 | 评价法 | 各国在三种监管理念上的立场 |
| 11. Shoenthal (1989) | 2 | 未详细说明 | 未详细说明，大约为 1987 年 | 1 | 对审计师能力的印象 | 评价法 | 无关联的 2 组 |

续表

| 1. 研究者 | 2. 国家数 | 3. 公司范围（例如，行业类别、大型公司，上市公司） | 4. 数据的可获得年份 | 5. 度量特征数 | 6. 数据的类型 | 7. 分类方法 | 8. 分类形式 |
|---|---|---|---|---|---|---|---|
| 12. Doupnik 和 Salter (1993) | 50 | 具有经济意义的主体 | 1990 年 | 114 | 对会计实务的印象（基于学者和审计师） | 平均链接聚类法 | 2 组层级、导致分为 9 组 |
| 13. D'Arcy (2001) | 14＋IASC | 已上市；合并的和非合并的 | 未详细说明，基于 Ordelheide 和 Semler (1995) | 129 | 准则 | 聚类法、多维等级法 | 按多维等级法分为 4 组 |
| 14. Leuz 等 (2003) | 31 | 已上市 | 基于 LaPorta 等 (1998) | 9 | 与股票市场和投资者保护有关的事实和印象 | 均值聚类法 | 按顺序排列的 3 组 |
| 15. Leuz (2010) | 37, 49 | 已上市 | 21 世纪 | 13 | 与法律制度、证券监管有关的事实和印象 | 均值聚类法 | 先 3 组，后 5 组 |
| 16. Nobes (2011) | 8 | 大型的，上市公司，合并的；不包括某些金融特征 | 2008 年 9 月 | 13 | 实务 | 主成分分析法，多维等级法、聚类法 | 按主成分分析法分为 3 组；按层级结构分为 2 组 |

Key: PCA＝principal component analysis. MDS＝multidimensional scaling. SSA＝smallest space analysis.

资料来源：Nobes, C. W. and Stadler, C. (2013) How arbitrary are international accounting classifications？Lessons from centuries of classifying in many disciplines, and experiments with IFRS data, Accounting, Organizations and Society. Vol. 38 (8), pp. 73－95. Reprinted with permission from Elsevier.

（2）微观经济方法。这种会计最适用于市场主导的经济。由于受微观经济学的影响，会计试图通过计量和计价来反映经济现实。这就意味着会计准则必须复杂而灵活。在这种体系中，诸如重置成本会计最容易得到发展。研究中以荷兰为例。

（3）独立学科型会计。这类体系是独立于政府或经济理论发展起来的。在商业中，当出现问题时，会计就会积极应对并采取有效的解决方案，这使会计得到了发展。理论很少受到重视，只有在紧急情况下才会用到它，或者事后被用来证明实际结论。像公认会计原则这样的表述就是典型的理论。在这个体系中，穆勒以英国和美国的会计体系为例。

（4）统一型会计。当政府将会计作为企业行政管理的一部分时，就发展出了这种体系。会计可以用来衡量业绩、分配资金、评估工业和资源的规模、控制价格、征税、操纵业务部门等等。它涉及定义、度量和表述的标准化。这个体系可以以法国为例。

穆勒并不是根据实务上的差异直接对财务报告体系进行分类，而是根据经济、政府和商业因素在会计发展中的重要性间接对财务报告体系进行分类。然而，人们可能期望以相近方式发展起来的会计体系会有相近的处理会计实务的方法。在某种程度上，这的确是会发生的。本书第2章就指出，英国和美国的会计实务有些相似，穆勒关于会计体系发展模式的分类方法同样也将其归为一类。

然而，穆勒的分类方法存在一些问题。事实上，这种分类只有四个具有排他性的分组，而且没有层次的分类会降低分类的有用性。荷兰是其中一个类别中的唯一国家，而且分类并没有说明是否它的会计更接近盎格鲁-撒克逊会计而不是瑞典会计。同样，穆勒的分类也没能表现出德国会计具有的宏观经济会计特征以及统一型会计等事实。

这指出了许多分类存在的另一个问题：会计随着时间不断发展，某些分类现在来看已经过时了。例如，瑞典在20世纪90年代开始采用英美会计制度，荷兰在很大程度上已经放弃了重置成本会计。即便如此，穆勒的分类仍然具有它的历史价值。

穆勒的第二个分类（1968）是关于商业环境的分类。他指出，不同的商业环境需要不同的会计体系，而且在试图改变或对会计进行标准化时应该考虑到这一点。通过对经济发展、业务复杂性、政治和社会环境以及法律制度的估量，穆勒确定了10个类别。这不是对财务报告进行的分类，而且它可能太过笼统以至于对分类并没有帮助。例如，一些人可能会说，在"近东和远东的发展中国家"这一类别中的国家应当有相似的会计体系，但事实上并非如此。

### 3.5.2 各种形态结构

如前所述，一种分类方法是先确定形态，再将实证数据归入其中进行分类归并。会计实务的形态最初是由 Buckley 和 Buckley（1974）以及美国会计学会（AAA）（1977，p.99）确定的。图3-1是后者所确定的会计形态的再现。虽然前两个参数（政治制度和经济体系）并没有像会计实务的实际特征一样那么相关，但为了避免暂时的表面相似性造成错误分类，将它们包括进来是很重要的。根据美国会计学会委员会给出的国际会计注释，"变量……$P_1$ 和 $P_2$ 被认为是能够划分所出现的会计体系类型的关键"（p.97）。然而很遗憾的是，这些形态结构图迄今还未能进一步与实证数据结合起来。

### 3.5.3　影响范围

有一些比较主观的分类是基于影响区域的。Seidler（1967）提出了三个组别：英国、美国和欧洲大陆。此外，美国会计学会委员会对会计体系的五个影响区域进行了主观分类（AAA，1977，pp. 105 and 129 - 130）。如下所示：

（1）英国；

（2）法国-西班牙-葡萄牙；

（3）德国-荷兰；

（4）美国；

（5）社会主义国家。

正如第 2 章所讨论的，这种分类可能在发展中国家最有用，因为发展中国家所受到的来自其他地方的文化影响可能是压倒性的。但这种影响并没有层次，因此就没有考虑英美会计制度之间的联系。此外，根据第 2 章和第 14 章的内容，当对已经比较成熟的财务报告系统进行分类时，如果再将一个小组称为德国-荷兰组别，似乎并不是那么合适。

### 3.5.4　文化分类

正如第 2 章所提到的，Gray（1988）使用 Hofstede（1980）的文化因素来解释会计实务中的国际差异。显然，文化可以用来为会计分类提供思路，Gray（1988，pp. 12 and 13）就沿着这些思路提出了初步建议。其他研究者（Doupnik and Salter，1995）也在会计分类中使用了 Hofstede 的因素。

在第 2 章中提到，应当将文化看作造成国际会计差异的背景因素。这个思路将在本章后面部分进行讨论。

### 3.5.5　会计制度的分类

Puxty 等（1987）参考 Streeck 和 Schmitter（1985）的研究提出，存在三种具有局限性却理想化的制度，分别通过"市场""政府""社团"形成。如果整个过程完全由市场力量决定，那么每家公司只受来自市场尤其是资本市场的压力的影响，它们就可以选择使用自己的一套会计准则。19 世纪英国的"自由经济"以及在证券交易委员会成立之前的美国经济，在一定程度上都是这种类型，当时美国的一些公司可以自愿选择是否公布会计信息并接受审计（Watts and Zimmerman，1983）。在另一种极端情况下，整个过程可能由国家掌握。国家作为一个机构，颁布法令规定公司应当遵守哪些准则，并提供相应的执行机制。我们将在后面看到，这可以通过几种不同的方式来实现。第三种理想的范式是通过社团"自发地团结一致"以形成制度。

在这三种极端情形中，Puxty 等将他们和其他人所说的自由主义（liberalism）、协作主义（associationism）、社团主义（corporatism）和条文主义（legalism）区分开来。在会计法规方面，他们认为市场和政府的主导作用强于社团。Puxty 等提出的四种模式形成了一个闭环：其中一端是自由主义，即会计制度完全遵循市场原则，公司仅提供商业上需要的信息；另一端是条文主义，它主张毫无保留地执行政府规则，会计实务要严格遵守法律的规定，并通过国家强制力执行法律法规。

位于这两个极端中间的是协作主义和社团主义，两者都结合了自由主义和条文主义的特点，并带有少量社团层面的影响。在协作主义中，监管是通过组织的发展来实现的，而组织的形成则是为了象征和增加其成员的利益。当然这些成员只是社团的一部分，并不能代表整个社团。社团主义更依赖于国家的阶层控制原则。国家不是只允许有组织的利益集团存在，而是将它们纳入自己的中央集权阶层监管体系。协作主义和社团主义之间的基本区别在于，国家是否依靠利益组织来达到公共（即国家）目的，而不是私人（即市场）目的。

Puxty 等将此框架应用到美国、英国、德国和瑞典，具体如下：

- 美国：有条文主义和协作主义的成分，后者更多一些；
- 英国：大部分是协作主义；
- 德国：条文主义占主导地位；
- 瑞典：社团主义。

本书的第 10、15 和 17 章考察了其中三个国家（以及其他国家）的制度体系。制度体系的国际差异很大程度上是由于存在会计协调。Nobes（1992a，pp. 99 - 103）提出按制度类型进行会计分类的建议。

### 3.5.6 制度因素

与上述相关，Leuz（2010）将可能影响会计质量监管方面的因素作为变量对国家进行了分类，包括：

- 股票市场规模大；
- 股权集中度低；
- 外部股东权力大；
- 法律效力强。

表 3 - 2 展示了这种分类。位于第一组的国家在上述四个变量上的得分一般都很高。

**表 3 - 2　基于监管变量分类的各组成员国示例**

| 英美组 | 欧洲组 | 其他组 |
| --- | --- | --- |
| 澳大利亚 | 奥地利 | 阿根廷 |
| 加拿大 | 比利时 | 巴西 |
| 以色列 | 法国 | 哥伦比亚 |
| 马来西亚 | 德国 | 印度尼西亚 |
| 新西兰 | 意大利 | 约旦 |
| 新加坡 | 日本 | 肯尼亚 |
| 南非 | 葡萄牙 | 墨西哥 |
| 英国 | 韩国 | 尼日利亚 |
| 美国 | 西班牙 | 菲律宾 |

续表

| 英美组 | 欧洲组 | 其他组 |
| --- | --- | --- |
| | 瑞典 | 土耳其 |
| | 瑞士 | 委内瑞拉 |

资料来源：Adapted from Leuz, C. (2010) 'Different approaches to corporate reporting regulation: how jurisdictions differ and why', *Accounting and Business Research*, Vol. 40, No. 3, pp. 229–56.

2006 年，世界银行公布了 81 个国家的投资者保护指数。Matoussi 和 Jardak（2012）用法律、文化和政治变量解释了其中存在的国际差异。他们指出了一个国家的投资者保护指数与市场资本化规模之间的联系。

### 3.5.7　审计师的能力

Shoenthal（1989）声称可以将英国和美国最近获得审计资格的审计师的能力作为分类变量。然而，使用这个变量进行分类是否能得到相关的结论是值得怀疑的，而且一项只对两个国家进行的研究，也只能告诉我们这两个国家有什么不同，并没有提供其他关于分类的信息（Nobes，1992b；Shoenthal，1992）。

## 3.6　内部分类：20 世纪 70 年代和 20 世纪 80 年代

### 3.6.1　概述

一些研究人员试图通过使用他人收集的数据或自己生成的数据来直接比较会计活动并对其进行分类。在大多数情况下，得到的数据不仅与会计实务有关，还与会计准则（或准则和实务的结合）有关。然而，即使是关于会计实务的数据，也是与审计师对实务的审计意见有关的，而不是基于真实的公司报告样本来衡量的。

早期的分类尝试和最近一些对不同国家体系的描述，形成了现代内部分类的背景。首先，20世纪初，人们一直在使用三组分类法（英国、美国和欧洲大陆）（Hatfield，1911）。其他的描述和分析，例如 Zeff（1972）、PriceWaterhouse（1973，1975，1979）、AICPA（1964，1975）、Coopers 和 Lybrand（1993）、Alexander 和 Archer（2001）以及 Ordelheide 和 KPMG（1995，2001），都为内部分类提供了原始手稿。

### 3.6.2　运用聚类分析法进行分类

本节研究了三种使用由普华永道（Price Waterhouse，PW，1973，1975）公布的关于会计准则和实务的数据进行的分类。PW 在 1973 年对 38 个国家的 233 个会计话题进行了评分调查。评分的标准取决于某一特定实务的做法是被要求的、允许的还是禁止的。对于那些被允许的实务做法，也说明了它们的普遍程度。虽然这个数据集是准则和实务的混合，但它也可以视为公司遵守会计准则而做出的一系列会计实务行为。

DaCosta，Bourgeois 和 Lawson（1978）根据 1973 年 PW 的数据提出了一个分类，通过使用

聚类分析法形成了两个组别：一个组别包含英国和 9 个前大英帝国成员国；另一个组别包括美国、法国、德国、南美国家，以及除了荷兰和加拿大之外的所有其他国家，因为他们认为荷兰和加拿大是无法被分类的。

另一位研究者（Frank，1979）使用了同样的数据和类似的分析方法（虽然更加详尽），得出了一个似乎更合理的分类，例如，加拿大和美国在一组，但和法国不在一组。Nair 和 Frank（1980）做了深入研究。他们使用了 1973 年和 1975 年 PW 的调查数据，财务报告特征被分为与计量相关的和与披露相关的。这是一种很有效的区分，特别是它对德国等对信息披露要求很高的国家的分类结果产生了影响。Frank（1979）将德国与美国归为一类，而 Nair 和 Frank（1980）仅根据计量特征将德国归为欧洲大陆一类。表 3-3 列示了基于 1973 年的计量特征进行分类的情况。到目前为止，这种分类仍然不具有层次结构，但从总体结果来看，基本还是可信的，而且非常契合本书前几章的分析。然而，现在关于这些分类，依然存在两个主要问题必须解决，即有关数据和方法的问题。

**表 3-3　基于 1973 年计量特征的分类**

| 英联邦模式 | 拉丁美洲模式 | 欧洲大陆模式 | 美国模式 |
|---|---|---|---|
| 澳大利亚 | 阿根廷 | 比利时 | 加拿大 |
| 巴哈马群岛 | 玻利维亚 | 法国 | 日本 |
| 爱尔兰 | 巴西 | 德国 | 墨西哥 |
| 斐济 | 智利 | 意大利 | 巴拿马 |
| 牙买加 | 哥伦比亚 | 西班牙 | 菲律宾 |
| 肯尼亚 | 埃塞俄比亚 | 瑞典 | 美国 |
| 荷兰 | 印度 | 瑞士 | |
| 新西兰 | 巴拉圭 | 委内瑞拉 | |
| 巴基斯坦 | 秘鲁 | | |
| 罗德西亚① | 乌拉圭 | | |
| 新加坡 | | | |
| 南非 | | | |
| 特立尼达和多巴哥 | | | |
| 英国 | | | |

资料来源：'The impact of disclosure and measurement practices on international accounting classifications', *Accounting Review*, Vol. 55（3），p. 429 (Nair, R. D. and Frank, W. G. 1980)，© American Accounting Association, reproduced with permission of the American Accounting Association.

### 数据

有人对使用 PW 数据进行分类表示怀疑（Nobes，1981）。1973 年的数据存在四类问题：（1）显而易见的错误；（2）误导性答案；（3）用次要问题掩盖主要问题；（4）由于接受调查者熟知英美两国的相似之处（及其差别所在），而夸大两者的差异。在这里我们不再举例说明 1973 年的调查，但接下来将提到 1979 年调查犯的一个错误。

①　1980 年更名为津巴布韦。——译者

以会计实务上的合并报表为例，调查报告称，法国对第 209 号会计问题（"合并报表……是为股东编制的"）提出了"要求"。其原因是，法国证券交易委员会（COB）"要求"提供合并报表。然而，COB 年报显示，1979 年只有 305 家上市公司（1978 年为 289 家）公布了合并资产负债表和利润表。这一比例不到上市公司的一半，而且向公众公布财务报告的企业比例也非常小，因此所谓的调查其实就只针对这些企业（PW，1979，p. 5）。

这些例子可以列举出很多。Nobes 等指出，在某些情况下，调查结果显示的并不是实务的处理方法，而是基于假定遵守一些非强制性的准则后，可能会出现哪些实务上的处理方法，或者 PW 可能希望有哪些做法。这一错误和其他类型的错误表明，就分类目的而言数据并不令人满意。至少，在解释结论时需要特别慎重。

**方法**

以上所引用的研究都是基于 PW 数据使用聚类分析法进行的，研究者认为这种做法优于前面所说的主观分类法。Nair 和 Frank（1980）强调他们的研究"……旨在通过实证来验证在会计文献中反复提到的国际分类的有效性"（p. 449）。

这种"经验主义"（empiricism）必定会受到挑战。它并不是直接验证一个特定的分类假设，而是对大量数据进行分类，但这些数据并不是为了分类而收集的。前文提到的一组研究者（Da Costa et al.，1978，p. 79）采用这种方法得出的结论是：与英国的会计最不相似的国家是美国；换句话说，乌拉圭或埃塞俄比亚的会计被认为比美国的会计更像英国的会计。根据普华永道的数据得到的这个结论从统计的角度看是合理的，但显然这是对现实世界的一种极不正确的描述（见 3.9 节）。研究者从可疑的数据中得到了假设，却没有对假设进行验证，这使他们陷入了结果至上的陷阱。此外他们还得出结论，包括法国、德国、比利时和意大利在内的一些国家因为纷纷效仿美国会计而日渐偏离英国模式的会计实务处理方法。但这些国家的公司和税法的制定者似乎不太可能考虑到他们应该遵循美国的会计模式，或者在立法时就需要与英国划清界限。众所周知，美国和欧洲大陆国家之间的会计差异很大，这种差异表明不存在偶然的或潜意识的后者"追随"前者的现象（见第 16 章）。

上述例子所说明的问题源于研究者使用了存在错误的数据，而且这些数据并不是为了当前的目的而收集的。在判断和实证主义可以对立的前提下，生命科学家选择用林奈的生物体系做类比，就是在很大程度上沿用了前者。因为究竟应该用何种分类标准来对生物进行分类，每种分类标准应该给予它们什么权重，这是一个判断问题。人们需要判断力，否则就会像柏拉图那样把人划分为没有羽毛的两足动物。

会计层面关于分类的类比似乎是比较清晰的。通过实证分类的缺点在于，人们仅仅通过数据间偶然或表面的差异进行分类（而且这些差异很可能没有被正确地记录下来）。显然，我们需要一种基于会计实务的演变和导致其产生差异的变量的模式，这就需要通过经认真计量的"结构性"惯例来验证，同时需要清楚分类的目的。

### 3.6.3　利用模型和新数据进行分类

我们可以批评先前的分类方法，因为：（1）对要分类的对象的定义不够精确；（2）缺乏用以比较统计结果的模型；（3）没有一种划分层次可以更加详尽地描述国家间差异的大小；（4）在重要区分特征的选择上缺乏判断力。能否纠正这些问题呢？有一位研究者在研究过程中试图去解决这些问题（Nobes，1983），具体内容如下所述。

### 定义

该研究的目的是根据各国上市公司的财务报告实务进行分类。所选择的国家是西方发达国家，会计实务内容则与计量和估值有关。进行分类的日期是 1980 年，即在欧盟国家实施《欧盟第 4 号指令》之前（见第 14 章）。

上市公司的财务报表通常是可以获取到的，因此其实务上的处理方法最容易被察觉。对股东、债权人、会计师事务所、税务机关、管理者及协调机构（如国际会计准则委员会或欧洲经济共同体委员会）而言，他们感兴趣的是这些上市公司报告中的国际差异（Mason，1978，第 5 章），尽管只有发达国家才拥有大量上市公司。但是，也可以通过扩大会计的定义范围将更多的国家包括在内。在某种程度上这种方式已经被尝试过了（Nobes，1992a，附录 V 和 VI；Nobes，2018b，附录 II）。之所以选择实务上的计量和估值进行研究，是因为它们决定了利润、资本、总资产、流动资产等数据的大小。Nair 和 Frank（1980，pp. 426 and 428）指出，将计量与披露的实务分开研究是有益的。

### 分层次的模型

如图 3-2 所示的分类基于一些计量实务差异的解释变量，例如，法律或经济影响的重要性。图 3-2 中的分支节点对此进行了说明。

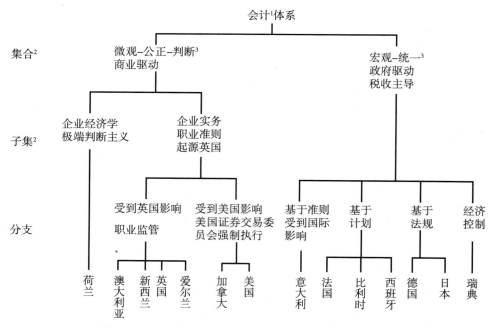

**图 3-2　1980 年西方一些发达国家建议的会计体系分类**

注：

1. 公司财务报告的缩写。

2. 这些术语是从生物学借鉴来的，仅作为各个层次的标签。

3. 这些分支上的术语仅仅是一些用作速记的标签，用来描述在它们之下的会计体系成员的一些属性。这个分类图是由英国一位研究人员绘制的，其中可能包含一些会对其他文化的研究者造成误导的术语。

国家数保持不变（14 个），而且全部都是发达国家，原因如上所述。它们也都包括在 PW 的调查中，因此同样包括在之前提到的研究人员的研究结果中。其中 Mason（1978）认为对国际会计协调至关重要的所有国家（如法国、日本、荷兰、英国、美国和德国）也一并包含在内。

以前的分类只包括单一的分组（见表 3-3），但没有层级结构说明组间的相对差距。把英国和美国归为不同的类别可能是合理的，但如果能够证明相对于欧洲大陆国家而言，英美两组的关系更为密切，这也许是有益的。

**分类特征**

有学者试图将一个国家的财务报告实务中对可能促成国家间长期根本性差异的特征进行分离，最终选出了 9 个特征因素，它们是显性的，因此可以被检验、评判和修正（见表 3-4）。

表 3-4　分类因素

| | |
|---|---|
| 1 | 上市公司公布财务报表的使用者类型 |
| 2 | 法律或准则在规定上的详细程度以及排除判断的程度 |
| 3 | 税收准则在计量中的重要性 |
| 4 | 稳健性/谨慎性（例如对建筑物、存货、应收账款的估价） |
| 5 | 应用历史成本（在主要报表中）的严格程度 |
| 6 | 重置成本调整对主要报表或补充报表的影响程度 |
| 7 | 合并会计实务 |
| 8 | 允许提取准备金（而不是公积金）以及平滑收益的能力 |
| 9 | 各个公司应用会计规则的统一性 |

这些因素主要适用于具有某些经济特征的发达国家。如果要把发展中国家包括在内，就必须把其他分类因素包括进来，例如经济的发展程度或经济制度的性质。但这种处理过程可能是不适当的，因为在其他一些国家，上市公司数量很少或根本就没有上市公司，因此，必须要对公布的财务报告以外的对象分类。

将计量实务从解释变量中分离出来并非易事。很明显的是，表 3-4 中至少前两个因素是解释变量，其他因素则不是那么明确。例如，税收因素可以被当作解释差异的因素，而通过检验特定的计价是否受税法影响，这一因素也可被视为一种计量实务。除了前两个因素之外，其他所有的因素都是基于后一种观念（即计量实务）考虑的。由于这个原因，这里的分类被认为是内部分类。然而，这种因素的选择也可以被评判性地看作外部分类和内部分类的混合。

研究人员按照这 9 个因素对 14 个国家进行了评分，并使用大量的替代算法和计算机测试来生成不同的分组。这为图 3-2 中的宏/微观分组方式提供了非常有力的支持证据，并为更详细的分组提供了有力支持（Nobes，1983）。

## 3.7　诺布斯分类法的发展

### 3.7.1　按标准化程度分类

Al Najjar（1986）进行了进一步的分类工作，他使用了与 Nobes（1983）类似的分类方法，但他是按会计标准化程度对国家进行分类的。

### 3.7.2　检验

Doupnik 和 Salter（1993）运用他们的会计实务标准对诺布斯的分类进行了检验，依据的是不同国家审计师的观点。其中存在的一个问题是，用于"检验"1980 年分类法的数据和 10 年之后的数据是相关的。后来，Doupnik 和 Salter（1995）提出了导致会计差异的一般模型，并给出了 10个变量。然而，有些变量似乎是错误的，有些变量则似乎与其他变量重复。例如，Doupnik 和Salter 使用以边际税率为度量基础的税收变量来解释会计差异。本书第 2 章提到，税务与会计两者关系上的国际差异更多是会计差异导致的，并不是造成会计差异的原因（Nobes，1998a）。此外，使用边际税率似乎是一种不恰当的度量方式，原因如下：

● 随着时间的推移，税率变化剧烈，但对会计核算并没有产生明显影响。例如，1987 年美国的最高税率从 46％降至 34％；1973 年，英国的主要税率从 40％升至 52％，2011 年 12 月降至26％，2015 年和 2016 年则降至 20％。

● 许多会计体系不止有一个税率（例如，2000 年德国的留存收益税率为 45％，已分配利润的税率为 30％；英国的大公司税率为 26％，小公司则是 20％）。

● 税收负担在很大程度上取决于应税收入的定义，而不仅仅是税率。

● 更重要的是，在一些税收与会计之间联系不是非常紧密的国家，税率对会计的影响并不是很大；而在税收与会计两者之间关系较为密切的国家，无论税率是 30％还是 50％，税收对会计的影响可能在方向和程度上都是相同的。

尽管存在这些问题，Doupnik 和 Salter 的研究还是为图 3-2 中的分类给予了很大程度的支持，特别是在最初两个类别的区分上。正如将在 3.10 节中说明的那样，即使在以国际会计准则为主的世界中，这种分类仍然可以说得通。

### 3.7.3　改进

图 3-2 中的分类借鉴了生物学通过标签分类的层次结构。这种分类方法可能会受到非议（见下文），Mueller 把标签"宏观"（macro）和"统一"（uniform）合并也可能会引起异议（Feige，1997a；Nobes and Mueller，1997；Feige，1997b）。这里存在的部分问题是，诺布斯分类和穆勒分类一样，现在已经过时，虽然其中的某些因素可能还可以更新从而适应现代环境。

Roberts（1995）对会计分类做了一些批判和澄清。他指出，图 3-2 中的分类并非会计真正意义上的演变过程，尽管它使用了生物学的类比和物种等标签竭力证明这一点。此外，被分类的对象是国家，而这似乎是具有误导性的。

为了进一步改进图 3-2 中的分类，我们将特定公司的年度报告实务纳入分析框架，使它更为清楚地显示，分类过程针对的是会计制度，即针对某特定公司年报中的财务报告实务。一个国家的所有公司可能会在某个特定日期使用同一个会计制度，当然也可能使用多个不同的制度。最具争议的标签（例如物种）将被剔除，我们也承认这种分类并非会计体系的演变过程。

图 3-3 显示了根据 Nobes（1998a）改编的财务报告系统分类。对某些特征进行一些解释可能

是有用的，例如，美国公认会计原则指的是美国监管机构要求一些美国公司使用的一套具有明确规定的实务做法（见第 10 章）。当然，该会计体系会随着时间的推移而改变。适用该会计体系的对象是在美国证券交易委员会注册的美国公司，以及某些大型日本公司的集团报表（见第 12 章）。图 3-3 显示，美国公认会计原则与英国公认会计原则和国际财务报告准则（见第 2、6、8 和 16 章）具有"家族相似性"，都适合应用在强势权益市场体系之中。Hellman 等（2015）通过衡量不同国家的公司从各自国家的公认会计原则转向国际财务报告准则时（特别是在 2005 年）所需要的调整程度，提供了支持这一分类的证据。

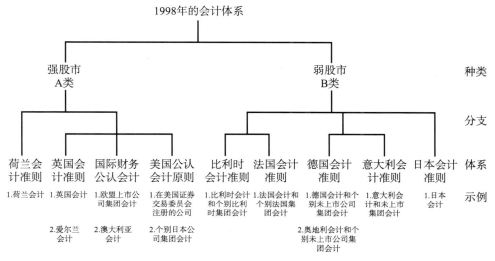

**图 3-3　一种分类体系**

资料来源：Adapted from Nobes, C. W. (1998) Towards a general model of the reasons for international differences in financial reporting, Abacus, Vol. 34 (2), pp. 162-187. Copyright © 2002, John Wiley and Sons. Reprinted with permission.

## 3.8　进一步的内部分类

### 3.8.1　新数据，新分类

D'Arcy（2001）使用了 Ordelheide 和 KPMG（1995；简称 OKPMG）的数据生成了基于聚类分析法的树状图分类，其中"找不到包括英国和美国在内的盎格鲁-美国聚类"（p.341）。D'Arcy 还提出了一个多维标度的二维图表，图表显示瑞士和英国的体系是非常接近的（p.343），但澳大利亚与英国的体系却相差甚远："特定的要求和禁令使澳大利亚的会计制度增强了其局外的地位。"（p.345）。

D'Arcy 在得出这些与直觉完全相反的有关澳大利亚的结论后，并没有质疑数据，而是接受了这个结果并试图去解释它。虽然 D'Arcy 使用了更好的方法，但这难免会让人想起以前基于并非为分类而收集的数据所进行的分类。例如 Da Costa 等（1978）就试图证明而不是质疑：为什么德国和美国会在同一组而加拿大却没有，以及和世界上其他国家相比英国会计和美国会计最不相像。

### 3.8.2 新数据，老问题

Ordelheide 和 KPMG 的数据比普华永道的数据要新得多，前者涉及的国家较少，而且更可靠。此外，Ordelheide 和 KPMG 的数据并没有把准则和实务混在一起，而是完全建立在准则之上。然而，这本身可能就是个问题。例如，国际财务报告准则允许以公允价值计量某些无形资产，而美国公认会计原则要求以成本为计量基础。准则上的这种差异显然不太会影响分类，因为在实务中，没有一家使用国际财务报告准则的公司会选择对无形资产使用公允价值进行计量。

这些数据还存在其他问题。首先，与 PW 的数据一样，Ordelheide 和 KPMG 的数据并不是为分类目的而收集的。因此，在研究过程中，重要的问题可能会被遗漏或者被不太重要的问题淹没。另一个问题是，与 PW 的数据不同，Ordelheide 和 KPMG 的数据并不是编码的形式。尽管 D'Arcy（2001）的确尝试使用严谨的方法去编码，但是根据 Nobes（2004）的说法，D'Arcy 在编码过程中还是导致了一系列错误。Nobes 发现调整后的数据不能证明澳大利亚在分类中是极端数据，却可能产生一个英美国家类别。

## 3.9 存在英美国家类别吗

分类会受到分类者的影响。例如，纵观有记载的历史（在某些情况下甚至追溯到超越了查尔斯·达尔文的研究范围），人类十分抗拒相信他们其实与其他类人猿有密切的关系，尽管的确存在相当明显的相似之处。此外，人类早期一直认为地球才是宇宙的中心。在会计分类方面，早期的研究者大多来自美国或英国，所以他们最熟悉美国和英国的会计，并注意到了它们之间存在的差异。接着，他们以英美为起点，并在这个起点附近与世界其他地区进行了匹配，最终通常会得出一个三组分类：美国、英国和其他国家。这一结果与表 3-1 中 Hatfield（1966，基于 1911 年的演讲）、Seidler（1967）和美国会计学会（AAA，1977，p.105）的分类一致。这些分类都是由美国人提出的。然而，分类 2 是由穆勒提出的，而他最初接受的是德国的教育。因此，穆勒对整个世界所有国家的分类有了新的不同看法，美国和英国属于一个组，其他三个组分别由一个不同的欧洲大陆国家代表。当然，当分类者不收集数据，而是仅使用他们个人的一般见解时，就有很大可能产生主观性的影响。

上述方法（即从美国和英国开始的分类）下的一个极端分类可以在 Shoenthal（1998）与 Alexander 和 Archer（2000）的研究中找到。在这些研究中，研究者（都来自北美或英国）识别了美国和英国之间存在的一些会计差异（尽管这些差异都与会计背景而并非会计实务有关），并得出结论：美国和英国不能归类在一起。这就像观察两个表亲，他们表现出许多不同，因此两者不可能是密切相关的。

Cairns（1997）也对图 3-2 和图 3-3 中的两组分类表示怀疑。例如，Cairns 认为：

……英美会计和欧洲大陆会计之间的差别正变得越来越不相关，越来越难以理解。

……现在，美国和德国的会计体系比美国和英国的会计体系有更多的相似之处。

Nobes（1998b）认为，一些大型的德国集团在合并报表中采用国际财务报告准则或美国的准则，这一事实并不会直接影响到德国自身的会计准则。此外，Nobes 认为，其实两者之间的区别已经变得不那么明显了，部分原因就是欧盟和国际会计准则委员会在这方面的努力取得了一些成功，特别是在统一合并会计方面。尽管如此，他提出，这两个会计体系仍然具有描述的空间和最近的一些实证支持（见 3.7.2 节和后文）。

Alexander 和 Archer（2000）认为，不太可能出现一些国家都使用英美国家会计的情况。然而，他们的大部分讨论并不是关于会计实务，而是关于监管体系的，英国和美国在这方面确实是不同的（见 3.5.5 节）。本书的导论部分已经讨论过，就会计目的和实务而言，的确存在一个定义明确的英美国家群组。Nobes（2003）认为英美国家假说有助于解释过去若干年国际会计的发展。

如上所述，D'Arcy（2001）并没有发现一个英美会计组，这可能是由于数据的不完善。对于两组的分类还有另一种实证上的支持。Guenther 和 Young（2000）发现，与法国和德国相比，英国和美国的会计收益与潜在经济活动的关系更密切。Hung（2000）则发现两组国家在权责发生制会计的有用性方面存在差异。Ali 和 Hwang（2000）还发现，相比于市场导向型金融体系国家，银行导向型财务体系国家的股价与财务报告信息之间的联系更少一些。

## 3.10　国际财务报告准则下的分类

虽然各个国家对国际财务报告准则的逐步采纳（或与之趋同）减少了国际差异，但仍可以对其进行分类，因为：

- 分类有助于描述过去的国际会计体系之间存在的差异；
- 出于某些或全部目的，许多国家都保留了与国际财务报告准则明显不同的国内会计体系，对于这些情况，旧的分类方法可能仍然是大致适用的；
- 以往的分类方法可以预测或解释各国公认会计原则与国际会计准则趋同过程中存在的国际差异的程度；
- 出于各种目的，是否要求或允许实行国际财务报告准则的国家的反应差别很大，分类方法能够帮助预测或解释这些反应。

Sellhorn 和 Gornik-Tomaszewski（2006）对上述最后一条原因进行了研究。他们根据欧盟成员国对 2002 年国际会计准则条例的最初反应对它们进行分类，该条例出于某些目的要求公司使用国际财务报告准则，在其他情形下则允许公司自由选择是否使用。他们指出，A 类会计体系下的国家更倾向于接受在非合并报表上采用国际财务报告准则。同样，Nobes（2008）采用之前的分类方法将 2006 年欧盟的 27 个成员国分为两类。这是判断一个国家对其非合并会计是否仍然要求依据国家规则的指标。从图 3-3 来看，"弱股权"国家仍然需要制定自己的会计准则。Andre（2017）之后在很大程度上也证实了这一点。Elad（2015）将 Nobes（2008）的分类逻辑应用于非洲国家，并提出了一种分类，即受英国影响的非洲国家比非洲法郎区的国家更愿意采用国际财务报告准则。

需要进一步指出的是：各个国家对国际财务报告准则的实践方法不同，对这些实践方法进行分类，有助于对其进行理解。因为公司要面临大量选择，所以采用国际财务报告准则后，各国依然有不同的实务处理办法。不同国家会计体系之间存在差异的原因可能会影响国际财务报告准则实务，这将在第 9 章中做出解释。Nobes（2011）对使用国际财务报告准则的国家进行了分组，并对图 3-2 中 8 个国家的大型上市公司 2008 和 2009 年度的国际财务报告准则实务进行了研究。得到的研究结果是，经过几十年的会计协调（见第 4 章），澳大利亚和英国仍在同一组，而欧洲大陆国家则在另一组。此外，这是表 3-1 中唯一基于从年度报告中观察到的公司会计实务做法而进行的分类。当然，由于这 8 个国家都使用同样的会计准则，所以如果要根据准则之间的差异进行研究，就没有什么好分类的了。这也进一步使人质疑，许多早期基于会计准则的分类是否有用。

Lourenco 等（2018）对国际财务报告准则实务在不同国家之间的变化进行了诺布斯分析，并对 27 个国家进行了分类。

## 3.11　会计分类的分类法

为了验证我们所讲的，在本章我们准备了几种会计分类。这样做是为了使描述和分析更加清晰，使大量事实的呈现更加井然有序。图 3-4 根据分类的直接主观因素是财务报告实务还是控制实务的规则内容，将会计分类划分为外部的和内部的。

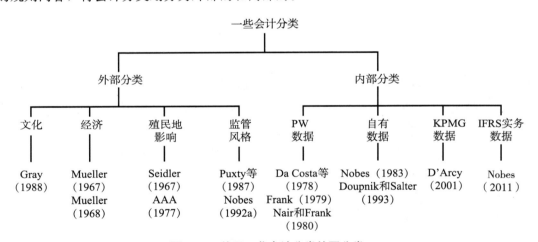

图 3-4　关于一些会计分类的再分类

关于外部分类的研究是根据一些主要话题进行分组：文化、经济、殖民地影响或监管风格。对内部分类的研究则是根据数据的来源，以及数据是否与准则或实务有关，但在一些情况下，准则与实务是掺杂在一起的。

Nobes 和 Stadler（2013）对所有的分类都进行了元分析。也就是说，他们关注的是哪些国家会被分类者归为一组。然而他们发现，研究者在分类上几乎没有达成一致意见。例如，对意大利的调查结果显示，对于意大利应该与哪些国家归为一类，研究者没有达成共识。人们强烈认为，意大利不应该与英美国家划归一类。类似的结论同样适用于法国、西班牙和德国。我们可以确定一个英国会计分组，其中包括澳大利亚。然而，北美并没有包括在这一组中，只有加拿大通常被归入美国会计分组。

关于这项元分析，有几点注意事项必须要说明。首先，它使用了跨度几十年的数据，这意味着不同的国家可能改变了数据之间的关系。这和其他原因都意味着不同的分类结果不应该被笼统看待。此外，某些国家在几十年里都保持着它们自身会计准则的相对地位（甚至在改用国际财务报告准则后仍能延续下来），这一事实表明，这种分类其实是在关注一些根本的东西。然而，是否可以完全信任这项元分析，在很大程度上取决于数据是否有偏差，或先前的分类者使用的分类方法。这是一个比较关键的问题，在前面我们已经提到好几次了。

这些观察结果促使 Nobes 和 Stadler（2013）提出了一个问题，即分类究竟是不是完全可靠的。为了验证这一点，他们收集了国际财务报告准则实务的数据，类似于 Nobes（2011）中使用的数据，但这次包括更多的国家以及主要是 2011 年度而不是 2008 年度报告的数据。然后，他们又从数据中剔除了某些国家和行业类别，并进行了许多分类。他们发现，纳入或剔除特定国家一般不会影响其余国家如何归入已产生的两个（有时是三个）组。但是，如果是在更具体的分类中，纳入或剔除 X 国就有可能会导致 Y 国改变其分类位置。因此，分类者在分类过程中应该注意这个问题。

一个关键问题是应当如何选择能够代表一个国家的特征。例如，所有数据中并没有包括英美组别的整体情况。然而，通过剔除一些主题特征（一些研究者声称这些特征并不是那么重要），澳大利亚和加拿大被归类进英美组别。所以通过选择不同的特征，产生了不同的分类。这就意味着分类者不应该把分类特征的选择权留给收集数据的人。由于依赖他人的主观性而表现出的表面上的客观性（例如，PW 或 KPMG 的数据是为分类以外的目的而选择分类特征的），已经远远超过了解决哪些特征重要的问题。数据还显示，不同行业在某些特定方面的国际财务报告准则的选择上存在明显差异。然而，这通常并不会影响分类结果。

根据特征、国家和行业类别，可以把国家分成两组，这完全符合普通法和成文法的划分。但是，使用同样的数据但不采用上述方法也会产生其他分类。所以同样需要注意的是，分类者应该讨论这种敏感性。

尽管存在上述问题，Nobes 和 Stadler 的分类从某些方面来看仍然是非常稳健的。例如，意大利和西班牙一直在同一个组别里，从未与英国分在一起。使用国际财务报告准则的中国公司（在香港上市）通常与英国分在一组，瑞士和德国被归为一组。因此，Nobes 和 Stadler 得出结论，基于国际财务报告准则的选择而进行的分类基本上不是任意的，尽管分类结果对特征的选择特别敏感。

Linnaeus（1751）就曾强调分类的重要地位，并提到如果没有分类，植物学将会是一片混乱。此外，会计体系的分类也可以成为形成知识的有用工具。但是，同其他学科一样，分类是极其困难并且需要判断力的。考虑到研究者以及其他学者都明白分类活动是不可避免的，所以分类者至少应该公开分类过程中的困难和判断。

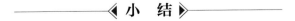

◄ 小　结 ►

● 分类对于自然科学家来说是至关重要的，其也常被用于许多社会科学中。应当承认的是，在比较国际会计方面尝试采用分类的方法是有益的，而且类似于科学家使用的分类规则也可能是适当的。在会计中，这种分类可以帮助我们理解和训练，也可以帮助我们用图表说明会计协调的需要和进程。

● 在国际会计分类方面有许多尝试，也有许多描述和数据收集。穆勒起初关于影响因素的四组分类和后来的环境分类都为后续的分类奠定了良好的基础。然而，具有层次结构的分类更有用。

● 研究者还做了其他尝试来构建体系形态并确定不同文化的影响区域或效果。

● 其他分类研究使用了 1973—1979 年 PW 的调查数据。分类的结果在可信度上有所不同，但是关于这些数据的恰当性存在疑问。

● 有研究者提出了一种分类方法，这种分类具备一个层次结构，并且已经采用多种方式通过了检验。关于分类的研究在 20 世纪 80 年代和 90 年代一直都有，并从许多相关评论中获得了改善。

● 一种使用 1995 年 KPMG 数据的分类方法出现了使用 PW 数据分类时存在的一些问题。

● 一些分类从现在来看是具有历史价值的。许多尚未在所有会计项目上采纳国际财务报告准则或与之趋同的国家之间，国际差异仍然是存在的。分类也可以预测或解释国家对国际财务报告准则的反应。

● 没有基于实际公司会计实务做出的分类，但目前已经存在根据国际财务报告准则对 8 个国家进行的分类。

● 对分类进行元分析后的结果显示，对于哪些国家应该分在一组，研究者只达成了有限的共识。

● 对分类敏感性的检验表明，分类对所包括的国家和行业类别的变化相当稳健，但它们高度依赖于分类依据的特征。

◀ 问 题 ▶

带星号问题的参考答案见书末附录 B。

3.1* 分类可能以哪些方式作用于任一学科？试通过财务报告的国际差异来阐述你的答案。

3.2* "试图对世界各国的财务报告实务进行分类的根本问题与此种分类所依据的数据适用性有关。"请发表你的评论。

3.3 不同的民族文化在多大程度上与理解会计差异的原因有关，以及与对国家进行归类有多大的相关性？

3.4 你怎样理解比较国际会计中相对成功的分类尝试？

3.5 你更喜欢哪种国际会计分类？请解释你的理由。

3.6 当涉及比较国际会计领域的分类时，分类的对象是什么？

3.7 会计分类是否表明存在英美国家会计？

3.8 在多大程度上由于国际协调而减弱了会计分类的相关性？

◀ **在线资源** ▶

扫描下列二维码即可阅读本章参考文献。

# 第 **4** 章

# 国际协调

## 4.1 引　言

前述和后续章节表明，世界各地的公司财务报告实务至今仍存在重大差异，这给编制、合并、审计和解释财务报表的人带来了极大的麻烦。内部财务信息的编制往往与已公开信息的准备工作重叠，因此，由国际差异引起的复杂性也蔓延至管理会计和税收。为了克服这些困难，世界各地的许多组织都参与了协调或标准化会计的尝试。越来越显而易见的是，市场力量也起到了推波助澜的作用。

"协调"（harmony）是指会计实务已经实现兼容的状态。"协调化"（harmonization）是通过设置变化程度的界限来提高可比性的过程。"标准化"（standardization）意味着建立比协调化更严格、更精密的方法。然而，在会计中，这两个词几乎已成为专业术语，人们不能根据它们的一般意义来理解其差异。"协调化"一词往往与欧盟的跨国立法有关,"标准化"通常与国际会计准则理事会相关联。"趋同"(convergence)一词在最近才开始使用,尤其是在缩小国际财务报告准则与世界各个国家会计法规之间的差距的背景下。这将在第 5 章中进一步讨论。从本章开始,我们通常会使用"协调"(harmony)和"协调化"(harmonization)的说法,因为它们含义广泛。区分准则的协调(形式上)和实务的协调(实质上)也很重要。Tay 和 Parker(1990)指出,实质上的协调化或标准化比形式上的更有用。让我们以存货计价为例,并根据先进先出法(first in,first out,FIFO)或后进先出法(last in,first out,LIFO)确定成本。如果两个国家具有相同的会计法规(美国公认会计原则),并且都允许使用先进先出法或后进先出法,就可以说它们在形式上是一致的,但是不同的公司可能会选择不同的政策,这取决于它们的国家,所以缺乏实质上的一致。如果公司不遵守准则,形式上的一致就不会带来实质上的一致。相比之下,当市场力量促使许多公司(例如瑞士和日本的公司)编制遵循国际会计准则理事会准则的英文版财务报告时,就可以在没有形式上一致的情况下实现实质上的一致。

"统一性"(uniformity)指的是两套或两套以上的会计准则或实务做法是相同的。原则上,可以在没有统一性的情况下实现协调。让我们再次以存货计价为例,并使用两个同时允许先进先出法和后进先出法的美国公认会计原则。如上所述,不同的公司可以选择不同的政策,因此无法形成统一的做法。但是,如果准则要求任何采用后进先出法的公司必须在报表附注中披露先进先出法下的会计信息,则可能会在没有完全实质上一致的情况下实现完全实质上的协调,因为不同财务报表的使用者可以通过使用附注中的先进先出法信息得出有关存货计价的可比结论。

4.2 节将着眼于协调化的原因和障碍。4.3 节研究了 1973 年至 2001 年国际会计准则委员会的性质和工作。4.4 节简要介绍了其他一些与协调化有关的国际机构,然后详细介绍了国际会计准则委员会(International Accounting Standards Committee,IASC)的后继者——国际会计准则理事会(International Accounting Standards Board,IASB)。国际会计准则理事会所制定的会计准则以及与之相关的实务活动将在第 6 章和第 7 章中进行分析。在第 14 章中可以找到有关欧盟协调进程的更多详细信息。Baker 和 Barbu(2007)对 1965 年至 2004 年有关协调化的学术文献进行了研究,并指出在此期间,文献的数量和复杂程度都有所增加。

## 4.2　协调化的原因、障碍和衡量标准

### 4.2.1　协调化的原因

一个国家编制的财务报告会被其他多个国家使用。因此,对本国会计准则的需求(尤其是与公司进行比较的需求)同样适用于国际会计准则。协调化可以减少管理费用,提高会计质量并提高可比性。国际协调化的压力来自那些使用、监管和编制财务报表的人。

投资者和金融分析师需要理解他们或许会购买股票的外国公司的财务报表。他们希望确保来自不同国家的报表是可靠和可比的,至少要清楚差异的性质和程度。他们还需要对审计的稳健性有信心。

因此，各政府间跨国机构均希望在其影响范围内保护投资者。同样，如果外国股票在证券交易所上市，该证券交易所或其监管机构可能要求其财务报表与本国实务或国际财务报告准则一致。此外，任何希望在国内市场上发行更多新股的公司都将看到协调化的做法在促进股票发行方面的优势。世界银行等国际信贷的授予机构也面临着可比性的困难，因此也促进了协调化的进程。

对于在国际上筹集资金的任何公司，如果会计更具有可比性，则会通过降低投资者的风险来降低资本成本。此外，对于跨国公司而言，协调化还有其他优势。如果来自世界各地的财务报表是在相同的基础上编制的，则财务会计师为编制和合并财务报表所做的工作将大大简化。这些报表的审核变得更容易，因此成本更低。同样，为评估不同国家子公司的业绩而准备可比的内部信息的任务也变得更加容易。管理会计信息的投资评估、绩效评估和用于其他决策的许多方面都受益于协调化。协调化也将极大方便对外国公司进行潜在收购的评估。跨国公司中的会计人员将更容易从一个国家调到另一个国家。

参与协调化的另一方是国际会计师事务所。它们支持协调化的部分原因是协调化对大客户有利。同样，由于评估不同国家利润的方式不同，全世界的税务部门在评估国外收入时，其工作也非常复杂。但是，不得不承认，税务当局造成了许多差异，例如税收对欧洲大陆会计的影响（见第15章）和美国对于后进先出法的使用（见第10章）。如果财务报告更加协调，特别是这在某些情况下意味着更多的披露，发展中国家的政府可能会更容易理解和控制跨国公司的运作。面对跨国雇主的工会则是从更具国际可比性的公司信息中受益的其他组织。所有这些团体都可以从协调化中受益。

### 4.2.2　协调化需求的例子

本书的大部分内容致力于分析财务报告中的国际差异。差异的数量和程度明确了协调的范围。例如，在一些基本的存货计价方法方面，主要国家的一些公司的做法包括：

- 成本（先进先出法，后进先出法或加权平均法）（例如，2007年前的一些日本公司）；
- 先进先出法和可变现净值孰低法（例如，常见的国际财务报告准则做法）；
- 后进先出法和重置成本孰低法（例如，2016年前的美国实务）。

如第1章开头所述，所有差异集合在一起对利润或股东权益的影响可能非常大。

### 4.2.3　协调化的障碍

实现协调化的最根本障碍是目前不同国家会计实务之间的巨大差异。第3章中讨论的会计制度类型，即使在"强股权"（strong entity）类别中也存在一些重大差异，更不用说该类别与其他类别之间的差异了。这些差异根本上源于各国编制会计信息的动因不同。如果观念和法律不进行重大改变，则投资者/公允会计与债权人/税收/稳健会计之间分歧的障碍无法克服。

实际上，是否应该克服这一障碍尚不清楚。如果财务报告的主要目的因国家而异，则报告不同是合理的。当使用者从不同国家的公司接收会计信息时，协调化是最有用的。相关公司应遵循两套准则：一套用于国内使用者，另一套用于国际使用者，或者一套用于母公司报表，另一套用于合并财务报表。在4.3节的结尾将对此进一步讨论。

协调化的另一个障碍是缺乏完全的国际监管机构。欧盟服务于部分国家。国际证监会组织对上市公司具有影响力。这些机构将在 4.4 节中讨论。

再一个障碍是民族主义。这可能表现为不愿接受涉及改变会计实务以向其他国家靠拢的妥协。会计师和公司以及不想失去主权的国家可能存在这种抵触。民族主义的另一种表现可能是缺乏对其他国家地区会计的知识或兴趣。

还有一个障碍是经济后果对会计准则的影响（见第 5、11 章）。如果会计准则的经济后果因国家而异，并且制定准则的人考虑了这些后果，那么这可能会成为一股反对协调化的力量。

### 4.2.4　协调化的衡量标准

Van der Tas（1988，1992）首先提出了测量实质上的一致性与协调化的统计方法。他建议用 H（赫芬达尔）指数来衡量国内的协调度，用 I 指数（包括修正因子）来衡量国际的协调度，提出 C 指数或可比性指数的表示方法。Archer 等（1995）将 Van der Tas 的 C 指数分解为国家间的 C 指数和国家内的 C 指数，并认为后者优于修正后的 I 指数。关于这些指标的统计特性和用途的进一步讨论可以在 Herrmann 和 Thomas（1995）、Archer 等（1996）、Krisement（1997）以及 Morris 和 Parker（1998）的文章中找到，对这些指标的统计性质和使用展开了进一步的讨论。其他利用这些指数的研究人员包括 Emenyonu 和 Gray（1992，1996）。Rahman 等（1996）提出了衡量形式上的一致的方法。

Cañibano 和 Mora（2000）研究了 1991 年 2 月到 1996 年 7 月欧洲实质上的协调化。他们对 C 指数进行了显著性检验，发现在此期间协调化确实存在于欧洲的会计中。他们将其归因于大公司（全球参与者）争夺国际市场资本的意愿，而非准则的变化。Aisbitt（2001）研究了 C 指数的有用性，并以 1981 年至 1998 年北欧地区的协调为例，指出了一系列问题，表明定性研究可能比日渐复杂的统计研究更好。

Pierce 和 Weetman（2002）在 Archer 等（1995 年）以及 Morris 和 Parker（1998）研究的基础上，为国家间 C 指数开发了一个通用的公式。在该公式中，不披露分为适用披露和不适用披露的情况。他们将这一方法应用于 1986 年至 1993 年丹麦和爱尔兰的递延税会计的协调化研究中。Taplin（2003）指出，以前的研究人员并未提供指数标准误的计算，无法对抽样总体指数的大致价值提供指导。他提出了用于计算标准误的公式。Taplin（2004）研究了以前使用的指标，并提出了基于四个标准为任何研究选择最合适指标的方法。Taplin（2011）提出了对协调指数的进一步改进。

Baker 和 Barbu（2007，pp.289 - 291）回顾了有关协调化测量的文献。Jaafar 和 McLeay（2007）提出，尽管到目前为止，国家影响是公司之间会计差异的最好的单一解释，但某些差异是由公司行业、公司规模或上市公司挂牌的交易所数量引起的。因此，公司之间的一些会计差异可能是由通常在不同行业进行的交易的实际经济差异造成的。如果一个国家在一个经济部门中有许多公司，那将影响该国的会计实务。这并不能表明国家之间缺乏协调，而是行业之间的合理差异。Taplin（2017）提出了"有条件的 T 指数"，该指数在衡量协调化时考虑了行业等因素。

## 4.3 国际会计准则委员会

### 4.3.1 国际会计准则委员会的历史和目标

可以说，在协调化方面最成功的机构是国际会计准则委员会及其后继者国际会计准则理事会。这两个主体以及其他一些主体将在本节和以下各节中介绍。

国际会计准则委员会于 1973 年由 9 个国家的会计机构成立：澳大利亚、加拿大、法国、日本、墨西哥、荷兰、英国、美国和联邦德国（Benson，1979）。它的前身是成立于 1966 年的会计师国际研究小组（Accountants' International Study Group，AISG），该小组由加拿大、英国和美国的专业团体构成，研究这三个国家在会计实务上的差异。国际会计师大会（见 4.4 节）也与该组织相关。关于设立国际会计准则委员会的初步讨论是在 1972 年悉尼大会间隙安排的临时会议上进行的。另一个背景是英国在 1973 年加入了欧洲共同体（即后来的欧盟）。英国和美国的专业人士都对《欧盟第 4 号指令》草案感到担忧，该草案有对英国公司和美国跨国公司在欧洲的子公司不利的会计规则（Olson，1982，pp. 226）。国际会计准则委员会的设立可以看作对欧盟规则的一种制衡力量。

Mason（1978）提出，有 6 个关键国家需要参与协调化，分别是：法国、德国、日本、荷兰、英国和美国。所有这些国家都是国际会计准则委员会的创始成员国。Mason 选择它们的部分原因是，它们在会计行业的优势和制定准则方面的经验。一些读者可能会对荷兰位列其中感到惊讶，其实荷兰具有悠久的会计创新历史，而且是世界上最古老的股市所在地，还主办了第二届国际会计大会（见 4.4 节）。

国际会计准则委员会的工作一直持续到 2001 年初，之后由国际财务报告准则基金会（IFRS Foundation）接管，国际财务报告准则基金会的执行机构是国际会计准则理事会。为了方便起见，4.5 节中我们以 2001 年为界，将国际会计准则委员会的讨论分为两部分。

国际会计准则委员会独立于所有其他机构，但从 1983 年开始与国际会计师联合会（IFAC）建立了密切的联系，稍后将进行讨论。国际会计师联合会和国际会计准则委员会的成员相同，到 2001 年，有来自 110 多个国家的 150 多个会计机构。国际会计师联合会专注于审计、管理会计和国际会计师大会等事务，而国际会计准则委员会仅关注国际会计准则，其目的是"制定并发布在财务报表列报中要遵守的公共利益会计准则，并促进其在全球范围内得到接受和遵守"（国际会计准则委员会，1992）。

从 1983 年到 2001 年，国际会计准则委员会的《组织法》规定，委员会应由多达 17 名成员组成的理事会管理：9 或 10 名成员来自发达国家，3 或 4 名成员来自发展中国家，最多有 4 名成员来自其他组织，通常来自国际会计准则委员会的咨询小组（其中包括世界银行、国际工会联合会和国际证券交易所联合会等机构）。表 4-1 列出了截至 2001 年 3 月 31 日的成员，之后国际会计准则理事会取代了国际会计准则委员会。改组前成员从未超过 16 个。每个成员由 2～3 名兼职代表组成一个代表团，每个代表团有一项投票权。Kirsch（2006，附录 IV）提供了国际会计准则委员会整个任期内的成员和代表名单。

表 4-1　国际会计准则委员会的理事会成员（截至 2001 年 3 月 31 日）

| | |
|---|---|
| 澳大利亚 | 荷兰 |
| 加拿大 | 北欧会计师联合会（Nordic Federation of Accountants） |
| 法国 | 南非（包括津巴布韦） |
| 德国 | 英国 |
| 印度（包括斯里兰卡） | 美国 |
| 日本 | 瑞士工业控股公司联合会（Federation of Swiss Industrial Holding Companies） |
| 马来西亚 | 国际投资协会理事会（International Council of Investment Associations） |
| 墨西哥 | 国际经理人协会（International Association of Financial Executives Institutes） |

国际会计准则委员会的大部分预算由理事会成员提供资金。国际会计师联合会和国际会计准则委员会的其余成员向国际会计师联合会缴纳会费，这些会费成为国际会计准则委员会预算的另一组成部分。出版物的收入和捐赠也是重要的资金来源。

关于国际会计准则委员会的历史，最权威、最详尽的信息来源是 Camfferman 和 Zeff（2007）。Kirsch（2006）还提供了许多有用的信息。Zeff（2012）则专注于一些关键问题。

### 4.3.2　准则及其接受度

国际会计准则委员会所发布的准则列表如表 4-2 所示。国际会计准则理事会在 2001 年采用了这些准则，但从 2003 年开始进行了重大修订和增补。修订之后的准则清单将在第 6 章进行介绍。在准则发布之前通常会有征求意见稿。征求意见稿发布前必须获得国际会计准则委员会理事会 2/3 多数的表决通过；随后的准则发布则需要达到 3/4 以上的支持率。1989 年，国际会计准则委员会发布了一个概念框架，供制定准则时使用，该框架有点类似于美国财务会计准则委员会的框架（见第 10 章），与后来澳大利亚和英国的框架也有很多相似之处。国际会计准则理事会也采用了国际会计准则委员会的框架，但在 2010 年和 2018 年进行了修订，这将在第 6 章进行解释。

表 4-2　国际会计准则（2020 年初）

| 国际会计准则 | 主题* |
|:---:|---|
| 1 | 财务报表的列报 |
| 2 | 存货 |
| [3] | 合并财务报表（被《国际会计准则第 27 号》和《国际会计准则第 28 号》取代） |
| [4] | 折旧会计（1999 年撤销） |
| [5] | 财务报表中需披露的信息（由《国际会计准则第 1 号》修订） |
| [6] | 物价变动会计（被《国际会计准则第 15 号》取代） |
| 7 | 现金流量表 |
| 8 | 会计政策、会计估计变更和差错 |
| [9] | 研究与开发费用（被《国际会计准则第 38 号》取代） |

续表

| 国际会计准则 | 主题* |
|---|---|
| 10 | 资产负债表日后事项 |
| [11] | 建造合同（被《国际财务报告准则第 15 号》取代） |
| 12 | 所得税 |
| [13] | 流动资产和流动负债的列报（被《国际会计准则第 1 号》修订） |
| [14] | 分部报告（被《国际财务报告准则第 8 号》取代） |
| [15] | 反映价格变动影响的信息（2003 年撤销） |
| 16 | 不动产、厂房和设备 |
| [17] | 租赁（被《国际财务报告准则第 16 号》取代） |
| [18] | 收入（被《国际财务报告准则第 15 号》取代） |
| 19 | 雇员福利 |
| 20 | 政府补助会计和政府援助的披露 |
| 21 | 汇率变动的影响 |
| [22] | 企业合并（被《国际财务报告准则第 3 号》取代） |
| 23 | 借款费用 |
| 24 | 关联方披露 |
| [25] | 投资会计（被《国际会计准则第 39 号》和《国际会计准则第 40 号》取代） |
| 26 | 退休福利计划的会计和报告 |
| 27 | 单独财务报表 |
| 28 | 对联营企业和合资企业投资的会计处理 |
| 29 | 恶性通货膨胀经济中的财务报告 |
| [30] | 银行和类似金融机构的财务报表中的披露（被《国际财务报告准则第 7 号》取代） |
| [31] | 合营中权益的财务报告（被《国际财务报告准则第 11 号》取代） |
| 32 | 金融工具：列报 |
| 33 | 每股收益 |
| 34 | 中期财务报告 |
| [35] | 终止经营业务（被《国际财务报告准则第 5 号》取代） |
| 36 | 资产减值 |
| 37 | 准备、或有负债和或有资产 |
| 38 | 无形资产 |
| [39] | 金融工具：确认和计量（被《国际财务报告准则第 9 号》取代） |
| 40 | 投资性房地产 |
| 41 | 农业 |

注：方括号表示现在已被取代或撤销的标准。
* 此处的标题取自最新版本或标准撤销时的最新版本。

受英美传统影响的国家最熟悉以这种方式制定会计准则，并且最有可能采用非政府准则。因此，国际会计准则委员会的工作语言是英语，国际会计准则委员会的秘书处在伦敦，并且大多数准则紧随美国或英国准则的步伐或在美国和英国的准则之间折中，这并不奇怪，正如表 4 - 3 所示。该表一直延续到国际会计准则理事会成立初期。但是，在国际会计准则委员会的主导权问题上，美国和英国存在激烈的争夺（参见 Flower，1997；Cairns，1997；Flower，1998；Nobes，1998；Alexander and Archer，2000；Nobes，2003）。

表 4 - 3　一些国际准则与美国和英国准则的比较（1993 年之前至 2005 年）

| 项目 | 美国 | 英国 | 国际会计准则（1993 年修订、1995 年生效） | 国际会计准则/国际财务报告准则（修订版） |
|---|---|---|---|---|
| 存货（《国际会计准则第 2 号》） | 允许使用后进先出法，并同时披露先进先出法下的存货信息 | 不允许使用后进先出法 | 允许使用后进先出法 | 从 1995 年到 2004 年：允许使用后进先出法，并同时披露先进先出法下的存货信息；2005 年后：不允许使用后进先出法 |
| 研发费用（《国际会计准则第 9 号》《国际会计准则第 38 号》） | 全部费用化（某些软件的研发费用除外） | 研究费用费用化；特定的开发费用可以资本化 | 研究费用费用化；特定的开发费用可以资本化 | 1995 年后：研究费用费用化；特定的开发费用必须资本化 |
| 商誉（《国际会计准则第 22 号》《国际财务报告准则第 3 号》） | 2001 年前：最长在 40 年内摊销；2001 年后：不再进行摊销，但每年进行减值测试 | 1998 年前：按使用年限摊销；或（通常）立即冲销公积金；1998 年后：最长在 20 年内摊销（可推翻的假定） | 在使用寿命内摊销或立即冲销公积金 | 从 1995 年到 1998 年：最长在 20 年内摊销；从 1999 年到 2004 年：最长在 20 年内摊销（可推翻的假定）；2005 年后：每年进行减值测试 |
| 递延税（《国际会计准则第 12 号》） | 1992 年后：全额分配，负债法，资产负债表基础 | 负债法，损益表基础；2001 年前：部分摊销；2001 年后：全额摊销 | 部分或全部分配，递延法或负债法，损益表基础 | 1998 年后：与美国做法一致 |

到 20 世纪 80 年代后期，很明显，国际会计准则中存在的大量备选方法是进一步提高国际会计准则委员会工作地位的障碍。尤其是国际证监会组织提出其成员（例如美国证券交易委员会）及在其国家证券交易所上市的外国公司可以依据国际会计准则编制财务报告。但是，国际证监会组织明确表示，减少备选方法至关重要。这是发布征求意见稿 E32 的推动力之一，该准则于 1989 年启动了改进/可比性项目（Purvis et al.，1991）。

在对取消备选方法进行了数年的详细辩论之后，最终有 10 项修订准则于 1993 年 11 月通过决议，并于 1995 年生效。从表 4 - 3 的示例中可以看出修订的结果。就《国际会计准则第 2 号》而言，尽管 E32 建议取消后进先出法，但无法获得必要的 3/4 多数投票（当时的 14 票中有 11 票是赞成票）。《国际会计准则第 9 号》和《国际会计准则第 22 号》取消了备选方法。此外，这些国际会计准则要求的某些做法与美国或英国的做法不一致：

●《国际会计准则第 9 号》（1993 年制定；已被 1998 年版《国际会计准则第 38 号》收录）要求将符合条件的开发费用资本化。这与美国准则（软件研发费用除外，不允许这种资本化）相抵触，并且与大多数英国实务（《标准会计实务公告第 13 号》仅允许资本化）不一致。顺便说一句，这也与法国、西班牙或日本等国家的实务相抵触，这些国家的研发费用通常在实务中不进行资本化处理，该准则却允许其资本化。而在加拿大的实务中研发费用需要进行资本化处理。

● 《国际会计准则第 22 号》（1993 年制定）要求将商誉资本化并在其使用寿命内摊销，除非有合理的期限（最长 20 年），否则不得超过 5 年。在某些欧盟国家中有这样处理的情况，但这与当时的美国准则（最多在 40 年内摊销）和英国实务（通常在公积金中冲销）不一致。随后，如表 4-3 所示，为了彼此近似一致，英国准则和国际会计准则都做了更改。直到美国准则发生了进一步的更改，国际会计准则才再次随之发生变化。

《国际会计准则第 12 号》不是 E32 项目的一部分，但是 1998 年生效的修订导致英国和其他几个国家在递延税（deferred tax）方面与国际会计准则不符（见第 7 章）。

国际证监会组织对 1993 年修订版国际会计准则的回应是积极的，但要求进一步修订并发布新的国际会计准则，以便为跨国上市公司编制财务报告制定一套"核心准则"。1995 年，国际证监会组织和国际会计准则委员会制订了一项详细计划以实现这一目标，计划于 1998 或 1999 年完成。与此同时，国际证监会组织接受了关于现金流量报告的《国际会计准则第 7 号》。美国证券交易委员会进一步接受其他国际会计准则作为其外国注册公司编制报表的依据。国际会计准则委员会通过 1999 年发布的《国际会计准则第 39 号》和 2000 年发布的《国际会计准则第 40 号》完成了核心计划。

从 1993 年开始发布或修订的国际会计准则（见表 4-3 中的示例）所包含的备选方法比以前要少，尽管某些国家对引入公允价值（以及将未实现的利得计入损益表）的抵制引发了继续使用《国际会计准则第 39 号》、《国际会计准则第 40 号》和《国际会计准则第 41 号》中的成本计量方法的需求、选择或特殊许可（见第 6 章）。

1996 年的一个重要进展是国际会计准则委员会决定成立常设解释委员会（Standing Interpretations Committee，SIC）。该委员会负责阐述国际会计准则委员会对某些未由国际会计准则进行足够详细或清晰处理的问题的看法。常设解释委员会的工作进一步强化了国际会计准则委员会的要求。目前，常设解释委员会已被国际财务报告解释委员会（International Financial Reporting Interpretations Committee，IFRIC）取代。

2000 年，国际证监会组织向其成员国推荐国际会计准则。因此，大多数证券交易所的财务报告都采用了国际准则，尽管这一情况并非始于美国（见 4.5.3 节）。此外，在 2000 年，欧盟委员会宣布了一项加强资本市场的新计划。其中包括有关上市公司使用国际准则的提案（见 5.2 节）。因此，在国际会计准则委员会改组前，国际准则已经取得了其几十年来一直寻求的官方支持。

### 4.3.3　国际会计准则委员会是否成功

为了回答国际会计准则委员会是否成功的问题，有必要建立衡量成功的标准。我们首先要看一下国际会计准则委员会的既定目标，在采用这些目标作为国际会计准则委员会成功与否的衡量标准之前，我们需要确认这些目标是合理和有用的。国际会计准则委员会的基本目标是在全球范围内发布准则并促进准则被接受。曾经有人认为这一目标一方面过于雄心勃勃，另一方面又略显不足。

直到国际会计准则委员会改组，试图实现会计全球标准化似乎都是一个无望且不必要的目标。能从该目标中获得最大收益的群体是那些有发布财务报表需求并且有外国投资者、审计师、母公司或子公司的公司。这意味着，国际会计准则委员会似乎已经在发达国家以及与之有着重要经济联系的发展中国家取得了成功。

其次，"发布准则并促进准则被接受"并不是一个充分的目标。幸运的是，国际会计准则委员会在其 1983 年公布的《序言和章程》中提到标准化会计实务这一更为根本的目标。现在需要做的是推动来自不同国家的财务报表向更简明、更可靠与更可比的方向发展，或者至少对其差异的性质和重要性做出披露。

现在可以根据两个目标来判断国际会计准则委员会成功与否。在发布标准方面，显然取得了成功。其建立以来共发布了 41 项准则（其中许多已进行了修订）以及概念框架，发行了其他出版物。尽管这些准则因为允许采用太多备选方法而受到批评，但这个特性对于早期的进展是必不可少的，并且其在 20 世纪 90 年代早期已经进行了认真的改正（见 4.3.2 节）。

提高准则质量、观察准则的执行情况以及实现普遍协调等目标更加复杂，尤其是因为国际会计准则委员会没有权力要求公司必须遵循其准则。以下将考察 2001 年之前的四种国家类型中，国际会计准则委员会在该领域所取得的成功，四种国家类型分别为：发展中国家、新兴国家、西欧大陆国家和日本，以及资本市场国家。4.5 节将介绍 2001 年之后的情况。

### 发展中国家

在 20 世纪 90 年代的发展中国家和新兴工业化国家中，国际会计准则委员会取得了明显而引人注目的成功。许多国家（如尼日利亚、马来西亚和新加坡）采用了国际会计准则，将稍作或未作修订的国际准则作为其本国准则。国际会计准则对许多发展中国家至关重要，尤其是那些具有英国传统的发展中国家，它们依赖于民间机构制定准则。这些国家是国际会计准则委员会的成员，其中一些是理事会或特定准则工作组的成员。对于这些国家而言，采用国际会计准则比自己制定本国的准则更为方便，并且具有极大的优势，其中一个优势是可以使那些具有国际业务往来的国内或国外公司的会计师更加轻松。另一个优势是可以避免迫于政治压力不得不采用美国或英国准则作为交换条件。对上述许多国家而言，使用国际会计准则具有巨大的价值，并且可以通过采用国际会计准则来避免制定不同的规则，从而有助于满足会计的国际协调需求。

但是，人们对上述准则是否适用于发展中国家尚存有疑问（Briston，1978）。例如，在那些上市公司很少的国家中，准则的复杂性和披露要求的广泛性所带来的成本很可能超出其收益。尽管如此，Saudagaran 和 Diga（2003）研究东盟国家的数据发现，这种协调将在国际会计准则理事会发布准则的基础上继续进行下去。Zeghal 和 Mhedhbi（2006）则认为，最有可能采用国际准则的国家将是那些拥有资本市场和英美文化的国家。

### 新兴国家

与发展中国家较为类似的是一些在 20 世纪 90 年代从计划经济转向市场经济的国家，例如东欧国家。这些国家需要"快速修复"其会计实务，因为它们以惊人的速度改变没有利润、没有股东、没有独立审计师也没有股票市场的经济体的状态。一些西方的机构（如英国会计机构、法国政府、德国银行和欧盟）在某种程度上竞相影响着这些国家。但是，国际会计准则委员会作为全球范围内的准则制定者，具有关键影响力。有关此问题的更多讨论见第 5、12 和 14 章。

### 西欧大陆国家和日本

在所提及的四种类型的国家中，欧洲大陆国家和日本对国际会计准则委员会有着最为矛盾的态度。国际会计准则委员会在某种程度上被视为特洛伊木马，它以受人尊敬的国际化理念为外壳，其中却暗藏着国家会计的敌人（Kleekämper，2000）。这个木马进入欧洲的心脏地带后，其内容会巧妙地破坏传统的会计。直到 20 世纪 90 年代后期，德国和意大利的会计机构和欧盟委员会的成员国或许仍持有上述观点。

当然，在 20 世纪 70 年代和 20 世纪 80 年代，国际会计准则的制定宗旨和以公允信息服务资本市场的主导思想很大程度上确实与欧洲大陆国家和日本所持观点不同。然而，国际会计准则委员会还是在这些国家的大力支持下未遭受明显的反对，因此得以不断前行。促成这一局面的因素有：

● 国际会计准则理事会和工作组中拥有大量非英美国家代表，并先后有一名法国人和一名日本人担任国际会计准则委员会主席；

● 来自这些国家的代表拥有在大型会计师事务所或跨国公司的从业背景，并且他们不是政府官员；

● 几个理事会成员国希望加强其资本市场的发展并推动会计现代化改革（在法国和意大利表现得尤为强烈）；

● 金融市场日益国际化，以至于一些德国和日本公司也开始在海外筹集资金；

● 由于其他成员国希望避免美国在会计中占主导地位，因此国际会计准则委员会是一个"两害相较取其轻"的选择。

在许多情况下，通过的国际会计准则与某些欧洲大陆国家和日本的准则在形式或实质上存在不一致。然而，这些国家的代表经常会投票反对本国的惯例做法，有时本国惯例随后还会向国际会计准则趋同。这一特征在集团会计的处理中尤为明显，《欧盟第 7 号指令》（见第 8 章）在欧洲引起了巨大的变化，变化后的准则大体上与国际会计准则的内容一致。同样，租赁的资本化和递延税的会计处理也开始渗透到欧洲大陆的会计实务中。

国际会计准则委员会的间接影响是欧洲大陆国家和日本逐渐接受了其观念。例如，有关《欧盟第 7 号指令》的政府谈判中，就参考了《国际会计准则第 3 号》中关于集团会计的处理办法，这主要是由于支持该准则通过的国际会计准则委员会成员国中包含诸多欧盟国家。而且近年来，主要国家的代表一直参与国际会计准则委员会与其他国际机构的持续辩论，这对于理解和接受国际会计准则委员会的观点十分有益。

20 世纪 90 年代国际会计准则委员会的直接影响，可以通过两种方式进行观察。

其一，在某些情况下，一国的准则制定机构批准将国际会计准则用于某些目的或特定情况，例如法国或意大利将国际会计准则用于合并报表的某些方面。日本监管机构则启动了一项程序审查其准则与国际会计准则的一致性程度。

其二，一些公司选择在财务报表的主表或附注中部分或全部使用国际会计准则。这一点在瑞士尤其突出，1994 年后德国也是如此，此外，欧洲大陆的几家大型公司也采用了国际会计准则。

对于欧洲的大型集团公司希望使用国际会计准则或借鉴美国会计实务的意愿，欧洲各国政府纷纷做出了回应。1998 年，德国通过了一项法律，允许上市公司在合并报表中使用"国际认可的"准则来代替国内准则；而对于在德国股票市场某一板块（即新兴市场板块）上市的公司，则要求采用这种报告方式。但法律中存在一些附加条件，例如所使用的国际准则必须符合欧盟指令。直到 2001 年《国际会计准则第 39 号》生效（见表 4 - 2 和第 6 章），上述附加条件才似乎不再对国际会计准则的使用产生阻碍。2001 年，欧盟指令进行了修订，以确保其兼容性（见第 13 章）。但是，美国的准则是否符合这些条件仍值得怀疑。

1998 年德国通过的法律所带来的结果是，到 1999 年，德国排名前 100 的集团中约有三分之一使用国际会计准则编制合并报表。其他几个国家也通过了类似的法律。例如，奥地利颁布的一项类似法律适用于包括上市公司在内的所有公司。法国和意大利也通过了与德国类似的法律，但未执行。

对于上述问题，欧盟的一个引人关注的提议是在某些目的下采用国际会计准则，这一内容将在第 5 章和第 13 章中具体阐述。

### 资本市场国家

最后一组国家包括前理事会成员国，例如美国、加拿大、英国、澳大利亚、南非和荷兰。但是，越来越多的其他理事会国家加入了资本市场俱乐部，特别是涉及大型公司或编制合并报表的国家（尤其是法国和北欧联邦）。

上述国家主要希望在概念框架的帮助下制定非政府准则，从而为资本市场发布经常性、公允且经审计的综合会计信息。国际会计准则的内容（主要指的是改进后的项目）与这些国家的会计实务非常一致。这样看来，似乎是这些国家影响了国际会计准则委员会，而不是国际会计准则委员会影响了它们。确实，20 世纪 90 年代末期以前，当面临与国际会计准则不一致的情况时，美国或英国的准则制定者并没有做出重大努力来改变其准则。

不过，国际会计准则委员会对准则制定者的影响仍然有目共睹。例如，英国会计准则委员会的概念框架是在国际会计准则委员会的概念框架之后制定的，并且与之非常接近。当然，英国、加拿大或澳大利亚的准则制定者在制定或更改自己的准则之前，肯定会仔细研究国际会计准则委员会的相关标准，当它们的准则与国际会计准则委员会的准则相一致时，各国准则制定者会更加轻松。这些国家和国际会计准则委员会在 20 世纪 90 年代后期进行了几个联合项目（例如，《国际会计准则第 14 号》修订版、《国际会计准则第 33 号》和《国际会计准则第 37 号》）。到 20 世纪 90 年代后期，澳大利亚的准则制定者已开始使它的准则与国际会计准则保持一致（见第 5 章）。2005 年前，在这些国家的公司层面上，国际会计准则委员会的直接影响几乎看不到，主要是因为所有公司都被要求使用国内准则。

### 2000 年以来的支持者

国际会计准则委员会取得初步的成功是在 2000 年。首先，国际证监会组织建议其成员国采纳国际会计准则。随后，欧盟委员会提议，到 2005 年所有欧盟上市公司的合并报表应强制性采用国际会计准则（见第 5 章）。上述这些进展伴随着国际会计准则委员会改革（见 4.5 节）的进程，到 2005 年为止，国际会计准则委员会完成了其改革。

Martinez-Diaz（2005）追溯了国际会计准则委员会从一个不起眼的机构到影响全球的准则制定机构的崛起之路。他提出了影响国际会计准则委员会成功的四个因素：

其一，通过技术专长建立合法性；

其二，嵌入国际组织网络；

其三，受益于发达国家和发展中国家之间以及美国和欧洲监管机构之间的竞争；

其四，具有与美国证券交易委员会一致的核心价值。

### 4.3.4　关于国际会计准则委员会的实证结果

4.2.4 节讨论了协调化的衡量标准。本节则特别关注研究国际会计准则委员会影响的相关文献。

学者们对国际会计准则委员会的影响已经进行了一些实证分析。McKinnon 和 Jannell（1984）在对准则协调度的研究中得出结论，"国际会计准则委员会没有成功地改变现有的准则或制定新的准则"。Evans 和 Taylor（1982）对六个重要国家中的五个国家的国际会计准则遵守情况进行了检查，他们指出，国际会计准则委员会的影响力很小。Nair 和 Frank（1981）更广泛地研究了 1973 年至 1979 年的会计协调化程度。他们得出的最有力的结论是："国际会计准则委员会存在的时期恰逢会计准则日益统一的时期。"

Doupnik 和 Taylor（1985）发现一些国家对国际会计准则委员会准则的遵守程度有所提高，但他们的发现被 Nobes（1987）质疑。其他实证研究包括 Emenyonu 和 Gray（1996）的研究。批评国际会计准则委员会工作的研究有 Rivera（1989）、Wallace（1990）和 Goeltz（1991）。但是，所有这些研究都是在 1995 年开始实施改善措施之前进行的。

Weetman 等（1998）认为，英国会计准则与国际会计准则或美国会计准则之间的不一致日益加剧。他们考虑到 1995 年以后法律上的发展，也研究了在这一时期之前的做法。2001 年底，一项对 62 个国家的国际会计准则协调程度进行的调查显示，几乎所有国家都存在很大的差异（Nobes，2001）。例如，英国和美国在细节上有很多不同，几个欧洲大陆国家存在许多矛盾，一些发展中国家和新兴国家的准则中存在许多漏洞。

Ali（2005）对协调化的实证研究进行了总结。Baker 和 Barbu（2007）对国际协调的研究提供了更广泛的综述。

## 4.4　其他国际机构

本节将讨论从 20 世纪 70 年代起与国际会计有关的一些其他机构的性质和重要性。

### 4.4.1　国际会计师联合会

国际会计师联合会（International Federation of Accountants，IFAC）在第十一届世界会计师大会之后于 1977 年成立。它旨在发展一个协调化的国际会计行业。第十届世界会计师大会之后，1972 年成立了会计职业界国际协调委员会（International Coordination Committee for the Accountancy Profession，ICCAP），该组织是国际会计师联合会的前身。

国际会计师联合会汇集了来自世界各地的 150 多个会计机构。它在纽约设立了全职秘书处。其工作包括制定国际审计准则（由国际审计与鉴证准则理事会（International Auditing and Assurance Standards Board，IAASB）通过）、职业道德准则、教育和管理会计准则；参与教育和技术研究；每 4～5 年组织一次世界大会。表 4－4 列出了自 1904 年第一次国际会议以来的历届会议。Lemarchand 等（2008）回顾了表 4－4 所列的大会以及未列在表 4－4 中的其他国际会议（主要是法语会议）的历史。

**表 4－4　世界会计师大会**

| 1904 年 | 圣路易斯 | 1962 年 | 纽约 | 1997 年 | 巴黎 |
|---|---|---|---|---|---|
| 1926 年 | 阿姆斯特丹 | 1967 年 | 巴黎 | 2002 年 | 香港 |
| 1929 年 | 纽约 | 1972 年 | 悉尼 | 2006 年 | 伊斯坦布尔 |
| 1933 年 | 伦敦 | 1977 年 | 慕尼黑 | 2010 年 | 吉隆坡 |
| 1937 年 | 柏林 | 1982 年 | 墨西哥城 | 2014 年 | 罗马 |
| 1952 年 | 伦敦 | 1987 年 | 东京 | 2018 年 | 悉尼 |
| 1957 年 | 阿姆斯特丹 | 1992 年 | 华盛顿 | | |

Loft 等（2006）研究了国际会计师联合会的结构变化和日益增长的重要性。他们指出，国际会计师联合会现在更多地受到专家和跨国审计公司的影响，而不是受到本国会计机构的影响。

### 4.4.2　会计师国际研究小组、G4＋1 集团及国家准则制定机构

与会计职业界国际协调委员会一样，1977 年国际会计师联合会成立时，另一个机构——会计师国际研究小组（Accountants' International Study Group，AISG）解散了。如前所述，该小组于 1966 年成立，成员来自加拿大、英国和美国的专业机构。其目的是研究和报告这三个国家的会计实务。该小组发表了 20 份财务报告相关事宜的研究成果。

到了 20 世纪 90 年代初，人们再次意识到类似的需求。那时，一些盎格鲁-撒克逊国家（如美国和英国，但不包括加拿大和新西兰）的准则制定已经从专业机构转移到独立的民间机构。G4＋1 集团由澳大利亚、加拿大、英国和美国的准则制定机构组成，国际会计准则委员会秘书处作为其观察员（因此称为"＋1"）。后来，新西兰的准则制定机构加入进来。自 1995 年起，G4＋1 集团就租赁会计和绩效衡量等课题发表了多份讨论文件。G4＋1 集团成员拥有相似的概念框架，因此其成员认为该组织能够比国际会计准则委员会走得更远、更快。上述讨论的过程有助于协调这些准则制定者的工作。

2001 年 2 月，新的国际会计准则理事会（IASB）成员被任命之后，G4＋1 集团随之解散。4.5 节的讨论将揭示为什么在诸多的前盎格鲁-撒克逊准则制定者成为国际会计准则理事会成员的情况下，G4＋1 集团的存在不再必要。Street（2005）描述了 G4＋1 集团的工作，并认为它对国际会计准则委员会和国际会计准则理事会有重大影响。Nobes（2006）却认为 Street 有些夸大其词。

2005 年，全球主要国家的会计准则制定机构组成了一个小组，开始就国际会计准则理事会项目进行讨论，并就即将出现的重大问题开展研究。该小组最初由英国会计准则委员会（Accounting Standards Board）主席担任主席一职直至 2011 年，其继任者为一个加拿大人。国家准则制定机构目前每年开两次会。2014 年，该小组更名为"国际会计准则制定者论坛"（The International Forum of Accounting Standard-setters）。例如，2018 年 4 月在孟买举行的会议上，来自 21 个国家准则制定机构的代表以及来自国际会计准则理事会和地区组织的代表出席了会议。该论坛不应与国际会计准则理事会用来传播各国信息时使用的"国际准则制定者"（world standard setters）这一称呼混淆，也不应与"会计准则咨询论坛"（Accounting Standards Advisory Forum）混淆，后者是国际财务报告准则基金会（IFRS Foundation）的一个官方机构（见 4.5.1 节）。

### 4.4.3 国际证监会组织

国际证监会组织（International Organization of Securities Commissions，IOSCO）成立于 1983 年，其成员包括如美国证券交易委员会在内的政府证券监管机构。这些监管机构决定了国内或国外上市公司的财务报告是否接受外国或国际会计准则。

如 4.3.2 节所述，20 世纪 80 年代后期，国际证监会组织和国际会计准则委员会达成了一项协议，即国际会计准则委员会将改进其准则，而国际证监会组织将考虑向所有交易所推荐这些准则。国际会计准则委员会在 20 世纪 90 年代的工作主要是为了满足国际证监会组织的要求，后者也以官方观察员的身份参加了国际会计准则委员会的理事会议。2000 年，国际证监会组织认可了国际会计准则委员会的准则，特别是准许外国注册公司使用该准则。许多监管机构确实接受了针对外国公司的国际准则，尽管仍要求国内公司采用国内准则。2007 年，美国证券交易委员会也接受了这方面的国际准则。

国际证监会组织和美国证券交易委员会是促成 2001 年创立国际会计准则理事会的重要贡献者（见 4.5 节）。

2001 年，一个协调国际证监会组织欧洲成员的机构成立，该机构被命名为欧洲证券监管委员会（Committee of European Securities Regulators，CESR）。2011 年，欧洲证券及市场管理局（European Securities Markets Authority，ESMA）取代了欧洲证券监管委员会。它一直在积极推动那些监督和敦促欧洲上市公司使用国际财务报告准则的机构的发展（见第 17 章）。

### 4.4.4 欧盟

我们将在 5.2 节中更详细地讨论关于欧盟从 2005 年起要求在上市公司的合并报表中使用国际财务报告准则的事项；在第 14 章中，我们将讨论欧盟自 20 世纪 70 年代以来为协调欧洲国家会计准则所做的努力。在这两方面，欧盟一直是会计协调化的主要参与者。

### 4.4.5 欧洲会计师和欧洲财务报告咨询小组

欧洲会计师（Accountancy Europe）的前身为 1966 年成立的欧洲会计师联合会（Fédération des Experts Comptables Européens，FEE）。欧洲会计师联合会从 1987 年初开始运作，其接管了欧洲早期的两个机构，一个是 1966 年成立的研究小组（Groupe d'Etudes），另一个是 1951 年成立的欧洲会计师联盟（Union Européenne des Experts Comptables，UEC）（McDougall，1979）。Camfferman 和 Zeff（2009）研究了欧洲会计师联盟的形成和早期发展。

欧洲会计师总部设在布鲁塞尔，其成员会计机构遍布整个欧洲。它的研究范围包括审计、会计和税务。它研究上述领域的国际差异，并试图帮助消除这些差异。它的大部分工作与欧盟有关，并就公司法和会计协调化问题向欧盟委员会提供咨询服务。如果欧洲会计师能够让欧洲的会计师达成共识，这将使它在布鲁塞尔拥有强大的话语权，尤其是在各国政府存在分歧的情况下。

2001 年，欧洲财务报告咨询小组（European Financial Reporting Advisory Group，EFRAG）成立，欧洲会计师联合会是其背后推动力。该小组就国际会计准则理事会新颁布的和经修订的准则的可接受性向欧盟委员会提供建议（见第 5 章）。从 2010 年开始，欧盟委员会一直是欧洲财务报告咨询小组的资助者之一，这提升了欧洲财务报告咨询小组的地位并增加了其预算。Van Mourik 和 Walton（2018）研究了欧洲财务报告咨询小组的工作原理和效果。

### 4.4.6 其他区域性组织

美洲会计协会（Inter-American Accounting Association，IAA）成立于 1949 年，成员包括两个美洲大陆的会计机构。亚太会计师联合会（Confederation of Asian and Pacific Accountants，CAPA）可以追溯到 1957 年，尽管该组织直到 1976 年才正式成立。它包括了很多国家（2018 年为 24 个），因其成员过于多样化，无法构成一个"可行的会计集群"（Choi，1981，p. 31）。因此，在为实现会计协调而界定地区时可能会出现问题。

就亚太会计师联合会成员国而言，一个更为成功的区域集团可能是其中的一个子集团：1977 年在曼谷成立的东盟会计师联合会（ASEAN Federation of Accountants，AFA）（Choi，1979）。Choi（1981）认为东盟会计师联合会的一个功能是"避免个别东盟国家大规模采用可能不适合当地情况的国际会计公告"。然而，亚太会计师联合会和东盟会计师联合会都没有对国际会计协调化起到作用，也未能减弱国际会计准则或美国准则的影响力。Craig 和 Diga（1996）研究了东盟国家在制度结构上的巨大差异，这些差异阻碍了区域协调化。2009 年，亚洲-大洋洲会计准则制定机构组（Asian-Oceanian Standard Setters Group，AOSSG）成立，它由来自 11 个国家或地区的机构组成。到 2018 年初，已经增加到 26 个国家或地区，包括澳大利亚、伊拉克和土耳其。准则制定者包括专业会计机构、独立信托机构和政府部门。亚洲-大洋洲会计准则制定机构组的工作与国际会计准则理事会的议程密切相关。

东中南非洲会计师联合会（Eastern, Central and Southern Africa Federation of Accountants，ECSAFA）成立于 1990 年，现在已扩大其范围，成为泛非会计师联合会。它鼓励会计团体的形成和发展，定期举办会计会议，与国际会计师联合会沟通，并开展其他联合活动。2011 年，拉丁美洲准则制定者小组（Group of Latin American Standard Setters，GLASS）成立。国际会计准则理事会的"国际论坛"（见 4.4.2 节）包括来自亚洲-大洋洲准则制定机构组、拉丁美洲准则制定者小组和欧洲财务报告咨询小组的代表。

### 4.4.7 其他非会计组织

世界银行鼓励向其贷款的国家改进会计制度，特别鼓励发展中国家采纳国际准则。促使会计师及其专业团体向更好的国家和国际准则靠拢的另一个因素是一些政府机构可能会介入或赢得主动权。目前，除了欧盟以外，其他国际机构是有影响力的，但不是决定性的。经济合作与发展组织（Organisation for Economic Co-operation and Development，OECD）研究并采纳了关于会计实务的建议："跨国企业指南"（OECD，1986，p. 100）。该指南主要涉及披露要求。披露是自愿的，但它可能影响政治敏感的大型企业的行为。关于会计实务的调查也在进行（OECD，1980），但对于如何实现协调尚未达成一致意见。显然，经济合作与发展组织在这一领域的部分目标是保护发达国家不受联合国可能提出的任何极端建议的影响，因为联合国非常关注跨国企业的监管问题。

1977 年，联合国对此方面发表了一份报告，建议应极大增加跨国公司财务和非财务信息的披露。1979 年，联合国进一步成立了国际会计和报告标准政府间专家工作组（Intergovernmental Working Group of Experts on International Standards of Accounting and Reporting，ISAR），该机构就跨国公司的信息披露发布了一些准则。国际会计和报告政府间专家工作组于 2019 年在日内瓦举行了第 36 届年会，但目前还很难追踪到其活动所带来的影响。

### 4.4.8 协调机构的分类

本章已经讨论了许多协调机构。对其按部门和地理范围进行简单分类是很有用的一种方法（见表 4-5）。表 4-5 并非详尽无遗，如前所述，还存在其他区域机构。此外，各机构的职能也有所差异。

表 4-5　与协调化有关的一些机构

| 部门 | 范围 | |
| --- | --- | --- |
| | 世界性 | 区域性 |
| 政府类 | 联合国、经济合作与发展组织、国际证监会组织 | 欧盟 |
| 职业类 | 国际会计准则委员会、国际会计师联合会 | 欧洲会计师联合会 |
| 独立类 | 国际会计准则理事会 | 欧洲证券及市场管理局 |
| 混合类 | — | G4＋1 集团、欧洲财务报告咨询小组、亚洲-大洋洲准则制定机构组 |

## 4.5　国际会计准则理事会

### 4.5.1　2001 年及以后的国际准则制定改革

前国际会计准则委员会的理事会于 1997 年成立了一个"战略工作组"，以考虑在完成国际证监会组织的核心计划后，是否需要对其结构进行改革。战略工作组的论文《为未来改革国际会计准则委员会》于 1998 年底发表（Camfferman and Zeff，2007，见第 13 章）。这些提议需要得到理事会（3/4 多数）和国际会计准则委员会成员机构（简单多数）的批准。

建议进行改革的理由包括：

- 减轻兼职理事会代表的负担，他们工作负担很重，尤其是在完成核心计划的前两年；
- 使更广泛的国家和组织成为理事会成员；
- 提高与各国准则制定者的合作程度，以加速全球准则的趋同。

关于改革的辩论涉及两个相互矛盾的观念：独立性和代表性。这也可以看作益格鲁-撒克逊哲学和欧洲大陆哲学之间的斗争。支持独立性的理由是，好的会计准则是由一群全职技术专家为了公众利益而设计的，因此，在会计师事务所或大公司工作的兼职准则制定者没有足够的独立性。支持代表性的论点是，合法性来自所有利益方的参与，因此一个大型的兼职理事会是合适的。1998 年的战略文件提供了一个折中方案，即设立一个小型技术专家执行委员会和一个大型具有代表性的监事会。然而，当时就发生了一场有关哪一方权利更大的论战。最终，关于独立性的一方取得了胜利，部分原因是它得到了国际证监会组织最重要的成员——美国证券交易委员会的支持。此外，美国财务会计准则委员会（FASB）或联合起来的英语国家准则制定机构可能会试图从国际会计准则委员会手中接管全球准则的制定权，这是一种威胁。

1999 年 12 月，理事会一致投票决定自行解散，并于 2000 年 5 月得到各成员团体的确认。新架构于 2001 年 4 月 1 日开始运作。它由在美国合法注册的国际财务报告准则基金会（IFRS Foundation，前身是国际会计准则委员会基金会（International Accounting Standards Committee Foundation））领导。它由受托人（2019 年共有 22 名）控制，受托人承诺将以公共利益为经营目标。最初的受托人由旧理事会设立的任命委员会选出，主席由美国证券交易委员会主席担任。受托人现在由监管委员会任命，该委员会于 2009 年成立，目的是让受托人负起责任。监管委员会包括欧盟委员会、国际证监会组织、美国证券交易委员会和其他机构。其中的策略问题将在 11.6 节中讨论。

受托人具有地域代表性（见表 4-6 中的例子）。他们的主要任务是筹集必要的资金，并任命理事会。理事会最初由 12 名全职成员和 2 名兼职成员组成。国际会计准则理事会最初主要由前益格鲁-撒克逊准则制定者和前国际会计准则委员会的理事会代表主导。事实上，已经有人提议其他国家（例如法国）由于文化、法律和政治原因不适合参与国际会计准则理事会事务（Standish，2003）。这将在第 5 章和第 10 章中进一步讨论。此外，理事会不时会有小的变动，但一些最初的成员（见表 4-7）直到 2011 年中期仍在。2009 年，机构成员的数量增加到 16 个，但在 2016 年的章程版本中，这一数量减少到 14 个，其中 3 名成员可以兼职。有 4 名成员分别来自欧洲、美洲、亚洲、大洋洲；1 名来自非洲；其余地区 1 名。在最初的协议中，只需要简单多数人同意即可通过一项准则，但在 2005 年增加到需要 9 票才能通过。

表 4-6　国际会计准则委员会初始受托人的地理背景

|  | 数量 |
|---|---|
| 美国 | 5 |
| 日本 | 2 |
| 澳大利亚 | 1 |
| 加拿大 | 1 |
| 南非 | 1 |
| 法国 | 1 |
| 德国 | 1 |
| 瑞士 | 1 |
| 巴西 | 1 |
| 中国 | 1 |
| 丹麦 | 1 |
| 意大利 | 1 |
| 荷兰 | 1 |
| 英国 | 1 |
|  | 19 |

表 4-7　国际会计准则理事会的初始成员

| 国家 | 数量 | 构成 |
|---|---|---|
| 美国 | 5（或 3）* | 2 名前美国财务会计准则委员会（FASB）成员、1 名前美国财务会计准则委员会受托人（兼前任国际会计准则委员会主席）、2 名兼职人员 |
| 英国 | 2（或 4）* | 均为前英国会计准则理事会（ASB）成员 |
| 澳大利亚 | 1 | 前澳大利亚会计研究基金会（AARF）执行董事 |
| 加拿大 | 1 | 前加拿大会计准则委员会（AcSB）主席 |
| 南非 | 1 | — |
| 法国 | 1 | 前国际会计准则委员会理事 |
| 德国 | 1 | 前戴姆勒-克莱斯勒公司，一家使用美国公认会计原则的公司 |
| 日本 | 1 | 前国际会计准则委员会理事 |
| 瑞士 | 1 | 前国际会计准则委员会理事 |
|  | 14 |  |

注：* 两名理事会成员有美国工作背景，但是为英国国籍。
AcSB 为加拿大会计准则委员会（Accounting Standards Board of Canada）。ASB 为英国会计准则理事会（Accounting Standards Board of the UK）。AARF 为澳大利亚会计研究基金会（Australian Accounting Research Foundation），是澳大利亚准则制定者（即澳大利亚会计准则委员会）的秘书处。FASB 为美国财务会计准则委员会（Financial Accounting Standards Board）。

　　国际会计准则理事会及其秘书处仍设在伦敦。该结构中还有另外三个主体。国际财务报告准则解释委员会发布对现有准则的解释，这些解释必须得到国际会计准则理事会的批准。由分析师、报表编制者、审计师和其他人员组成的国际财务报告准则咨询委员会就国际会计准则理事会的议程和工作方案提供建议。还有一个会计准则咨询论坛（Accounting Standards Advisory Forum，ASAF），成立于 2013 年。它有 12 名来自国家和地区准则制定机构的代表，并作为国际会计准则委员会的技术咨询小组。

2009 年，国际会计准则理事会发布了《中小企业国际财务报告准则》。该版本的国际财务报告准则将在第 12 章中讨论。

如上所述，一些最初的理事会成员任职了 10 年，其中包括第一任主席大卫·特威迪爵士（Sir David Tweedie）。10 年已经是最长的任职期限。大卫爵士在任期间曾担任理事会的首席执行官，并推动了理事会的技术和政治运作。受托人对事务进行具体分工。自 2011 年 7 月起，理事会主席汉斯·霍格沃斯（Hans Hoogervorst）（荷兰前财政部长，荷兰股票市场监管机构主席）负责政治事务，副主席负责技术事务。

Zeff（2012）研究了国际会计准则委员会向国际会计准则理事会的转变。Camfferman 和 Zeff（2015）详细研究了国际会计准则理事会运行的前 10 年，其研究成果的第 3 章、第 11 章和第 14 章着眼于该组织在 10 年中的发展变化情况。

### 4.5.2　国际会计准则理事会的初步工作

2001 年，国际会计准则理事会在接纳所有旧的国际会计准则的基础上，开始在以下三个方面推进其工作：

（1）一个新的改进项目；

（2）持续的项目；

（3）主要的改革。

新的改进项目带来了 2002 年 5 月和 6 月间相关草案的发布，草案修订了 14 个准则并取消《国际会计准则第 15 号》（见表 4-2）。在 2003 年修订的准则和 2004 年颁布的新准则中，删除了一些备选方法，如后进先出法（《国际会计准则第 2 号》），通过收入更正错误（《国际会计准则第 8 号》）。第 6 章对国际财务报告准则的考察会涉及对这些修订的论述。

### 4.5.3　与美国的趋同

20 世纪 90 年代，国际会计准则委员会的大部分活动都是关于说服国际证监会组织认可国际会计准则，特别是说服美国证券交易委员会接受在美国上市的外国公司使用国际会计准则。国际财务报告准则基金会和国际会计准则理事会的成立是在与美国证券交易委员会密切磋商后完成的。尽管如此，美国证券交易委员会直到 2007 年才接受外国注册公司使用国际财务报告准则。

美国财务会计准则委员会和国际会计准则理事会现已开始了密切的合作。这得益于两个前美国财务会计准则委员会成员（Tony Cope 和 Jim Leisenring）和美国财务会计准则委员会其他工作人员加入国际会计准则理事会，以及一名原国际会计准则委员会理事会的美国代表（Michael Crooch）成为美国财务会计准则委员会成员。随后，在 2002 年，国际会计准则理事会的一名成员（Bob Herz）被任命为美国财务会计准则委员会的新主席。此外，2001 年 2 月，安然和世通这两大公司被会计丑闻包围，安达信（最具美国风格的大型会计公司）倒闭。这引发了美国的反思

（见第 10 章），包括美国财务会计准则委员会开始调查是否应该采用一种更"基于原则"的方法来制定准则（像国际会计准则理事会的做法一样），而不是仅着眼于制定详细的规则。

2002 年末，国际会计准则理事会和美国财务会计准则委员会宣布了一项趋同计划，试图在 2005 年之前尽可能多地消除差异。《国际财务报告准则第 5 号》和《国际财务报告准则第 8 号》（见第 6 章）是首次公开设计以实现趋同的国际准则。这两个准则的制定者努力消除分歧，并避免产生新的差异。两套准则的趋同性将在 5.6 节中再次讨论。

基于此，美国证券交易委员会在 2007 年宣布，可以接受外国公司使用国际财务报告准则，而无须根据美国的会计准则进行调整。这项规定适用于 2007 年的报表，也就是 2008 年初发布的报表。在无须调整的情况下，美国证券交易委员会将只接受完整的按照国际财务报告准则编制的报表，不接受按欧盟的国际财务报告准则编制的版本或任何其他版本。2008 年，美国证券交易委员会开始就国际财务报告准则从 2014 年到 2016 年逐步取代美国公认会计原则进行商议（美国证券交易委员会，2008）。

不过，美国证券交易委员会的成员是由美国总统任命的，预计新总统当选后，委员会主席将提出辞职。2009 年奥巴马总统上任时，新主席宣布美国证券交易委员会不受之前提案的约束。美国将不会迅速采用国际财务报告准则，甚至不会允许美国公司使用国际财务报告准则（美国证券交易委员会，2012）。这一策略对美国证券交易委员会来说是可行的，因为美国拥有世界上最大的经济体和资本市场。它的公认会计原则比国际财务报告准则更加详细，并且受到严格监管。

2012 年美国证券交易委员会决议的一个结果是，美国财务会计准则委员会不再是国际会计准则理事会在重大项目上享有特权的合作伙伴，尽管两家机构仍在一些议题上合作。更多关于美国准则和国际财务报告准则在各类议题上趋同的细节可以在第 6 章和第 9 章中找到。

### 4.5.4 欧盟的影响

2005 年，欧盟出于某些目的强制要求其成员国执行国际财务报告准则，因此欧盟现在视自己为国际会计准则理事会最大的"客户"，故而也在寻求自身的影响力。2005 年，应欧盟要求，国际会计准则理事会增加了理事会决议所需的受托人数量和多数票数量。此外，国际会计准则理事会也必须认真对待欧盟不支持一项准则所带来的威胁。这将在 5.2 节和第 11 章中讨论。

### 4.5.5 世界准则制定者

上述发展意味着国际会计准则理事会已经成为世界上无可争议的准则制定者，尽管美国尚未采纳国际准则。如第 5 章所述，澳大利亚大约在 2005 年以后采用了国际财务报告准则，巴西为 2010 年，加拿大为 2011 年，俄罗斯为 2012 年。中国已经发布了与国际财务报告准则密切相关的上市公司报告准则（见第 12 章）。日本现在允许某些公司采用国际财务报告准则，许多大型日本公司采用了国际财务报告准则（见第 12 章）。2015 年，印度宣布与国际财务报告准则趋同。

然而，本书仍有许多有趣的国际财务报告准则问题有待讨论，例如：

● 国际会计准则理事会在推动协调化方面成功程度的实证检验（见第 5 章）；
● 不同国家对国际财务报告准则的反应，以及不同国家版本的国际财务报告准则（见第 3、5

和 9 章）；

● 国际财务报告准则的详细内容以及与美国公认会计原则尚存的差异（见第 6、7、8、9、10 章）；

● 出于上市公司合并报表以外的许多目的继续使用国内准则（见第 3 章和第 12～16 章）；

● 施加在国际会计准则理事会上的强大政治压力，特别是来自欧盟的压力，尤其涉及在经济危机背景下公允价值的使用（见第 7 章和第 11 章）；

## 4.6 公共部门财务报告的国际协调

本书涉及的几乎全是关于营利性企业的财务报告。不过，公共部门也为各种用户编制财务报告。这些报告因国家不同而有所差异，但各国也在国际协调方面做出了努力。

公共部门会计从收付实现制向权责发生制转变是世界上的一个总趋势。在一些国家，在采取这一行动的同时，公共部门也采用了国际财务报告准则（见表 4-8）。在其他情况下，各国采用了由国际公共部门会计准则理事会（International Public Sector Accounting Standards Board，IPSASB）发布的国际公共部门会计准则（International Public Sector Accounting Standards，IPSAS）。

**表 4-8　2020 年各国政府报告准则基础示例**

| 收付实现制 | 基于权责发生制的国家体系 | 国际公共部门会计准则或其本国版本 | 国际财务报告准则 |
|---|---|---|---|
| 德国 | 墨西哥 | 巴西 | 澳大利亚 |
| 印度 | 美国 | 新西兰 | 英国 |
|  |  | 秘鲁 |  |
|  |  | 土耳其 |  |

国际公共部门会计准则理事会由国际会计师联合会于 1997 年成立（见 4.4 节）。它取代了国际会计师联合会的公共部门委员会，该委员会当时已经开始着手编写国际公共部门会计准则，并在准则制定过程中秉持着尽量减少与国际会计准则委员会已经发布的《营利企业准则》的差异的理念。国际公共部门会计准则理事会独立制定准则，但由其公共利益委员会（Public Interest Committee）监督，该委员会的成员由世界银行和国际货币基金组织等机构任命。

国际公共部门会计准则与国际财务报告准则数量相似、主题相似、内容相似。有几个准则特别涉及公共部门问题，例如《国际公共部门会计准则第 23 号》（非交换交易收入）。2017 年，政府就另一个专题（遗产）发表了咨询文件。公共部门会计准则理事会（2018）总结了国际公共部门会计准则和国际财务报告准则之间有限的差异。

公共部门会计准则是在公共部门概念框架出版之前编写的，该框架与美国财务会计准则委员会（FASB）和国际会计准则委员会（IASC）的立场相同。然而，2014 年公共部门会计准则理事会发布了自己的概念框架。Ellwood 和 Newberry（2016）研究了公共部门会计准则的概念基础。鉴于许多公共部门从公众和银行处寻求借款，公共部门会计准则理事会的概念框架包含了国际财务报告准则的目标，即向投资者提供有用的信息。然而，公共部门会计准则理事会的概念框架也强调了对公众的问责。这可能意味着在未来的准则制定中将出现更多与国际财务报告准则的差异。

表 4-8 显示了不同国家政府报告准则基础的一些例子。可以看到，一些国家采用了国际公共部门会计准则或国际公共部门会计准则的本国版本，而澳大利亚和英国采用了国际财务报告准则。其他一些国家仍然有本国的政府会计体系，包括德国，它继续以现金的收付实现制为基础。国际会计师联合会（2018）报告了国际公共部门会计准则在全球的传播情况。

除了政府本身之外，还有许多公共部门机构，包括医院和大学，尽管上述机构越来越多地使用公共部门会计准则，但这些机构的报告形式在国际上更加多样化。与之相关的会计改革是合并报表理念的逐步推广，以实现政府整体会计。例如，新西兰从 1993 年开始推动这项工作。

Van Helden 和 Ouda（2016）讨论了新兴经济体公共部门会计方面的改进。Cordery 和 Simpkins（2016）研究了新西兰公共部门会计观念的变化，新西兰最初计划使用国际财务报告准则，后来改用国际公共部门会计准则。Rossi 等（2016）研究了欧洲使用准则的多样性以及如何实现其协调化的问题。

──────◀ 小 结 ▶──────

● 诸多相关方都对会计的国际协调感兴趣，包括投资者、证券交易所及其监管机构、跨国公司、会计师事务所、工会和税务当局。

● 协调的范围是很大的，因为在实务中国际的差异很大。对于协调过程中所面临的障碍的关注也很重要。同时，导致分歧的根本原因仍然存在，并受到民族主义惯性的支持。

● 从 20 世纪 70 年代开始，许多机构都在致力于会计实务和信息披露的协调，尤其是国际会计准则委员会，它发布了大量的国际准则。

● 国际会计准则包含了许多备选方法和漏洞。然而，在股票市场监管机构（国际证券委员会组织）的支持下，国际会计准则在 20 世纪 90 年代末得到了极大的改善。它们被一些国家或一些国家的部分公司所采用。

● 还存在一些其他机构关注全球或地区的会计协调化问题。例如，2000 年欧盟委员会提议强制在上市公司的合并报表中使用国际会计准则。该提议于 2002 年得到批准，2005 年起正式施行。

● 国际会计准则委员会在 2001 年被国际会计准则基金会和国际会计准则理事会取代，该委员会特别受美国财务会计准则委员会和欧盟的关系的影响。

● 由于许多国家采用国际财务报告准则或趋同准则，国际会计准则理事会已成为世界上主要的准则制定者。

● 在一些国家，公共部门已采用国际财务报告准则。其他一些国家采用了国际财务报告准则中特殊的公共部门版本。

◀ **问　题** ▶

带星号问题的参考答案见书末附录 B。

4.1* 国际会计准则委员会成功了吗？请给出你的理由。

4.2* 哪一方会从会计的国际协调中获益？它们为实现这个目标做了什么？

4.3　反对国际会计协调化的理由有哪些？

4.4　讨论国际会计准则委员会的准则是针对所有公司，还是针对某些特定的公司。

4.5　为什么联合国和经济合作与发展组织对会计协调化感兴趣？它们是怎么做的？

4.6　区分协调、协调化和标准化。

4.7　区分法律上的标准化和实质上的标准化，举例说明其中一个或两个是如何实现的。

4.8　本书没有详细介绍下面列出的国家。就会计和公司财务报告而言，你认为它们分别与六个至关重要的国家（见 4.3.1 节）中的哪个国家最相似？请参考第 3 章中关于分类的讨论并解释原因。

比利时　新西兰　巴西　尼日利亚　意大利　沙特阿拉伯

◀ **在线资源** ▶

扫描下列二维码即可阅读本章参考文献和推荐网站。

# 第二部分

# 上市公司使用国际财务报告准则
# 或美国公认会计原则进行财务报告

第 **5** 章

# 上市公司财务报告背景

**学习目标**

学完本章后，你应该能够：

● 解释采纳国际财务报告准则与会计制度之间相互趋同的区别；

● 解释欧洲国家在某些方面采纳国际财务报告准则的原因和方式；

● 列举国际财务报告准则和美国公认会计原则的原则性及详细的区别；

● 列举国际财务报告准则与美国公认会计原则趋同以及美国采纳国际财务报告准则过程中涉及的问题；

● 解释各国会计准则和国际会计准则之间的区别程度；

● 概述财务分析师对国际差异的各种处理方式。

## 5.1 引　言

　　本书第二部分（第 5 章至第 11 章）将介绍上市公司合并财务报表的财务报告规则和实务操作。在大多数国家，这类财务报告受到的监管要比其他报告更为严格。例如，欧盟 2002 年的条例中只要求上市公司编制合并报表时采用国际财务报告准则，美国证券交易委员会也只要求上市公司采用美国公认会计原则。本书在后面的章节（第四部分）将更加详细地介绍单个非上市公司的财务报告，这类财务报告在编制时主要还是参照国内规则，而非国际财务报告准则。但是，有些适用于非上市公司的国内规则，其依据是《中小企业国际财务报告准则》。这部分内容将在第 13 章进一步讨论。

在编制合并财务报表时，全球大量上市公司均采用国际财务报告准则或美国公认会计原则。美国上市公司采用的是美国公认会计原则。澳大利亚、巴西、加拿大和中国香港的上市公司亦是如此。欧盟公司均采用欧盟版本的国际财务报告准则。日本在 2009 年至 2010 年允许其公司采用国际财务报告准则。全球大部分上市公司均在这些国家，见表 1-5。

对于大型交易所来说，仅剩中国（中国香港除外）和印度未采用国际财务报告准则，但是在第 12 章中我们将看到，中国已经在很大程度上要求上市公司所采用的准则与国际财务报告准则趋同。同时，许多中国公司既提供遵照国际财务报告准则编制的财务数据，也提供根据中国国内准则编制的财务数据。在印度，使用国际财务报告准则的提案被否定了好几次。2015 年，印度公司事务部（Ministry of Corporate Affairs）宣布，印度公司必须遵循印度版本的国际财务报告准则，然而从 2016 年起，印度版本的国际财务报告准则与国际财务报告准则不再完全趋同。如 5.3.2 节所述，国际财务报告准则也在其他地方被采用。

国际财务报告准则的具体要求分别在第 6 章至第 8 章中讨论，并附加了背景和比较。在第 9 章中，将探讨不同国家的国际财务报告准则实践的成因和范围，包括列举国际财务报告准则中的明确备选方案和隐蔽备选方案，以及自 2005 年以来国际财务报告准则的实践情况。第 10 章在比较国际财务报告准则和美国公认会计原则的基础上更详细地探讨了一些关键的财务报告主题。第 11 章讲述了政府和公司向准则制定者施加的压力，特别是国际会计准则理事会和美国财务会计准则委员会。

在进入上述章节之前，本章将介绍一些背景知识。5.3 节探讨了各国采纳国际财务报告准则或与之趋同的过程。5.4 节则解释了欧盟要求使用国际财务报告准则的机制。5.5 节从更高层次的区别方面（如专注于规则而非原则）介绍了美国公认会计原则与国际财务报告准则之间的差异。5.6 节首先探讨了美国公认会计原则和国际财务报告准则的趋同。5.7 节说明了财务分析人员应如何处理国际差异，以及国际财务报告准则的广泛使用是否对他们起到一定帮助。之后，本书的第五部分则着眼于会计准则的实施，尤其是在上市公司的背景下。

## 5.2 国际会计准则的法律和政治背景

一些国家的法律中包含着财务报告准则。在另一些国家，某些准则虽然是由私营部门制定的，但也由法律强制执行。其中有许多可能的变化。

各国通过各种法律机制要求或允许私营部门制定财务报告准则，本章将对此进行研究。从哲学方面来看，英国法律传统比罗马法律传统更容易接受这样的准则。事实上，人们已经对法国的机构是否能够与国际会计准则理事会进行良好的沟通（Standish，2003）以及比利时的公司是否适合回应国际会计准则理事会的建议（Orens et al.，2011）产生了怀疑。对国际会计准则理事会合法性的质疑更可能来自讲法语的人，而非讲英语的人。Burlaud 和 Colasse（2011）对国际会计准则理事会的合法性和理论基础提出了质疑。Danjou 和 Walton（2012）则在欧盟认可国际财务报告准则的法律机制方面回答了上述问题。

Posner（2010）基于部分政治事件的发生顺序，解释了国际会计准则委员会和国际会计准则理事会为世界瞩目的兴起。他追溯了美国和欧洲监管机构参与国际会计准则的过程。一些研究者（Perry and Nöelke，2005）也已经注意到金融部门在这个过程中受到了不成比例的强烈关注。显然，监管机构更担心的是银行而不是百货公司。

在 2008 年全球金融危机之后，国际会计准则理事会和美国财务会计准则委员会受到了各国政府及各部门的批评，例如财政部长和银行的监管机构。然而，会计界得出的结论是，公允价值会计对金融危机的贡献并不大（André et al.，2009；Barth and Landsman，2010；Amel-Zadeh and Meeks，2013）。

第 11 章更详细地从政治层面讨论了准则制定的相关问题。

## 5.3　采纳国际财务报告准则并与之趋同

### 5.3.1　采纳或趋同

区分对国际财务报告准则的采纳和与之趋同是非常重要的。从司法层面来说，采纳意味着放弃使用国内会计准则，直接使用国际财务报告准则。这一情形可能适用于所有的财务报告，也可以仅适用于某些财务报告（如合并报表）。除了出于某些会计目的而采纳国际财务报告准则外，有些国家可能决定逐步将其国内会计准则转变为国际财务报告准则，这称为"趋同"：协调化或标准化的特殊形式。在第 4 章中提到了有关趋同的争论和反对意见。在 5.6 节中，将探讨美国公认会计原则与国际财务报告准则的趋同。

第 15 章除了探讨国际财务报告准则对上市公司（这些公司必须采用国际财务报告准则）合并财务报表的直接影响，还探讨了国内会计准则与国际财务报告准则趋同对非合并财务报表产生影响的例子（如英国）。

我们可以在新兴经济体中找到更多趋同的例子。在述及国际会计准则委员会的 4.3.3 节中简要地提及了这些国家。例如，中国上市公司执行的会计准则与国际财务报告准则保持了持续的趋同（见第 12 章）。

### 5.3.2　国家或地区的采纳情况

极少国家会通过修改法律来要求公司（至少是上市公司的合并财务报告）采用国际财务报告准则。以色列和南非的上市公司就是这种情况。但是，在其他著名的"采纳"行动中（如欧盟（2005 年）、澳大利亚（2005 年）和加拿大（2011 年）），情况并非完全如此，本节将对此进行解释。其他采纳国际财务报告准则的国家包括韩国（2010 年）、巴西（2011 年）和俄罗斯（2013 年）。现在，超过 100 个国家要求上市公司采用国际财务报告准则的某些形式出具合并财务报告。

由于国际财务报告准则只发布英文版，并且国际会计准则理事会经常改变国际财务报告准则的内容，因此，在欧盟强制公司采纳国际财务报告准则在法律和政治上都是无法接受的，结果 2002 年出台了被欧盟认可的与国际财务报告准则相关联的《欧盟第 1606 号条例》（*EU Regulation* 1606）。5.4 节讨论了这一问题以及由此产生的审计意见。Haller 和 Eierle（2004）考察了德国采纳国际财务报告准则的过程，Delvaille 等（2005）考察了法国、德国和意大利的情况。

相似地，2005 年之后，所有国际会计准则和国际财务报告准则均转变成澳大利亚准则：如《国际财务报告准则第 1 号》被称作《澳大利亚会计准则委员会第 1 号》，《国际会计准则第 1 号》被称作《澳大利亚会计准则委员会第 101 号》等。然而，澳大利亚会计准则委员会版本包含额外的段落和附件，而国际会计准则理事会版本的一些原始段落被删除。例如，《澳大利亚会计准则委员会第 107 号》要求使用直接法编制现金流量表，而《国际会计准则第 7 号》还允许使用间接法编制该表。2007 年，澳大利亚会计准则委员会改变了对此问题的观点，并重新加入了国际财务报告准则规定的可选方法。这是为了避免证券交易委员会和其他机构对澳大利亚公司是否遵循国际财务报告准则产生困惑。目前也存在一些额外的准则，国际会计准则中不存在与这些额外准则相对应的规定。澳大利亚会计准则委员会声称，对于这些准则的遵从会实现与国际财务报告准则的一致性。这可能是真的，但是澳大利亚的会计程序更像是与国际财务报告准则的趋同，而不是完全采纳国际财务报告准则。

因此，直到 2007 年，澳大利亚审计师的实践工作仅参照与澳大利亚会计准则相趋同的标准，这是非常普遍的现象。结果，外国人对于其是否遵循了国际财务报告准则并不是非常清楚。然而，现在还需要出具基于完整国际财务报告准则的审计意见（Nobes and Zeff，2008）。在其他一些国家，包括欧盟国家和韩国，公司和审计师仍然不会提及公司是否遵守完整的国际财务报告准则，即使被审计公司的确可能已经遵守（Nobes and Zeff，2016）。

加拿大有将国际财务报告准则翻译成加拿大法语的问题。此外，保留所有省的法律也更加容易些。这些都要参照加拿大特许专业会计师协会手册。国际财务报告准则现已编入该手册。在英国，2019 年脱离欧盟的计划引发了采用英国认可的国际财务报告准则而非欧盟认可的国际财务报告准则的呼声。

上述这些运用国际财务报告准则的方式可能能够归属于"采纳"类别，因为实践方法方面的差别很少会导致公司背离国际会计准则理事会发布的国际财务报告准则的规定。Zeff 和 Nobes（2010）对此进行了讨论并提供了一张图，见图 5-1。该图的右半边列示的是趋同而非采纳的例子，因为公司最终不太可能遵守国际财务报告准则。

一些国家在适用范围上存在问题。例如，2019 年，加拿大公司可以使用美国公认会计原则而不是国际财务报告准则，原因有二：（1）它们是在美国证券交易委员会注册的；（2）它们处于利率监管行业。这导致 2015 年约有 130 家公司免于遵守国际财务报告准则，其中包括 20％的主要股指成分股。Nobes 和 Zeff（2016）研究了各种存在约束条件的对国际财务报告准则的采纳。这其中包括公司可能遵守了国际财务报告准则的情况，但审计报告并不需要对此出具意见。澳大利亚曾经就是这样（见上文），欧盟也是如此（见 5.4 节）。

当然，国际财务报告准则已经被许多并没有大型资本市场的国家采用。Tyrrall 等（2007）研究了国际财务报告准则在哈萨克斯坦的使用情况。Al-Shammari 等（2008）报告了关于阿拉伯国家使用国际财务报告准则的情况；而 Assenso-Okofo 等（2011）研究的国家是加纳。研究者们都发现了一些不符合规定的地方；第 17 章讨论的一个问题就是关于国际财务报告准则是如何实施的。Hassan 等（2014）则研究了伊拉克的采纳情况。

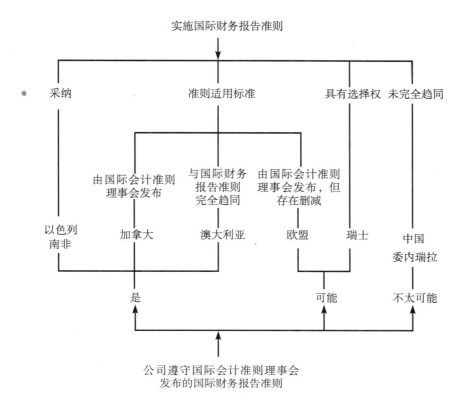

**图 5 - 1　国际财务报告准则（上市公司合并报表）的实施路径**

资料来源：Zeff, S. A. and Nobes, C. W. (2010) Has Australia (or any other jurisdiction) 'adopted' IFRS?, Australian Accounting Review, Vol. 20 (2), pp. 178 - 184. Reprinted with permission from John Wiley & Sons, Inc.

　　Camfferman 和 Zeff（2015，第 4 章和第 15 章）研究了国际财务报告准则最初的兴起浪潮和随后对其的采纳。Camfferman 和 Zeff（2018）紧接着研究了帮助说服各国采用国际财务报告准则的各种因素。Nobes（2013）则对夸大国际财务报告准则适用范围的说法提出了质疑，他指出采用国际财务报告准则通常只涉及上市公司（或其中一部分）或仅涉及合并报表。

　　Hope 等（2006）概述了世界各地在不同时期采纳国际财务报告准则的情况。他们发现，采纳国际财务报告准则的国家更有可能改善投资者保护和资本市场准入情况。后来，随着更多的采纳案例被研究，Ramanna 和 Sletten（2014）提出，一个国家会考虑其关系网中的其他国家，较小的国家从采纳国际财务报告准则中获得的好处比大国多。Koning 等（2018）建立了各个国家或地区采用国际财务报告准则的一般模型。他们认为，驱动一个国家采纳国际财务报告准则最重要的因素是邻近国家对采纳国际财务报告准则的态度。

　　有两项特别关注非洲国家的研究。Elad（2015）表明，在非洲，相较于讲法语的国家，讲英语的国家更容易接受国际财务报告准则。Degos 等（2019）研究了非洲讲法语的国家 30 年来的会计变更过程，并对其国际财务报告准则采纳速度缓慢的原因进行了解释。然而，2017 年，受法语影响的 17 个国家决定 2019 年以后让上市公司采纳国际财务报告准则。它们都是非洲公司法协调组织的成员国。正如第 3 章所讨论的，一个国家采用国际财务报告准则的程度（例如，仅用于合并报表）在世界各地是不同的，包括在欧盟内部。

　　一些学术研究对从国内会计准则强制转为国际财务报告准则是否会提高财务报告的质量进行

了调查，该问题将在 5.7 节中进行介绍。

国际会计准则理事会（2018）的相关数据显示，144 个国家的公司被要求出于某些目的使用国际财务报告准则，但是读者应该注意到上面关于国际财务报告准则的各地版本（如欧盟）和有限适用范围（如加拿大）的各种说明。读者也应注意到，一些非常大且重要的国家并没有出于任何目的强制执行国际财务报告准则。这些国家包括中国、日本、印度和美国。然而，正如本章其他地方所解释的，它们都以不同的方式对国际财务报告准则做出了回应。

### 5.3.3　公司的自愿采纳

除了强制采纳国际财务报告准则外，还存在对国际财务报告准则的自愿采纳行为。例如，在欧盟，2005 年以前一些国家允许合并报表使用国际财务报告准则。最突出的例子是德国，从 20 世纪 90 年代中期开始，许多德国公司开始自愿采纳国际财务报告准则，部分原因是便于在国外市场融资。在此之前，德国于 1990 年完成统一，这既提供了扩张的机会，同时也由于经济衰退和税收增加而出现资金短缺的问题。Tarca 等（2013）使用德国公司数据对第 2 章讨论的 Nobes（1998）的部分模型进行了检验。他们发现，外部股东比例较高的公司确实更有可能采纳国际财务报告准则。

在瑞士，国际财务报告准则仍然是允许公司自愿采纳的，而并非必须遵守，而且大多数上市公司会愿意主动使用国际财务报告准则：在证券交易所的主要标准下，130 家公司中有 91％会这样做（国际财务报告准则基金会，2015）。Zeff（2016）谴责称，一些研究者错误地将瑞士列为国际财务报告准则的强制采纳国。

在某些宽松的限制条件下，从 2010 年起，日本允许公司采纳国际财务报告准则，许多大公司也都开始使用国际财务报告准则（见第 11 章）。如果欧盟成员国允许或要求采纳国际财务报告准则编制其合并财务报表（大多数成员国允许这一做法），则 2002 年的规则允许欧盟非上市公司这么做。对于未合并的财务报表，规则也允许或要求成员国使用国际财务报告准则来编制。各成员国对这一做法的反应各异，第 3 章和第 13 章对这些反应进行了解释。

调查人员调查了在被要求采纳国际财务会计准则之前公司即采纳了该准则可能的动机。他们得出的结论是，自愿采纳国际财务会计准则可被视作提供高质量财务报告的标志。Cuijpers 和 Buijink（2005）研究了 1999 年欧盟上市公司自愿采纳国际财务报告准则或美国公认会计原则的决定因素。他们发现，在美国证券交易所上市以及存在地域上的多样性，是对这一问题的解释。Ashbaugh（2001）和 Leuz（2003）发现，与大多数国家的会计体系相比，国际财务报告准则对透明度和统一性有更高的要求。5.7 节讨论了自愿采纳国际财务报告准则的资本市场效应。

Francis 等（2008）研究了 1999—2000 年来自 56 个国家的非上市公司自愿采纳国际财务报告准则的情况。他们发现许多国家的大量非上市公司自愿采纳国际财务报告准则，其中包括若干欧盟国家。Nobes（2010）认为采纳国际财务报告准则在当时的欧盟尚不合法（见 5.4 节），Francis 等不可能对此进行研究。

### 5.3.4　国家公认会计原则到国际财务报告准则的调整

衡量采用国际财务报告准则会计效果的一个好方法是，审查公司在首次采用《国际财务报告准则第 1 号》时必须披露的对账报告。一个特别的例子如表 5 - 1 所示，它显示了沃达丰公司（Vodafone）在根据国际财务报告准则编制损益表时，其前半年所获利润的巨大调整。这种差异主要是由于商誉摊销费用的消除（见第 8 章）。遗憾的是，这种类型的信息每家公司只能提供一次。该信息可以在准则调整的过渡年份看到。

表 5 - 1　沃达丰公司损益表　　　　　　　　　　　　　　　单位：百万英镑

| 2004 年 9 月 30 日之前的六个月 | | | |
|---|---|---|---|
| 依据英国公认会计原则的调整额 | 账面调整额 | 会计调整额 | 依据国际财务报告准则的调整额 |
| 收入　16 796 | (54) | — | 16 742 |
| 营业（亏损）/利润　(1 615) | (598) | 6 972 | 4 759 |
| 特殊的非经营性项目　22 | (22) | — | — |
| 营业外收入及支出　— | 16 | — | 16 |
| 净融资成本　(291) | 91 | (35) | (235) |
| 税前（亏损）/利润　(1 884) | (513) | 6 937 | 4 540 |
| 税收支出　(1 559) | 865 | (163) | (857) |
| 特殊递延税收抵免　572 | (572) | — | — |
| 少数股东权益　(324) | 220 | 36 | (68) |
| 当期（亏损）/利润　(3 195) | — | 6 810 | 3 615 |
| 每股基本（亏损）/收益　(4.77 便士) | | | 5.40 便士 |

资料来源：Adapted from Vodafone income statement in the *Vodafone Interim Announcement*, 2004.

## 5.4 欧盟的国际财务报告准则

20 世纪 90 年代末，由国际会计准则委员会倡导的协调化正在快速推进，而由欧盟所倡导的协调化却已经落后了，原因见第 14 章。2000 年，欧盟委员会采取了新的方法，提议到 2005 年，强制欧盟上市公司采用国际财务报告准则编制其合并财务报表，并宣布采用欧洲国内准则和美国准则是违法行为。此举的目的之一是希望通过建立标准化的会计系统来巩固欧盟资本市场。当然，采用美国公认会计原则也可以实现此目的，但是该原则被认为太注重细节，太以规则为基础（见 5.5 节），且不太受欧洲的影响，因此从政治上说是很难被接受的。

欧洲大公司及政府对国际财务报告准则日渐增长的接受度，促进了各国会计准则向国际财务报告准则的转变。例如，从 1994 年开始，为了以更低的成本融资，很多大型德国公司开始采用国际财务报告准则或美国的准则编制其合并财务报表。1998 年颁布的法律允许德国上市公司的上述行为，而无须遵循正常的德国会计要求，这使得这种做法在德国得到了固化。

2001 年，欧盟委员会颁布了一项规则的草案，该草案于 2002 年在欧洲议会和部长理事会上获得批准。草案要求从 2005 年起欧盟上市公司采用国际财务报告准则编制其合并财务报表。成员国允许其国内已经采用其他可接受的准则（如美国公认会计原则）的公司或其上市证券仅为债券的上市公司，将采用国际财务报告准则的最后期限延迟至 2007 年。

在布鲁塞尔，出于法律和政治上的考虑，新的和经修订的准则不得事先在欧盟采用，因此设立了会计监管委员会（Accounting Regulatory Committee，ARC），帮助欧盟委员会考虑是否欧盟应向国际财务报告准则转变。会计监管委员会包括来自欧盟各个成员国的政府代表。这是欧盟影响力超过国际会计准则理事会的一个方法，但是这也使得欧盟所采纳的国际财务报告准则与国际会计准则理事会所发布的国际财务报告准则存在些许不同。为了帮助欧盟委员会对新的或修订的国际财务报告准则有所认知，2001 年成立了由审计师、报表编制人员和其他人士组成的私人委员会，即欧洲财务报告咨询小组（European Financial Reporting Advisory Group，EFRAG）。欧洲财务报告咨询小组的任务之一是与国际会计准则理事会相配合，以确保准则将那些在欧洲被认为是非常重要的问题考虑在内。Van Hulle（2005）解释了欧盟对国际财务报告准则的认可体系。Van Mourik 和 Walton（2018）研究了欧洲财务报告咨询小组的工作方式和效果。Bischof 和 Daske（2015）对《国际财务报告准则第 9 号》（金融工具）这一特定准则的可行性进行了详细研究。欧盟还参与了任命相关国际财务报告准则基金会受托人的监管委员会（见第 4 章）。

2004 年，大部分现有的国际财务报告准则得到了认可。但是，欧盟委员会拒绝认可有关金融工具的《国际会计准则第 39 号》的全部规定。看起来委员会对准则进行修改是不被允许的，但事实上它确实采取了行动。被认可的《国际会计准则第 39 号》不包含对金融工具按市值计价（以公允价值计价，并将损益计入利润表）。被认可的《国际会计准则第 39 号》在套期会计的使用方面也具有更大的弹性。但是，在 2005 年，为了限制使用公允价值计价的金融工具的范围，国际会计准则委员修订了《国际会计准则第 39 号》。修订后的准则在欧盟得到了认可，因此《国际会计准则第 39 号》与欧盟认可的准则的区别在于套期会计的处理问题。由于《国际财务报告准则第 9 号》允许公司在这一领域继续使用《国际会计准则第 39 号》，因此国际财务报告准则和欧盟版本的国际财务报告准则之间的差异仍然存在。Whittington（2005）研究了对《国际会计准则第 39 号》的采纳。第 7 章进一步探讨了金融工具的问题。有关金融工具准则制定在政治方面的问题将在第 11 章探讨。

2005 年，由于有关排放权会计的问题，欧盟拒绝认可《国际财务报告解释公告第 3 号》。这次欧盟拒绝认可并非出于政治原因，而是认为该问题的技术解决方法是错误的。于是，国际会计准则委员会在 2005 年 6 月撤回了《国际财务报告解释公告第 3 号》，从而解决了该问题。2007 年，欧洲议会通过了一项反对认可《国际财务报告准则第 8 号》（经营分部）的提议。但是，国际会计准则委员会颁布《国际财务报告准则第 8 号》一年多后，欧盟还是认同了该准则。

获得认可通常需要一年以上的时间，所以总是会有一些国际财务报告准则的元素未被认可。这一般不会给欧盟公司带来任何问题，因为新准则或经修订的准则的生效日期通常是在准则发布一年以后。然而，也有例外。例如，《国际财务报告准则第 10 号》《国际财务报告准则第 12 号》和修订后的《国际会计准则第 27 号》《国际会计准则第 28 号》在 2011 年 5 月由国际会计准则理事会发布并在 2013 年以后强制使用，但是直到 2012 年 12 月这些准则才得到认可，并于 2014 年在欧盟生效。因此，在 2013 年，新准则在欧盟是允许自愿采纳的，不是强制性的。一些欧盟公司采纳了 2013 年的新准则。一个原因是它们希望遵守国际会计准则理事会出于某些目的而发布的国际财务报告准则（见下文对葛兰素史克公司审计报告的讨论）。有些欧盟公司遵守新准则却纯属偶然，因为新准则没有导致它们的会计处理发生任何变化。但对于另一些欧盟公司来说，新准则还是导致了一些变化（例如合并范围），所以它们在 2013 年没有遵守国际财务报告准则。所以对于大多数欧盟公司来说，我们无法判断它们是否遵守了国际财务报告准则。欧洲财务报告咨询小组网站（www.efrag.org）在"认可状态"页面中显示了准则批准当前处于的位置。

欧盟认可的国际财务报告准则版本与实际的国际财务报告准则并不完全相同，这一事实引发了混淆和审计问题。审计人员对葛兰素史克公司 2017 年合并报表的审计意见如下：

> 我们认为，集团财务报表包括：
>
> ● 根据欧盟采纳的国际财务报告准则，该集团的财务报告对 2017 年 12 月 31 日集团的状况及该年度的利润和现金流量给出了真实和公允的观点；
>
> ● 已按照欧盟采纳的国际财务报告准则进行了合规编制；
>
> ● 集团根据英国 2006 年的《公司法》和国际会计准则的第 4 款合理编制了财务报表。
>
> **有关国际财务报告准则的单独意见**
>
> 正如在集团财务报表附注 1 中所解释的，除了履行法律义务而遵循被欧盟采纳的国际财务报告准则外，还遵循了国际会计准则理事会发布的国际财务报告准则。
>
> 我们认为，根据国际财务报告准则，该集团的财务报告对 2017 年 12 月 31 日的财务状况及该年度的利润和现金流量给出了真实和公允的观点。

在此需要说明以下几点：

● 审计师提到了"真实和公允的观点"。这是因为欧盟法律仍然要求董事会确保财务报表提供真实和公允的观点（见 2.4 节和 14.2 节），并要求审计师就财务报表是否提供了真实和公允的观点出具审计意见。有趣的是，《国际会计准则第 1 号》并没有对"公允列报"（见 6.2 节）提出要求，而是制定了与其有相同意义的实践假设。在其他语言版本（如法语和意大利语）中，就不存在这一问题，因为"真实和公允的观点"和"公允列报"都被翻译成同一个短语（法语中的 image fidèle）。

● 审计师提到的国际财务报告准则是指被欧盟采纳的国际财务报告准则，在单独意见中指的是由国际会计准则理事会发布的国际财务报告准则。这是因为该公司在纽约证券交易所上市，所以需要向美国证券交易委员会提交第二份审计报告。美国证券交易委员会只认可美国公认会计原则或由国际会计准则理事会发布的国际财务报告准则。葛兰素史克公司可以遵守两种形式的国际财务报告准则，因为它未选择欧盟版本的《国际财务报告准则第 39 号》中使用套期会计的额外许可，该版本在《国际财务报告准则第 9 号》下仍然可用。在欧盟批准之前，公司不得采用新的国际财务报告准则（除非没有不兼容之处），如果需要遵守国际财务报告准则，则必须在欧盟要求之前采用欧盟认可的国际财务报告准则版本。

● 审计人员提到了《公司法》。该法案免除了采用国际财务报告准则的公司遵循国家会计准则以及大多数有关会计的国家法律的义务。然而，这些法律的某些方面（如对任命审计师和公布财务报表的要求）仍然需要被遵守。

● 审计师提到了国际会计准则。这指的是 2002 年的欧盟规定上市公司要遵循国际财务报告准则而非按（大部分的）国家准则编制合并报表。

Nobes（2009）调查了根据国际财务报告准则编制财务报表的法律环境，特别引用了英国上市公司的合并报表。该调查结果同时关注两个在公允列报方面与国际财务报告准则相偏离的实例（一个发生在法国，另一个发生在英国）。英国退出欧盟后，就计划引入自己的国际财务报告准则认可机制，而不再使用欧盟版本的国际财务报告准则，这将影响在英国出具的审计意见。

欧盟采纳国际财务报告准则的另一个方面是，在 21 世纪前 10 年的大部分时间中，欧盟是国际会计准则理事会的"最佳客户"。欧盟采用多种方法对国际会计准则理事会施加影响，正如我们可以从之前有关欧盟对国际财务报告准则认可的讨论中看到的那样。2008 年 10 月出现了极端的版本，当时，在欧盟更改国际财务报告准则以符合其要求的情况下，国际会计准则理事会对《国际会计准则第 39 号》进行了修订，允许对金融资产进行重新分类（见 7.7 节）。该过程没有固定的程序，也没有向其他部门咨询。有关此问题的政治考虑将在第 11 章中进行讨论。随着越来越多的国家采纳了国际财务报告准则，这样的影响将会越来越小。

2014 年，欧盟就对国际会计准则的监管是否成功向公众发起了一次问询。一共收到了 200 份答复，所有国家都给予了压倒性的支持。一些受访者呼吁加快准则的批准进程，其他一些受访者则要求除合并报表之外的其他报表也要强制实行国际财务报告准则。2015 年 6 月，欧盟委员会向欧洲议会提交了一份报告：很明显，在没有对欧盟批准机制或国际财务报告准则适用范围做出重大修订的前提下，国际财务报告准则将继续在欧盟适用。

强制上市公司采用国际财务报告准则编制合并报表，会导致一些国家的准则制定机能的失效（13.3 节中出现的问题）。规则允许欧盟成员国将国际财务报告准则的强制性或选择性使用扩展到非上市公司和非合并报表中，就如本书第四部分所讨论的。

## 5.5 国际财务报告准则与美国公认会计原则的差异

### 5.5.1 概述

此部分对美国公认会计原则与国际财务报告准则之间的差异进行了概述。首先，介绍了两个高层次的差异：原则与规则的区别（见 5.5.2 节）、备选方案的可用性（包括对历史成本的偏离）（见 5.5.3 节）。之后，通过探讨已公布的从国际财务报告准则向美国公认会计原则的调整（见 5.5.4 节），说明了这些差异的重要性。5.6 节讨论了两个系统之间的趋同，以及美国提出的对国际财务报告准则的采纳。第 6 章至第 9 章对国际财务报告准则的内容和实务介绍了更多的细节。第 10 章则更详细地介绍了美国公认会计原则，包括对国际财务报告准则与美国公认会计原则之间差异的更全面的协调处理。

### 5.5.2 原则和规则

美国监管机构和准则制定者（美国财务会计准则委员会）曾认为，美国公认会计原则比国际财务报告准则更严格，且质量更高。2001—2002 年，安然集团及其审计公司的倒闭是导致对如何在美国制定会计准则问题进行重新思考的原因之一。2002 年，美国财务会计准则委员会发布了一份咨询文件，询问美国会计准则是否应该更偏向于原则而非规则（FASB，2002）。

导致安然事件的主要会计问题之一是，许多具有大量负债的受控实体（特别目的实体）没有包括在合并财务报表中。美国对子公司的定义（《美国会计原则委员会意见书第 18 号》）是基于"持有半数以上投票权股份"，而不是基于国际会计准则理事会"具有控制财务和经营政策能力"（《国际会计准则第 27 号》）。此外，不像《国际会计准则第 1 号》中的规定，美国没有因结果错误而导致与准则规定有所偏离（甚至许可），即不存在因公允列报原则而出现凌驾于准则之上的行为这样的情况。这一点在美国财务会计准则委员会 2008 年发布等级原则（《美国财务会计准则公告第 162 号》）中得到了确认。但是，美国财务会计准则委员会不太可能从本质上采纳国际会计准则委员会制订的准则，因为这需要重新撰写美国的所有文献，并对美国所有的会计和审计师重新进行培训。

这一问题导致了一个非常有趣的学术辩论。Schipper（2003）指出，美国财务会计准则委员会在撰写其准则时试图采用原则基础。Dennis（2008）指出了基于原则（但可能充满规则）的准则和包括原则（而非规则）的准则之间的区别。Nelson（2003）认为，各种准则均位于原则基础和规则基础连续体中的不同位置。规则包括"具体标准、'明线'门槛、实例、限制范围、例外……指导的实施"（p. 91）。Nelson 认为，规则在增加精确性方面还是很有用的，但是也会导致准则过分复杂以及公司为了降低门槛而构建交易的情况（例如，在编制合并财务报表时删除某些项目或回避对一些租赁债务的资本化）。借助案例研究，Bradbury 和 Schroder（2012）考察了借款费用准则，发现美国公认会计原则比《国际会计准则第 23 号》有更多的例外规定和复杂性。

Nobes（2005）提出，对于一些准则来说，更好地确认原则能减少规则的数量，这通常会同时导致准则更为精确，以及公司更少构建交易行为。例如，他建议取消经营性租赁和融资租赁的区别，以及将政府补助确认为一项收入。准则制定者已经提出了这一建议（另见 McGregor，1996；Nailor and Lennard，1999），并在 2016 年的《国际财务报告准则第 16 号》中基本实现。2004 年，美国财务会计准则委员会决定向"目标导向"的准则努力，这类准则会清晰地表述目标并最大限度地减少例外情况和"明线"（FASB，2004）。

Benston 等（2006）认为，在要求使用公允价值的前提下，采用基于原则的方法是比较困难的，因为在实践中，报表编制人员仍需要详细指导。他们还指出，应该在美国公认会计原则中将公允列报的重要性提升至压倒性的地位。

### 5.5.3　包括公允价值在内的备选方案

与国际财务报告准则相比，美国公认会计原则的另一个更详细的方面是它包括较少的明确的备选方案。在 2003 年取消了许多备选方案以前，国际财务报告准则包括更多的备选方案。表 5-2 列示了一些未被取消的备选方案。除了第一项以外的所有项目，美国公认会计原则中没有备选方案，而国际财务报告准则中存在备选方案。括号中的章节是指本书中对此问题进行详细探讨的章节。第 9 章对国际财务报告准则的备选方案以及不同的国家如何选择不同的备选方案进行了更为详细的论述。

**表5-2 国际财务报告准则和美国公认会计原则中的一些备选方案**

| | 国际财务报告准则 | 美国公认会计原则 |
|---|---|---|
| 后进先出法（第7章） | 否 | 是 |
| 按流动性增加的顺序对资产进行排列（第2章） | 是 | 否 |
| 将利息支付列示为融资现金流（第6章） | 是 | 否 |
| 按公允价值计量固定资产和投资性房地产（第7章） | 是 | 否 |
| 按公允价值计量存在活跃市场的无形资产（第7章） | 是 | 否 |

从高层次的差异方面来看，与美国公认会计原则相比，国际财务报告准则更提倡使用公允价值而不是历史成本。如第7章所述，这种对公允价值的提倡在某种程度上可以用于投资性房地产，在某些部门可以用于固定资产但不可以用于无形资产。国际财务报告准则还要求对未上市公司的投资（《国际财务报告准则第9号》）和生物性资产（《国际会计准则第41号》）使用公允价值。但这些并不适用于美国公认会计原则。这是对某些其他金融资产和负债使用公允价值（适用于美国公认会计原则）之外的额外要求。

### 5.5.4 从国际财务报告准则向美国公认会计原则的调整

1.1节给出了一些从其他国家会计准则到美国公认会计原则账面数值调整的例子。2.9节则列举了其他例子，包括一些计算公司收益或净资产平均调整百分比的学术研究。我们可以通过使用已发布的调整来诠释国际财务报告准则和美国公认会计原则之间在会计处理上的区别。2007年美国证券交易委员会要求国外注册公司将国际财务报告准则调整为美国公认会计原则。因此，数据的来源是使用国际财务报告准则编制其合并财务报表的公司（同时也在美国证券交易所上市）的年报。

表5-3和5-4列示了德国拜耳公司和法国阿尔卡特-朗讯公司的调整情况（在要求提供调整报表的最后一年）。有些公司在此之后还继续提供调整报表，比如飞利浦公司（荷兰电器公司）一直提供到2008年，如表5-5所示。从表中可以看出数个调整行为。这些调整行为有的时候会被抵消，使得即使有些差别比较大，最终影响看起来也比较小。

**表5-3 拜耳公司从国际财务报告准则向美国公认会计原则的调整（2006年）** 单位：百万英镑

| | 收入 | 权益 |
|---|---|---|
| 采用国际财务报告准则报告 | 1 695 | 12 851 |
| 企业合并 | 79 | 950 |
| 养老金 | (168) | 11 |
| 进行中的研发 | (1 375) | (1 454) |
| 资产减值 | 23 | (114) |
| 提前退休计划 | (27) | 74 |

续表

| | 收入 | 权益 |
|---|---|---|
| 重估盈余 | 4 | (58) |
| 其他 | (17) | 2 |
| 递延税项对调整的影响 | 67 | 3 |
| 少数股东权益 | (12) | (84) |
| 采用美国公认会计原则报告 | 269 | 12 181 |

资料来源：Adapted from the *Bayer Annual Report*，2006. Bayer AG, Leverkusen, Germany.

**表 5-4　阿尔卡特-朗讯公司从国际财务报告准则向美国公认会计原则的调整（2006 年）**

单位：百万英镑

| | 收入 | 权益 |
|---|---|---|
| 采用国际财务报告准则报告 | (176) | 15 493 |
| 企业合并及商誉 | (403) | 4 433 |
| 开发成本 | 39 | (146) |
| 重组 | (47) | 12 |
| 售后回租 | (50) | (245) |
| 复合金融工具 | 39 | (840) |
| 养老金 | 61 | 837 |
| 其他 | (20) | 2 |
| 税金影响 | (33) | (262) |
| 采用美国公认会计原则报告 | (590) | 19 284 |

资料来源：Adapted from the Alcatel-Lucent Annual Report，2006. Alcatel-Lucent, Paris.

**表 5-5　飞利浦公司从国际财务报告准则向美国公认会计原则的调整（2008 年）**单位：百万英镑

| | 收入 | 权益 |
|---|---|---|
| 采用国际财务报告准则报告 | (91) | 15 544 |
| 开发成本 | (154) | (357) |
| 开发费用的摊销 | 300 | — |
| 养老金 | (54) | 889 |
| 商誉减值 | 67 | 339 |
| 商誉资本化 | — | 81 |
| 无形资产 | 24 | (152) |
| 财务收入/费用 | (313) | — |
| 权益法计价的长期投资 | — | (10) |
| 调整的税金影响 | (30) | (122) |
| 其他 | 87 | 31 |
| 采用美国公认会计原则报告 | (186) | 16 243 |

资料来源：Adapted from the Annual Report 2008 of Philips NV.

有些公司也会做反向的调整，即从美国公认会计原则向国际财务报告准则调整。这特别体现在一些欧盟公司（特别是德国公司）当中，为了遵守 2002 年欧盟规则的规定，它们从使用美国公认会计原则调整为使用国际财务报告准则。因为规则的允许，一些成员国的某些公司在 2006 年或 2007 年才调整为使用国际财务报告准则。在表 5-6 中的例子是一家能源公司挪威海德鲁公司在其 2007 年财务报表中所做的调整。第二个例子与一家加拿大公司有关，该公司于 2011 年从采用美国公认会计原则调整为采用国际财务报告准则，因此披露了一份与 2010 年有关的对账调整报告，如表 5-7 所示。

表 5-6　挪威海德鲁公司从美国公认会计原则向国际财务报告准则的调整　　单位：百万克朗

|  | 净利润（2006 年） | 权益（2006 年 1 月 1 日） |
| --- | --- | --- |
| 采用美国公认会计原则报告 | 17 391 | 95 495 |
| 养老金 | 375 | （6 012） |
| 金融工具 | （113） | （792） |
| 资产 | （50） | 310 |
| 其他 | 128 | 761 |
| 少数股东权益 | 202 | 981 |
| 采用国际财务报告准则报告 | 17 933 | 90 743 |

资料来源：Compiled by the authors from data available in Annual Report 2007 of Norsk Hydro AS.

表 5-7　巴里克黄金公司从美国公认会计原则到国际财务报告准则的调整　　单位：百万美元

|  | 收入（2010 年） | 权益（2010 年 12 月 31 日） |
| --- | --- | --- |
| 采用美国公认会计原则报告 | 3 274 | 20 734 |
| 资本成本 | 334 | 952 |
| 资产减值损失转回 | 84 | 139 |
| 套期保值 | （39） | （13） |
| 资本化利息 | （5） | （130） |
| 其他 | 17 | （264） |
| 税收影响 | （83） | （201） |
| 采用国际财务报告准则报告 | 3 582 | 21 217 |

5.3 节所提到的一些论文论证了与国内的会计体系相比，采纳国际财务报告准则是如何体现会计信息的有用性的。但这是否说明国际财务报告准则就优于美国公认会计原则呢？想要回答这个问题，一种方法就是思考本部分之前提到的一些讨论。例如，美国基于规则的方法存在明显的问题：它会导致复杂的规则以及构建交易的行为，但是国际财务报告准则可能仍然存在过高的弹性。学术研究所采用的一种方法是考察哪种公认会计原则能够更好地预测盈余，或与股价的波动更有相关性。该问题将在 5.7.5 节再做讨论。

## 5.6　美国对国际财务报告准则的趋同及对其的采纳

5.3 节揭示了对不同准则的采纳情况以及这些准则之间的趋同。5.5 节探讨了国际财务报告准则和美国公认会计原则在多个方面的差异。本部分将涉及二者之间的趋同，以及美国采纳国际财务报告准则的情况。

Esty 和 Geradin（2001）注意到，这些年来市场自由化已经成为一大特点。他们在几个领域内（但不包括会计领域）研究了允许和反对两套或多套规则的各种讨论。竞争可能允许测试和改良其他可供选择的防范措施，还可能防止单一规则行为和无效的官僚行为。但是，协调可能会减少因公司在不同地区而不得不采用不同准则所导致的低效率，而且可能防止各个地方用最宽松的准则（即"逐底竞争"）来吸引公司。

在这种背景下，我们可以发现一个有趣的现象，即美国公认会计原则和国际财务报告准则在覆盖主题、取消备选方案和所要求的披露方面均为全球最严格的几套准则之一。但是，美国公认会计原则是二者中更为严格的一套准则，这一点是很明显的。虽然如此，正如之前提及的，尽管需要遵循美国公认会计原则，但还是有许多外国公司选择在美国证券交易所上市。

美国公认会计原则一直是对国际会计准则内容影响最大的准则之一，我们将在第 6 章对此进行解释。美国财务会计准则委员会和国际会计准则理事会自愿减少规则上的竞争，这不仅是为了能够持续发布准则，而且可以带来很多相应的优势。2002 年 9 月，根据名为"诺沃克协议"（Norwalk Agreement）的文档记载，美国财务会计准则委员会和国际会计准则理事会对外宣布将进行趋同。协议规定应尽快消除一些细节上的区别，然后再逐渐消除其他区别。美国财务会计准则委员会和国际会计准则理事会于 2006 年 2 月发布了谅解备忘录，更新了上述计划。由于公司和审计师对改变的速度有所抱怨，2010 年美国财务会计准则委员会和国际会计准则理事会宣布放缓趋同脚步。

表 5-8 列示了几个趋同的例子。2005 年，美国证券交易委员会宣布其预期可以接受未根据美国公认会计原则调整的国际财务报告准则编制的报表。2007 年，该提议被批准（SEC，2007），并于 2008 年归档，应用于美国证券交易委员会 2007 年的报表中。

表 5-8　国际财务报告准则和美国公认会计原则的趋同

| 国际财务报告准则向美国公认原则趋同 | 美国公认会计原则向国际财务报告准则趋同 |
| --- | --- |
| 终止经营，《国际财务报告准则第 5 号》（2004 年） | 资产交换，《美国财务会计准则公告第 153 号》（2004 年） |
| 分部报告，《国际财务报告准则第 8 号》（2006 年） | 会计政策，《美国财务会计准则公告第 154 号》（2005 年） |
| 借款费用，《国际会计准则第 23 号》（2007 年修订） | 公允价值选择权，《美国财务会计准则公告第 159 号》（2007 年） |

Schipper（2005）考察了美国公认会计原则和国际财务报告准则之间趋同的意义。她认为，将有更多的人要求国际会计准则理事会发布更详细的解释，还要求加强执行力（见第 17 章）。DeLange 和 Howieson（2006）考察了美国财务会计准则委员会和国际会计准则理事会的机构设置。他们预测前者将会主导准则的制定工作，而美国公司采纳国际财务报告准则的动力并不大。但是，当美国证券交易委员会要求从 2014 年起采纳国际财务报告准则并允许一些注册公司从

2009 年起采纳该准则时，这一预测就落空了（SEC，2008）。然而，由于美国证券交易委员会的成员为政治任命官员，所以新一届的美国证券交易委员会对于采纳国际财务报告准则的提议不太热心。

2011 年 5 月，美国证券交易委员会的工作人员发布了一份文件，提出了一个在几年内将国际财务报告准则逐渐并入美国公认会计原则的可能方法。最终版文件（SEC，2012）明确表示，国际财务报告准则不会很快被采纳。然而该文件既没有路线图，也没有时间表，甚至没有任何提议允许美国公司使用国际财务报告准则。

与此同时，进一步的融合正在进行中。国际会计准则理事会和美国财务会计准则委员会都在 2007 年和 2008 年发布了关于企业合并的融合准则（见第 8 章），在 2014 年发布了关于收入确认的融合准则（见第 6 章）。2010 年还对概念框架的第一部分进行了联合修订（见第 6 章）。然而，在 2012 年美国证券交易委员会做出声明后，国际会计准则理事会和美国财务会计准则委员会放弃在保险合同和租赁方面制定完全一致的准则，国际会计准则理事会开始进一步自行修改概念框架本身。美国财务会计准则委员会不再是国际会计准则理事会的特许合作伙伴，尽管二者仍然有广泛的合作。

## 5.7 国际财务分析

### 5.7.1 概述

2005 年以前，上市公司很少采纳国际财务报告准则。澳大利亚公司使用澳大利亚公认会计原则，法国公司使用法国会计制度。中国、日本和美国采用的会计准则也没有与国际财务报告准则趋同。因此，当试图处理国际差异时，财务报表的使用者均面临诸多重大的问题。第 1 章探讨了与以下方面有关的问题：

- 公司在外国交易所上市的情况；
- 以各种语言报告年报；
- 披露向美国公认会计原则或国际财务报告准则所做的调整（也在 2.9 节讨论过）。

一些研究人员研究了对账表是否提供了有价值的相关信息。Barth 和 Clinch（1996）发现，对澳大利亚和英国的公司来说，对账表确实提供了有用的信息。Harris 和 Muller（1999）也提供了进一步的证据。Lang 等（2006）认为，企业使用其他语言出具的财务报表中的数字比其根据美国公认会计原则调整后的数字存在更多的盈余管理。除了在向国际财务报告准则过渡的背景下，现在很难再看到这些公开的对账表。

此部分介绍了以下几个与国际环境中分析财务报表相关的问题：

- 外语和外汇；
- 财务信息是否可靠；
- 国际背景下比率分析的可比性；
- 财务分析与资本市场。

### 5.7.2　外语和外汇

一个非常突出的问题（比如对中国或日本公司感兴趣的欧洲人来说）是语言。如 1.2 节所述，有些公司不止使用一种语言发布年报。在中国和日本的上市公司中，使用英文发布财务报表是十分常见的。如本书后面（第 12 章）所提到的，有时这些便于其他使用者的翻译并不是真正的原文翻译。因此一些国际公司会提供术语表来帮助读者。例如，英国电信公司就是这样做的。

一些研究者研究了会计法规翻译中存在的问题，例如欧盟指令（见 14.2.3 节）或国际财务报告准则（见 9.2.2 节）。与财务报表使用者息息相关的是翻译成英文的年报的翻译质量，正如 Parker（2000）所提到的。Jeanjean 等（2010）解释了为什么某些公司选择发布这样的翻译版本，之后 Jeanjean 等（2015）发现这样做会带来经济效益。虽然 Mourier（2004）通过引用几个公司的例子，研究了将丹麦公司的年报翻译成英语版本时所遇到的问题，但这些研究都没有涉及所翻译报告的具体内容。

Nobes 和 Stadler（2018）研究了来自 11 个国家的 393 份经过翻译的公司年报，试图探究它们使用了哪些词语来表示亏损。研究人员在研究之前就预计翻译会出现问题，因为他们早前就发现在《国际会计准则第 36 号》的非英语版本中对于"亏损"的翻译存在缺陷。在《国际会计准则第 36 号》中，几乎所有的翻译术语都比英语原有的表达意思要广泛得多，并且它们没有传递出"亏损"的概念（见表 9-1）。当公司将它们自身非英文的年报翻译成英文时，问题出现了。例如，在法国和德国企业的许多财务报表中，都用"折旧"（depreciation）来表示"减值"（impairment）。这并不令人惊讶，因为在法语中，"减值"的术语就是"dépréciation"，而在使用国际财务报告准则之前的德语表述下，"减值"的术语则是"außerplanmäßige Abschreibung"，意思近似于计划外折旧。这个翻译问题对分析师来说是很重要的，因为折旧费用是一种预先确定的成本分配（因此它包含的有用信息很少），而减值损失则计入了年度的意外损失。Nobes 和 Stadler 提到，这个问题已经纳入了 Worldscope 数据库，该数据库记录了那些有翻译错误但其实并没有出现亏损的公司。

此外，外汇也是一个不容忽视的问题。也就是说，财务报表是以不同的货币为计量单位的。这与涉及外币交易的会计核算和对外国子公司的会计核算是完全不同的问题。一些公司发布财务报表时选择使用计量方便的货币作为计量单位。例如，一些日本企业在编制财务报表时既使用美元也使用日元作为计量单位。一般来说，它们会选择使用资产负债表日的即期汇率进行换算，但也有一些公司使用当年的平均汇率。当然，绝大多数公司的数据只使用一种货币计量单位。因此，分析师必须自己选择汇率，以便将数据进行国际比较。

### 5.7.3　财务信息是否可靠

国际财务分析的一个关键问题是，财务报表中的信息在不同司法管辖区是否同样可靠。我们期望良好的监管和有效的会计准则将提高财务报表的准确性。为了实现这一目标，监管机构和准则制定者都剔除了准则里的可供选择项，并限制了需要做出判断的准则数量，同时包括了更多的细节，以便在必须做出会计政策判断的情况下提供指导。然而，当法律和准则较为薄弱或并没有得到强制实施的时候（见第 17 章），就会给予管理层向上或向下掩盖公司经营业绩的机会，他们会在经营不善的情况下夸大收益和资产来进行掩盖，或为了留足储备去缓冲未来成本而低估收益和资产。

因此投资者保护法在这方面是很重要的。这使得股东能够要求管理层对他们的行为负责，至少可以迫使他们在当前真实的收益情况下充分传达糟糕的业绩表现。在高度竞争的环境中，管理层可能会试图推迟宣告亏损的时间节点，这并不奇怪，因为从长远来看，这会把责任后果转移到他们自己任期之后的继任经理们的身上。强有力的投资者保护往往会导致收益降低，这是因为公司发生亏损必须立即确认，而产生的收益只能在实现时确认。

对小股东的保护也会对财务报表的质量产生影响。在少数股东持股的公司中，管理者和大股东的利益很可能是一致的，大股东不必依赖财务报表来监督管理者，因为他们可以获得公司的内部信息。此外，如果管理者和控股股东能够控制公司，他们就有动机去隐瞒自己获得的利益，尤其是当这些利益对少数股东和其他利益相关者产生负面影响时。事实上，这些管理者很可能利用盈余管理向外界隐瞒公司的业绩，特别是通过夸大收益来掩盖可能引发外界干预的不利亏损。因此，我们预期，在外部投资者法律保护相对薄弱的国家，公司的盈余管理将会更加普遍。

Leuz 等（2003）的一项国际会计研究佐证了这一点。图 5-2 显示了其中一个结论。在这里，我们将欧洲国家与美国进行比较，重点是德国和意大利、英国和美国之间的比较。当对股东的法律保护较弱以及股权集中度较高时，盈余管理似乎更普遍。例如，德国和意大利在投资者保护方面较弱，而在股权集中度方面较强，Leuz 等（2003）在这些情况下测算的盈余管理指标是相对较高的。尽管如此，我们还是应该尝试使用创新性的会计方法将会计操纵与那些为了达到预期的收益数字而进行的真实交易发生的收益变化区分开来。有趣的是，随着更严格的监管和准则减小了自由裁量的空间，这种真实的盈余管理水平有望提高。当会计制度限制了会计创新的范围，这将增加真实盈余管理的边际效益（Ewert and Wagenhofer，2005）。

### 5.7.4 国际背景下比率分析的可比性

与在国内背景下进行的分析一样，国际背景下的分析包括比率的使用。每当本书提到国际会计差异时，一个需要我们思考的重要问题是：为什么这很重要？一种答案可能是对财务比率的影响。例如，使用后进先出法进行存货估价会对资产负债表产生很大的影响（见第 10 章）。其重要性可以通过计算对盈利能力指标（资产收益率）、杠杆比率或流动性比率的影响来衡量。

许多公司试图通过公开比率和关键业绩指标来帮助分析师进行分析。通常，公司还会披露非公认会计原则下的收益和其他会计数字。然而，国际上（甚至是国家间）对这些事情都没有一致的定义。因此，财务报表的使用者在进行国际比较时需要格外注意。

在日本，为了方便国外分析师，公司使用日语简易翻译表对损益表中的各项进行了重新整理（见 5.7.2 节）。例如，"非经常性项目"依据国际财务报告准则不能在损益表中列示，但这在日本公司的损益表中是很常见的。因此，在简易翻译表中，这类项目就会纳入其他项目。

这个表述标准化过程的一个更有名和通用的版本被称为可扩展商业报告语言（extensible business reporting language，XBRL），这是"超文本标记语言"（hypertext markup language，

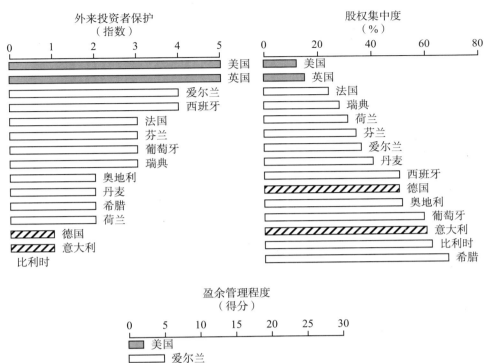

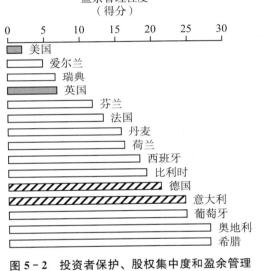

图 5-2　投资者保护、股权集中度和盈余管理

HTML）的会计版本，它是一种用于在互联网上表示报表项目的标记语言。可扩展商业报告语言为会计科目（例如资产负债表中的无形资产）添加标签。这可以使得来自多个公司或国家的用户能够将其全部重新排列为用于财务分析的标准格式。一套完整的标签及其结构我们称之为一个分类（classification）。

　　国际财务报告准则基金会编制了国际财务报告准则的分类法。在美国，证券交易委员会在 2009 年宣布了一项规定，要求上市公司使用可扩展商业报告语言。在英国，英国税务海关总署（Her Majesty's Revenue and Customs，HMRC）从 2011 年起要求将可扩展商业报告语言用于企业所得税。使用可扩展商业报告语言可以使财务分析在国际比较（包括比率分析）的基础上更加容易。但是，一种潜在的风险是分析师可能会忘记会计数字的度量在不同的会计制度之间是非常不同的，而可扩展商业报告语言并不能解决这个问题。

　　4.2 节介绍了使用统计方法度量会计协调的主题。一些研究人员使用这些统计方法来评估国际财务报告准则的采用是否与可比性的提高有关。例如，Jones 和 Finlay（2011）研究了 2005 年前后欧盟和澳大利亚的公司。他们发现，国家间和行业间的多样性都降低了。Cascino 和 Gassen（2015）则发现了一些可比性提高的情况，特别是在准则执行较好的国家。

### 5.7.5　财务分析与资本市场

Choi 和 Levich（1990）报告称，为了方便进行跨国财务分析，公司自愿披露了许多信息。不过，他们最后也提到，一些投资者由于在解读财务报表时存在困难，便有意避免对某些国家进行投资。另一种比较极端的解决方法是将会计数字都调整为通用基准。如上所述，一些公司提供经过调整的数据以供列报（如日语简易翻译表）或用于计量事项（如与美国公认会计原则进行核对）。

财务信息披露（尤其是公司盈利情况）与股价走势的相关性，在不同股市之间是各不相同的。在欧洲，20 世纪 80 年代的协调统一进程几乎都没有消除这些差异（Alford et al.，1993；Saudagaran and Meek，1997）。Joos 和 Lang（1994）研究了欧盟会计法规对盈利和股价之间关系的影响，也研究了其他指标，如净资产收益率、市盈率和账面市值比。所有这些研究者都表示，并没有证据表明在将欧盟会计法规纳入国家立法后，收益和其他会计数字的价值相关性会趋于一致。

为解决上述问题，以德国公司为例，德国金融分析师协会（DVFA）早期试图通过建立一个公式来计算调整后的利润数据以用于市场估值。Pope 和 Rees（1992）以及 Harris 等（1994）的研究发现，在德国会计法律变化后的一段时间内，这些经德国金融分析师协会调整后的数据显著提高了收益的解释能力。在对伦敦分析师的一项研究中，Miles 和 Nobes（1998）探究了对国际会计差异进行的调整。他们发现，很多重要的差异往往并没有做出调整。Clatworthy 和 Jones（2008）同样发现，英国分析师在对公司进行财务分析时普遍依赖年报之外的信息来源，尤其是来自资本市场相对疲弱国家的公司。

会计信息的价值相关性（财务报表影响股价的程度）也与报告主体所在管辖区内的制度条件有关。在这种背景下，在改用国际财务报告准则之前，Ali 和 Hwang（2000）建议，在考虑财务披露与投资者相关性较低是否与投资者来自特定国家有关时，分析师应该寻找一个"通常的罪魁祸首"。金融体系是以银行为导向的吗？政府是会计准则制度产生的根源吗？会计制度是否与税收是一致的？关于解答这些问题，一种有用的方法是考虑与这些制度因素有关的激励措施，以及这些制度因素如何预见性地影响会计收入。例如，政府在制定和执行国家会计准则时，通常由商业组织、银行和工会派出代表参与。在公司层面，这体现在利益相关者治理上，Ball 等（2000）将利益相关者治理与股东治理进行了对比。之前，向利益相关者进行支付可能比其他事项与会计收入更相关，管理者在决定何时将损益纳入会计收入时有更大的自由裁量空间，与内部组织的直接沟通也应该解决管理者和利益相关者之间的信息不对称问题。相比之下，在股东治理模式下，资本市场更依赖外部监督，对及时公开披露的需求更高，管理者对稳健的收益计算更应该直接负责。Hung（2000）发现，在不包括盎格鲁-撒克逊国家的一些国家中，应计利润在各种情况下的使用都降低了会计信息的有用性。Xie（2015）讨论了准则制定者和研究者对"稳健性"这个术语的混淆。

及时性和稳健性是会计数字的两个关键属性，也一直被认为在不同会计制度之间存在差异（Pope and Walker，1999）。及时性是指当期的会计收入纳入经济收入的程度，可以通过权益的市场价值的变化来体现。在学术论文中，稳健性被定义为损失比收益更快地确认的程度，也就是说，未实现的资产减值会被立即冲减，而未实现的收益并不会被确认。这有时也被称为"有条件的稳健性"。根据 Ball 等（2000）的研究结果，图 5 - 3 显示了以收益表示的市场价格变化与以净收益率表示的盈余之间的关系。会计稳健性指的是市场上的坏消息（负回报）相对于好消息（正回报）有一个更高的斜率。

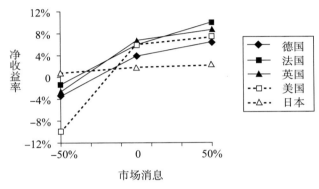

**图 5 - 3　会计稳健性与及时性**

德国的情况值得我们关注。人们普遍认为，德国的会计十分稳健，因为资产价值的增加不允许计入财务报表。此外，在过去德国对准备金确认的规定极具灵活性，这也为公司在经济景气的年份通过减少收入来平滑盈余提供了足够的自由裁量空间（Gray，1980）。然而，鉴于这种是基于市场的分析，德国不应再被定性为极端稳健的会计体制。日本是另一个典型的内部治理体系，研究表明，日本的会计核算既不及时也不稳健。在日本的会计制度下，盈利根本没有被纳入经济收入，消极市场下的坏消息斜率和良性市场下的好消息斜率都接近零。还有一个极端例子是美国（典型的外部治理体系），会计核算被认为是最及时也是最稳健的。

与同行的美国公司相比，在美国交叉上市的外国公司表现出更多的盈余管理，以及更不及时确认亏损的情况（Lang et al.，2003）。Bushman 和 Piotroski（2005）发现，处在具有高质量司法系统国家的公司在公布的盈余中反映坏消息的速度超过了处在具有低质量司法系统国家的公司，对证券法的强制实施并没有鼓励公司通过放缓识别好消息的速度来夸大收益，分散的股权持有将资本的所有权与资本的管理分开，这也与更为保守的收益相一致。

然而，国际财务报告准则日益增加的影响力可能会改变会计信息的价值相关性，至少在欧洲是这样的。一些研究者发现，国际财务报告准则的使用限制了公司进行盈余管理（Barth et al.，2008）。然而，Van Tendeloo 和 Vanstraelen（2005）发现，对于德国公司而言，1999 年至 2001年，自愿采用国际财务报告准则与较少的盈余管理之间并没有关联。Hung 和 Subramanyam（2007）研究了 1998 年至 2002 年采用国际财务报告准则的公司。他们发现，采用国际财务报告准则时报告的总资产要高于采用德国会计准则时报告的总资产，而且经过调整后的总资产与公司估值的关系更为密切，但调整后的收入与公司估值的关系则不太密切。

关于商誉、研发成本以及对固定资产的重新估值，在国际财务报告准则下，这三个财务报表项目的特征是其未来收益的不确定性，它们现在的计量方法与欧盟强制引进国际准则之前的国内会计实务处理方法有很大的差异。在强制采用国际财务报告准则的年份，Aharony 等（2010）根据国内公认会计原则对这些报表项目进行计量，再与国际财务报告准则下的报表项目进行对比，从而得到显著结论：先前的国内准则与国际财务报告准则之间的兼容性越低，转而采用国际财务报告准则与投资者的增量价值相关性就越大。Schleicher 等（2010）使用不同的研究设计表明，在采用国际财务报告准则之前，公司在经营过程中的内部资本支出对滞后期报告的现金流敏感度较高，而外部投资对滞后现金流不敏感。在实行国际财务报告准则之后，情况就不一样了。然而，目前还没有确凿的证据表明国家间会计差异的减少完全是由于会计制度的改变，因为相应的制度环境和执行力度方面也都同时有所改善。

Houqe 等（2012）研究了 46 个国家后发现，强制性地采用国际财务报告准则后，盈余质量确实有所提高，但这依赖于高质量的投资者保护。准则的变化与个体会计主题的价值相关性也可以纳入研究。Chalmers 等（2011）发现，澳大利亚公司采用国际财务报告准则时关于无形资产的额外信息提高了会计质量。Marra 等（2011）发现意大利的上市公司采用国际财务报告准则与审计委员会和独立董事控制盈余管理能力的提高有关。

提高财务报告质量的另一个潜在好处是降低了公司的资本成本。Daske（2006）并没有发现 1993 年至 2002 年采用国际财务报告准则或美国公认会计原则的德国公司资本成本降低的任何证据。然而，Ernstberger 和 Vogler（2008）却表明，1998 年至 2004 年，采用国际财务报告准则或美国公认会计原则而非德国会计准则的德国公司的资本成本都有显著下降。Li（2010）更大范围地研究了欧盟公司，并关注了 2005 年过渡到国际财务报告准则的影响，他发现公司的资本成本也存在显著下降的情况。

证券分析师的一项重要任务是，在报告数据信息质量较低时，他们不仅要向投资者提供良好的每股收益数据，还要提供对未来每股收益的估计。有时会有人说，分析师的预测偏差（即预期收益与之后公布的实际收益之间的差异）太大，投资者不能依靠分析师的预测。然而也有证据表明，分析师能够提供对未来每股收益的合理估计，从而有助于市场估值。这种预测需要对企业及其竞争对手的发展方向有所了解，而 Moyes 等（2001）进行的一项调查表明，所考虑的各种因素的相对重要性在国际上是存在差异的。这些研究者指出，英国分析师更注重国际事务，更依赖美国管理制度的指导意见，但显然，分析师预测每股收益的准确性将受到一些其他问题的影响，如下所述。

Basu 等（1998）发现，信息披露环境能够提供越多的有用信息，分析师预测的准确性就越高。Hope（2003）发现，会计准则执行力度大的国家更有可能实现较高的预测准确性。当盈利不稳定时，预测会更加困难，而分析师报告每股收益的行为会受到会计实务的影响，这些会计实务要么平滑要么夸大了潜在的盈利行为。Capstaff 等（2001）的研究表明，分析师对收益的预测通常优于毫无根据的预测，但分析师的预测通常是偏乐观的，并且时间跨度越大，预测越不准确。这些研究者还发现，分析师对荷兰公司的预测最成功，对意大利公司的预测最不成功。

Ashbaugh 和 Pincus（2001）发现，一个国家的公认会计原则和国际财务报告准则之间的较大差异会降低预测准确性。Guan 等（2006）在美国公认会计原则下发现了 Ashbaugh 和 Pincus

（2001）所述的差异带来的类似影响。Bae 等（2008）发现，国家会计准则与国际财务报告准则之间的会计差异会影响分析师预测的准确性，以及跟踪某一特定公司的分析师数量。采用与国际财务报告准则大相径庭的会计制度的公司，其分析师数量较少，预测准确性差。Glaum 等（2013）也证实了采用国际财务报告准则的德国公司的预测准确性有所提高。同样的规律也适用于从英国公认会计原则转向国际财务报告准则的公司（Choi et al.，2013），尽管这两种会计准则可能会被认为是相似的。

### 5.7.6　对国际财务报告准则下的财务报表分析后得到的一些结论

许多论文和报告总结了关于采用国际财务报告准则的影响的实证结果（如 Bruggermann et al.，2013）。人们普遍认为，强制性地采用国际财务报告准则提高了会计质量，尤其是在那些对投资者提供强有力保护的国家。Ahmed 等（2013）对采用国际财务报告准则的研究进行了元分析。他们发现，盈利信息的价值相关性提高了，但资产负债表信息的价值相关性并没有提高，分析师预测的准确性也有所提高。这项元分析并没有显示出法律来源或执行力度等因素的主要影响。这项研究最广泛的调查可以在英格兰及威尔士特许会计师协会（The Institute of Chartered Accountants in England and Wales，ICAEW，2015）中找到。

对于强制采用和自愿采用国际财务报告准则哪个会对公司有更大的好处，众说纷纭。Daske 等（2008）发现了支持自愿采用国际财务报告准则存在更大影响的证据，但 Horton 等（2013）却得到了相反的结论。与其他研究人员一样，Horton 等认为，采用国际财务报告准则在那些之前国内会计准则与国际财务报告准则有很大差异的国家具有更大的影响。然而，Brochet 等（2013）特地考察了一个国内会计准则与国际财务报告准则相似的国家（英国），发现采用国际财务报告准则对公司来说仍具有积极的影响。他们认为，这是由于国际可比性的增强。

图 5-4 显示了评估采用国际财务报告准则的影响时所涉及的复杂联系。三个菱形框代表了不同类型的监管变化。右上角的菱形指的是监督和执行方面的改进等问题，这与国际财务报告准则的采用相一致。排名前两位的菱形框会影响财务报告的关键质量，比如透明度和可比性。这些方面的加强会反过来导致图底部四个矩形框中经济问题的改善，例如资本成本的降低。然而，这些也可能受到右下角菱形框中因素的影响，其中包括全球金融危机。因此，研究者很难确定采用国际财务报告准则是否造成了经济影响。

总之，财务报表信息之间的国际比较需要对司法体系有很好的理解，证券法和所有权结构可以设立激励机制来影响公司的管理层编制财务报表，进而导致对可靠会计信息的需求减少或进行监控。然而，随着企业越来越多地开拓全球一体化背景下的市场，这些国家间会计差异的影响会变得更小（Raonic et al.，2004）。此外，也有证据表明盈余质量越来越依赖于公司自身和其所属行业的特征，而不是由国家间的会计差异所决定（Gaio，2010）。

存在的一种威胁是，当国际财务报告准则的采纳变得非常普遍时，分析师将会认为会计数据具有国际可比性。然而，正如第 9 章所示，国际财务报告准则也有不同国家的版本。Ball（2006）提醒到，尽管各个国家都开始采用国际财务报告准则，但会计核算在国际上仍然有所不同，因为：

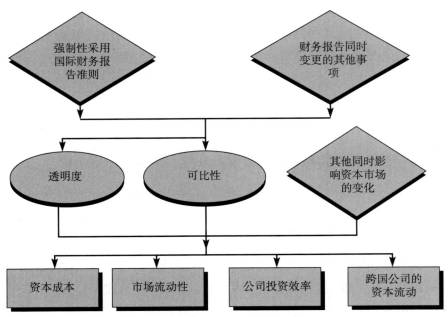

**图 5-4　财务报表的改善情况**

资料来源：Adapted by the authors from a figure kindly provided by Brian Singleton-Green of the Institute of Chartered Accountants in England and Wales.

对实务中执行的一致性持怀疑态度的根本原因是，财务报表的编制者（管理者）和使用者（审计师、法院、监管者、董事会、大股东、政客、分析师、评级机构和媒体）的动机主要是与当地实际需要相关的（p. 15）。

------◀ 小 结 ▶------

● 世界上大多数的上市公司都采用国际财务报告准则或者美国公认会计原则编制合并财务报表。

● 一些国家为某些目的采用了国际财务报告准则，一些国家的准则正与国际财务报告准则逐渐趋同。

● 国际准则在被欧盟公司采纳以前必须被欧盟认可，但准则中的一些条款尚未被认可。

● 国际财务报告准则和美国公认会计原则之间存在差异。例如，美国公认会计原则包括更多详细的规则，以及禁止超过成本计价。

● 公开年报从国际财务报告准则向美国公认会计原则的调整数据说明了现存的一些比较大的差异。

● 这两种国际标准正在趋同。

● 对于分析师来说，在国际环境下存在若干特殊问题。但是逐渐采纳国际财务报告准则只能解决其中的几个问题。

------◀ 问 题 ▶------

带星号问题的参考答案见书末附录 B。

5.1* 区分"协调化"、"标准化"、"趋同"、"采纳"和"欧盟认可"。

5.2* 讨论国际财务报告准则和美国公认会计原则之间的根本性差异。美国证券交易委员会要求在美国证券交易所上市的外国公司将其按照国际财务报告准则编制的报表调整为按照美国公认会计原则编制的报表,这种做法正确吗?

5.3　解释包含原则而非规则的会计准则的优点和缺点。

5.4　解释允许国际会计准则理事会和美国财务会计准则委员会在会计准则条文方面竞争的支持和反对意见,并说明哪种意见更有力。

5.5　登录葛兰素史克公司的官方网站(www.gsk.com),解释其 2004 年至 2006 年根据美国公认会计原则、国际财务报告准则和英国会计原则披露的公司年报的差异。如果公司采用国际财务报告准则和英国会计原则所允许的其他方法,这些差异(总结于表 1-1 和表 1-2)是否会减少?该公司存在如此巨大的会计国际差异是否因为其为制药公司?

5.6　上市公司年度财务报表的编制者和使用者是如何应对国际差异的?

5.7　本章讨论了稳健性的两种度量方法:不同会计准则下利润数字的比较,以及对好消息和坏消息的不对称确认速度。每种方法的优点和缺点各是什么?

5.8　国际财务报告准则在全球范围内的应用是否能解决国际财务分析存在的问题?

◀ **在线资源** ▶

扫描下列二维码即可阅读本章参考文献和推荐网站。

第 **6** 章

# 国际财务报告准则的背景：概念、披露和收入

**学习目标**

学完本章后，你应该能够：

- 讨论国家对国际财务报告准则内容的影响；
- 概述国际财务报告准则规范下的财务报告总体目标以及基本假设；
- 讨论相关性和可靠性的含义，并解释它们可能产生冲突的原因；
- 讨论利润表是如何分成两部分的；
- 解释收入是如何计量和列报的；
- 举例说明国际财务报告准则所要求的披露。

## 6.1 引　言

第 4 章至第 5 章研究了标准化的目的和目前取得的进展，并回顾了国际会计准则委员会和国际会计准则理事会的历史和结构。然而，这些章节并没有详细讨论准则的要求，这是本章和第 7 章、第 8 章将要讨论的内容。除了讨论准则的内容，这三章还考察了准则制定的发展过程，并进行了国际比较。

国际会计准则理事会准则如表 6-1 所示。由于一些原始的准则已经被替换，所以缺失了一些数据（见表 4-2 国际会计准则的完整列表，里面包括之前的准则）。而且，大多数准则自最初发布以来进行了修订。尤其是在 2003 年，修订过程中删除了许多备选方案。

表 6 - 1　国际会计准则理事会准则（2020 年 1 月）

| | |
|---|---|
| 《国际会计准则第 1 号》 | 财务报表的列报 |
| 《国际会计准则第 2 号》 | 存货 |
| 《国际会计准则第 7 号》 | 现金流量表 |
| 《国际会计准则第 8 号》 | 会计政策、会计估计变更及差错 |
| 《国际会计准则第 10 号》 | 资产负债表日后事项 |
| 《国际会计准则第 12 号》 | 所得税 |
| 《国际会计准则第 16 号》 | 不动产、厂场和设备 |
| 《国际会计准则第 19 号》 | 雇员福利 |
| 《国际会计准则第 20 号》 | 政府补助会计和政府援助的披露 |
| 《国际会计准则第 21 号》 | 汇率变动的影响 |
| 《国际会计准则第 23 号》 | 借款费用 |
| 《国际会计准则第 24 号》 | 关联方披露 |
| 《国际会计准则第 26 号》 | 退休福利计划的会计和报告 |
| 《国际会计准则第 27 号》 | 单独财务报表 |
| 《国际会计准则第 28 号》 | 联营和合资企业中的投资 |
| 《国际会计准则第 29 号》 | 恶性通货膨胀经济中的财务报告 |
| 《国际会计准则第 32 号》 | 金融工具：列报 |
| 《国际会计准则第 33 号》 | 每股收益 |
| 《国际会计准则第 34 号》 | 中期财务报告 |
| 《国际会计准则第 36 号》 | 资产减值 |
| 《国际会计准则第 37 号》 | 准备、或有负债及或有资产 |
| 《国际会计准则第 38 号》 | 无形资产 |
| 《国际会计准则第 40 号》 | 投资性房地产 |
| 《国际会计准则第 41 号》 | 农业 |
| 《国际财务报告准则第 1 号》 | 国际财务报告准则的首次采用 |
| 《国际财务报告准则第 2 号》 | 股份支付 |
| 《国际财务报告准则第 3 号》 | 企业合并 |
| 《国际财务报告准则第 4 号》 | 保险合同（已被《国际财务报告准则第 17 号》取代） |
| 《国际财务报告准则第 5 号》 | 非流动资产持有待售和停止经营 |
| 《国际财务报告准则第 6 号》 | 矿产资源的开采和评估 |
| 《国际财务报告准则第 7 号》 | 金融工具：披露 |
| 《国际财务报告准则第 8 号》 | 经营分部 |
| 《国际财务报告准则第 9 号》 | 金融工具 |
| 《国际财务报告准则第 10 号》 | 合并财务报表 |
| 《国际财务报告准则第 11 号》 | 合营安排 |
| 《国际财务报告准则第 12 号》 | 在其他主体中权益的披露 |
| 《国际财务报告准则第 13 号》 | 公允价值计量 |
| 《国际财务报告准则第 14 号》 | 监管延期账户 |
| 《国际财务报告准则第 15 号》 | 与客户签订合同的收入 |
| 《国际财务报告准则第 16 号》 | 租赁 |
| 《国际财务报告准则第 17 号》 | 保险合同 |

第 6 章到第 8 章结合了相关的主题。因此，它们不是按照准则的数字顺序排列的，而是遗漏了一些当前的准则，例如与高度专门化主题相关的准则（如关于保险合同的《国际财务报告准则第 17 号》）。德勤（2019）用数字顺序总结了所有准则的内容。

除了这些准则，国际会计准则理事会还发布了必须遵守的"解释条款"，即较老的"常任解释委员会"系列和较新的（从 2002 年起）"国际财务报告解释委员会"系列。这些文件由国际会计准则理事会的一个委员会起草，但需要得到理事会的批准。2010 年，该委员会再次更名为国际财务报告准则解释委员会（IFRS Interpretations Committee）。Bradbury（2007）解释了它的运作程序和最初 5 年的成果。

关于国际财务报告准则的内容，另一个需要介绍的问题是：它从何而来？表 6 - 2 说明了这个问题。在某些情况下，国际财务报告准则遵循了世界各地普遍的做法，例如要求固定资产折旧。在某些情况下，这种普遍的做法本身可以追溯到特定的国家，例如，在国际会计准则委员会设立 70 年之前，美国就提出了合并的会计处理。然而，在许多问题上，某一特定国家显然是国际准则发展的当代来源。表 6 - 2 显示了几种这样的情况。

表 6 - 2　国际财务报告准则中一些重要要求的国家来源

| 准则 | 要求 | 来源 |
|---|---|---|
| 《国际会计准则第 1 号》 | 重新书写有关公平性的内容 | 英国，1947 年《公司法》 |
| 《国际会计准则第 1 号》 | 其他综合收益（OCI） | 英国，《会计准则委员第 3 号》 |
| 《国际会计准则第 7 号》 | 现金流量表 | 美国，《美国财务会计准则公告第 95 号》 |
| 《国际会计准则第 8 号》 | 追溯性地考虑政策变化 | 英国，《会计准则委员第 3 号》 |
| 《国际会计准则第 12 号》 | 基于暂时性差异的递延税 | 美国，《美国财务会计准则公告第 109 号》 |
| 《国际会计准则第 16 号》 | 重估固定资产的备选方案 | 荷兰和英国的做法 |
| 《国际会计准则第 17 号》 | 融资租赁资本化 | 美国，《美国财务会计准则公告第 13 号》 |
| 《国际会计准则第 19 号》 | 养老金的重估（考虑实际的收益和损失） | 英国，《会计准则委员第 17 号》 |
| 《国际会计准则第 23 号》 | 建筑利息资本化 | 美国，《美国财务会计准则公告第 34 号》 |
| 《国际会计准则第 36 号》 | 基于可收回金额的减值需要冲销 | 英国，《会计准则委员第 11 号》 |
| 《国际会计准则第 37 号》 | 折旧的规定 | 英国，《会计准则委员第 12 号》 |
| 《国际会计准则第 38 号》 | 开发成本在满足一定标准时资本化 | 加拿大 |
| 《国际会计准则第 38 号》/《国际财务报告准则第 3 号》 | 仅针对无限期无形资产的减值 | 美国，《美国财务会计准则公告第 142 号》 |
| 《国际会计准则第 39 号》/《国际财务报告准则第 9 号》 | 交易及衍生金融工具按市价计价 | 美国，《美国财务会计准则公告第 115 号》《美国财务会计准则公告第 133 号》 |
| 《国际会计准则第 40 号》 | 将投资与不动产、厂场和设备（PPE）分开核算 | 英国，《标准会计实务公告第 19 号》 |
| 《国际会计准则第 41 号》 | 以公允价值计算的生物资产 | 澳大利亚 |
| 《国际财务报告准则第 5 号》 | 持有待售资产的处理 | 美国，《美国财务会计准则公告第 144 号》 |
| 《国际财务报告准则第 7 号》 | 金融工具公允价值的披露 | 美国，《美国财务会计准则公告第 107 号》 |
| 《国际财务报告准则第 8 号》 | 根据内部报告进行分类报告 | 美国，《美国财务会计准则公告第 131 号》 |
| 《国际财务报告准则第 10 号》 | 基于控制权的合并 | 德国，1965 年《股份法》 |

表 6－2 中列示的国际会计准则的一些重要要求很多都源于美国公认会计原则。其中包括一些主要的报告实务，例如递延税基、租赁资本化以及许多金融工具的市场定价。然而，也有许多国际财务报告准则的特征明显不同于美国公认会计原则，这些特征大多来源于英国公认会计原则（UK GAAP）。除了下述的两个例外，所有来源于英国的特征在欧洲其他地区没有发现。第一个是《国际会计准则第 1 号》中的"替代"（见 6.3 节），但它已经通过《欧盟第 4 号指令》从英国传播到欧盟其他国家（见第 14 章）。第二个是备选的固定资产的重估，这在国际会计准则委员会创立之前的荷兰的实务中也可以看到（Zeff et al.，1992）。

一些评论家不认可大家广泛接受的观点，即认为国际财务报告准则的内容大多是"盎格鲁-撒克逊式"的观点（Cairns，1997）。我们对这种批评表示同情，因为在国际会计准则委员会理事会的许多成员中，英国和美国只有两票。然而，很难否认国际会计准则委员会和国际会计准则理事会的精神是"盎格鲁-撒克逊式"的，即私营部门和投资者导向的。此外，表 6－2 显示英国和美国对准则内容的影响很大。根据表 6－2 的最后一项，我们意识到任何国际财务报告准则的主要内容都有一个可识别的来源，其来源可能既不是英国公认会计原则，也不是美国公认会计原则。

大家可能想知道，为什么英国一直是国际财务报告准则内容的主要来源。一种解释是，英国公认会计原则比美国公认会计原则更容易理解和应用。此外，国际会计准则委员会和国际会计准则理事会的许多高级职员都是英国人（Camfferman and Zeff，2007）。

与任何一套会计准则一样，国际财务报告准则也受到了大量技术上的批评。例如，学者们提出，国际财务报告准则有"57 个严重缺陷"（Haswell and Langfield-Smith，2008a and 2008b），尽管这遭到了 Bradbury（2008）和 Nobes（2008）的质疑。公司管理层强烈批评了国际财务报告准则的某些部分，例如对金融工具的要求（见第 5 章）。

本章的其余部分研究四个基本问题：国际会计准则理事会的概念框架（见 6.2 节）、国际财务报告准则对报表和会计政策的要求（见 6.3 节）、收入和外币交易（见 6.4 节）以及披露和管理层讨论（见 6.5 节）。国际财务报告准则的其余内容分为第 7 章（资产和负债）和第 8 章（集团会计）。除了这三章讨论的事项，理解国际财务报告准则的其他必要步骤包括：

- 了解参与制定国际财务报告准则的机构在法律和政治方面的因素（见第 4、5、11 章）；
- 了解国际财务报告准则在世界各地强制和自愿使用的推广路径（见第 5 章）；
- 了解国际财务报告准则不同国家版本的差异化程度（见第 9 章）；
- 国际财务报告准则与国家会计制度之间的差异，特别是与美国公认会计原则之间的差异（见第 10、12、16 章）；
- 如何执行国际财务报告准则。

## 6.2　概念框架

### 6.2.1　大纲和总体目标

2018 年的财务报告概念框架是国际会计准则委员会于 1989 年发布、2010 年修订的框架的再修订版。最初的会计准则很大程度上要归功于美国财务会计准则委员会自 20 世纪 70 年代末以来公布的框架（见第 10 章）。21 世纪初，国际会计准则理事会和美国财务会计准则委员会联合进行了一个修改这个框架的项目。2010 年发布了关于财务报告"目标"和"定性特征"的修订章节以及关于"报告主体"（the reporting entity）的征求意见稿。随后，国际会计准则理事会（没有美国财务会计准则委员会的参与）对包括定义、确认和计量等其他未修改的内容发布了一份讨论文件（2013）和一份草案（2015）。2018 年最终修订的框架共 8 章，内容如下：

- 财务报告的目标；
- 定性特征；
- 财务报表和报告主体；
- 财务报表要素；
- 确认；
- 计量；
- 报告和披露；
- 资本的概念。

国际会计准则理事会的设计框架的主要目的是帮助理事会制定会计准则。同时它能够帮助财务报表编制人员、审计人员和报表使用者阅读报表和理解会计准则。框架本身并不是一个标准，但是《国际会计准则第 1 号》将框架第 1 章到第 3 章中的许多思想转化为要求。

在概念框架的第 1 章中，假设财务报告的主要目标是给报表使用者（通常是投资者）提供有用的信息，以改善他们的财务决策。决策包括评估管理层的工作职责，信息则包括公司的资源和这些资源中的变化。对于后者，权责发生制是有用的。也就是说，为了衡量业绩，交易应在发生时确认，而不是以现金收付日期为准。然而，这两种计算方法可能都与预测未来有关。资产负债表和利润表是基于权责发生制的，而现金流量表不是。Barker 和 Texeira（2018）认为，该框架并没有恰当地解释为何权责发生制是有用的，而且它也不能帮助理事会解决权责发生制与资产负债表优先地位之间的紧张关系（见 6.2.4 节）。

概念框架的第 2 章讨论了良好会计信息质量的界定（见 6.2.2 节）。第 3 章则涉及报告主体。例如，在合并报表上下文中，报告公司包括所有受控公司。第 3 章还指出，会计通常是在持续经营假设下进行的，尽管编制人员和审计人员应该检查这是否合适。这一假设对评估资产负债表中的特定项目具有重大影响。例如，如果一个企业对一项设备折旧超过 10 年，就假设该设备的使用年限为 10 年，也就是说企业至少会持续经营 10 年。

### 6.2.2 相关性和可靠性

概念框架的第 2 章论述了良好会计信息应具有的质量特征。具体来说，包含两个基本特征（相关性和可靠性）以及四个其他会计信息质量特征。可以概括为图 6-1。

**相关性**

为了实现有用性，信息必须与其目的有关，这被视为经济性的决策。这就需要对未来现金流量进行预测，预测依赖资产负债表和利润表等报表中过去和现在的相关信息。但是，公司的做法

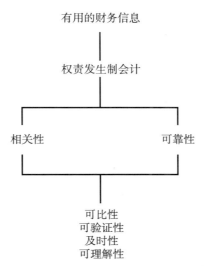

**图 6 - 1　国际会计准则理事会以及美国财务会计准则委员会的质量要求**

各不相同，除非上下文有形式上的精确要求，否则我们在本书中通常使用较短的术语。

为了具有相关性，信息必须重要到足以影响决策，也就是说，就公司和所做出的决定而言，它的金额必须"重大"。

**可靠性**

财务报表的读者不应被财务报表的内容误导。交易、资产和负债的列报方式应尽可能代表其本身的含义。例如，只有符合资产的定义，才可以显示在资产负债表资产一栏。这里假设读者对所使用的概念都有很好的了解。可靠性还意味着不会有影响会计数据解释的歧义出现。

如果交易的实质不同于交易的形式，会计信息就应该反映出交易的实质，这是可靠性的一部分，表现为显示交易的经济实质而不是其法律形式。然而，这么表述太简单了，因为特定的经济实质将取决于确切的法律安排。这里的问题是要发现任何表面的法律或其他安排的经济效果。

举个例子，假设一个公司签署了一份租赁合同，承诺在机器的整个预期寿命内支付租金。这与借钱购买机器非常相似，因为公司（在任何一种安排下）控制着机器的运行使用，并且有付款的义务。其法律形式是企业不拥有机器，也没有任何未付债务，但是其经济实质是企业拥有一项资产和一项负债（定义见下一节）。

同样，如果一个企业把机器卖给了金融公司，然后立即把它租了回来，法律形式是已经出售了，但实质是企业仍然拥有该资产。然而，这些案件的经济实质仍然取决于承租人签署的法律文件的内容。

该规定要求，要想保持信息的真实性，信息还需要避免错误，并需要完整和中立。没有错误并不意味着完全准确。例如，许多会计数字不可避免地依赖于估计值，但是估计的过程应该是可靠的。

信息应在重要性的限制范围内尽可能完整。任何重要的遗漏都会造成财务报表的误导性。然而，准则制定者（国际会计准则委员会）应该知道，某些信息需求可能对企业来说代价太高。获取信息的好处应该超过制造信息的成本。第 2 章就认为成本约束应该是"普遍的"。

中立意味着没有偏见。考虑到这一点，谨慎性这一古老的惯例在 2010 年就从框架中删除了，随后便引起了一些抱怨，尤其是在欧洲，谨慎性在欧盟指令中被奉为圭臬（见第 14 章）。然而，谨慎性在框架内一直被严格限制，仅仅是"在不确定的情况下做出判断时的谨慎行为"。在这种形式下，它在 2018 年被重新纳入框架。在实务中，会计准则的要求似乎比这更谨慎（例如，见本章关于准备金和减值的讨论）。Barker（2015）认为财务报告本质上是稳健的，框架没有正确认识到这一点。

在一些国家仍然可以看到较强的谨慎性（见第 16 章），以保护某些使用者（包括债权人），规避财务报表看起来太好的风险，特别是考虑到一些商人过于乐观。会计人员认识到在会计工作中涉及许多估计，根据谨慎性原则，会计人员应通过故意进行一定程度的低估来确保避免夸大。这要求类似的项目，其中一些是积极的，一些是消极的，不应该被同样地对待。Hellman（2008）在国际财务报告准则的背景下研究了稳健性，并建议《国际会计准则第 11 号》、《国际会计准则第 12 号》和《国际会计准则第 38 号》（关于合同、递延税和开发成本）的稳健性暂时低于一些欧洲实务的要求。

### 6.2.3　其他会计信息质量特征

#### 可比性（包括一致性）

除非可以在同一公司的不同时期或不同公司之间进行比较，否则财务信息不可能是相关的，这就要求计量和报告数字所用的方法尽量保持一致。可比性还要求这些方法的任何变化都应被披露。

#### 可验证性

这意味着不同的人员对于信息是否如实反映现实应该能够得出大致相同的结论。因此，可以通过各种方式对会计信息进行验证。

#### 及时性

如果信息是最新的，相关性就会提高。这就提出了一个常见的问题，即概念之间可能会有冲突。例如，为了确保信息的可靠性，可能会减慢信息的发布速度。许多国家的财务报告监管机构对财务报表的日期进行了限制，并要求每年报告一次以上。

#### 可理解性

显然，除非信息可以被理解，否则它就不具有相关性。然而，在一个复杂的世界中，为了实现公允的列报，信息可能必须是复杂的。框架允许准则的制定者和信息提供者可以做出重要假设，认为重要信息使用者是受过教育且理性的：

### 6.2.4　财务报表要素

概念框架的第 4 章研究了财务报表的五个要素。

从理论上讲，会计工作有两种方式：

#### 方式 1

- 20×1 的费用是与 20×1 相关的任何时期的费用，因此……

- 20×1 年底的资产是任何借方的余额。
- 这非常符合权责发生制的基础，也符合在一定时期内使费用与收入匹配的相关概念。

**方式 2**

- 20×1 年底的资产是预期能够带来未来收益的由公司控制的资源，因此……
- 20×1 的费用是任何借方的余额。

国际会计准则理事会的框架倾向于采用方式 2 来定义要素，首先将资产定义为（见 4.3 节和 4.4 节）：

> 资产是指由企业过去的交易或事项形成的、由企业拥有或者控制的、预期会给企业带来经济利益的资源。不能带来经济利益的资源不能作为资产，是企业的权利。经济资源是一种具有产生经济效益潜力的权利。

如上所述，使用这种定义方法的效果是降低了配比概念的重要性。如果为了与未来收入相配比而推迟对一项费用的确认，则该项费用会先作为一项资产保存在资产负债表中。但是，除非这项费用符合资产的定义，否则国际财务报告准则下是不允许这样做的。对作为资产所列项目的这种限制不是出于谨慎性的动机，而是为了符合框架中已执行的要求。需要注意的是，现在的定义并没有说收益是"预期的"，直到 2018 年才出现这种情况。这证实了即使流入的资金少于预期，也可以成为资产。

国际会计准则委员会对负债的定义给予了重视。根据框架（见 4.26 节）：

> 负债是指企业过去的交易或者事项形成的、预期会导致经济利益流出企业的现时义务。

2018 年框架明确指出，向第三方转移资源的义务并非完全不可避免。相反，公司必须"没有实际能力"来避免资金外流。许多负债是金额明确的法律义务，如应付账款或银行贷款。有些负债的时间和金额不确定，被称为"预计负债"。根据法律合同的性质，其中一些条款具有法律效力，例如向退休员工支付养老金的条款或机器的售后维修费。另外一些债务并不基于明确的法律或合同，但可能会由法院根据一般的企业惯例强制实施，或者至少企业不偿还一项无法合理避免的债务，就会遭受巨大的商业损失。这些"推定义务"（constructive obligations）包含在概念中。

"所有者权益"一词是指企业在资产中减去负债后的剩余权益。所有者权益不是独立定义的。同样，收入和费用的定义也来源于资产和负债的定义：

> 收入是指资产的增加或负债的减少从而导致权益的增加，但权益的增加与所有者的出资无关。

> 费用是指导致权益减少的资产减少或负债增加，与权益持有者的分配有关的费用除外。

然而，Barker（2010）指出这些定义是错误的。也就是说，资产的增加是借方，而收入是贷方，因此，收入应该被定义为资产增加所导致的权益增加。其他综合收益没有被定义为一个单独的项目。但是第 7 章指出，利润或亏损是对年度业绩的一种衡量，收入应包括在其中，除非它有特殊的特点，比如与资产或负债的重新计量有关。

概念框架的第 5 章论述了制度框架的确认问题。并不是所有符合资产或负债定义的项目都会得到确认。这可能是由于资金流入的不可能性、计量的高度不确定性或成本过高。但是，与 1989 年的原始框架相比，一个重要的变化是没有承认流动应该是"可能"的要求。实际上，尽管存在旧的框架，但衍生金融工具在《国际会计准则第 39 号》（正如现在的《国际财务报告准则第 9 号》）下得到承认，即使不可能出现资金流动。框架中的变化可能会影响未来的准则制定，潜在地扩大确认范围。

### 6.2.5 计量

概念框架的第 6 章关于资产和负债的计量。它列出了不同可能的计量基础，主要是历史成本计量基础和当期计量基础。后者包括公允价值（当期市场价格）、现值（现金流量贴现）和重置成本。该框架为如何选择计量基础提供了一些指导，包括考虑一个项目将如何影响未来现金流。很明显，国际会计准则理事会打算继续对不同的资产和负债使用不同的计量基础，而 2018 年框架相对模糊的指导不太可能限制这种多样性。在本书第 7 章中，我们着眼于准则要求或允许对各种资产和负债进行计量的基础。

### 6.2.6 披露

该框架的第 7 章涉及列报和披露。讨论了将利润表分成两部分：损益和其他综合收益。在 1989 年最初的框架之后，关于这一主题的会计实务逐渐兴起。2018 年的修订努力回顾了这一点。它表明，利得或损失是关于一个公司在报告所述期间财务业绩的主要信息来源（见 7.22 节）。

然后，人们承认有时（由于非常不明确的原因）某些损益没有在利润表中显示。但是，这至少说明该类别受到限制：它只能包含与当前计量基础有关的项目。国际财务报告准则对这一问题的要求在 6.3 节中进行了研究。

## 6.3 国际财务报告准则对报表和会计政策的要求

### 6.3.1 《国际会计准则第 1 号》中的概念和格式

《国际会计准则第 1 号》将一些框架的思想转化为需求。例如，解决了持续经营的概念和一致性问题。总体要求是公允列报，包括在必要时偏离准则以实现公允列报的指令。类似的"例外法则"在《欧盟第 4 号指令》和由此产生的国家法律中也存在（见第 15 章）。《国际会计准则第 1 号》要求，如果采用的会计基础偏离了准则规定的基础，就必须提供一个金额调整表，将其调整到准则要求的基础。人们普遍认为，"例外法则"不会在国际财务报告准则实务中使用。然而，法国兴业银行由于在 2007 年利润表中披露了"魔鬼交易员"造成的 2008 年巨额亏损而备受瞩目。Nobes（2009）对此做了更详细的研究。

《国际会计准则第 1 号》要求一个公司提交 4 张财务报表。首先是财务状况表，在实务中通常称为资产负债表。在本书中，我们交替使用这两种说法。如果有任何重述（例如，由于会计政策变更或差错更正），也必须显示最早时期的初始资产负债表。如果通常显示两年的数字（《国际会计准则第 1 号》所要求的最低限度），这就意味着当有重述时将显示 3 年的资产负债表。

不同于一些国家的法律（见第 16 章），《国际会计准则第 1 号》没有列出财务报表的标准格式。但是，它确实提供了在财务报表中至少应该列报的项目。在资产负债表中，需要在流动和非流动项目之间进行划分，除非按照流动性顺序进行列报且没有这种分隔的列报会更合适（例如在金融机构中）。"流动性"一词被广泛定义为一年之内或一个经营周期内的变现。

《国际会计准则第 5 号》要求主体单独识别任何打算在一年内出售的以前年度的非流动资产，并把它们列在资产负债表"持有待售"项目下。如果一项主要业务将在未来一年内出售或已在过去一年内出售，其收入和费用也应分离出来，在综合收益表中以"非持续经营"的形式列示。这是为了帮助用户预测未来的现金流。

### 6.3.2　其他综合收益

《国际会计准则第 1 号》的下一个要求是损益及其他综合收益表必须包括所有的收入和费用，包括价值重估项目。该要求规定了企业必须没有公积金变动（reserve movements），并且任何收益和损失都不会直接计入股本。但是，一些损益（例如，一些重估项目和外汇损益）传统上在国际财务报告准则和国家会计制度中是分开列示的。《国际会计准则第 1 号》保留了这个观点，因为这些项目在损益及其他综合收益表底部显示为"其他综合收益"。不包括这些金额的总额显示为损益，专业术语"收益"（见 6.5 节）也不包括这些金额。《国际会计准则第 1 号》允许一个公司列示一个单独的"利润表"，只包含利润或损失的要素。

遗憾的是，该框架并没有明确的原则来解释为什么有些收益和损失可以作为"损益"，而有些不可以。从 1993 年英国开始（使用《财务报告准则第 3 号》），准则制定者逐渐要求所有的损益都应记录在一份基本利润表中，而不是将其中任何一项损益作为"公积金变动"。英国的报表被称为"确认损益总额报表"（statement of total recognized gains and losses，STRGL），其中包括"损益账户"底部的利润，然后是所有其他的损益。后者目前在国际财务报告准则和美国公认会计原则中被称为"其他综合收益"，从 2013 年起，它们必须包括在损益及其他综合收益表中，损益及其他综合收益表可以（而且几乎总是）分为利润表和其他综合收益表。在美国公认会计原则中，直到 2013 年，其他综合收益的金额都可以包括在权益变动表中，这是最常见的做法，如 2009 年500 家美国公司的其他综合收益报告如表 6-3 所示。Bamber 等（2010）提出了一些与避免收益波动有关的原因。

**表 6-3　其他综合收益报告（美国公司）（2009 年）**

|  | 占公司的百分比 |
| --- | --- |
| 包括在权益变动表中 | 81 |
| 独立的综合收益表 | 15.2 |
| 合并了利润表和综合利润表 | 2.2 |

续表

| | 占公司的百分比 |
|---|---|
| 没有显示综合收益 | 1.6 |
| | 100.0 |

资料来源：American Institute of Certified Public Accountants（AICPA）(2010) Accounting Trends and Techniques. AICPA，Jersey City，New Jersey，p. 425.

《国际会计准则第 1 号》并没有解释哪些收益和损失被计入其他综合收益，这种情况时常发生变化，必须阅读所有其他准则才能找到答案。根据 2020 年的国际财务报告准则，其他综合收益的组成部分如下所示：

- 固定资产和无形资产的公允价值调整（《国际会计准则第 16 号》和《国际会计准则第 38 号》，见第 7 章）；
- 一些金融资产的公允价值调整（《国际财务报告准则第 9 号》，见第 7 章）；
- 现金流对冲的损益（《国际财务报告准则第 9 号》，见第 7 章）；
- 养老金重新计量损益（《国际会计准则第 19 号》，见第 7 章）；
- 财务报表折算中的外汇损益（《国际会计准则第 21 号》）。

除了第一点之外，所有这些在美国公认会计原则下都是相关的。《国际会计准则第 1 号》要求公司列示与其他综合收益每个组成部分相关的税收。

以上各项均符合"收入"或"费用"的定义。将其排除在损益之外，并不是说它们是"未实现"的，而是因为根据《国际会计准则第 40 号》和《国际会计准则第 41 号》，未出售投资性房地产或林木的收益应计入损益。无论如何，"已实现"的概念并未出现在国际财务报告准则中，其含义在欧盟法律中也不明确。这个问题很重要，因为"收益"（如每股收益或市盈率）是在其他综合收益等项目之前计算的。

一个相关的问题是，利得或亏损一旦记录在其他综合收益中，是否会被重新划分为损益？对这个问题的答案的总结如表 6-4 所示。它揭示了无法在任何原则下被发现的另一套规则，也揭示了国际财务报告准则和美国公认会计原则的不同答案。对于国际财务报告准则的复杂答案，历史上的政治解释是，受美国影响的准则需要重新分类，而受英国影响的准则则不需要。国际财务报告准则和美国公认会计原则都要求公司显示本年度其他综合收益中哪些部分稍后可能被重新划分为损益，并显示本年度重新分类的任何金额。

表 6-4 先前记录在其他综合收益的利得或亏损后来是否重新分类计入损益

| | 美国公认会计原则 | 国际财务报告准则 |
|---|---|---|
| 权益性金融资产重估 | 否，因为实务不允许 | 否 |
| 其他金融资产重估 | 是 | 是 |
| 现金流量套期保值 | 是 | 是 |
| 有形资产重估 | 否，因为实务不允许 | 否 |
| 外币报表折算 | 是 | 是 |
| 综合收益/损失 | 是 | 否 |

显然，这个问题需要由准则制定者来解决。尽管从 20 世纪 90 年代后期开始有大量的工作组，但在美国财务会计准则委员会和国际会计准则理事会关于财务报表列报呈递的联合初步意见中没有得出任何结论（IASB，2008）。国际会计准则理事会 2018 年修订的概念框架建议，一般来说，其他综合收益的要素应该在以后重新分类，这意味着国际财务报告准则可能会逐渐向美国的立场倾斜。

### 6.3.3  其他报表

在利润表及其他综合收益表之后，是所有者权益变动表（SCE）。它显示了该期间的所有者权益变化，分为三种类型：

1. 综合收益（来自利润表及其他综合收益表）；

2. 重述的影响（即任何政策变更或错误更正）；

3. 与所有者进行的交易（如发行股票或派发股息）。

最后，《国际会计准则第 7 号》要求提供现金流量表。我们将现金流分类为经营活动产生的现金流、投资活动产生的现金流和融资活动产生的现金流。然后，对现金流的总额进行调整，从而反映出当前的现金和现金等价物总额的变化。与美国公认会计原则一样，《国际会计准则第 7 号》允许通过调整非现金项目（如折旧）的利润，直接或间接地计算经营活动产生的现金流。然而，与美国公认会计原则不同，《国际会计准则第 7 号》允许对支付和接收的股息和利息进行选择。

### 6.3.4  会计政策

《国际会计准则第 8 号》涉及会计政策的选择以及对会计政策变化的说明。一些准则为公司提供了备选方案（例如，以成本或公允价值计量某些资产，见第 7 章）。在某些准则方面，国际财务报告准则并没有说明，因此公司必须制定合适的会计政策。《国际会计准则第 8 号》允许将政策更改为提供更多相关信息的政策，该框架可应用于帮助选择或创建政策。Nobes 和 Stadler（2015）研究了 10 个国家在 2006 年至 2011 年的 434 项政策变化，发现大多数都是使用框架中的定性特征来解释的，特别是增加的可比性。

《国际会计准则第 8 号》也涵盖了会计估计变更的情况，比如修改机器的折旧年限。这些变更是常见的，并且会直接反映到当前和未来的财务报表中，无需特殊披露。相反，差错更正必须通过调整期初资产负债表而不是当期收入来进行。

《国际财务报告准则第 1 号》涉及的是当一个主体首次采用国际财务报告准则时发生的会计政策全面变更的主要例子。通常需要对通过之日生效的准则进行追溯应用，但有一些可选的例外情况，使其不受严格规定的限制。

> **➤ 拓展思考**
> 您可以通过以下几种方式进一步讨论本节中的问题，例如：
> ● 查看关于修订概念框架实务的讨论文件和公开草案（在国际会计准则理事会或美国财务会计准则委员会网站上）；

> ● 参见第 9 章，举例说明国际财务报告准则报告者的列报如何不同；
> ● 参见第 10 章，了解国际财务报告准则与美国会计在列报和术语上的差异；
> ● 参见第 16 章，了解几个欧盟国家使用的财务报表格式。

## 6.4　收入和外币交易

### 6.4.1　概述

在国际财务报告准则中，"收入"（revenue）一词指的是一种特定类型的收入，基本上是由向客户销售而取得的收入。收入列示在利润表的第一行，通常是整个财务报表中最大的数字（不包括总数）。与其他业务收入（如出售非流动资产的收益）不同，收入显示为净收入。我们首先看看在《国际财务报告准则第 15 号》颁布之前的几十年里，收入确认是如何进行，以及目前又是如何实现的。

### 6.4.2　2018 年之前的国际财务报告准则

根据《国际会计准则第 18 号》（第 7 段），收入是导致权益增加的主营业务活动的总收益。如图 6-2 所示，这个定义符合旧的国际会计准则理事会框架（2010 年版本第 4.29 段）中"收入"（如销售）和"利得"（如出售固定资产）之间的区别。然而，正如 Nobes（2012）研究的那样，这个定义存在严重的问题。首先，收入不是收益，比如现金（借方）。相反，收入是权益（贷方）的增加，是收益流入的结果。其次，"主营业务"这个词在这里没有用，固定资产的销售也是"主营业务"。从 1993 年开始，《国际会计准则第 8 号》对"其他业务"的内容进行了严格限制；从 2005 年开始，《国际会计准则第 1 号》废除了这个概念。因此，所有的资金流入都是以主营业务的形式呈现的。最后，一些存货的销售价低于成本价，这导致了权益的减少，这是否意味着它们不是"收入"？国际会计准则委员会回答说，必须考虑总影响，那么上述定义并不准确，因为任何出售（无论是流动资产还是固定资产）都会导致奖金流入。据推测，这个定义应该说收入是向客户销售产品的总收入。这可能仍然是模棱两可的，因为它建立在"客户"的定义上，但至少它不会是明显的错误。顺便说一句，"收入"有时与"总收入"（income）相关，有时则与"总收入"无关。事实上，"收入"可能不是一种"总收入"，但它的出现通常意味着需要确认一些收入或损失。根据《国际会计准则第 18 号》，在卖方将所有权的重大风险和回报转移给买方之前，销售收入（以及收入）不应确认。例如，一份有约束力的销售合同在交货之前还不是"收入"。但在合同会计中，上述逻辑和规则被抛弃了。例如，《国际会计准则第 18 号》（服务类）和《国际会计准则第 11 号》（建筑类）要求对那些可以可靠地估计并且看来有利可图的未完成合同采用完工阶段法。美国公认会计原则下的建筑合同也是如此。以一份显然有利可图的五年期固定价格合同为例，该合同旨在制造电动火车。假设由于所有列车都完成了一半，所以没有交付给客户。到目前为止，我们是否应该根据《国际会计准则第 11 号》确认利润？是。是否有风险和控制权转移给客户？否。显然，在这些准则中有两种完全不同的收入确认模式，这是用《国际财务报告准则第 15 号》取代它们的原因之一，具体如下所述。

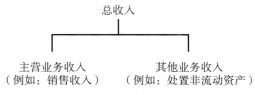

图 6-2　国际准则理事会对收入的定义

让我们举一个更简单的例子。想象一下，一个杂志出版社在 200×年 1 月 1 日卖出 100 英镑的不可退款订阅，并承诺在一年内提供 12 本杂志。将所有其他客户考虑在内，这 12 本杂志的生产和配送平均成本预计为 75 英镑。出版社何时应该确认利润？传统的答案是，25 英镑的利润应该在一年中逐步确认。因此，一开始，100 英镑记为负债。然而，请注意，不可能真的有 100 英镑的负债，因为 100 英镑不可能流出。另一种可能的答复如下：

1. 有资产吗？有，银行里有 100 英镑。

2. 有负债吗？有，要以 75 英镑的预期成本提供 12 本杂志。

3. 因此，权益立即增加了 25 英镑，一定是收入。

除了结果符合这个框架之外，它也有一定的意义：出版社的困难不是制作杂志，而是找到愿意支付 100 英镑的客户。一旦后者完成了，"履行"就得到了有效的实现。然而，准则制定者一直反对记录合同的直接收益，在下面讨论的新准则中，情况仍然如此。

### 6.4.3　《国际财务报告准则第 15 号》

2004 年，国际会计准则理事会和美国财务会计准则委员会开始着手解决收入确认这一主要问题。这导致了 2008 年联合发表讨论文件和 2010 年联合曝光草案的出台。最终结果是 2014 年发布的联合准则最迟从 2018 年开始实施：《国际财务报告准则第 15 号》和会计准则汇编（Accounting Standards Condification，ASC）606-10。这引入了收入确认的单一模式。除此之外，它放弃了"阶段完成"方法，除非随着工作的进展控制权移交给客户。尽管国际财务报告准则和美国公认会计原则的要求几乎相同，但令人惊讶的是它们对"收入"的定义不同。在《国际财务报告准则第 15 号》中，收入是产生于日常活动的收入。这保留了与"主营业务"有关的问题，如上所述。

美国的定义没有包含"主营业务"一词，它指的是"构成主体正在进行的主要或中心操作的活动"（ASC 606，术语表）。

《国际财务报告准则第 15 号》将收入确认概括为五个阶段：

1. 确认合同；

2. 确定合同中的履行义务；

3. 确定合同价格（即收入金额）；

4. 履行义务之间的价格分配；

5. 确认收入。

一个主体首先应该确定自己和客户之间的所有契约。在一个合同中，可能有几项不同的履行义务。例如，如果客户 X 购买了一张从伦敦到悉尼的往返机票，只有一个合同和一个价格，但有三项履行义务：（1）飞往悉尼的航班；（2）两个月后飞回伦敦；（3）航空里程。这些履行义务应该分开的原因是航空公司在不同的日期执行，因此应该在不同的日期确认收入。

收入以从客户处收到或应收的对价来衡量。简单地说，就是收到或承诺的现金。如延迟一年以上收货，应按折扣价减少收入。任何非现金对价均应以公允价值计量，然后合同总收入根据各自的市场价格在各履行义务之间进行分配。

每项履行义务的收入都是在货物或服务的控制权转移到客户手中时确认的，通常是在交货的时间点。然而，在某些情况下，收入是在一段时期内衡量的。后一种方法适用于下列三种情况：

1.当客户立即收到并消费收益时（例如，在通电时）；

2.当客户控制所提供的资产时（例如，在客户的土地上建造一座桥梁）；

3.当供应商创建了一项对供应商没有其他用途的资产，且供应商有权就已完成的工作（例如提供审计或咨询服务）获得报酬时。

然而，这些情况通常不包括在造船商的船厂为客户建造一艘船，合同规定在交货时支付相当大一部分款项。对于这样的合同，不再适用《国际会计准则第 11 号》中规定的在一段时期内取得收入的方法。

### 6.4.4　外币收入和费用

许多公司不论它们是否在跨国基础上运作，交易通常以外币计价，包括销售、购买和贷款。例如，一家丹麦公司可能会向美国客户销售产品，并要求其以美元支付；另一家英国公司可能会从一家德国公司购买电脑，并以欧元支付。

根据《国际会计准则第 21 号》，收入应按照交易当日裁定的汇率转换为主体公司使用的货币。在此之后，如果汇率变动，收入、有形资产或无形资产的余额就不应重新计算。但是，由此产生的货币余额（例如外币应收款项和应付款项）应在后续资产负债表日按照当日的现行汇率折算并计入报表折算，折算利得或损失计入当期损益。

## 6.5　披露和管理层讨论

在第 6 章到第 8 章中看到的准则包含了披露要求，一般来说都在各准则的最后统一陈述。然而，还有一些其他准则是专门规范披露的，不影响资产、负债、所有者权益、收入或费用的确认。下面总结了两个重要的信息披露准则。这两项准则仅适用于证券公开交易的企业。

1.《国际财务报告准则第 8 号》要求报告许多项目（如资产、销售和利润），并将这些项目分成若干部分，向首席运营官报告。它的目的是通过将今年和去年的业绩和资产并入性质相似的项目类别，帮助财务报表使用者预测现金流量。

2.《国际会计准则第 33 号》要求披露企业的每股基本收益（EPS）。收益是扣除所得税、特殊项目和优先股股利之后的净利润。"每股"是该期间发行在外普通股的加权平均数。此外，有必要披露经过调整收益和任何可能增加的股票（如可转换债券）稀释后的每股基本收益，因为这些股票可能会导致每股收益状况恶化。

2010 年，国际会计准则理事会就"管理层说明"这一主题发布了第一份实践声明。实践声明是指导性而非强制性的准则。管理层说明在美国被称为"管理层讨论和分析"，在英国被称为"营运及财务回顾"。国际会计准则理事会的实践声明对管理评论的目的、原则和列报提供了指导，并建议它应该包含关于公司以下问题的信息：

- 业务性质；
- 目标和战略；
- 资源、风险和关系；
- 结果和前景；
- 业绩评价方法和指标。

> **➤ 拓展思考**
>
> 　你可以通过以下几种方式进一步讨论本节中的问题，例如：
> - 参见第 5 章，关于在国际范围内解释财务报表及其信息披露的讨论；

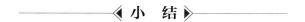

## ◀ 小　结 ▶

- 国际会计准则理事会的概念框架和此前的美国的框架非常一致。它以投资者决策为导向，要求公允列报，这意味着要尽量提高信息的相关性和可靠性。
- 该框架将资产和负债的定义置于首位，而将权益、收入和费用作为衍生的概念。
- 《国际会计准则第 1 号》将框架的一些概念付诸实务。
- 《国际会计准则第 1 号》要求编制综合收益表和权益变动表。
- 《国际会计准则第 8 号》规定了会计政策的选择和变化。
- 自 2018 年以来，收入确认受到一项重要新准则的监管，"逐步确认收入"准则的使用在逐渐减少。
- 国际财务报告准则要求进行大量披露，其中包括对分部报告和每股收益的披露。

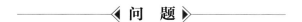

## ◀ 问　题 ▶

带星号问题的参考答案见书末附录 B。

6.1* 解释概念框架的目的和用途。

6.2* "中立性是没有偏见。谨慎性是一种偏见。在同一个概念框架中不可能同时遵守这两种原则。"请对这种观点进行讨论。

6.3 讨论"实质重于形式是不同企业财务报表之间无法实现可比性的原因"。

6.4 为什么必须先从基本原则中定义"资产"或"费用"中的一个，而不是两者同时定义？国际会计准则理事会为什么选择定义前者？

6.5　概括说明其他综合收益中包括的各种损益。能否确定其遵循的原则？

6.6　对不同资产采用不同的计量基础是不是必要且有用的？

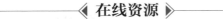

### ◀ 在线资源 ▶

扫描下列二维码即可阅读本章参考文献和推荐网站。

# 国际财务报告准则的背景：资产和负债

## 7.1 引 言

第 5 章研究了国际财务报告准则的监管环境。第 6 章到第 8 章详细介绍了国际财务报告准则的要求。第 6 章研究了框架、披露和收入。本章则探讨了国际财务报告准则对资产和负债的会计处理要求。本章讨论了国际财务报告准则发展的各个方面，并进行了一些国际比较。德勤会计师事务所（2019）以数字顺序总结了所有准则的内容。

资产和负债的会计处理分为五个阶段：

1. 该项目是资产（或负债）吗？

2. 是否应在资产负债表上进行确认？

3. 应当如何对其进行初始计量？

4. 应当如何对其进行后续计量？

5. 应当如何进行转移（以折旧、减值或终止确认方式）？

7.2 节提供了有形非流动资产会计的概述。资产的定义可以在国际会计准则理事会的概念框架中找到，如第 6 章所述。然而，并非所有资产都在资产负债表中确认。几十年来，许多租赁获得的财产或设备即使符合资产的定义，也不被承租人确认。正如 7.3 节所解释的，这个问题最近已基本解决。然后，我们考虑无形资产的确认问题（见 7.4 节），这涉及国际财务报告准则和美国公认会计原则之间的一个巨大差异。对于资产的计量，从非流动资产（见 7.5 节）开始，然后转移到存货（见 7.6 节）。我们注意到，对于存货，国际财务报告准则比美国公认会计原则具有更少的灵活性，但对于非流动资产，国际财务报告准则允许更多的灵活性。金融工具是 7.7 节的主题。在 7.8 节至 7.10 节中，我们将讨论其他各种类型的负债：预计负债、职工福利和递延税。7.11 节则对负债的计量进行了概述。

## 7.2 有形非流动资产会计概述

有形固定资产包括在《国际会计准则第 16 号》（固定资产）和《国际会计准则第 40 号》（投资性房地产）中。《国际财务报告准则第 16 号》涉及租赁资产。生物性资产（即活的植物和动物）是《国际会计准则第 41 号》的主题。

《国际会计准则第 16 号》、《国际会计准则第 40 号》和《国际会计准则第 41 号》在确认方面也有相似的规定。根据制定准则时所采用的 2018 年之前的框架，当资产符合定义（见 6.2 节）、未来可能带来利益流入以及成本能够可靠计量时，应对资产进行确认（资本化）。正如 7.4 节中进一步讨论的，这些确认条件导致内部产生的无形资产（如商誉、研究成本、品牌、客户名单等）无法资本化。同样，不能产生资产的费用（如开办费）也不能资本化。然而，如果无形资产是购买获得的，无论是单独购买还是作为企业合并的一部分，都应予以确认。禁止将内部无形资产产生的费用资本化的例外情况是符合有关其未来可能获益的条件的开发项目，这些成本必须资本化。

除生物性资产（见后文）外，资产应按其成本进行初始计量。《国际会计准则第 23 号》要求将资产建造过程中产生的利息资本化，作为开发成本的一部分。随后，资产可以继续按成本计量（折旧和减值，见后文）。然而，只要整个类别（例如土地，或土地和建筑物）以相同的基础计量，有形资产可以以当前的公允价值持有。只有当无形资产存在活跃市场时，准则制定者才会允许以公允价值为计量基础，这表明了他们对无形资产价值的怀疑。由于这需要同质化资产和公开价格，大多数无形资产（如品牌和开发成本）不能重新估值。关于资产估值（或计量）的综合在 7.5 节中做了进一步阐述。

以公允价值模式计量的投资性房地产，重新估值的利得均计入损益，不计提折旧。对于任何其他资产（《国际会计准则第 16 号》和《国际会计准则第 38 号》的规定），重新估值的金额被视为原始成本的替代。因此，重新估值的利得属于其他综合收益，而折旧和销售的损益计算则是参照重估金额进行的。

如果企业收到与某项资产有关的政府补助，《国际会计准则第 20 号》允许从该资产的成本中扣除该补助或作为递延收益列示。无论哪种方式，由于折旧的减少或递延收益的逐渐减少，补助将在资产的整个使用年限内计入收入。这并没有什么意义，因为如果现金存在银行，而该主体没有负债（预期不会偿还贷款），那么公司一定是获利的。乍一看，可以通过引用前框架的匹配方法来保证资产生命期内的分配。然而，即使这样也不会起作用，因为资产的寿命可以被认为是无关紧要的，如果考虑对象为购买土地的补助金则没有折旧年限。按照《国际会计准则第 20 号》，似乎永远不会确认此类补助形成的收入。国际会计准则理事会意识到了这个问题，但目前没有任何计划来替换《国际会计准则第 20 号》。Nobes 和 Stadler（2018）解释说，这是因为补助的核算与其他尚未解决的问题有关，例如匹配与资产和负债定义之间的紧张关系（见 6.2.1 节）。

如果有形非流动资产的使用寿命是有限的，则应在其使用寿命内进行折旧。根据《国际会计准则第 36 号》，应在每个资产负债表日检查资产是否有任何减值的迹象（例如实物或其他经济损失）。这将在 7.5 节中进一步讨论。

生物性资产在初始和后续计量中都是用公允价值减去预期出售成本，相当于净售价，利得/损失被计入损益。这不适用于根据《国际会计准则第 16 号》计量的生产性植物（bearer plants，例如为结果而保存的树木）。在收获时，一项生物性资产成为存货，在这一时点上公允价值就成为存货计量的成本。国际会计准则委员会能够在《国际会计准则第 41 号》中为生物性资产的计量做出明确的规定（并不像在《国际会计准则第 16 号》和《国际会计准则第 40 号》中需要选择计量基础），部分原因是大多数委员会代表并没有直接提及生物性资产，因此对于采用公允价值计量并将未实现收益转化为利润或损失存在更少政治上的反对。

## 7.3　租赁会计

根据资产的定义，租赁资产有两种合理的会计处理方法。如果一项资产是已拥有的，就像法国传统观点认为的（见 16.2.2 节），那么租赁资产应列在合法所有人（出租人）的资产负债表上，而不是列在租入方（承租人）的资产负债表上。如果一项资产没有明确的定义（就像 20 世纪 70 年代之前讲英语国家的情况），这也会成为实务中的处理方法。然而，如果资产被定义为受控的资源，如国际会计准则理事会框架中所定义的，那么租赁资产的使用权应出现在承租人的资产负债表上，同时记录一项负债，表示与出租人之间的支付义务。

从 20 世纪 70 年代到《国际财务报告准则第 16 号》的出台，讲英语的国家（包括采用国际财务报告准则的国家）的实务处理办法与上述任一逻辑立场都不一致。也就是说，某些租赁（融资租赁）计入了承租人的资产负债表，而其他租赁（经营租赁）则没有计入。然而这种分割并没有任何理论上的支撑，因此必须人为创造一条分界线。《国际会计准则第 17 号》提到融资租赁是将租赁资产的"几乎全部风险和报酬"转移给了承租人，这是相当模糊的。为了使这一概念更具可审计性，美国公认会计原则提出了一项规定，即租赁应涉及资产使用年限的 75％，或其公允价值的 90%。因此，涉及公允价值 92% 的租赁通常会导致资产和相应负债的资本化，而涉及公允价值 88% 的租赁则根本不会资本化。当然，资产和负债的定义并没有"几乎全部"这样的说法（见 6.2 节）。

这些定义的内在逻辑用了几十年时间才得以传递。国际会计准则理事会和其他一些准则制定者的最终结论（McGregor，1996）是，租赁会计需要彻底改革。因此，国际会计准则理事会和美国财务会计准则委员会在 2010 年联合发布了征求意见稿，建议所有不可取消的租赁（除了一些短期租赁）都应被承租人和出租人视为融资租赁。然而，很明显的是，从出租人的资产负债表中移除所有租赁似乎是不正确的。因此，对于出租人来说，经营/融资租赁的分拆被放回 2011 年修订的征求意见稿中。

最终，《国际财务报告准则第 16 号》于 2016 年发布（2019 年生效），准则要求承租人确认所有的租赁资产和负债，尽管短期租赁可以免除。国际会计准则理事会和美国财务会计准则委员会出具的文件存在一些差异，如第 10 章所述。这一变化使更多的租赁对象进入资产负债表，特别是土地和建筑物租赁，这些租赁对象在《国际会计准则第 17 号》下通常被归类为经营租赁。这带来的一个后果是负债增大，因此杠杆率增大。公司希望避免这种情况的发生，因此有人对这些提案提出了反对意见（见 11.7.2 节）。

当租赁对象作为一项资产（资本化）进入资产负债表时，也会影响损益表。承租人将折旧费用和利息费用计入未清偿租赁负债，而不是租赁费用。这会通过降低损益表和现金流量表的利息支出增加营业利润和营业现金流。而随着负债的减少，利息费用也会逐渐减少，因此，总费用逐渐下降。如果承租人使用余额递减法进行折旧，情况会更糟。这与经营租赁形成鲜明对比，经营租赁的总租赁成本按直线法计算。

对于出租人来说，乍一看，上述新制度似乎意味着租赁不应该出现在资产负债表上。然而，以 10 年期的土地租赁为例，大部分资产（从第 11 年起永远）属于出租人。因此，《国际财务报告准则第 16 号》仍然适用于出租人旧的经营/融资租赁的分割，经营租赁显示在出租人的资产负债表上（以及部分显示在承租人的资产负债表上）。对于融资租赁，出租人显示的是应收资产，而不是租赁资产。

在租赁会计方面存在着令人感兴趣的国际差异，如表 7-1 所示。法国/意大利公认会计原则与国际财务报告准则之间的差异随着《国际会计准则第 17 号》向《国际财务报告准则第 16 号》的转变而增加。表 7-1 还记录了美国公认会计原则只规定在承租人的资产负债表中将所有租赁视为融资租赁，而经营/融资租赁的分割仍然适用于损益表。

表 7-1　不同会计准则下的租赁处理

|  | 全部视为经营租赁 | 部分视为经营租赁，部分视为融资租赁 | 全部视为融资租赁 |
| --- | --- | --- | --- |
| 承租人 | 法国公认会计原则 | 《国际会计准则第 17 号》 | 《国际财务报告准则第 16 号》 |
|  | 意大利公认会计原则 | 中小企业适用的国际财务报告准则 | 美国公认会计原则下的资产负债表 |
|  |  | 英国公认会计原则 |  |
|  |  | 美国公认会计原则下的损益表 |  |

续表

| | | 全部视为经营租赁 | 部分视为经营租赁，部分视为融资租赁 | 全部视为融资租赁 |
|---|---|---|---|---|
| 出租人 | | 法国公认会计原则 | 《国际会计准则第 17 号》 | |
| | | 意大利公认会计原则 | 《国际财务报告准则第 16 号》 | |
| | | | 中小企业适用的国际财务报告准则 | — |
| | | | 美国公认会计原则 | |
| | | | 英国公认会计原则 | |

后面的章节将讨论中小企业的国际财务报告准则（见第 13 章）和英国公认会计原则（见第 16 章）。如表 7-1 所示，有些公司尚未遵循《国际财务报告准则第 16 号》，但将来可能会遵循。

Barone 等（2014）翻阅了对租赁会计的各种提案研究具有经济影响的学术文献。例如，租赁对象的资本化会增加负债，从而提高杠杆率，这可能会影响承租人和债权人的决定。Morales-Diaz 和 Zamora-Ramírez（2018）研究了《国际财务报告准则第 16 号》对欧洲公司杠杆率的影响。

## 7.4　无形资产确认

大部分无形资产的计量是由《国际会计准则第 38 号》规定的，尽管购买商誉的处理包含在《国际财务报告准则第 3 号》中（见第 8 章）。在最初的国际财务报告准则框架下（该框架在编写《国际会计准则第 38 号》时生效），资产的确认标准是资金预期（也就是说很有可能）会流入企业以及资产的成本或价值能够可靠地计量（例如 2010 年的国际财务报告准则框架，第 4.37 段，以及《国际会计准则第 38 号》，第 21 段）。要运用这一点，首先必须区分获得无形资产的三种方式：内部产生、单独购买和作为企业合并的一部分进行收购。单独购买几乎没有争议：如果一项资产（例如专利或品牌名称）已被购买，一般应予以确认。要获得一项无形资产，其他方法的难度更大。

内部产生的资产可能无法满足资金很可能流入和可靠计量的旧确认标准。基于这些理由，国际财务报告准则和美国公认会计原则禁止将自创商誉、研究成本和品牌资本化。除了计算机软件开发的特殊情况外，美国公认会计原则进一步要求对开发成本进行费用化。然而，国际财务报告准则（《国际会计准则第 38 号》）要求在通过 6 项测试后将开发成本资本化，这 6 项测试是对上述确认标准的详细阐述。因此，有必要区分"研究"和"开发"，然后进行测试。

根据《国际会计准则第 38 号》的界定，研究是为了获取新知识，而开发是应用知识设计新产品或系统。资本化的标准（《国际会计准则第 38 号》，第 57 段）包括完成开发的资源的可用性、显示未来收益将如何产生的能力和衡量支出的能力。尽管所有这些都涉及判断，但大众汽车从德国公认会计原则到国际财务报告准则的调整过程（在第 2 章中进行了介绍，但为了方便起见，这里重复展示，见表 7-2）还是显示了由此产生的资产所具有的巨大潜在规模：净资产增加了 41%。

表 7-2　大众汽车 2001 年度公开的调整对账

| | 百万欧元 |
|---|---|
| 权益（德国法律）（2000 年 1 月 1 日） | 9 811 |
| 开发成本的资本化 | 3 982 |
| 有形和无形资产的使用年限和折旧方法的修正 | 3 483 |
| 间接费用的资本化 | 653 |
| 出租方对租赁合同的不同处理方法 | 1 962 |
| 金融工具的不同估值 | 897 |
| 递延税的影响 | （1 345） |
| 特殊项目的取消 | 262 |
| 养老金和相似类债务评估的修正 | （633） |
| 准备金会计处理方法的修正 | 2 022 |
| 不构成权益部分的少数股东权益的分类 | （197） |
| 其他变化 | 21 |
| 权益（国际财务报告准则），（2000 年 1 月 1 日） | 20 918 |

资料来源：Adapted from *Volkswagen Annual Report 2001*, Volkswagen AG, Wolfsburg, Germany.

让我们以两种类型的开发项目为例。第一种是由银行内部建立的新的电算化会计制度。在这个项目的早期阶段，所有的确认标准都会得到满足，所以开发支出会被确认为资产，而不是费用。第二种是寻找治疗心脏病的新药。葛兰素史克公司在其 2018 年年度报告中解释如下：

当开发支出符合资产确认的标准时，通常当主要市场中制定了监管文件且监管文件很可能通过时，开发费用才能资本化。

顺便需要提及的是，开发费用的资本化是从满足标准的那一天开始的，而并非从项目启动就开始。任何之前的支出都无法在之后添加为资产。当资产达到预计使用状态时，资本化停止。

当无形资产以第三种方式获得时，其作为企业合并的一部分被收购，就会产生进一步的复杂性。21 世纪初颁布的准则（《国际财务报告准则第 3 号》和类似的《美国财务会计准则公告第 141 号》），都旨在说服购买者尽可能多地确认可辨别的无形资产，从而降低商誉。例如，《国际会计准则第 38 号》（第 25 和 33 段）认为购买行为是满足确认标准的。

已经有大量关于无形资产的重要性以及将其纳入资产负债表是否有用的论文发表。Basu 和 Waymire（2008）、Skinner（2008）和 Skinner（2008）都对此进行了总结。

## 7.5　非流动资产计量

如果资产得到确认，则必须对其进行计量。直到最近，资产初始计量一般（至少在最初是这样）还是以其成本为计量基础。许多资产仍是如此，例如几乎所有的无形资产和大多数固定资产（PPE，也可称为有形固定资产）。对于初始计量，成本是一个广义的术语，其中包括购买、税收、将资产转移到便利地点和改进资产的法律费用。对于后续计量，以成本为基础则是指在适当的情况下通过折旧和减值减少成本。

然而，特别是在国际财务报告准则下（例如与中国公认会计原则、德国公认会计原则或美国公认会计原则相比），一些资产可以（或必须）以公允价值为基础进行计量，像表 7 - 3 所总结的。如第 6 章所述，公允价值是指有意愿的买卖双方之间在当前市场下进行交换的价格（见 7.7.4节）。国际财务报告准则要求某些金融资产以公允价值计量（《国际财务报告准则第 9 号》），并要求生物性资产出售时按照其公允价值减去成本（《国际会计准则第 41 号》）。国际财务报告准则也允许对其他几种类型的资产进行后续的公允价值估值，这在很大程度上是因为准则制定者还不能在成本（更容易得到验证）和公允价值（更相关）之间做出决定。这些事实都记载于表 7 - 3 后一栏。相比之下，美国的准则是更倾向使用成本进行计量，某些类型的金融工具需要使用公允价值除外（见 10.6.5 节）。从表 7 - 3 可以看出，当需要进行后续计量时，国际财务报告准则一般要求使用公允价值进行初始计量。

**表 7 - 3　国际财务报告准则下的初始和后续计量基础**

| | 初始计量 | 后续计量 |
|---|---|---|
| 成本 | 固定资产、无形资产、投资性房地产、非交易性投资、存货 | 存货、没有活跃市场的无形资产、持有至到期投资 |
| 成本或公允价值 | 某些非交易性投资* | 固定资产、存在活跃市场的无形资产、投资性房地产、某些非交易性投资 |
| 公允价值 | 交易性投资、金融衍生工具、生物性资产 | 交易性和可供出售资产、金融衍生工具、生物性资产 |

注：* 指的是《国际财务报告准则第 9 号》中有多种选择的那些投资（见 7.7 节）。

Nobes（2015）一个准则又一个准则地详细研究了这个问题。他得出的结论是，国际会计准则理事会在当时发布的 15 个准则中，或者在对旧的国际会计准则的任何修订中，几乎没有扩展强制或选择使用公允价值的用途。如果我们看看公司的实务做法，就会发现实务中对公允价值的使用比表 7 - 3 所示的要少得多。例如，大多数公司在活跃的市场上并没有任何交易性金融资产、投资性房地产、生物性资产或无形资产。在第 9 章中，我们将讨论大多数公司为何选择不使用固定资产的公允价值。

上述讨论简要地记录了国际财务报告准则下对不同资产的后续计量所使用的各种计量基础。除了对各种资产采用成本和公允价值外，发生减值的资产以使用价值（现金流折现）和公允价值减去出售成本的较高值为计量基础。图 7 - 1 记录了这个大范围使用的计量基础。这个数值并没有单独显示折旧的历史成本，它既不是成本也不是市场价值。折余成本逐渐从成本（初始公允价值加上购买成本）转移到剩余价值（可变现净值）。

虽然图 7 - 1 中的"重估价值"成本项目是指按公允价值计量的金额，但没有任何收益被记为重估利润，公允价值被用作折旧和处置的新成本计算。这与公允价值项目有很大不同，公允价值项目下没有折旧。"特定企业价值"的含义是，该企业的管理层估计了现金流和贴现率，因此该价值无法从企业外部验证。

图 7 - 1 没有列示复合计量基础，如"成本与可变现净值孰低"。因此，存货在图 7 - 1 中出现

了两次。另一个经常出现在20世纪70年代和80年代学术论文中的复合计量基础是"剥夺价值"（Gee and Peasnell，1976），取自当前重置成本和可收回金额（recoverable amount，RA）之间的较低者，其中可收回金额是贴现现金流（discounted cash flow，DCF）和出售价格的较高者。在《国际会计准则第36号》关于减值的部分，可以看到对这一点的呼应；发生减值的资产按减值前的账面价值（通常是折旧成本）和可收回金额的较低者计量。

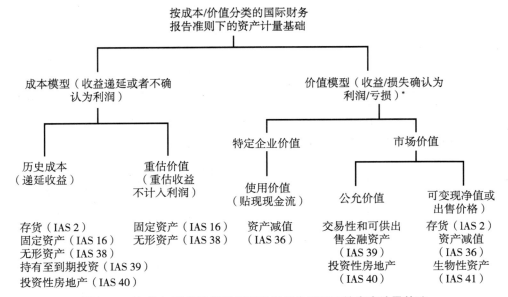

**图7-1 按成本/价值分类的国际财务报告准则下的资产计量基础**

注：＊可供出售投资的损益是递延确认的。

资料来源：Nobes（2001）.

至于对收益的确认，想象一块土地的市场价值上升了。确认盈利或亏损有三种可能：

● 《国际会计准则第16/40号》，以成本为计量基础：收益推迟到出售时确认为损益。

● 《国际会计准则第16号》，以公允价值为计量基础：将收益记录为其他综合收益（other comprehensive Income，OCI），并在之后从未确认为损益。

● 《国际会计准则第40号》，以公允价值为计量基础：收益立即确认为损益。

如果考虑折旧就变得更加复杂，特别是当折旧后的重估资产又减值了。国际会计准则理事会在2018年修订的框架在这方面对准则制定者并没有多大帮助。在框架的第6章中，我们对各种可能的计量基础进行了充分的讨论，但是一个明确的信息是，计量基础的混合使用很可能继续下去。

正如7.2节所讨论的，大多数有形资产应在其可使用的经济寿命内折旧。然而，对于某些无形资产，其使用寿命可能难以估计，因此《国际会计准则第38号》要求任何使用寿命不确定的无形资产每年进行减值测试，而非摊销。

资产减值的计量遵照《国际会计准则第36号》的规定。除了上述使用寿命不确定的无形资产要进行减值测试之外，《国际会计准则第36号》还要求非流动资产在出现诸如经济损失等减值迹象时进行减值测试。如果出现减值的迹象，就要计算资产的剩余价值（可收回金额）。可收回金额是使用价值（即贴现现金流）和净售价（即公允价值减去销售费用）中较高的一个。由于管理层决定不出售大多数非流动资产，这意味着其使用价值通常高于净售价，因此使用价值通常被当作可收回金额。如果资产的账面价值（如折旧成本）超过了可收回金额，则超过部分必须从资产负债表中剔除，作为减值损失计入资产负债表。折旧是对资产成本的计划分配，而减值是一次性的价值意外损失或意外的额外折旧（见 5.7.2 节）。

因此，财务报表使用者应该对减值损失更感兴趣。

由于减值涉及相当多的估算，它们可能会被证明是错误的。《国际会计准则第 36 号》要求一个主体评估以前的任何损失是否是不必要的，然后将其数额转回。减值可被管理人员用来平滑收益（即管理层可能倾向于在经济景气时期多计减值，在不景气时期收回减值）。因此，在其他一些公认会计原则中转回是不被允许的，例如，美国公认会计原则和中国公认会计原则（分别见第 10 章和第 12 章）。D'Arcy 和 Tarca（2018）回顾了关于资产减值的研究，他们着眼于国际差异。

## 7.6　存　货

在大多数公认会计原则（包括国际财务报告准则）中，存货是以成本和可变现净值中较低者来计量的。也还有其他选择，例如：（1）美国公认会计原则直到 2016 年都通常使用成本和当前重置成本的较低者作为计量基础；（2）日本公认会计原则曾经以成本计量，只是因为不相信税务主体能够很好地衡量可变现净值。

对于成本的计量，《国际会计准则第 2 号》要求当主体可行时需要逐一检查特定的存货。然而，对于某些存货，确定具体的成本是不可能的（例如，液体存货是不断被使用和补充的）或不切实际的（例如，小件物品的大量存货）。在这种情况下，会计主体可以选择先入先出法或加权平均法。直到 2003 年，在《国际会计准则第 2 号》的修订（2005 年生效）中，后进先出法也被允许。如表 7-4 所示，《国际会计准则第 2 号》中包含了这一备选方法，反映了几个国家的公认会计原则允许后进先出法的事实。表 7-4 记录了 2004 年和 2019 年一些国家的情况。

表 7-4　不同公认会计原则下的后进先出法

| 公认会计原则 | 允许后进先出法 | |
| --- | --- | --- |
| | 2004 年 | 2019 年 |
| 澳大利亚 | 否 | 被取代* |
| 荷兰 | 是 | 是 |
| 法国** | 否 | 否 |
| 德国 | 是 | 是 |
| 国际财务报告准则 | 是 | 否 |
| 意大利 | 是 | 是 |
| 日本 | 是 | 否 |

续表

| 公认会计原则 | 允许后进先出法 | |
|---|---|---|
| | 2004 年 | 2019 年 |
| 韩国 | 是 | 被取代* |
| 英国 | 否 | 否 |
| 美国 | 是 | 是 |

注：＊由本地认可的国际财务报告准则取代国家公认会计原则。

＊＊这记录了非合并报表的情况。相比之下，法国公认会计原则允许在合并报表中使用后进先出法（如果没有使用国际财务报告准则）。

国际会计准则委员会提议取消后进先出法，并将其作为 1993 年准则改进项目的一部分，理由是后进先出法最不可能代表存货的实际使用情况。然而，这一提案并没有获得足够的票数（德国、意大利、日本和美国都投票赞成保留后进先出法）。后来，国际会计准则理事会直接废除了后进先出法。

后进先出法之所以受到企业的欢迎，是因为当存货的市场价格上升时，利润就会减少。如果这种计算方法是为了税收，后进先出法就会导致税收延迟，这可能会持续到公司倒闭。第 10 章包含了在美国公司中这种影响的例子。

## 7.7　金融工具

### 7.7.1　概述

国际会计准则委员会在 20 世纪 90 年代初开始研究金融工具时，期望能对其制定一个准则。然而，这个话题如此复杂，以至于现在有了四个准则，它们全部或大部分是关于金融工具的：《国际会计准则第 32 号》《国际财务报告准则第 7 号》《国际财务报告准则第 9 号》《国际财务报告准则第 13 号》。

《国际会计准则第 32 号》的标题是"金融工具：列报"，它的影响很大，因为它涉及负债和权益的边界，会影响诸如净资产这样的总科目。《国际会计准则第 32 号》（7.7.2 节讨论）最初包含了与金融工具相关的披露要求，然而，这些披露要求经过扩展后转移到《国际财务报告准则第 7 号》中。对金融工具的计量一直是准则制定中最具争议的领域。《国际会计准则第 39 号》是关于这个方面最开始的准则。然而，直到 2014 年才发布的完整版本的《国际财务报告准则第 9 号》从 2018 年起取代了它。《国际财务报告准则第 9 号》要求或允许对多种类型的金融资产按公允价值进行计量（见 7.7.3 节）。关于公允价值的确切含义见《国际财务报告准则第 13 号》（见 7.7.4 节）。金融负债大多以成本计量（见 7.7.5 节）。《国际财务报告准则第 9 号》的另一个重要部分涉及套期会计（见 7.7.6 节）。

### 7.7.2　负债或权益

《国际会计准则第 32 号》涉及金融工具的定义和列报，其中包括金融资产、金融负债和权益工具。《国际会计准则第 32 号》在 1995 年发布时是具有开创性的，因为它要求对金融工具在负债和权益上的分类以金融工具的实质为基础，而不是以其法律形式为基础。例如，可赎回优先股包含向股东支付现金的承诺，因此它们必须被视为债务，股息必须被视为利息支出。然而在当时，任何一个主要国家的会计准则中都没有这样规定。从 2003 年开始（随着《美国财务会计准则公告第 150 号》的发布），它已经体现在美国公认会计原则中，但在许多国家仍然是不适用的。

相反地，同样的道理也适用于可转换债券（即可以转换为股票的期权）。也就是说，这类金融工具应部分地被当作权益工具对待，并将一部分财务支出从利息费用重新分类为股息。包括美国公认会计原则在内的大多数国家准则都以金融工具的法律形式为基础进行会计核算。

《国际会计准则第 32 号》还涉及公司如何对其从股票市场回购的股票进行会计核算。在许多国家的法律（例如基于欧盟指令的法律）中，这些股票都被列示为资产。然而，美国公认会计原则提出了这样一种观点，即这些库存股应作为负权益计入。《国际会计准则第 32 号》就对库存股采用了这种计量方法。

### 7.7.3　金融资产

公允价值在金融资产中的应用始于美国。正如第 10 章所解释的，美国公认会计原则下的成本基础与可交易金融资产的计量有关。对于可交易金融资产来说，美国财务会计准则委员会认为金融市场具有足够的流动性，能够可靠地衡量市场价值。这项规定在 1993 年发布的《美国财务会计准则公告第 115 号》中生效，并在 1998 年发布的《美国财务会计准则公告第 133 号》中扩展至衍生资产及负债。衍生工具是一种金融合约，它在签订当天的净值很少或根本没有净值，但在某些基础价格（如利率或汇率）发生变化时就会获得一定价值。欧洲公司持有的衍生工具的一个例子是远期美元合约。如果美元在合约到期后升值（通常按即期汇率），该衍生工具就成为一种资产。在《美国财务会计准则公告第 133 号》发布之前，这些资产和负债（以及随着价格变化而产生的相关损益）都是不被确认的。目前在许多国家公认会计原则（如德国公认会计原则）中仍是如此。

对于交易性和衍生工具项目，其收益和损失计入损益（按市值计价）。然而，为了保护净利润数据不受波动的影响，任何不用于交易的非衍生工具的损益均计入其他综合收益。国际会计准则委员会在国际会计准则中采纳了所有这些原则，甚至将公允价值的使用范围扩展到没有活跃市场的权益工具。国际会计准则理事会在 2004 年进一步修订了《国际会计准则第 39 号》，允许企业选择以公允价值计量其他金融资产，这称为"指定通过损益反映公允价值"。这一问题引发了其与欧盟之间的分歧，最终国际会计准则理事会对这一类别进行了限制，分歧才得以解决（见第 11 章）。2007 年，美国财务会计准则委员会还在《美国财务会计准则公告第 159 号》中引入了使用公允价值的选择权。表 7 - 5 总结了该内容。虽然《国际财务报告准则第 9 号》的用语不同于《国际会计准则第 39 号》，但也存在类似的选择。

表 7-5　原国际财务报告准则（《国际会计准则第 39 号》）下的金融资产

| 资产类型 | 计量基础 | 将公允价值变动计入 |
| --- | --- | --- |
| 持有至到期资产；贷款 | 摊余成本 | 无 |
| 可供出售金融资产 | 公允价值 | 其他综合收益 |
| 交易性金融资产；衍生金融工具；指定金融资产 | 公允价值 | 损益 |

不按公允价值计量的资产应按摊余成本计量，这与有形固定资产的处理方法类似（即资产最初按成本持有，然后在预期可使用寿命期限内折旧至预期残值）。例如，假设一家公司以 1 100 美元的价格购买到期（面值）为 1 000 美元的五年期政府债券，因为该债券的利率非常高。这项资产最初记录为 1 100 美元，然后在 5 年内摊销为 1 000 美元，摊销费用部分抵减利息收入。因为它的面值是可靠的，我们也会按面值分期偿还，而不是像其他固定资产那样仅仅做出偿还。

对于打算持有至到期的债券，可以认为市场价值的波动是无关紧要的，因为公司不希望受到这些波动的影响。从另一个极端角度来看，同样的债券可能用于短期销售，因此市场价值的波动又是相关的。问题在于，董事的意图是难以预料的，甚至连董事自身都可能不清楚，而且是可以改变的。因此，另一种观点认为，无论所谓的董事意图如何，同样的债券都应得到同样的考虑。

公司的管理层通常不喜欢收入发生波动，所以他们会把尽可能少的资产当作"交易性金融资产"。由于某些金融资产（如股票）没有到期日，显然无法持有至到期，所以公司（金融机构除外）通常将大多数金融资产视为可出售金融资产。相比之下，准则制定者最初认为所有金融资产都应该被视为"交易性金融资产"（JWG，2000）。这就是为什么国际会计准则理事会在《国际会计准则第 39 号》中加入其他金融资产作为交易性金融资产的备选方案。

一旦金融资产在初始确认时被划入一个类别，准则就会禁止或限制其进行重新分类。然而，当市场价格大幅下跌时，就像 2008 年和 2009 年那样，将金融资产视为"交易性金融资产"变得尤其不受欢迎。因为列示了所有由于"市价计价"导致的损失而使得金融危机进一步恶化，会计受到了一些指责。国际会计准则理事会受到了来自欧盟的压力，其要求对"交易性金融资产"进行重新分类，于是国际会计准则理事会决定允许在特殊情况下对金融资产进行重分类（《国际会计准则第 39 号》，第 50b 段）。欧洲证券监管委员会（2009）发现，在其调查的 100 家欧盟金融公司中，约有一半公司采用了这项修正案。第 11 章讨论了导致这种变化的政治因素。许多学术研究（Barth and Landsman，2010）考察了会计是否确实导致或加剧了金融危机。他们得到的结论是，事实并非如此。

2009 年 7 月，在各国政府和监管机构要求简化《国际会计准则第 39 号》的压力下，国际会计准则理事会发布了一份草案，建议删除该准则中的一些复杂问题。《国际财务报告准则第 9 号》的完整版本最终于 2014 年发布，并从 2018 年开始强制使用。

国际会计准则理事会原本打算让《国际财务报告准则第 9 号》比《国际会计准则第 39 号》更简单，但经过许多争论，《国际财务报告准则第 9 号》仍然包含表 7-5 所示的三种处理方式。在《国际财务报告准则第 9 号》下，金融工具应根据主体的业务模式和现金流类型进行分类，如表 7-6 所示。此外，在初始确认时仍存在选择：（1）会计主体可以选择将权益工具产生的损益计入其他综合收益；（2）会计主体可以选择通过损益将任何资产指定为以公允价值计量。

**表 7-6　《国际财务报告准则第 9 号》下的资产计量类别概述**

| 计量基础 | 资产类别 |
|---|---|
| 摊余成本 | 为获得现金流而持有；合同现金流是利息和偿还本金 |
| 以公允价值计量且其变动计入其他综合收益 | 为获得现金流和出售而持有；合同现金流是利息和偿还本金 |
| 以公允价值计量且其变动计入当期损益 | 所有其他金融资产，包括衍生工具 |

在本国会计准则尚未与国际财务报告准则广泛融合的国家（如法国或德国），金融资产仍按成本或成本和市场价格中的较低者来衡量。但这并不适用于银行业，因为银行在运用市场价格进行投资方面要领先于其他公司。

### 7.7.4　公允价值

美国财务会计准则委员会一致认为（在 2006 年发布的《美国财务会计准则公告第 157 号》中）公允价值应为退出价值（exit value），即一个主体出售资产或转移负债的市场价格。《国际财务报告准则第 13 号》很快采用了这种方法。例如，对于金融资产使用的是买入价（即一个主体出售资产时的价格，该价格将低于买卖价格）。但是，由于该计量没有根据转移成本进行调整，因此它并不是一个真正的退出价值。例如，一项资产的公允价值没有根据出售成本进行调整，那么其公允价值就会高于可变现净值。

与美国公认会计原则一样，《国际财务报告准则第 13 号》包含公允价值质量的三个层次。第一层次是相同资产在活跃市场中的报价；第二层次是相同或类似资产在不太活跃市场中的报价或类似资产在活跃市场中的报价；第三层次则是不可观察输入值，例如对资产贴现现金流的估计。主体必须优先使用任何资产可获得的最高层次。《国际财务报告准则第 13 号》没有说明何时可以使用公允价值（但其他准则，尤其是《国际财务报告准则第 9 号》，对适用的情形进行了界定），但它提供了如何度量公允价值的指导。

### 7.7.5　金融负债

这里的第一个问题是确定一个项目是负债还是权益。这已经在 7.2 节中讨论过了。在确认负债时，常规做法是按摊余收益（即摊销成本）来衡量负债。然而，《国际财务报告准则第 9 号》要求按照衍生资产工具的处理方法对待衍生负债工具，即按市值（公允价值，变动计入当期损益）计价。《国际财务报告准则第 9 号》允许某些其他负债按市值计价。这一规定的目的在于允许金融机构双方都能够以公允价值计量各自资产负债表上的部分资产或负债。

### 7.7.6　套期会计

允许进行套期会计的程度是一个具有争议的重大问题，导致了国际财务报告准则和欧盟认可的国际财务报告准则之间的差异（见第 5 章）。在《国际会计准则第 39 号》中，有 32 段关于套期会计的规定（准则共有 110 段），此外还有 13 页的"应用指南"，229 页的"结论基础"和 108 页的"实施指南"。《国际财务报告准则第 9 号》并没有那么多关于套期会计的篇幅，但在它的 7 个章节中对这个主题的论述最多。

为了能够大概理解这个主题，我们有必要区分四个问题：

1. 套期；

2. 套期项目；

3. 套期工具；

4. 套期会计。

套期可以保护一个主体不受价格波动的影响，比如大宗商品或货币的价格波动。可以进行套期的项目包括资产、负债、对外国业务的净投资，或是可能导致主体面临公允价值或现金流变化（且这些变化可能会影响损益）的承诺或预期交易。例如，假设英国航空公司 2020 年 7 月 1 日承诺在 2021 年 12 月 31 日从波音公司购买 5 亿美元的飞机。如果英国航空公司在英国的本位币是英镑，那么当美元升值时，以美元计价的这份承诺就会使该公司面临风险，导致预期现金流恶化。这样的项目就可以被套期。

套期工具是一种金融资产或金融负债，其公允价值或现金流量的变动预期用于抵销被套期项目的变动。以英国航空公司为例，该公司在 2020 年 7 月 1 日从一家金融机构购买了 5 亿美元的债券，但在 2021 年 12 月 31 日收回 3.3 亿美元。届时，英国航空公司就可以通过购买美元远期合约（一种衍生金融工具）来保护自己免受美元升值的影响。

正如前面所说明的，衍生金融合约可能大致固定在签订日的汇率上。因此，在一开始，几乎没有什么需要考虑的。随后，根据《国际财务报告准则第 9 号》或美国公认会计原则的一般会计要求，该衍生工具要按市价计价。例如，如果美元兑换英镑的汇率下跌，衍生金融合约就是一种负债，损失要立即被确认下来。矛盾的是，英国航空公司试图保护自己不受美元价格变化影响的举措，依然导致了美元下跌带来的损失，原因是向波音公司支付美元的承诺并不是在现行会计规则下记录的。它是一份"待执行的合同"，被《国际会计准则第 37 号》（第 3 段）排除。因此，在这一承诺中英镑价值的下降并没有被考虑在内。

为了使套期工具在使用期内的利润或损失不受损益的影响，我们有必要采用套期会计。这背离了正常的会计准则，在这种情况下，允许主体将衍生工具的损益计入其他综合收益。

假设美元持续下跌，英国航空公司信守购买飞机的承诺，将确认这些飞机的成本为 3.3 亿美元，其中包括该衍生工具的全部累计损失。因此，货币的损失不需要确认为利润或损失。当然，如果英国航空公司没有签下远期合同，飞机的确认成本将更低，这样就会有更低的折旧费用，并在飞机的使用期内获得更高的利润。

关于套期会计的使用有三种可能的态度：

1. 让公司自行决定（例如，如欧盟国家的法律大致是这样规定的）；

2. 在某些条件下允许采用（如《国际财务报告准则第 9 号》或美国公认会计原则）；

3. 完全禁止（正如国际会计准则委员会、美国财务会计准则委员会和其他方曾提议的那样，JWG，2000）。

以上面的例子为例，禁止使用套期会计的理由是，英国航空公司已经在美元上押注了。因此，如果美元下跌，英国航空公司就输掉了赌注，应该立即确认损失，而不是把它掩饰成未来几年的折旧费用。同样，如果美元升值，英国航空公司就会获得收益。

公司管理层以不同的方式看待套期，并成功地说服准则制定者允许公司进行套期会计。当有证据表明套期工具不是一种赌博（例如，英国航空公司案例中对美元押注）时，国际财务报告准则和美国公认会计原则才会允许公司进行套期会计。特别是当套期工具预期能完全有效地防御风险（如在英国航空公司的例子），且公司实体记录下所有购买的套期工具的性质和目的时，套期会计是被允许使用的。对套期会计使用的限制（最初由《国际会计准则第 39 号》规定）对某些公司（特别是法国银行）来说过于严格，于是这些公司成功地说服了欧盟将其中一些公司从欧盟 2004 年通过的《国际会计准则第 39 号》版本中剔除。《国际财务报告准则第 9 号》（第 6.1.3 段）允许主体在这个主题上继续沿用《国际会计准则第 39 号》的规定，因此欧盟版本仍然可用。

## 7.8　预计负债

### 7.8.1　定义

国际会计准则理事会对负债的定义在 6.2.4 节中已经阐述过。金融工具负债也已经在上面提到过。其他负债还包括预计负债、职工福利（见 7.9 节）和递延税（见 7.10 节）。预计负债被《国际会计准则第 37 号》定义为不确定时间或金额的负债。养老金预计负债就是一个很好的例子，尽管它们由一个更详细的准则（《国际会计准则第 19 号》）概括。假设一家公司承诺在员工退休时给职工支付养老金。养老金从退休到死亡每年支付一次，金额相当于最后一年工资的一半。随着职工继续为公司工作，养老金的金额也在增加。这种权利被称为"固定收益养老金"。

从公司的角度来看，养老金是职工薪酬的一部分，这是一项延迟付款的现有职工费用。公司每年都要收取一笔职工养老金费用，并增加以后支付养老金的负债。对职工的这种义务符合负债的定义：

- 过去的事项：职工工作后签订雇佣合同；
- 现时负债：职工因工作产生；
- 未来的现金流出：预计支付的养老金。

然而，确切的养老金数额取决于很多因素，比如职工最终的工资以及职工退休后能活多久。公司只能估计负债的金额，所以这项负债被称为预计负债。

其他有关预计负债的例子包括，对纳税负债的估计，或者就采矿公司而言，开采矿物后对清理费用的估计。此外，许多公司由于在销售时提供了保修期，它们有义务对已销售产品的未来维修成本负责，因此也必须承认相关预计负债。

在预计负债方面特别有争议的问题是，应在多大程度上确认预期的费用和损失。欧盟国家所依据的《欧盟第 4 号指令》（2013 年修订的第 12 条第 12 段）对预计负债的阐述是：

1. 可能发生或必然发生但是不确定发生时间或金额的负债；
2. 取决于国家法律制定者的选择，也可包括资产负债表日前事项导致的未来会发生的费用。

这就允许为营业亏损、外币折算损失或某一确定年度的维修费用创建准备金，这些项目均与当前年度或早些年度的行为相联系。2.9.3 节在德国会计中给出了相关的例子。根据国际财务报告准则的要求，这些项目通常不符合负债的定义，因此不应予以确认。不过幸好上述欧盟指令中的第 2 项具备可选性，因此不与国际财务报告准则相冲突。

作为一个例子，让我们来看一下对维修费用计提的预计负债。在复式记账法下，作为费用产生的负债记在借方。按照德国会计准则的规定（见第 16 章），传统做法是在每年年底计提下一年前三个月的预计维修费用。这在德国是具有税收优势的，因为（可抵扣的）费用可以提前计提。以德国巴斯夫公司为例（来自 2018 年母公司年报）：

> 其他的预计负债都被确认……包括截至年底遗漏的维修活动，而这些活动将于下一年的前三个月完成。

在 20×1 终了时，公司针对这种维修费用所做的分录如下：

借：维修费　20×1

　　贷：预计负债　维修费（20×2 年产生）

假设费用的定义是基于匹配的传统定义，如上所述（6.2.4 节中的方法 1），那么就很容易证明德国的做法是正确的。也就是说，20×2 年早期需要维修一台机器的原因是在 20×1 年机器发生了磨损。因此，产生的费用可以算作 20×1 年的。

然而，现在让我们把国际会计准则理事会对负债的定义放在首位。在上述维修费用的例子中，企业是否有义务在资产负债表日向第三方转移资源？可能没有。如果没有，则在 20×1 年底不会产生负债，所以在 20×1 年是没有费用产生的，因此，不应该做上面的分录。

一个更重要的例子涉及重组产生的预计负债。假设一家公司的年终结算日是 20×1 年的 12 月 31 日。这家公司经历了非常糟糕的一年，它的董事们在 20×1 年 12 月 15 日的董事会上决定在 20×2 年 1 月底关闭一半工厂并解雇一半职工。在董事会上制订并记录了这份详细的计划。然而，为了避免职工度过一个不愉快的圣诞节，这个计划被保密到 20×2 年的 1 月 7 日。当 20×2 年 2 月编制 20×1 的财务报表时，资产负债表是否应该记录这次重大重组和冗余的准备金呢？

对于这个问题，传统的（谨慎的）答案是肯定的，并且将这样的条款纳入欧盟指令的可选定义中是没有问题的。在资产负债表日是否存在负债？预计未来会有资金流出，但 20×2 年的工资单也是如此，而我们在 20×1 并不会对其进行计提。在 20×1 年 12 月 31 日是否对第三方有义务？根据具体情况，答案似乎又是否定的。因此，根据国际财务报告准则的规定不应该确认准备金，尽管财务报表的附注必须解释这种情况。

由于在国际财务报告准则的规定下，资产负债表日不得承认在 20×1 年 12 月 31 日已经确定的且很有可能在 20×2 年前期支付的维修或重组费用，这是否提供了一个公允表达？为了回答这个问题，有必要记住的是，我们使用了一系列传统做法编制该财务报表，并预期使用者熟悉这些传统做法。30 多年来，在国际财务报告准则下，负债的定义基本相同，并在各种框架和准则中都有公布。在负债科目下显示明显不符合定义的项目是不是公允的？可能不是。此外，除非每个人都坚持遵守明确的负债的定义，否则要阻止公司在好年景而不是坏年景选择计提预计负债从而扭曲利润是非常困难的。

为了告知财务报表的使用者，国际财务报告准则要求在财务报表授权公布日之前，在附注中披露任何已宣布或开始实施的重组方案。

2002 年，美国对于计提预计负债的要求变得更加严格，当时《美国财务会计准则公告第 146 号》要求仅公布一份详细的正式计划是不够的，管理层不再有权决定支出。这意味着，根据美国公认会计原则，一项预计负债可能会在更晚时点得到确认。

当一项预计负债需要得到确认时，就有必要对其进行计量。根据定义，我们需要对其做出估计。会计人员必须做出尽可能精确的估计，并准备在每个资产负债表日根据更准确的信息修改它们。《国际会计准则第 37 号》要求预计负债按资产负债表日结清债务所需金额的最佳估计值进行计量。这并不是指最有可能出现的现金流出，而是指该主体愿意支付给第三方以解决问题的金额。

某些预计负债，比如核电站停止运行后的处理，可能会延续几十年。这表明，对于预计负债的计量需要使用折现来考虑货币的时间价值。目前，国际财务报告准则要求折现，但在一些国家（如法国、意大利和日本）的国内会计准则中并不常见，而在美国，某些类型的预计负债（如法律案件）不要求折现。

### 7.8.2　预计负债和公积金

造成本章混乱的一个主要原因是国际上对"准备金"（provision）和"公积金"（reserve）两个单词的使用存在差异。一个原因是，"准备金"一词被用来表示资产减值（例如坏账准备）。对应收账款的价值调整，使用"补贴"（allowances）或"减值"（impairments）这些术语，要比使用预计负债或公积金更恰当些。同样重要的是，"预计负债"是支付货币的义务（负债），而并非货币基金（资产）。

相比之下，公积金是股东权益的一部分。预计负债和公积金之间有一个重要的区别。计提 100 万欧元的预计负债将涉及：

> 借：费用　　100 万欧元
>
> 　贷：负债　　100 万欧元

计提法定公积金（见第 11 章和第 15 章）将涉及：

> 借：所有者权益（盈余公积金）　　100 万欧元
>
> 　贷：所有者权益（法定公积金）　　100 万欧元

按照上述方式计提预计负债会减少利润和净资产，而计提法定公积金对两者都没有影响。

英美之间不同的用法也进一步造成了术语困惑。在英国（以及在国际财务报告准则中），公积金和预计负债之间的区别也贯穿本章的内容：公积金是所有者权益的一个要素，而预计负债是负债的一种。然而，正如第 2 章所提到的，在美国，"公积金"一词既指减值，也指备抵。例如，一些美国人会说"loan loss reserve"（贷款损失公积金）（而不是应收账款减值）或"pension reserve"（养老金公积金）（而不是养老金预计负债）。这对美国人不会造成任何困扰，因为他们根本就很少使用"准备金"这个词，而且他们通常不会使用"公积金"来表示权益的一部分。事实上：

- 在美国并没有法定公积金；

- 与投资有关的重估公积金以"累计其他综合收益"列示；
- 由货币换算产生的公积金称为"累计折算调整"；
- 损益公积金称为"留存收益"。

当翻译者或分析师未能发现英国/美国在用法上的差异时，就会产生混淆。

另一种经常出现的，特别是在相对严谨的国家（如德国）的国内会计准则下，与银行相关的表达是"秘密公积金"（secret reserve）或"隐藏公积金"（hidden reserve）。它们产生时公司一般：

- 未能在资产负债表中确认某项资产；
- 故意以不合理的较低价格计量某项资产；
- 计提较多不必要的预计负债。

这些行为可能是以谨慎性的名义发生的，或者在某些国家，公司的目的是获得税收减免。在这三种情况下，净资产会因此被低估，当然，所有者权益也会被低估。被低估的金额即被称为秘密公积金。大多数会计制度都涉及秘密公积金。例如，国际财务报告准则、德国和美国的制度都不承认在内部产生资产的研究开发费用；许多资产都是以折旧成本计量的，而折旧成本往往低于公允价值。当一家公司从一种会计制度转换到另一种会计制度时，是发现秘密公积金的好时机。

例如，1996年，德国最大的银行德意志银行首次按照国际财务报告准则和德国公认会计原则发布财务报表。其所有者权益数据列示在表7-7中，说明在国际财务报告准则下披露的公积金大幅增加，净资产收益率的分析或债转股的比较都会受到很大的影响。之后大众公司从德国公认会计原则转换到国际财务报告准则的调整对账表（见表7-2）也显示，大众汽车取消了20多亿"不必要"的预计负债。

**表7-7　德意志银行所有者权益**　　　　　　　　　　　　　单位：百万马克

| 年份 | 德国公认会计原则 | 国际财务报告准则 | 增加百分比（%） |
| --- | --- | --- | --- |
| 1994 | 21 198 | 25 875 | 22.1 |
| 1995 | 22 213 | 28 043 | 26.2 |

### 7.8.3　或有负债

这里要讨论的另一个话题是或有负债。假设X公司向银行借了100万美元，但只能在说服Y公司承诺在X公司无法偿还贷款的情况下偿还时才能借到。因此，Y公司为该项贷款提供担保。这个担保是Y公司的负债吗？这是一种法律义务，但不太可能被要求履行。这些由义务或可能的义务引起的不太可能的资金流出称为或有负债，应按照《国际会计准则第37号》和许多国家会计准则的要求，在财务报表附注中予以披露。

这导致了一个奇怪的结果。假设一个主体由于过去的交易或事项而存在两项义务：

- 义务A：有60%的可能性支付1 000万欧元（有40%的可能性什么都不用支付）；
- 义务B：有40%的可能性支付1 000万欧元（有60%的可能性什么都不用支付）。

如何对这些义务进行计量？

根据《国际会计准则第 37 号》，答案是义务 A 的价值约为 600 万美元，这是在资产负债表日一个企业实体偿还债务或将债务转移至第三方所需要支付的金额（《国际会计准则第 37 号》，第 37 段）。如果能找到一家保险公司来解决这个问题，在一个有效的市场上，义务 A 的价格大约是 600 万美元。相比之下，义务 B 不存在可能的资金流出，因此它根本不应被确认为或有负债。

国际会计准则理事会在 2005 年的一份征求意见稿中提议将可能性从确认标准中剔除，而只将其用于计量基础。因此，义务 A 将继续被计量为 600 万，而义务 B 将被计量为 400 万。这样做的一个影响是取消了或有负债的概念。该项目并没有导致《国际会计准则第 37 号》的修订。在 2018 年修订的概念框架中可以发现同样的想法（即将可能性问题从确认转移到计量）。

## 7.9　职工福利

### 7.9.1　概述

养老金义务已经作为预计负债的一个例子（见 7.8.1 节）被提到。如果雇主承诺在职工退休后支付医疗费用，也会产生类似的义务。这在美国很常见。

本节考察的是国际差异，首先是公司和职工之间养老金的制度安排，接着是义务的确认，以及义务的资金筹措。职工福利、股份支付将在 7.9.5 节中讨论。

### 7.9.2　制度安排

有几种类型的制度安排可以确保职工在退休后也能获得收入，包括：

- 国家计划；
- 行业计划；
- 离职赔偿；
- 养老金固定缴款计划；
- 固定收益计划。

在英式英语中，"scheme"（计划）有时用来代替"plan"（计划）的表述。

许多国家都有国家养老金计划，根据该计划，公司（有时也包括职工）必须向国家支付一定数额的养老金，然后国家保证在职工退休后或职工达到一定年龄后向他们支付养老金。一旦公司支付了它的那部分，就不再负有进一步的义务。这些支付的款项相当于一种税收。这些资金通常被纳入政府的预算，最终的养老金数额会逐年确定。

养老金固定缴款计划是指公司（也可能是职工）向该计划支付一定数额的资金，资金由养老金信托或人寿保险公司运营。最终得到的养老金数额取决于该计划投资的成功程度。一旦这期间公司已经支付所有的金额，它们就不再负有义务。例如，在荷兰和瑞典的一些公司中，行业计划的运作更像是一个国家计划，但它适用于特定行业的所有公司。同样，一旦公司支付了它本年度应缴的金额，它就没有负债了。

相比之下，在固定收益计划中，公司向职工承诺了一份养老金，但该养老金的支付款并不固定。例如，职工在为公司服务了 20 年之后，领取的养老金可能等于其最后一年工资的一半，公司从他们退休到死亡每年进行支付。公司的支付义务取决于职工在退休后还能活多久，以及最后的薪水是多少。此类计划在德国、英国和美国都是相当普遍的。

固定收益计划的另一个例子是遣散补偿费。在意大利，法律规定公司有义务在职工辞职、退休或因其他任何原因离职时支付一定数额的薪酬。大致来说，每服务一年，职工就有权获得一个月的离职赔偿。

### 7.9.3 固定收益的会计处理

#### 引言

如果雇主的公司负有支付义务（如离职赔偿或养老金），那么问题是如何解释这项义务。

当一个企业承诺支付确定的福利款，例如根据服务年限和未来薪金水平而定的养老金时，就会出现复杂的会计问题。基本上，这些债务必须在资产负债表日以现有债务的折现估计数，减去为支付债务而在企业外部设立的任何基金的公允价值为基础进行计量。

在一些国家（如澳大利亚、英国或美国），这些项目与税收无关，因为它们涉及太多的估算。也就是说，由此产生的养老金费用是不能抵税的。然而，在德国，由于直到 2010 年税收和会计的联系都很紧密（见第 2 章），会计师遵循税收制度的要求是正常的。该制度规定了折现率，未来预期的薪酬增长不应计入在内。这通常会导致计提的准备金过低，而又要求德国公司根据美国公认会计原则或国际财务报告准则进行更正（见表 7 - 2 中大众公司额外计提的预计负债）。如上所述，在意大利和日本，离职赔偿负债的计量是十分精确的，离职赔偿负债的会计处理也可以是精确的。例如，根据意大利国内会计准则，这些确切金额在资产负债表中被确认为预计负债，年度变动额计入损益表。这些金额没有根据货币的时间价值折现。

根据欧盟指令，公司似乎可以仅仅披露关于养老金义务的说明，而不需要在资产负债表中具体列示。有几家法国公司根据国内准则是这么做的，这意味着它们没有承担部分负债。例如，欧莱雅公司 2018 年的母公司财务报表报告中写道：

> 对于列示在资产负债表外承付款项的未备资金负债净额，资产负债表不确认预计负债。

#### 重新计量：精算收益和损失

由于多种原因，年度间的固定收益义务会有所变化，这些变化分为两种类型：意外和非意外。义务增加有两个不足为奇的原因：员工继续工作，因此他们仍然有权利获得养老金（这称为当前的服务成本），以及债务离支付日期又近了一年，因此折现时间减少了一年（这是一项利息支出或折现率的变化）。这些费用计入损益。

接着可能会出现令人惊讶的变化。这些有时被称为精算收益和损失。例如，以下情况会导致精算损失：公司给予比预期更高的薪酬（从而增加了养老金的规模）；退休人员的寿命比预期的要长；折现率下降。这些损失可能很大。如果它们被立即确认，将会使损益的借方产生巨额数目。公司管理层不喜欢这样，因为他们试图使收益在中期平稳增长。因此，公司面临着寻找保护损益不被披露的方法的压力。美国财务会计准则委员会在《美国财务会计准则公告第 87 号》中发明了两种方法：

(1) 如果只有小额精算收益或损失，直接忽略即可（所谓的小额，其界限设为负债或基金中金额较大者的 10%，这种忽略不计的额度被称为"直通道"（the corridor））。

(2) 如果损益金额不是很小，将其在雇员平均剩余服务期间内平滑分摊。

这意味着资产负债表忽略了未确认的损益。在会计准则中，这些工具是规则而非原则的绝佳例子。国际会计准则委员会/理事会最初将这些规则作为一种备选方案添加到《国际会计准则第 19 号》中，以消除管理层对波动性的抱怨。然而，《国际会计准则第 19 号》允许公司进行更及时的确认。美国公认会计原则在 2006 年是由《美国财务会计准则公告第 158 号》修订而来的。它保留了上述损益处理，但需要在资产负债表中进行充分确认。其中差额（尚未确认为损益的金额）应计入其他综合收益，然后逐渐转为收入。《国际会计准则第 19 号》在 2013 年之前保留了美国原有的处理办法。

英国会计准则委员会在 2000 年的《财务报告准则第 17 号》中发明了另一种保护损益的方法，使用了另一种防止损益剧烈波动的方法：在已确认的总收益报表中计提损益。2004 年，《国际会计准则第 19 号》中增加了这样的备选方案。第 9 章对大型上市公司使用国际财务报告准则时如何做出选择进行了调查。这表明计入其他综合收益的处理方法在澳大利亚和英国是占据主导地位的，但在欧洲大陆没有。2011 年，《国际会计准则第 19 号》被重新修订（从 2013 年起强制生效），要求在其他综合收益中确认精算收益和损失以及其他重新计量导致的变动（如计划资产的回报）。

### 7.9.4 职工福利义务的资金筹集

注意到准备金（即便是全额准备金）并不等价于搁置在一边用于支付给雇员的资金和投资是非常重要的。这样做可能是个好办法，但需要公司深思熟虑，而且这与义务的会计核算是完全分开的。如果资金不可撤销地从公司转移到独立的财务经理手中，他们将把这些资金用于支付养老金，这种活动称为融资。该资金不会被视为雇主的资产，因为公司不再控制它。然而，已积累的资金的价值会与已积累的义务进行抵销，因为这些资金只能用来支付退休金，这样可以减少公司可能面临的责任金额。于是，资产负债表上会显示未资助义务的余额作为一项准备金。

至关重要的是不要混淆准备金与资金。准备金是一项支付资金的义务，而资金是一组金融资产（包括现金或投资）。在国际上，这两者容易引起混淆，例如，意大利语中的"准备金"（provision）就是"fondo"，与"基金"或"资金"的意思相近。

在美国和英国，企业参与为支付养老金而设立的长期基金是很常见的。事实上，一些国家的法律要求公司长期提供全额资金。可是，养老金只是一种估算，而基金会随着市场的涨跌波动。因此，完全充足的资金是不太可能的。顺便说一句，在美国和英国，对基金的缴款是可以抵税的，因为（与养老金支出不同）税收制度很容易对它们进行核查。

如果有一支基金作为养老金计划的一部分，它的资产可能分散在各种投资中，比如政府债券、股票和实体投资，这些都是按公允价值计量的。因此，当市场行情不好时，养老基金也会下跌，这是另一种精算损失。

在那些公司支付义务普遍存在的欧洲大陆国家（例如德国和意大利），进行大规模融资并不常见，尽管德国的融资有所增加（Lobe and Stadler，2008）。在缺乏资金的情况下，公司会将原本单独存在基金里的资金用于一般用途。养老金费用在这两个国家是可免税的，但资金支付则不能。公司必须确保它们总是有足够的现金支付到期职工福利。这些做法的结果是，在德国和意大利的资产负债表上有大笔职工福利支出。

图 7-2 显示了非国家养老金计划（non-state pension schemes）的 8 种分类，以及一些采用它们的国家。

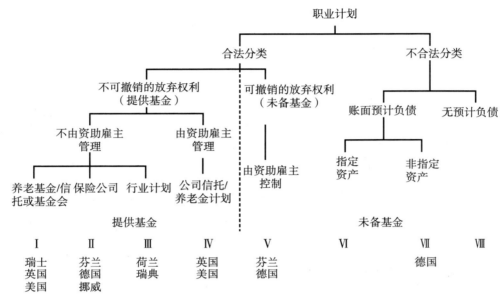

**图 7-2　非国家养老金计划分类**

资料来源：Adapted from FEE (1995) 'A classification of non-state pension schemes', in *Survey of Pensions and Other Retirement Benefits in EU and non-EU countries*. Routledge, London.

### 7.9.5　股份支付

另一种除支付职工薪酬以外给予报酬的方式是授予（或承诺授予）股票（或期权）。这种做法始于美国，现在仍然在美国最为普遍。让我们举一个典型的例子。假设 X 公司在 2017 年 1 月 1 日授予员工 Y 一项期权，如果该员工在 2018 年 12 月 31 日仍在公司工作，则可以使用该期权在 2018 年 12 月 31 日以每股 5 美元的价格购买 1 000 股 X 公司的股票（或在该日期开始后的一段时间内）。在授予日，股价是每股 5 美元。

有一种观点认为，期权没有任何价值（即没有内在价值），至少在授予期权时没有。然而，它们将拥有市场（公允）价值，因为它们能给员工的最低回报是零，而且如果 2018 年底股价超过 5 美元，它们就会有价值。在此基础上进行会计核算，需要估计期权在授予日的公允价值。在两年的时间里，这一数额被当作职工费用（以及权益的贷方）。公司的管理层倾向于避免承认这笔费用。美国财务会计准则委员会的前身会计原则委员会（Accounting Principle Board，APB）发布了第 25 号意见，只要求披露公允价值。当美国财务会计准则委员会自己试图颁布一个公允价值准则时，公司和国会会迫使其作罢（见第 11 章），因此《美国财务会计准则公告第 123 号》最初也只允许披露。2004 年，美国财务会计准则委员会修订了《美国财务会计准则公告第 123 号》以要求对股票期权的公允价值进行会计核算，但这再次导致了政治行动，并将该准则推迟到 2006 年才最终生效（现在的 ASC 718 - 20）。这一延迟使得国际会计准则理事会赶在美国财务会计准则委员会之前（这在当时是不寻常的）发布了一个非常相似的准则，即 2005 年开始生效的《国际财务报告准则第 2 号》。

《国际财务报告准则第 2 号》要求公司将基于股份的支付计入职工费用，从授予日起至职工满足所有行权条件收到支付之日（到期日）为止。如果支付的是公司自己的股票或股票期权，那么就属于公司的权益，而不是负债。这是因为公司支付自己股份的义务并不是支付资金的义务，该公司可以发行更多自己的股票。因此，以股份为基础的支付的一般复式分录是确认职工薪酬，并计入所有者权益。然而，有时职工会得到与公司股价挂钩的现金支付，因此必须确认负债。

关于股权支付的理论问题，见 Mozes（1998）和 Kirschenheiter 等（2004）。

## 7.10　递延税

### 7.10.1　一般说明

众所周知，在盎格鲁-撒克逊会计准则（包括国际财务报告准则）下，公司的收入按照一般公认会计原则计量，通常与应纳税所得额有所不同。造成这种差异的最常见原因是，在计算应纳税所得额时，无论在损益表中使用何种方法计算折旧费用，各种加速折旧都可以扣除。因此，当一个公司的资产相对较新时，或者当一个公司处在扩张阶段，又或者公司股价上涨时，它的税收总折旧将会超过公布的损益表中扣除的金额。因此，应纳税所得额将低于申报收入。税收金额可能会看起来太低，但这将在以后的一段时间内产生逆转。为了修正这一点，美国公认会计原则发明了"跨期税收分配"（即使损益表中的税收费用与税前利润相匹配）。因此，在折旧的例子中，税收费用会比实际的现金税额要高。这一差额与资产负债表中显示的递延所得税（一种延期的税单，也称递延税）的贷方余额相匹配。

递延税不是指税务机关允许纳税人延期缴纳的应纳税额。递延税会计是指对被财务报表中列示的其他项目掩盖的（但不包括在内的）税款的确认。正如本节所解释的，递延税是一个在会计方面存在重大国际差异的话题。

表 7 - 8 进一步以折旧为例，举了一个简单的例子，即在购买机器和设备的年份有 100％的折旧免税额，企业所得税税率为 35％，这是一台以 1 万欧元购买的预计使用 5 年的机器，国家税收和会计是分离的。100％税收折旧的存在并非异想天开，这适用于 1972 年至 1984 年英国所有的机器和设备，也适用于 20 世纪 80 年代末以前西柏林的某些资产，以及希腊某些岛屿的资本投资。当然，考虑到在欧洲大陆仍普遍存在力度不那么大的免税额，这个例子还是有借鉴意义的。

表 7-8　折旧和税收　　　　　　　　　　　　　　　　　　　　　　　　　单位：欧元

| 会计核算 | | | 税收计算 | | | |
|---|---|---|---|---|---|---|
| 年份 | 折旧 | 净账面价值 | 年份 | 费用 | 税收账面价值 | 税收减免 |
| 1 | 2 000 | 8 000 | 1 | 10 000 | 0 | 3 500 |
| 2 | 2 000 | 6 000 | 2 | 0 | 0 | 0 |
| 3 | 2 000 | 4 000 | 3 | 0 | 0 | 0 |
| 4 | 2 000 | 2 000 | 4 | 0 | 0 | 0 |
| 5 | 2 000 | 0 | 5 | 0 | 0 | 0 |

在表 7-8 中，假设会计人员认为无论使用与否，资产都没有残值，而且资产随着时间的推移会均匀地磨损。因此，为了会计上的目的，资产每年会有 2 000 欧元的折旧费用。相比之下，税务机关允许第一年扣除 1 万美元的费用，如果公司接受，那么第一年之后就没有可抵扣的费用。这样第一年税款就会减少 3 500 欧元（即以 35% 的税率计算的税收费用）。这一现金流优势就是投资的动机。假设公司非常低效地使用新资产，或者在第一年根本没有使用它，在这种情况下，仍然可以计提折旧费用，因为资产也会随着时间的流逝而折旧。低效的资本购买对第一年税后会计利润的净影响似乎是利润增加了 1 500 欧元（即折旧费用增加了 2 000 欧元，税收减少了 3 500 欧元）。当然，如果公司有效地使用该资产，利润的增加将远远超过这个数，因为公司至少应该能够通过使用该资产赚取足够的利润来弥补其折旧。

上述对利润产生的奇怪影响是故意放慢计提折旧费用的步伐，及时采取减税措施造成的。但是，到目前为止，还没有考虑递延税的影响。在这种情况下，为了实现递延税会计，复式记账法将计提 2 800 欧元：在税率为 35% 的情况下，税务和会计费用的"时间差异"为 8 000 欧元。这将计入"税费"项目的借方 2 800 欧元，以及"递延税负债"项目的贷方 2 800 欧元。那么第一年的利润会因为购买了资产却未使用而减少 1 300 欧元（即 2 000 欧元的额外折旧费用，3 500 欧元的真实税收减少和 2 800 欧元的递延税费用）。大多数准则制定者认为这是一个更合理的利润数字。

这种损益表观点（见 6.2 节）可以在美国 1967 年的早期准则《美国会计原则委员会意见书第 11 号》，以及 1979 年的原始《国际会计准则第 12 号》和英国的《标准会计实务公告第 15 号》中看到。然而，另一种看待这个问题的观点是，资产持有的纳税基础与会计价值是不同的。在表 7-8 加速折旧的例子中，纳税基础最初低于会计账面净值，根据《国际会计准则第 12 号》或美国准则，这被称为"暂时性差异"。财务报告中列示项目的账面价值是成本减去折旧（8 000 欧元），而纳税基础是零，因为有完全折旧的税收目的。因此，二者之间存在 8 000 欧元的暂时差额，以及 2 800 欧元的递延税负债（按 35% 的税率计算）。

1991 年，美国财务会计准则委员会在《美国财务会计准则公告第 109 号》中采纳了这种资产负债表观点。后来，《国际会计准则第 12 号》（1996 年以后）也采纳了这一观点，但英国保留了损益表观点（在 2000 年的《财务报告准则第 19 号》中），直到英国公认会计原则被 2015 年以后关于中小企业的国际财务报告版本取代。

在上述任何一种准则下，现在都要考虑企业所得税税率的变化，因为这会影响负债的规模

（"负债法"）。在其他一些国家（以及旧版本的《美国会计原则委员会意见书第 11 号》），税率的变化被忽略，因此当时间性/暂时性差异产生时，所使用的税率就遵守相关准则（"延迟法"）。

经过多次修订后，国际财务报告准则和美国公认会计原则对递延税的要求现在基本上相同：使用负债法对暂时性差异进行全面核算。要了解美国递延税会计的历史发展概况，请参阅 Schultz 和 Johnson（1998）。

递延税的另一个简单例子是对非流动资产进行重新计量。假设一家荷兰公司以 300 万美元购买了一处土地，然后将其在资产负债表上的价值从 300 万欧元重估为 900 万欧元。此外，假设荷兰的企业所得税税率为 35%，但在处置资产（在这种情况下，该公司在可预见的未来并不打算处置资产）之前，荷兰的税收准则不会对资本利得征税。重新计量也不需要缴税，但可以看出会计人员是如何看待与截至资产负债表日期间有关的 210 万欧元（即 600 万欧元的重估额×35%）的潜在纳税义务。如果是这样，它们在资产负债表中计入了隐性递延税，如表 7 - 8 所示。

在上述例子中，在国际会计准则或美国准则下，尚未与税收目的相关的 600 万欧元重估额被称为暂时性差异。根据《国际会计准则第 12 号》或美国公认会计原则，企业在现行税率下需要对暂时性差异申报递延税。暂时性差异是指财务报告中的资产或负债的账面价值与其在税务中记录的价值之间的差异。在上面荷兰土地的例子中，财务报告的账面价值是 900 万欧元，纳税基础是 300 万欧元。所以，暂时性差异是 600 万欧元。

假设土地在《国际会计准则第 16 号》下进行会计核算，重新计量所得不会计入损益而是计入其他综合收益。210 万欧元的所得税费用也是如此。因此，其他综合收益的净值为 390 万欧元，应作为重估准备金，如表 7 - 9 所示。

表 7 - 9　重新计量下的递延税

| 荷兰公司的资产负债调整表（百万欧元） | | | |
|---|---|---|---|
| 土地： | | | |
| 初始成本 | +3.0 | | |
| 重新计量 | +6.0 | | |
| | +9.0 | 重估准备金： | +3.9 |
| 现金： | -3.0 | 递延税： | +2.1 |

在美国，不允许提升土地的重估价值（除非是在合并的情况下），但需要对某些证券进行重新计量（见第 10 章）。在一些欧洲大陆国家，根据国内会计准则，重新计量是合法的，但会导致当前的征税，所以通常不这样做。因此，在根据大多数大陆国家的准则编制的公司个别财务报表中，不会出现与土地有关的递延税，这同样适用于大多数会计问题。然而，举例来说，如果一家法国集团在其合并报表中使用国际财务报告准则，就可能产生递延税，因为国际财务报告准则下集团的会计实务可能因重新计量和其他原因而偏离税收准则。此外，根据国际财务报告准则、美国公认会计原则和其他大多数国家的会计准则，当子公司的资产和负债首次合并时，它们是按公允价值入账的，而这些重新计量不会记录在任何税收记录中。因此，它们造成了暂

时性差异。

我们现在已经看到了两个可能导致递延税的例子：计税基础下的折旧速度快于财务报告中的折旧速度，以及未被税收制度考虑在内的资产重新计量。其他例子包括：

- 如果税收制度仍将租赁视为经营性租赁，那么租赁将资本化；
- 如果税收制度只计算完工时的利润，那么在生产进行时收回长期合同的利润。

为了在国际财务报告准则和美国公认会计原则下计算递延税，有必要查看资产负债表中所有资产和负债的价值，并将它们与适用的纳税基础进行比较。大量的暂时性差异和递延税资产及负债由此产生。此外，不允许考虑资产和负债的变现时间而对金额进行折现。

我们可以通过引用国际财务报告准则或美国公司的会计政策说明来总结上述情况。以下是伊莱克斯集团的财务报告，这是一家使用国际财务报告准则的瑞典公司：

> 递延税是根据合并财务报表中资产和负债的纳税基础与其账面价值之间的暂时性差异形成、采用负债法全数提供的。递延税按资产负债表日制定或实质上制定的税率进行计算。伊莱克斯集团发生的税款与拨款受到和其他单个集团公司进行应税交易或与税款有关交易的影响。这对瑞典和外国集团公司都适用。递延税资产的税收损失和暂时性差异在未来期间有可能在使用时予以确认。递延税资产和递延税负债在同一税务机关之间相互抵销时，或者当一家公司或一组公司通过税务合并方案等有法定可强制执行的权利抵销税务资产和税务负债时，会显示为净额。

随着时间的推移，国际财务报告准则/美国公认会计原则发生了相当大的变化，而且会计准则在国际上也有所不同。有关这些发展的回顾，见 Schultz 和 Johnson（1998）。一个主要问题是递延税负债是否真的是负债：是否仅仅因为在合并资产负债表中选择重新计量资产就有纳税义务（Nobes，2003，第 4 章）？一个可能的结论是递延税根本不应该被计入（Weetman，1992）。Brouwer 和 Naarding（2018）以及 Kvaal（2018）研究了关于递延税的文献，并对《国际会计准则第 12 号》提出了改进建议。

### 7.10.2 递延税资产

递延税的确认不仅会导致负债，也会导致资产的产生。递延税资产产生的两个主要原因是：

1.出于税收目的结转损失用于抵销未来的应税利润；

2.为财务报表目的确认但尚未纳税的职工福利义务。

表 7 - 10 显示了 2006 年通用汽车公司资产负债表的摘要，这是说明递延税资产潜在价值的一个例子，因为不久之前该公司濒临破产。递延税资产（449 亿美元）部分来自未备基金的养老金（119 亿美元）和退休后福利（非养老基金）（501 亿美元），再乘以税率。需要指出的是，公司的净资产（股东权益）在 2006 年为负值。

| 表 7 - 10　通用汽车公司截至 2006 年 12 月 31 日的资产负债表简表 | 单位：十亿美元 |
| --- | --- |
| 现金和证券 | 24.7 |
| 应收账款 | 8.2 |

续表

| | | |
|---|---|---|
| 存货 | | 13.9 |
| 递延税 | | 44.9 |
| 租赁设备 | | 17.9 |
| 联营企业投资 | | 9.5 |
| 有形资产 | | 41.9 |
| 无形资产 | | 1.1 |
| 其他 | | <u>24.1</u> |
| 　资产合计 | | <u>186.2</u> |
| 应付账款 | | 28.1 |
| 应计费用及其他短期负债 | | 40.9 |
| 债务 | | 42.5 |
| 退休后福利（非养老基金） | | 50.1 |
| 养老金 | | 11.9 |
| 其他 | | <u>16.9</u> |
| 　负债总计 | | 190.4 |
| 少数股东权益等 | | 1.2 |
| 普通股 | 1.0 | |
| 资本公积 | 15.3 | |
| 留存收益 | 0.4 | |
| 累计其他综合收益 | (22.1) | |
| 　所有者权益合计 | | <u>(5.4)</u> |
| 　负债和所有者权益合计 | | <u>186.2</u> |

　　如果最终递延税资产有可能会实现，则在美国公认会计原则和国际财务报告准则下应确认递延税资产。以通用汽车公司为例，至 2006 年，两年来的亏损已经在损益表中体现出来，因此人们越来越难以相信递延税资产未来会带来收益。事实上，在经历了第三年的亏损后，在 2007 年的资产负债表上，该公司已将递延税资产减少至不到 20 亿美元，从而创造了一个非常大的负净资产数字。这也是 2007 年末净资产余额为负 371 亿美元的主要原因。

　　产生递延税资产的另一个常见原因是可结转的未减记亏损。然而，由于需要未来的利润，能否实现这些目标存在疑问。

### 7.10.3　一些递延税的国际差异

　　在一些国家的国内会计准则中，对递延税没有要求，部分原因是暂时性差异很少出现。欧盟指令一般不要求确认其他递延税，只要求确认合并过程中出现的递延税（2013 年版本第 24（13）条）。

　　一些国家（例如挪威）有与上面提到的国际财务报告准则、美国公认会计原则类似的准则。

其他国家（如法国和荷兰）的准则的主要不同之处在于递延税余额有时会被折现。在2015年以前的英国国内会计准则中，递延税不是基于暂时性差异确认递延税金，而是基于时间性差异计算。后者是按损益而不是参照资产和负债来衡量的。时间性差异是比暂时性差异更小的一种差异。

另一个差异是，在一些国家（例如意大利和2001年之前的英国），只确认部分递延税，因为它取决于是否可能或可以预见支付这些数额。长期以来，许多国家一直反对确认递延税资产。

一些研究者使用上市公司记录的递延税金额作为衡量一个国家会计质量的指标（Atwood et al.，2010）。更多的递延税意味着更大程度的财务报告与税收的分离，这意味着更好的报告。At-wood等发现，1992年至2005年，加拿大、南非、德国和美国在33个国家（其中包含德国）中有着最大数额的递延税，这是一个令人惊讶的结果（见第2章），这可以解释为，在Atwood的样本中，大多数德国公司使用的是国际会计准则。

## 7.11 负债的综合计量

下面是对不同类型的负债进行的讨论：
- 客户预付的合同金额（见6.4节）；
- 金融负债（见7.7.2节）；
- 预计负债（见7.8节）；
- 养老金（见7.9节）；
- 递延税（见7.10节）。

国际财务报告准则下负债的计量基础存在一种有趣的混合，如图7-3所示。

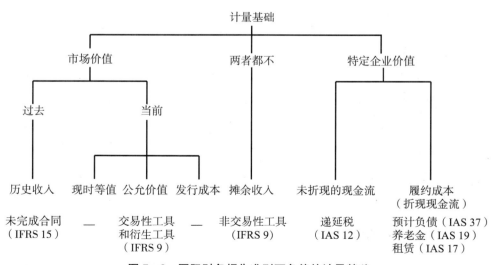

图7-3　国际财务报告准则下负债的计量基础

关于负债理想的计量基础，学术界一直存在争论。例如，Horton等（2011）建议负债与剥夺价值（deprival value）等价（见 7.6 节），通常是当前等值收益（即主体现在可以通过承担债务筹集的金额）。Nobes（2011）总结了各种计量基础，并提出了成本效益（折现现金流出）。McGregor（2013）则支持采用公允价值。另一个可能的计量基础如图 7-3 所示：发行成本。这在任何准则中都没有对其有所规定，但它是债权人解除债务所要求的数额，可能与诉讼有关。Barker 和 McGeachin（2013）试图解释为什么国际财务报告准则选择的计量基础与其他准则是不一致的。2018 年版本的国际会计准则理事会概念框架在第 6 章中概述了可能的计量基础。

◀ 小　结 ▶

● 国际财务报告准则将所有租赁都视为融资租赁，这一改动并不适用于公认会计原则下的出租人，也不适用于美国公认会计原则下承租人的损益表，同样也不适用于国际财务报告准则或英国公认会计原则下的中小企业，而且在法国公认会计原则下，租赁不能够资本化。

● 无形资产对于许多发展迅猛的公司都非常重要。国际财务报告准则和美国公认会计原则对它们的确认条件有所不同。

● 在美国公认会计原则下，非流动资产的计量主要基于成本，但国际财务报告准则允许存在更多的其他选择。

● 国际财务报告准则在过去允许公司使用后进先出法，现在在一些国家的会计准则中后进先出法仍然很普遍。

● 在大多数国家中，财务工具的分类是基于法律形式的，负债的折现是非常规做法。根据《国际财务报告准则第 9 号》，一些金融资产是按照成本计量的，而另一些则是以公允价值计量的。有的公允价值变动计入当期损益，有的则计入其他综合收益。部分计入其他综合收益的公允价值变动随后会重新分类计入当期损益，有的则不会。

● 在国际财务报告准则和美国公认会计原则下，套期会计在某些情况下是被允许使用的。

● 将哪些预计负债作为未来开支的确认程度在国际上有所不同。根据国际财务报告准则，负债义务在资产负债表日必须存在。

● 在翻译诸如预计负债、公积金、备抵和基金等会计术语时务必要谨慎。

● 退休后福利的制度安排因国而异。会计人员需要确认公司承担义务的程度。

● 国际财务报告准则和美国公认会计原则中有很多规定，以保护利润或损失免受养老金重新计量所引起的波动。

● 国际上关于养老金的资金安排各不相同，美国和英国经常计提全额资金，但欧洲大陆没有。

● 国际财务报告准则和美国公认会计原则现在允许公司在资产负债表基础上来计算递延税（暂时性差异），而其他一些准则使用损益表基础（时间性差异）。

● 递延税负债可能是由加速折旧和资产重新计量引起的。

● 对递延税余额折现的使用以及对所有暂时性/时间性差异的解释程度，存在着国际差异。

● 与资产一样，在国际财务报告准则下，负债也使用了广泛的计量基础。

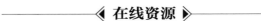 **◀ 问　题 ▶**

带星号问题的参考答案见书末附录 B。

7.1* "秘密公积金会让公司更强大，所以应该鼓励这种做法。"请对此进行讨论。

7.2* 在《国际会计准则第 32 号》下，一些股份被作为负债处理，而一些明显的负债又被作为部分权益处理，这么做好吗？

7.3 在什么情况下应将明年的薪酬和维修费用作为今年的费用？

7.4 在国际财务报告准则和美国公认会计原则下是否应充分确认无形资产？

7.5 在国际财务报告准则下解释资产是如何计量的。如何改进这一点？

7.6 "近年来，国际会计准则理事会已经明显开始使用现值而不再是历史成本。"请对此进行讨论。

7.7 解释套期保值和套期会计的区别。在不同情况下做出不同选择的理由是什么？

7.8 解释津贴、负债、或有负债、债务、预计负债、应计项目、基金和公积金之间的区别。以你一直在使用的一套会计准则作为你的回答的背景。

7.9 比较德国、意大利和美国在计量职工福利时的谨慎程度。

7.10 用各种例子解释递延税资产和递延税负债产生的原因。

7.11 解释由基于资产价值重估的暂时性差异产生的递延税负债是否满足国际财务报告准则或美国公认会计原则对负债的定义。

**◀ 在线资源 ▶**

扫描下列二维码即可阅读本章参考文献。

第 **8** 章

# 国际财务报告准则的背景：集团会计

**学习目标**

学完本章后，你应该能够：

● 总结国际财务报告准则对集团会计的主要要求；

● 解释为什么美国、英国比中国、日本和欧洲大陆国家先采用合并财务报表；

● 概述国际协调对集团会计的影响；

● 讨论"集团"的不同概念，以及它们在国际财务报告准则和美国公认会计原则中的反映；

● 讨论国际财务报告准则和美国公认会计原则中不同的收购法、权益结合法、比例合并法、权益法和商誉；

● 描述美国、英国、德国和法国的公布要求有何不同。

## 8.1 引　言

第 5 章研究了集团财务报告的监管背景。第 6 章研究了国际会计准则理事会的框架，以及国际财务报告准则对报表列报和收入的要求。第 7 章研究了国际财务报告准则对资产和负债的要求。本章着眼于集团会计，包括相关的国际财务报告准则要求，讨论了集团会计发展的各个方面，并进行了国际比较。德勤（2019）以数字顺序总结了所有准则的内容。

目前的国际财务报告准则要求可概括如下：

●《国际财务报告准则第 3 号》要求企业合并作为收购（也称为购买）记账。收购时，各项可辨认资产、负债及或有负债应按公允价值计入合并资产负债表。任何超额付款均确认为商誉。《国际财务报告准则第 3 号》要求对商誉进行年度减值测试，而非摊销。在出现负商誉的异常情况下，必须立即作为收入处理。

● 《国际财务报告准则第 10 号》将子公司定义为投资者对其拥有控制权（即影响投资者从该主体获得回报的权利）的主体。在某些情况下，例如它本身是一个全资子公司，母公司不需要提供合并报表。

● 《国际财务报告准则第 10 号》要求正常的合并程序（例如，消除公司间的余额）。非控股权益必须显示为集团权益（因为它们不符合负债的定义），尽管不作为母公司的权益。

● 《国际会计准则第 28 号》将联营公司定义为投资者可以对其施加重大影响但不具有控制权的主体，假定持有 20% 或以上有表决权的股份会导致重大影响。《国际会计准则第 28 号》要求企业在合并报表中对联营企业进行会计处理时使用权益法。这种方法将投资者占联营权益（净资产）和收入的比例纳入投资者的合并财务报表。

● 联合安排通过一份共同控制的合同来体现。该合同要求两个或更多方对安排的活动方向做出一致同意。根据《国际财务报告准则第 11 号》，联合经营的会计处理根据谁控制相关资产来确定。然而，合资企业实体应根据《国际会计准则第 28 号》，采用权益法进行核算。

本章探讨了在一个多世纪的世界发展中，上述立场的形成过程。集团会计的理论与实务因处于不同国家而存在实质差异，这些差异主要体现为四种：

1. 合并报表的采纳率；

2. 集团的概念和范围；

3. 合并方式；

4. 公司公布的信息。

国际会计准则委员会、国际会计准则理事会和欧盟的一致性活动已经大大缩小了这些差异，但它们不太可能完全消除。本章的主要目的是解释这些差异，并尽可能地找出产生这些差异的原因。

本章的讨论主要涉及国际财务报告准则、欧洲会计准则和美国会计准则。法国、德国和英国这三个欧洲国家对行业整合的发展做出了重大贡献。对于这些国家的上市公司，现在需要在合并报表中使用国际财务报告准则。对于未上市公司，可以使用国际财务报告准则，但许多集团仍使用本国的公认会计原则。日本的合并做法很大程度上源自美国，在第 12 章中有更详细的讨论。本章也存在对中国的讨论，合并事项的增多是中国近年来的变化，其实务正在与国际财务报告准则趋同。

本章首先讨论了全球范围内的合并实务，这花了一个世纪的时间（见 8.2 节）。然后，对国际协调的影响进行了图解（见 8.3 节）。集团范围内的发展情况见 8.4 节。8.5 节解释了合并方式的国际差异。最后，8.6 节概述了需要发布合并报表的公司类型的国际差异。

## 8.2 合并报表的采纳率

合并报表最早出现在美国。许多美国公司在 20 世纪初之前就发布过这样的报表（Bores，

1934；Hein，1978；Mumford，1982）。合并报表模式是随着美国钢铁公司编制合并财务报表而最终确立的，该公司 1901 年在新泽西州获得特许，从成立之初就发布合并报表（Walker，1978）。

在美国，合并报表之所以迅速被广泛利用，部分原因是美国的控股公司发展较早。这与每个州都有单独的法律制度这一事实有关，因此，如果保留单独的法律主体，来自一个以上州的企业合并就容易实现。20 世纪初美国兼并浪潮的一个后果是由公司集团而不是个体公司来开展商业和工业活动，没有法律或监管障碍来阻碍新的会计技术，并且存在一种高度重视创新的社会氛围。

在欧洲，控股公司和合并报表都是后来才发展起来的。在英国，直到第二次并购浪潮（1916—1922 年），控股公司才逐渐成为一种重要的商业组织形式。英国最早的合并报表出现在 1910 年（Edwards and Webb，1984）。最先出现合并报表的英国著作是吉尔伯特·加恩西（Gilbert Garnsey）所著的《控股公司及其公布的账目》（*Holding Companies and their Published Accounts*），该书于 1923 年出版，当时合并在美国已经很普遍了。即使英国公司法于 1929 年广泛改革，合并报表仍然没有作为一项法律要求被引入。20 世纪 30 年代，邓禄普橡胶有限公司引领了这一潮流，但合并仍然相对少见（Bircher，1988）。

因此，对新技术的需要（由控股公司的崛起引起）和对这种需要的认识在英国比在美国来得慢。Garnsey（1923）指出，"众所周知，这个国家的人民不愿意改变旧事物，不需要任何评论"，他把责任归咎于董事，根据英国法律，他们要对公开的账目负责。公布控股公司自身资产负债表的义务（在美国不存在），可能对公布合并资产负债表起到了威慑作用。

然而，从 1939 年开始，伦敦证券交易所要求合并报表作为新发行股票的条件。随后，第二次世界大战爆发，直到 1947 年，英国法律才最终要求建立集团会计。严格地说，这不是合并报表的要求，母公司可以发布自己的账目同时附加其所有子公司的账目。但是，编制合并报表是正常的做法，直到 1989 年《欧盟第 7 号指令》实施状况才逐渐得到改善。奇怪的是，类似的模糊概念在美国仍然适用。《会计研究公报第 51 号》指出："有一种假设，即合并报表比单独的报表更有意义，它们通常是公允表达所必需的。"这些话仍然出现在会计准则和美国证券交易委员会的规定中。当然在实务中，这也被解释为需要合并。

合并报表在欧洲大陆发展得较晚。根据 Bores（1934）的说法，荷兰最早的例子出现在 1926 年的 Wm H. Müller & Co 公司（Zeff et al.，1992）。瑞典法律从 1944 年的一项法案中要求提供合并报表。德国企业直到 20 世纪 30 年代才开始提供合并报表，而且法律直到 1965 年才强制要求它们这么做，法国的公司甚至更晚。根据证券交易委员会 1968 年的年报，只有 22 家法国公司公布了 1967 年的合并资产负债表。到 1983 年，只有大约 75% 的法国上市公司公布了合并报表，因为在 1986 年之前，编制合并报表在法律上不是强制规定的。Bensadon（2010）对法国的合并发展进行了广泛的研究。20 世纪 80 年代，在意大利、西班牙、希腊和卢森堡等国家，合并报表仍然非常罕见。然而，这种情况在 20 世纪 90 年代改变了，因为《欧盟第 7 号指令》开始要求上市公司和其他大公司公布合并报表。表 8-1 总结了该要求在欧盟的逐步普及情况。

表 8-1　2004 年前的欧盟成员国对《欧盟第 7 号指令》的执行情况

| | 国家法律的颁布 | 强制执行（年末前） |
| --- | --- | --- |
| 法国 | 1985 年 | 1986 年（已上市）；1990 年（其他的） |
| 德国 | 1985 年 | 1990 年 |
| 希腊 | 1987 年 | 1990 年 |
| 卢森堡 | 1988 年 | 1990 年 |
| 荷兰 | 1988 年 | 1990 年 |
| 西班牙 | 1989 年 | 1991 年 |
| 英国 | 1989 年 | 1990 年 |
| 比利时 | 1990 年 | 1991 年 |
| 丹麦 | 1990 年 | 1992 年 |
| 奥地利 | 1990 年 * | 1994 年 |
| 意大利 | 1991 年 | 1994 年 |
| 葡萄牙 | 1991 年 | 1991 年 |
| 爱尔兰 | 1992 年 | 1993 年 |
| 芬兰 | 1992 年 * | 1993 年 |
| 瑞典 | 1995 年 | 1997 年 |
| 挪威 ** | 1998 年 | 1998 年 |

注：＊为不完全执行。＊＊为欧洲经济区的成员，而不是欧盟的成员。

在日本，《商法》不要求合并报表，甚至在 1992 年之前的《证券法》（1940 年代末引入）也将合并报表视为补充报表。在中国，合并报表是 20 世纪 90 年代的产物。在其他一些国家，合并报表要么根本不存在，要么是最近才出现的。例如，印度直到 2001 年才要求合并报表，土耳其直到 2003 年才要求合并报表。

## 8.3　从 20 世纪 70 年代开始的国际协调

国际会计准则委员会和欧盟在如何统一集团会计方面存在本质的区别。然而，当欧盟要求其所有上市公司在合并报表中使用国际财务报告准则（从 2005 年起，只有少数例外）时，两种协调方式开始趋同。本节首先介绍由国际会计准则委员会所推动的国际标准化的主要特征。《欧盟第 7 号指令》（在 8.2 节中提到）在第 14 章中有更详细的讨论。

国际会计准则委员会首先取得了一些成功，集中精力制定了一套准则，鼓励那些准则尚未发展的国家进行整合，并起草了一份英美会计师都能接受的实务清单。原准则（1976 年《国际会计准则第 3 号》关于合并报表的规定）故意排除了两个实务上存在分歧的领域：权益结合（合并）会计和商誉处理。后来，国际会计准则委员会制定了一套更全面的准则：《国际会计准则第 27 号》以取代《国际会计准则第 3 号》；关于企业合并的《国际会计准则第 22 号》（1993 年和 1998 年修订，并于 2004 年被《国际财务报告准则第 3 号》取代）；关于关联主体的《国际会计准则第 28

号》；以及关于合资企业的《国际会计准则第 31 号》。国际会计准则理事会在 2003 年、2004 年和 2008 年进行了进一步的修订，2011 年又有了重大修订和新准则（《国际财务报告准则第 10 号》到《国际财务报告准则第 12 号》），撤销《国际会计准则第 31 号》和减少《国际会计准则 27 号》中主题为母公司和其他投资者的非合并报表的相关内容。

《国际会计准则第 22 号》对权益结合法的会计使用进行了严格的限制，只有在无法识别收购者的罕见情况下被允许使用（见 8.5 节），《国际财务报告准则第 3 号》更是直接废除了这种方法。对于收购，《国际会计准则第 22 号》要求在其使用年限内对商誉进行资本化和摊销。1998 年，《国际会计准则第 22 号》将商誉的使用期限制为 20 年；然而，该准则在当年进行了修订，商誉被允许使用更长的时间，与英国 1997 年的《财务报告准则第 10 号》趋同。根据《国际财务报告准则第 3 号》，商誉现在每年进行减值测试而不是摊销，这与自 2001 年以来美国的做法趋同。

《国际会计准则第 27 号》对子公司的定义基于控制的存在，不允许以任何理由排除子公司，不像《国际会计准则第 3 号》有几种类型的排除（例如基于不同的理由）。《国际会计准则第 28 号》要求联营公司采用权益会计法；《国际会计准则第 31 号》对合资企业有比例合并法（基准处理）或是权益会计法（允许的替代方法）两种选择。这三个准则在很大程度上被《国际财务报告准则第 10 号》和《国际财务报告准则第 11 号》取代。

## 8.4　集团投资主体的定义

### 8.4.1　集团的概念

合并报表产生的假设，是公司集团可以被视为一个会计主体。在定义一个主体的边界时，有必要首先询问有关该主体的信息是针对谁的，其次是提供该信息的目的。美国和国际会计准则理事会的概念框架假设财务报表是专门为现有和潜在投资者设计的。并且，直到最近，重点还是放在母公司或控股公司的股东身上，而忽略非全资子公司的少数股东。这是集团的母公司概念。

这样的理论存在缺陷，具体存在以下原因：

1. 它假设一个集团由母公司组成，母公司控制着一些附属公司或子公司。它未考虑到集团是由两个或两个以上规模大致相同的公司合并而成的可能性，也不考虑由多家公司共同支配的公司，或另一家公司对其施加重大影响但没有施加控制的公司。

2. 它将母公司股东以外的所有利益相关者视为不重要的用户，因此非控制性权益（以前称为"少数股东权益"）显示在股东资金之外。

这种"母公司"的概念通常基于法律控制，是通过多数股东的表决权实现的，但也可以通过使用"控制合同"来实现（在法律允许的情况下，如德国），即一家公司将自己置于另一家公司的法律控制之下。

另一个概念是"主体概念"，强调了集团内所有企业的经济统一性，并对所有股东一视同仁，无论控股与否。在采用国际财务报告准则之前，根据澳大利亚、德国和意大利的实务，非控制性权益被显示为权益的一部分。这是有意义的，因为它们显然不符合负债的定义（见第 6 章）。《国际会计准则第 27 号》最初规定非控制性权益不应显示为母公司的权益，但允许它们显示为集团的权益。2003 年的修订要求采用后一种处理方式，这符合主体概念。《国际财务报告准则第 10 号》证实了这一立场。可以说，这种看待群体的"主体"方式更适合员工和管理者这样的用户。在主体概念下，一个由两个同样大的公司组成的集团也更容易被解释。

无论使用哪一个概念，集团原则上被定义为一起操作的一组主体，因为它们由相同的参与方控制。然而，无论是母公司概念还是主体概念，都没有考虑到那些与集团有联系，但既没有法律上的支配地位，也没有建立单一经济单位的企业。然而，这些情况下覆盖的"所有权"（proprietary）概念，既不强调法律控制，也不强调经济统一，而是强调所有权，提供了在商业和金融政策的决定中发挥"重大影响"的可能性。在这一概念下，会计年度按比例分摊的损益和按比例分摊的资产和负债将逐项（"比例合并"），或按"单行"原则（"权益法"）纳入合并报表。在实务中，没有一种公认会计原则是始终如一地基于上述任何一个概念的，所有这三个概念都需要被援引来解释国际财务报告准则和美国公认会计原则。

国际会计准则理事会和美国财务会计准则委员会的概念框架对这些概念只字未提。它们最初也没有提到"报告主体"，但国际会计准则理事会 2018 年修订的框架暗示，一个集团应该被视为母公司及其控制的事物（见 3.1 节）。在本节的其余部分，我们将研究在实务中子公司、联营公司和联合安排的定义。在本节的最后，有一个关于扩大集团范围的总结。

### 8.4.2 国际财务报告准则

《国际财务报告准则第 10 号》将子公司定义为由投资者控制的主体。这意味着投资者有权影响其从子公司获得的回报数额。这种影响力来自投资者的权利，如投票权或任命董事的权利。这些权利有时包括行使股票期权或将可转换债券转换为有投票权的股份时所获得的投票权。《国际财务报告准则第 10 号》的附录 B 包含了关于如何评估控制权存在性的冗长讨论和示例。举两个例子：

1. 假设主体 A 拥有主体 X 45％有表决权的股份，而 X 的其他股份被广泛持有。因此，X 很可能是 A 的子公司，在合并之前应对控制权的存在性进行评估和确认。

2. 假设主体 B 拥有主体 Y 40％有表决权的股份，并且拥有购买另外 30％股份的选择权。然后，我们需要知道该选择权是不是"实质性"的。例如，如果行权价格相对于股票的经济价值较高，期权就不是实质性的，Y 就不会被合并。

自从 2003 年《国际会计准则第 27 号》修订和 2004 年《国际财务报告准则第 5 号》发布以来，没有任何理由（非重要性除外）可以将集团的任一子公司排除在合并之外。《国际财务报告准则第 5 号》要求，拟出售的子公司的净资产应保留在资产负债表上，但应显示为"持有待售"。如果子公司规模大到足以中止业务，则需要更多的披露。

根据《国际财务报告准则第 11 号》，联合安排分为联合经营（例如多个投资者将资产用于一个项目）和合资企业（即具有法人资格的实体）。联合安排的关键特征是联营者或合资企业之间存在一份合同，该合同要求影响合资安排收益的任何活动都需要经过一致同意。联合安排不需要特别核算，每个风险投资家都要对其控制的资产进行核算。其中合资企业也被视为联营企业（见 8.5.6 节）。

《国际会计准则第 28 号》将联营企业定义为投资者对其具有重大影响的主体，该主体既不是合资企业的子公司，也不是合资企业中的权益。"重大影响"是一个令人担忧的模糊概念。它被定义为参与被投资方的财务和经营政策决策的权力，但不是对这些政策的控制或共同控制。为了使这一概念切实可行，假设投资者拥有被投资企业 20％或以上的投票权，就说具有重大影响力。同样，如果投资者持股比例低于 20％，则没有重大影响。然而，这些假设是可以被反驳的。再次指出，是否应将联营企业视为集团的一部分并不明确。某些关于联营公司处理的方面（见 8.5.6 节）表明，联营企业可能应视为集团的一部分。

### 8.4.3　美国

美国的做法可以被解释为基于母公司的概念以及对公司合资企业和联营企业专有概念的使用。然而，在 2001 年之前，"权益结合法"一直被广泛使用，这一问题在 8.5.3 节进一步讨论。这似乎是基于主体概念的方法，很难与母公司的做法相一致。它在美国的使用中，更多地是出于管理层提高每股收益的需要，而不是出于理论上的考虑。

与国际财务报告准则一样，美国对子公司的定义基于"控制"的概念。《会计研究公报第 51 号》表示，"合并报表的目的是（主要为了母公司股东和债权人的利益）呈现集团母公司及其附属公司的经营业绩及财务状况，本质上，将集团视为一个拥有一个或多个分支机构的单一公司"。持有另一家公司 50％以上有表决权的股份，就需要对财务报表进行合并。美国公认会计原则随后的修正案（如《美国财务会计准则公告第 94 号》和《美国财务会计准则公告第 160 号》）仍让美国公认会计原则专注于评估多数投票权的所有权。这与更广泛的国际财务报告准则或欧洲的事实控制概念有所不同。例如，在美国公认会计原则中，对 X 公司持股 45％（在 8.4.2 节中讨论）不会被视为合并的理由。

这种概念的存在，促使企业设立了"特殊目的机构"（special purpose vehicle，SPV），企业对这些机构不持有多数股权，却可以进行实质控制。由于这些特殊目的机构没有被合并，因此它们可以被用来隐藏负债，就像 2001 年轰然倒塌的安然公司一样。2003 年，美国财务会计准则委员会发布了一项解释（FIN 46），要求合并某些被称为可变利益主体（variable interest entity，VIE）的特殊目的机构。可变利益主体的一个例子是，如果 X 集团拥有 Y 公司 30％有表决权的股份，Y 公司破产时，X 集团将承担 Y 公司 80％的债务。美国公认会计原则要求 X 合并 Y。

### 8.4.4　美国与国际财务报告准则差异的例子

合并范围不同，一个主要例子是前面提到的安然案。在美国证券交易委员会注册的非美国公司也披露了其他例子。例如，中国石油化工股份有限公司的报告如下：

> 集团合并了非多数控股但拥有控制权的主体，从而直接或间接地管理一个主体的财务和经营政策，以便从其活动中获得利益，并按比例合并本集团与其他合营者共同控制的主体。然而，美国公认会计原则要求，任何本集团没有控制财务权益的主体，均不得合并或按比例合并，而应按照权益法记账。因此，本集团拥有 40.72％至 50％的流通股表决权的某些集团

子公司以及本集团共同控制的主体没有按照美国公认会计原则进行合并或按比例合并，而是按照权益法入账。

总部位于英国的国际电力的报告如下：

根据国际财务报告准则，本集团将行使控制权的主体所拥有的100％的资产和负债进行合并，并将归属于母公司股东的所有股权总额中的任何少数股权排除在外。

控制是指集团有权管理主体的财务和经营政策，以便从其活动中获得利益。

2003 年 12 月，美国财务会计准则委员会发布了第 46 号解释函（FIN 46R，可变利益主体的合并）。该解释函是对《会计研究公报第 51 号》（ARB 51）的解释，并涉及可变利益主体的合并。美国财务会计准则委员会发布的 FIN 46R 要求主要受益人合并可变利益主体，前提是主要受益人吸收了大部分预期损失和/或主体的大部分预期剩余收益由主要受益人接收。

当符合如下条件时，一个主体可被视为可变利益主体：如果承担风险的股权投资人在没有额外附属的金融支持的情况下，经营活动无法得到足够的财务支持；或者作为一个整体承担风险的股权投资持有人缺少以下控股金融权益的特征，例如具有通过投票权对主体的活动做出决策的能力，承担主体预期损失的义务，以及获得主体预期剩余收益的权利。

根据美国财务会计准则委员会的 FIN 46R，本集团拆分了三个主体：

| 子公司 | 所有权百分比 | 地区 |
| --- | --- | --- |
| 阿尔卡米尔电力公司 | 65 | 中东 |
| 珀斯电力合作伙伴 | 70 | 澳大利亚 |
| 泰国国家电力有限公司 | 100 | 亚洲 |

上述每一个被拆分的主体都持有发电资产和长期销售合同。对销售合同的一项分析表明，集团不承担这些主体的大部分预期损失，也不享有主体拥有的预期剩余收益，因此不能成为 FIN 46R 定义的主要受益人。

### 8.4.5 随时间推移集团范围的扩大

正如本节开始所解释的，尽管没有像公认会计原则那样使用一贯的概念，但国际财务报告准则或国家公认会计原则的合并要求中也提到了许多集团的概念。与这些概念有关的一个问题是集团的范围——不同时间和不同国别之间有很大的不同。美国刚开始出现公司合并的时候，集团的范围一般限于总部设在美国的独资企业（而不是更广泛的公司，包括合伙企业）。更普遍的是，在不同的时间和地点，下列情形被排除在合并事项之外：

- 非全部持股的公司；
- 持股比例低于50％的公司，即便是有控制关系的；
- 海外分支机构；
- 不具有独立法人资格的分支机构；
- 与集团中大多数公司不同行业的子公司（例如，汽车集团拥有的银行）；

● 临时控股子公司。

Nobes（2014）对上述以及其他一些特殊情况进行了讨论。一般来说，随着时间的推移，上述被排除的情形逐渐被移除，人们可能期望美国率先关注"经济集团"（即一组控股公司），以便向投资者提供有用的信息。然而，随着集团的范围扩大至包含所有控股公司，美国逐渐落后于国际财务报告准则以及许多国家公认的会计原则。

另一个极端是一些国家（特别是法国和西班牙）将企业部分合并扩大为整个企业的合并，尽管被合并企业的资产和负债不受任何合并企业的控制。这种"比例合并法"将在 8.5.5 节讨论。

相比之下，德国最早的合并法是在 1965 年制定的，它明确了控制的概念。人们可能惊讶地发现德国会关注法律和税收方面的问题，比如法人公司的股份所有权，这也许是因为，与长期确立的非合并报表（如计算股息和税收等法律事项）相比，德国认为合并报表具有不同的目的。因此，经济或者说控制的视角适用于合并报表的新目的。国际财务报告准则花了几十年时间才达到如此清晰的程度，但《国际财务报告准则第 10 号》和《国际财务报告准则第 11 号》已经在很大程度上做到了这一点，至于美国公认会计原则，即使到现在也不那么清晰（见 8.4.3 节）。

## 8.5　合并方式

### 8.5.1　概述

各国在合并方式方面存在着相当大的差异。总之，最重要的几点是：

1. 企业合并的购买（收购）法在各国都是很常见的，但不同国家之间存在差异。

2. 权益结合法在过去是一种在美国和英国比较常见的会计实务做法。而在目前的国际财务报告准则、美国公认会计原则或英国公认会计原则下不再允许。因此，所有的企业合并都被视为一方或另一方的收购。

3. 非控制性（少数股东）权益的计算和表达方式各不相同。

4. 比例合并在法国和其他一些欧洲大陆国家很常见，但在英国和美国比较少见。根据国际财务报告准则，直到 2012 年这种做法在法国和西班牙的上市公司中才被允许。

5. 权益法的使用方法多种多样。

6. 商誉的计算和处理因国家而异。

接下来我们逐一讨论这些问题。

### 8.5.2　购买法

购买法假设一方（通常是一个集团的母公司）购买了另一个公司的控股权。这通常与业务合并的事实相符。

在购买法下，集团被视为收购新子公司的所有单项资产和负债。总成本是买方对价的公允价值，简单来看就是花费的现金。但是，要把新取得的单项资产和负债纳入合并资产负债表，就必须逐一确定每一项的"成本"。该"成本"通常不是子公司财务报表中记录的资产和负债的账面价值，而是通过估计集团所取得的单项资产及负债的公允价值来衡量的。例如，葛兰素史克公司声明：

> 品牌作为第三方公允价值中的一部分应该独立估值。这些品牌的价值是长期的，并且该品牌具有合同性质或法律性质，或者可以与被收购的企业的其他部分分开出售。（《2018 年度报告》，第 148 页）

这符合《国际会计准则第 38 号》中无形资产的要求。乍一看，葛兰素史克公司似乎是在告诉我们：它是在使用公允价值基础来评估品牌。但它在报告中说：它是通过初次确认时使用公允价值来估算每项资产的成本，并且随后这些数字将被当作基础成本的一部分。

通常，由于收购者希望比被收购者更好地利用资产，收购者为子公司支付的价格会高于所收购净资产的总公允价值，这导致了商誉的确认（见 8.5.7 节）。国际财务报告准则和美国公认会计原则都要求一个集团确定尽可能多的无形资产，其余实在无法确认的被称为商誉。因此，有必要对购买的品牌名称进行估值，即使它们没有被记录在子公司的资产负债表中。尽管尚未对或有资产进行估值，但有必要对或有负债进行估值。但是，由于债务重组时被收购方在收购之日既不产生负债也不产生或有负债，因此不包括在资产负债表或商誉计算中。

在合并后编制合并资产负债表时，需要将子公司被收购前的准备金和子公司在收购前从集团中获得的利润剔除。

随着时间的推移，对各种合并产生的费用的处理也有所不同。这些费用（包括商业银行家、律师和会计师的费用）可能会非常大。直到最近，这类费用还被视为收购考虑的一部分，它们增加了商誉的规模。因此，收购方的管理层不愿在利润表中显示它们。然而，2008 年国际财务报告准则和美国公认会计原则（分别为《国际财务报告准则第 3 号》和《美国财务会计准则公告第 141 号》）修订后，要求在利润表中显示该项费用。

举个例子：

- P 公司支付 1 亿美元现金收购 S 公司的全部股份。
- 收购日 S 公司的净资产账面价值为 6 000 万美元。
- 收购日 S 公司的净资产公允价值为 8 000 万美元。
- S 公司重组预计耗资 1 500 万美元。
- 聘请外部律师、银行家和会计师的费用为 1 000 万美元。

考虑到这些事实，商誉现在应计算为 2 000 万美元，即 1 亿美元的成本减去 8 000 万美元净资产的公允价值。1 000 万美元的费用将在利润表中按支出情况收取。在修订准则之前，按照国际财务报告准则，商誉为 3 000 万美元（1.1 亿美元减去净资产 8 000 万美元），按照美国公认会计原则则为 4 500 万美元（1.1 亿美元减去净资产 6 500 万美元）。在《欧盟第 7 号指令》之前，德国是基于净资产的账面价值来计算。

### 8.5.3 权益结合法

通过查看一个公司的名称，人们往往可以猜测出公司是否进行过合并。例如，葛兰素史克公司（GlaxoSmithKline）是 GlaxoWellcome 和 SmithKlineBeecham 合并的结果，这两家公司（正如它们的名字所示）本身就是由更早的合并形成的。

在美国，《美国会计原则委员会意见书第 16 号》（第 12 段）对利润合并的方法做了如下描述：

> 权益结合法指的是两家或两家以上公司的所有者权益通过交换股权证券而结合在一起的企业合并。由于合并是在未支付资源的情况下完成的，故不确认为收购。所有者权益得以延续，原有的会计基础得以保留。股东的资产和负债按其账面金额结转到合并后的公司。合并公司的收入包括合并发生的整个会计期间三方成员的收入。股东之前各期报告的收入合并后重新列为合并后公司的收入。

总之，在权益结合法下的合并中，并未将资产进行重估，而是按照收购之日的公允价值入账，也没有确认合并时的商誉。相反，收购公司账面上对子公司的投资是以所发行股票的名义价值计算的。综合留存利润就是有关公司的留存利润之和，因为被认为没有收购，所以无需对收购前和收购后的利润进行区分。由于同样的原因，子公司的利润从被收购年度的第一天开始计入合并利润表。在价格上涨时期，权益结合法与购买法相比一般有两个主要区别：一是固定资产的申报金额较低，不产生商誉；二是合并后公布的净收入更高，因为固定资产的账面价值较低，商誉的减值（或以前的摊销）较低（两者都被报告为费用），从而形成折旧。

因此，权益结合法在公司中非常流行。在美国，意见书第 16 号（1970）详细规定了在 2001 年以前将权益结合法与购买法区分开来的准则。权益结合法不应用于现金收购的情况；权益结合法只能在某些特定情况下应用，即当收购股份是以非现金对价进行时。《会计趋势与技术》（*Accounting Trends and Techniques*）（AICPA，2000）报告称，600 家公司样本中，54 家新的企业合并以权益结合法进行，343 家以购买法进行。

1999 年，美国财务会计准则委员会宣布废除权益结合法，理由是该方法可以带来比较乐观的财务报表，所以被大多数大型集团公司选择。美国证券交易委员会支持这一立场。然而，这一决定在企业中非常不受欢迎，因为如果将大型权益结合计入收购，将产生巨额的商誉摊销费用。Ayers 等（2000）对此进行了检验。减少对于取消权益结合法的反对意见的一个办法是修改关于商誉的规定，如下所述。

美国财务会计准则委员会在 2001 年出台了《美国财务会计准则公告第 141 号》，取消了权益结合法。然而，2001 年 6 月 30 日之前的权益结合仍被允许保留在后续的财务报表中，因此，在未来的许多年里，对于理解根据美国公认会计原则编制的财务报表，权益结合仍然是必不可少的。在《国际会计准则第 22 号》中，国际会计准则理事会在 20 世纪 90 年代就已经比美国更严格地限制了权益结合法的使用，但是由于效仿美国取消权益结合法会面临巨大压力，国际会计准则理事会在 2005 年之后的《国际财务报告准则第 3 号》中还是保留了以前的权益结合法。

英国是欧盟中唯一一个认可权益结合法的国家。该方法已在 1981 年追溯性地合法化，并在 1985 年成为会计准则（《标准会计实务公告第 23 号》）的主题。《标准会计实务公告第 23 号》于 1994 年被《财务报告准则第 6 号》取代，《财务报告准则第 6 号》的目的是减少权益结合法的使用情境，只有在无法确定收购方或被收购方的情况下，才允许使用权益结合法核算。英国公认会计原则现在适用的《中小企业国际财务报告准则》（见第 16 章）不允许使用权益结合法。

然而，如上所述，美国公认会计原则、国际财务报告准则和英国公认会计原则只是前瞻性地废除了权益结合法。也就是说，集团财务报表中仍然可能留有旧的权益结合方式，例如本节开始提到的葛兰素史克公司中所有以前的会计核算方法（如商誉的缺失）仍然存在。

### 8.5.4 非控制性权益

8.4 节提出了非控制性（少数股东）权益的概念。在美国公认会计原则中，直到 2010 年，存在很多不同的做法，包括对股权的披露。然而，现在国际上一致认为，非控制关系下的利润应该显示为股东权益而不是母公司的股本（例如《国际财务报告准则第 10 号》，第 12 段）。

然而，如何计算非控制性权益的大小，目前还缺乏共识。传统的做法是在收购之日以公允价值计量非控制性权益在净资产中的份额，这种做法出现在一些国家的准则中（如英国的《财务报告准则第 6 号》）。这也是《国际财务报告准则第 3 号》中最初的要求，在《国际财务报告准则第 3 号》中仍然是一个保留备选方案。然而，另一种选择是按公允价值（即股权价值而不是净资产价值的比例）对非控制性权益进行估值。这是 2009 年起美国公认会计原则（修订的《美国财务会计准则公告第 141 号》）所要求的处理方法。因此，国际财务报告准则和美国公认会计原则之间产生了新的差异。控股股东权益计算也影响了商誉的计算（见 8.5.7 节）。

### 8.5.5 比例合并法

在欧盟，2005 年许多合并报表采用国际财务报告准则之前，在合并报表中使用比例合并法来说明合资企业的做法在各国间有很大差异。根据法国和西班牙国内的规定，合资企业必须采用这种方法。在德国，在执行《欧盟第 7 号指令》之前，不允许按比例合并。但是，1985 年的《会计指令法》允许但没有规定合资企业按比例合并，因此一些集团采用了这种方法。在英国，《财务报告准则第 9 号》不允许合资公司按比例合并。在美国，通常不允许按比例合并，但它被用于建筑和采掘业。面对差异化的国际实务，国际会计准则委员会将比例合并作为《国际会计准则第 31 号》的一种选择。事实上，这被认为是比较可取的选择。

使用比例合并法的一个明显不利因素是，与权益法相比，它增加了合并后集团的负债金额，还增加了合并后的现金和销售数额。在实务中，《国际会计准则第 31 号》中规定继续延续国家自己的规定。也就是说，比例合并法在法语和西班牙语的国际财务报告准则报表中广泛使用，但在澳大利亚或英国的国际财务报告准则报表中没有使用（见 9.5 节）。这种差异导致实务丧失了可比性。此外，可以说比例合并是不合适的，因为投机者并不控制合资企业的任何资产（Milburn and Chant，1999）。最终，国际会计准则理事会在 2011 年发布《国际财务报告准则第 11 号》时废除了比例合并法，合资企业公司需要采取权益法，如下所述。

《国际财务报告准则第 11 号》还涉及合资经营。例如，几个公司可能为一个项目提供不同的资产。它们各自对自己的资产/负债和收入/费用的合同份额进行说明，比例合并法并不适用于这种情况。

### 8.5.6　权益法

《国际会计准则第 28 号》要求联营企业和合资企业在合并报表中使用权益法。投资在资产负债表中按成本加上自收购之日起按比例分担的留存利润进行估值。利润表不包括详细的收入和费用，而是列示联营利润中的份额。

在美国，《美国会计原则委员会意见书第 18 号》（现为会计准则汇编（ASC）323 - 10）规定，权益法应该用于对尚未合并的子公司的投资、对合资企业（在大多数行业）的投资和对持有至少 20％但不超过 50％有表决权的股票且投资者有能力对被投资方的经营和财务政策施加重大影响的公司的投资。美国的实务中也通常是在母公司的财务报表（可能不经常公布）和合并财务报表中使用权益法。

《欧盟第 7 号指令》要求将权益法作为合并报表中关联公司的会计核算方法。因此，欧盟国家的法律中就包含了这一规定。如果不使用比例合并法，则权益法是指令中关于合资企业的可选方法。但是，各国的法律或准则缩小了选择范围。例如，英国准则（包括《财务报告准则第 9 号》和后来的《财务报告准则第 102 号》）要求合资企业采用权益法，而法国法律仍要求采用比例合并法。

Nobes（2002）研究了权益法随着时间的变迁在各个国家的传播。他认为大规模使用权益法是不合适的，并且 20％的重大影响这个门槛是偶然得出的，特别是假设该集团是母公司加上其控制的主体，则该集团联营中的利润份额不会在该集团实现（也不会被该集团成功获取）。那么，为什么它被包括在集团的收入中呢？权益法的一种可能替代方法是对投资使用公允价值，即根据《国际财务报告准则第 9 号》将该投资视为金融资产（见 7.7 节）。《国际会计准则第 27 号》确实允许在子公司、合资企业和联营企业的非合并报表中这样做。

### 8.5.7　商誉

商誉是指投资公司在合并时支付的金额高于被投资公司在收购日的净资产公允价值时产生的差额。这部分资产被确认为无形资产，尽管它是否为资产尚不清楚。我们不知道购买的是什么（是熟练的管理、忠诚的客户，还是未来的利润），也并不知道我们是否真正控制了它。法国和意大利关于合并产生的商誉的术语正反映了这一点。法国的 *écart d'acquisition* 将商誉视为为实现收购而支付的额外金额。意大利的 *differenza da consolidamento* 则认为商誉只是一个数字，需要被加入合并资产负债表，以增加账面金额。

国际上的差异主要是，美国的计算方式（直到 2009 年）必须考虑收购者的意图。美国公认会计原则现在不允许像《国际财务报告准则第 3 号》那样的做法。8.5.2 节用数字说明了这种差异。

非控制性权益的计算（见 8.5.4 节）也会影响商誉的计算金额。例如，假设存在事实：

- P 公司收购了 S 公司 80％的股份。
- P 公司支付 1 亿美元。
- 剩余 20％的股份的价值为 2 200 万美元（其每股价值低于 P 公司所收购 80％股份的每股价值，因为 P 公司为获得控制权支付了溢价）。

- S 公司的净资产按账面价值计算为 7 000 万美元，但按公允价值计算为 9 000 万美元。

在传统的非美国方法下（在《国际财务报告准则第 3 号》下仍可选），商誉为：

$$100-(80\%\times90)=28(百万美元)$$

在美国方法下，对价合计商誉为：

$$(100+22)-90=32(百万美元)$$

下一个问题是，在商誉得到初步认可后，每年该如何处理。由于我们不知道商誉到底是什么，很难评估它的使用寿命。在 2001 年之前，美国的实务是分期摊销期限不超过 40 年（《美国会计原则委员会意见书第 17 号》），尽管美国证券交易委员会要求某些行业的摊销期限更短。现在，根据《美国财务会计准则公告第 142 号》（会计准则汇编（ASC）350-20-35-1），必须每年进行减值计算，而不是进行摊销。国际财务报告准则多年来也发生了变化。直到 1998 年，《国际会计准则第 22 号》还允许一家集团即时从公积金中冲销商誉。例如，这在当时的英国和德国是一种常见做法。1998 年，《国际会计准则第 22 号》进行了修订，要求对商誉进行资本化、摊销，并对使用超过 20 年的商誉设立可反驳的假设，假定其使用寿命最长为 20 年，同时要求进行年度减值测试。2004 年，国际会计准则理事会用《国际财务报告准则第 3 号》取代了《国际会计准则第 22 号》，取消了摊销，并要求每年进行减值计算，从而与美国公认会计原则趋同。

然而，美国公认会计原则和国际财务报告准则之间出现了一个新的差异。商誉的减值计算是一项沉重的负担。因此，美国财务会计准则委员会（从 2011 年开始）允许公司首先评估商誉是否发生减值，如果没有减值迹象，则不需要进行减值计算。国际财务报告准则不包括这种可选的简化处理。

Ding 等（2008）试图解释商誉会计随时间在国际上的变化。他们认为，随着合并会计的主要使用者的改变，合并会计的目的也会改变，然后是会计实务的改变，如商誉的处理。

Peterson 和 Plenborg（2010）研究了丹麦公司在《国际财务报告准则第 3 号》和《国际会计准则第 36 号》下实施商誉减值测试的情况。他们发现公司使用了不同的方法，其中许多似乎未遵照准则。这证明了对商誉进行减值测试的要求并不成熟且具有复杂性。Schatt 等（2016）总结了关于欧洲公司商誉减值的实证文献。他们得出的结论是，尽管评估后减值的金额很大，但减值有时可以提供有用的信息。Andre 等（2016）发现，美国企业对商誉的减值要比欧洲企业广泛得多。

美国和国际财务报告准则在处理合并中的负商誉方面也有所不同。根据《国际会计准则第 22 号》，负商誉要求先抵销正商誉，然后根据预期损失或按购买的固定资产的使用寿命逐步计入收入。在美国（直到 2009 年），负商誉很少出现，因为超过净资产的溢价都是按比例分配至固定资产而非投资，以减少公允价值。国际财务报告准则和美国公认会计原则现在要求，任何负商誉都要计入收入。然而，这并没有结束。根据法国和德国的国家准则，负商誉被作为一种公积金；根据英国的《财务报告准则第 10 号》（2015 年起撤销），这被认定为一项负资产。

对于采用权益法或比例合并法入账的合并企业和合资企业，商誉也在收购之日确认，然后每年进行减值测试。根据国际财务报告准则，商誉金额仍然是投资的一部分，但在附注中单独披露。根据美国公认会计原则，该商誉与其他商誉一并计入。

欧盟内部采用国际财务报告准则，延续了《欧盟第 7 号指令》的总体效果，以协调统一欧盟成员国内部最初用法的多元化，主要采用盎格鲁-撒克逊模式，而不是以前的欧洲大陆模式。Nobes 和 Norton（1996）对 20 世纪 90 年代许多国家的商誉实务进行了研究。Choi 和 Lee（1991）研究了商誉准则的国际差异是否会影响公司行为，他们发现一些证据表明，英国公司愿意为子公司支付比美国公司更多的费用，因为那时英国公司不需要摊销商誉，而美国公司需要。

## 8.6 报告公布要求和相关实务

如第 5 章所述，欧盟上市公司的合并报表必须使用国际财务报告准则。成员国可以允许未上市的母公司在合并报表中使用国际财务报告准则，而且一般已经这样做了。对于母公司的非合并报表，有些国家（如捷克）坚持对上市公司采用国际财务报告准则，有些国家（如英国）允许母公司采用国际财务报告准则编制非合并报表，有些国家（如法国）禁止对所有非合并报表采用国际财务报告准则。第 13 章对此给出了更多的细节。因此，欧盟成员国和美国的报告公布准则和实务有所不同。例如假设某公司是一家母公司：

● 美国公司公布合并资产负债表、利润表（几乎总是分为利润表和其他综合收益表）、权益变动表和现金流量表，但不公布任何母公司的报表。

● 欧盟上市公司发布国际财务报告准则下的合并资产负债表、利润表（如美国的拆分表）、权益变动表和现金流量表，以及国家法律要求公布的母公司个别报表。

● 对于母公司的非合并报表，选择使用国内准则的英国上市公司公布母公司资产负债表，以及在英国公认会计原则下的完整的国际财务报告准则合并报表。

● 未上市并使用英国公认会计原则的英国公司公布的合并报表数量与国际财务报告准则下的相同，加上母公司的非合并资产负债表，但不包括母公司的其他报表。

● 在法国和德国，除了一套完整的合并报表（无论是否按照国际财务报告准则），还需要一整套本国规定的母公司报表。但是，除国际财务报告准则外，整套财务报告不包括其他综合收益表或权益变动表。非上市公司则并不总是需要公布现金流量表。

在欧盟，成员国法律（基于指令）会豁免一些较小的集团编制合并报表，合并豁免的规模标准可能会发生变化，而且在欧盟各成员国之间并不统一。然而，所有这些都是基于销售额、资产负债表总额和员工人数（上限为 250 人）的。前两个指标可以是"毛值"（即不进行合并调整的总和）或"净值"（即经过适当的合并调整之后的总和）。成员国中，一些使用毛值指标，一些使用净值指标，还有一些综合使用这两种指标。

美国的合并业务须遵守美国证券交易委员会的准则和相关会计准则。在美国证券交易委员会的管辖下，所有公司必须每年提交合并报表（见第 10 章）。任何非合并子公司的财务报表也必须提交。《财务信息披露内容与格式条例》第四条规定了证券交易委员会对合并报表的格式和内容的要求。它要求合并报表清楚地显示注册人及其附属公司的财务状况和经营结果，还要求披露合并或不合并子公司的理由。

◀ 小 结 ▶

● 合并报表首先被美国采用，其次是其他盎格鲁-撒克逊国家，然后是荷兰、德国、瑞典和法国。

● "集团"的主要概念是基于法律控制的母公司概念、基于经济统一的公司概念和基于所有权的专有概念，但没有公认会计原则与任何明确的概念完全一致。

● 统一合并报表在国际上（《国际会计准则第 22 号》、《国际会计准则第 27 号》、《国际会计准则第 28 号》和《国际会计准则第 31 号》，以及《国际财务报告准则第 3 号》）和欧盟内部（《欧盟第 7 号指令》）都取得了成功。欧盟国家的上市公司从 2005 年开始遵循国际准则。从 2011 年开始，主要相关准则为《国际财务报告准则第 10 号》和《国际财务报告准则第 11 号》。

● 国际财务报告准则与美国公认会计原则之间仍存在一些差异。这些差异包括但不限于以下几个方面的准则和实务：集团的界定、合并的计量方式（例如权益法和商誉）、报告公布的要求等等。

◀ 问 题 ▶

带星号问题的参考答案见书末附录 B。

8.1 讨论对集团概念的不同解释，以及这些解释如何与不同的公司治理和公司融资方式相联系。

8.2* 为什么合并报表的做法在美国出现得比法国早？

8.3 解释在国际财务报告准则和美国公认会计原则下，合并报表中所包含事项的范围是如何随着时间的推移而逐渐增加的。

8.4 比较美国公认会计原则和国际财务报告准则在合并时对商誉的计算和处理。

8.5 解释权益法的其他用途，以及美国公认会计原则和国际财务报告准则之间的差异。

8.6 列出所有原则上可以将合资企业计入企业财务报告的方法。你认为哪一个方法最好？

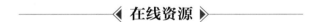

◀ 在线资源 ▶

扫描下列二维码即可阅读本章参考文献。

第 **9** 章

# 不同版本的国际财务报告准则实践

**学习目标**

学完本章后，你应该能够：

● 举例说明为什么不同版本的国际财务报告准则（包括不同的翻译版本）会同时被执行；

● 概述在监管和执行方面的国际差异会如何导致国际财务报告准则的不同会计实务做法；

● 举例说明不同版本的国际财务报告准则间的差距、选择和估计如何导致会计实务的差异；

● 解释前几章所讨论的国际会计差异的潜在原因在国际财务报告准则上是如何相关的；

● 举例说明国际财务报告准则在会计实务中的变化，及其在会计实务中随时间发生的变化；

● 讨论不同版本的国际财务报告准则同时存在所产生的影响。

## 9.1 引 言

国际财务报告准则基金会的目标包括编写一套高质量、可理解和可执行的全球会计准则，并将其发扬光大。当全球会计准则越来越严格，强制应用范围越来越广泛，执行力度越来越大时，这个目标的实现也不断在取得进展，然而即使我们仅仅关注那些声称已经按照国际财务报告准则要求编制的财务报表，它们是否真的存在一致的会计实务做法？

本章确定了应用国际财务报告准则的九种不同范围。前三种与特定国家的监管环境有关：不同版本的国际财务报告准则、翻译问题和不完全的执行与实施。这三种在 9.2 节中进行了详细讨论。另外六种的应用范围供公司在不同的国际财务报告准则下做出会计选择：国际财务报告准则间的差距、关于首次采用国际财务报告准则的选择、尽早采用新准则、明确的备选方案、隐蔽的备选方案、计量估计，这些将在 9.3 节中进行讨论。9.4 节研究了为什么公司可能想以不同的方式行使选择权。特别是，公司希望在不同国家按部就班地采用国际财务报告准则的原因是什么？这个讨论将帮助读者理解国际财务报告准则，揭示一个国家内不同公司或行业之间（而不仅仅是国家之间）国际财务报告准则实践的范围。

9.5 节介绍了几个主要国家之间不同国际财务报告准则实践的一些例子。9.6 节考察了国际财务报告准则实践随时间而发生的变化。9.7 节讨论了不同国家不同版本的国际财务报告准则的实践所带来的影响。

## 9.2　不同监管背景下应用国际财务报告准则的三方面问题

### 9.2.1　不同版本的国际财务报告准则

正如本节的标题所示，各国监管环境在三个方面存在差异：不同版本的国际财务报告准则、翻译问题和不完全的执行与实施。

尽管许多国家确实采用了或者准备采用国际财务报告准则，但在国际财务报告准则规则的生效日期上还是存在国际差异。这里提到两个例子。首先，国际财务报告准则与欧盟认可的国际财务报告准则之间存在差异，包括一些背书上的长时间延误。这些差异在 5.4 节中进行了讨论。其次，关于国际财务报告准则差异的例子涉及准则的执行日期和结束年度。新准则的生效日期一般为"自 200×年 1 月 1 日或之后开始的年度期间"。然而，提前应用新准则通常是允许的，因此两个完全不同的国际财务报告准则版本可以同时生效。例如，根据国际会计准则理事会的规定，《国际财务报告准则第 16 号》在 2016 年就可以使用，但直到 2019 年才被强制要求使用，并且欧盟的批准过程可能需要数月时间。根据国际会计准则理事会的规定，国际财务报告准则的某些部分可能是可用的，但欧盟不会特地因为某家公司即将迎来下一个财年而及时批准其使用。欧盟企业未被要求服从国际财务报告准则的上述规则，除非这些规则与欧盟认可的国际财务报告准则一致（KPMG，2005）。这方面的例子已经在 5.4 节中给出。在澳大利亚也是这样，尽管情况并没有欧盟国家那么复杂，澳大利亚版本的国际财务报告准则的生效日期与国际财务报告准则一样，但提早执行通常是不被允许的。

此外，一些国家（如澳大利亚、日本和英国，但不包括法国和德国）的许多公司的会计期间不是从 1 月 1 日开始。因此，研究者可能会发现，年度报告截止到 2020 年的公司样本会受到不同版本的国际财务报告准则的约束。微妙的是，一些公司（如英国的零售集团）选择的会计年度正好是 52 周或 53 周，所以有些公司的会计年度可能从 12 月 28 日开始，正好避开了一项新准则，因为新准则往往在 4 天后开始生效。

### 9.2.2　翻译问题

国际财务报告准则基金会有一个官方的国际财务报告准则翻译流程，包括专门负责复核翻译质量的委员会。欧盟有多种语言的官方翻译版本，包括阿拉伯语、亚美尼亚语、汉语、日语、哈萨克语和俄语。

就欧盟而言，2002 年的条例赋予了各国翻译的法律地位。一些欧洲国家的翻译版本是由欧盟翻译总局（Directorate General for Translation，DGT）编写，还有一些是由国际财务报告准则基金会编写。在后一种情况下，欧盟以及各国的政府代表加入了国际财务报告准则基金会的审查委员会，欧盟会计监管委员会（见第 5 章）也会审查翻译情况。Kettunen（2017）以芬兰版本为例，研究了参与翻译国际财务报告准则的机构。Kettunen 对比了欧盟翻译总局和国际财务报告准则基金会的审查委员会的工作，指出只有后者的审查人员中有会计专家。而且，欧盟翻译总局并没有设定特定的翻译目标，国际财务报告准则基金会则指出，翻译者应该仅仅将英语文本转化为另一种语言，不应该自行理解或解释，也不应该添加、减少或改变国际财务报告准则的实质和内容（IFRS Foundation，2013）。Kettunen 列举的两个翻译成芬兰语的例子特别有趣，因为芬兰的审查委员会决定不采用国际会计准则理事会有意改变的术语：（1）将"资产的估值"改为"计量"；（2）将"资产负债表"改为"财务状况表"。

就像在任何领域一样，翻译过程中有可能出现改变或失去原文意思的情况。这里给出了三个例子。

现金流量表是《国际会计准则第 7 号》所规定的，对现金和现金等价物进行调整。现金等价物的定义见第 6 段至第 9 段，包括：

> 通常仅当投资的到期日很短（比如 3 个月）时才将其视为现金等价物……

采用这种方法是为了避免将以原则为导向的准则写成以规则为导向的准则。在葡萄牙语的版本中，国际会计准则省略了"比如"这个词及之后的翻译。这提高了准则的要求标准，没有准确地进行翻译。因此，与波兰相比，在葡萄牙更难成功地证明，一项期限超过 3 个月的投资是现金等价物。

第二个例子是，《国际会计准则第 41 号》规定与生物性资产有关的政府补助"可收回"（receivable）时，要确认为收入。挪威①版本（DnR，2006）将其翻译为"mottas"，意思是"收到"。这是一个很重要的区别。挪威的版本在 2012 年进行了修正。

第三个例子是，《国际会计准则第 19 号》的德文翻译要求养老金负债的贴现率的制定参照行业债券（industrial bonds），而原文是参照公司债券，这是一个更广泛的范畴。在 2010 年国际会计准则理事会公布的官方德语版本中，这被修正为"Unternehmensanleihen"，但在 2012 年发布的欧盟整合文本中仍然是错误的。

Evans（2004）研究了涉及一种以上语言时会计沟通的主要问题。Zeff（2007）在对全球财务报告可比性障碍的调查中发现了翻译和术语的问题。Baskerville 和 Evans（2011）研究了翻译国际

---

①　挪威虽然不是欧盟国家，但作为欧洲经济区的一员，已经实施了该条例。

财务报告准则时需要考虑的复杂问题。Dahlgren 和 Nilsson（2012）举了许多将国际财务报告准则翻译成瑞典语的详细例子，并指出了几个直接的错误。但是，他们提出了更普遍的观点，由于不同语言的概念结构并不完全匹配，有些会计概念根本无法翻译。Evans 等（2015）研究了会计上要求翻译的几个方面，以及从其他学科中汲取的经验教训。

Nobes 和 Stadler（2018）在《国际会计准则第 36 号》的背景下研究了单词"impairment"的 19 种其他国家的官方翻译版本。表 9-1 显示了这个词直译成英文的大致情况。只有一种翻译版本（韩语）保留了对资产损害的原始概念。这些翻译可能并不会影响各国会计人员的业务，但它们可能会影响对年报的理解，特别是当这些报告被翻译成英文时。在 5.7 节中已指出了这一点。

表 9-1 在各国《国际会计准则第 36 号》翻译版本中标题里"impairment"的字面含义

| | |
|---|---|
| 减值/损害（impairment/damage） | 韩语 |
| 缩减-损失（decreasing-losing） | 日语 |
| 贬值（fall in value） | 汉语、丹麦语、芬兰语、法语（欧盟和加拿大）、德语、意大利语、挪威语、波兰语、俄语、西班牙语（欧盟和阿根廷） |
| 特殊贬值（special fall in value） | 荷兰语 |
| 可收回金额减少（reduction in recoverable value） | 葡萄牙语（巴西） |
| 入账价值减少（reduction in recorded amount） | 阿拉伯语 |
| 减记（writing-down） | 瑞典语 |
| 不对称（imparity） | 葡萄牙（欧盟） |

### 9.2.3 不完全的执行与实施

尽管统一要求使用国际财务报告准则，但可能导致产生不同实务的监管环境的最后一个方面是——不完全的执行与实施，准则的执行程度（关系到遵守程度）在国际上是不同的。国际财务报告准则的执行（包括监管）仍然是一个国家层面的问题。这一问题将在第 17 章中进行讨论，研究表明，在过去，德国对国际财务报告准则的遵守程度低于英国。如果某些国家的合规性较低，那么在所谓的国际财务报告准则下的会计实务可能就会偏离国际财务报告准则的要求。

## 9.3 应用国际财务报告准则的六种不同范围

### 9.3.1 概述

除了上述基于国家的监管差异之外，国际财务报告准则本身也允许存在不同的应用范围。最明显的是，国际财务报告准则本身存在缺陷（见 9.3.2 节），并且有意插入一些备选方案（见 9.3.3 节）。然后，有两种临时备选方案：首次采用整个国际财务报告准则（见 9.3.4 节），以及允许提前采用某个特定的新准则或修订准则（见 9.3.5 节）。更微妙的是，国际财务报告准则包含许多需要自行判断的话题，这可能会导致有意或无意的偏差（见 9.3.6 节和 9.3.7 节）。

在本节中，有几个例子是关于德国和英国的，因为它们是比较重要的国家（即拥有欧洲最大的两个股票市场），会计核算有明显的差异（见第 3 章）。

### 9.3.2　国际财务报告准则间的差距

从理论上来说，国际财务报告准则不会有不足之处，因为《国际会计准则第 8 号》（第 10 段）已经指出，在没有相关适用的国际财务报告准则时应该如何选择会计政策。在这种情况下，应采用国际会计准则理事会框架下的一般准则，或国际财务报告准则中与未覆盖领域相关的部分，以及使用类似框架（最明显的是美国公认会计原则）中更详细的准则。这给主体留下了相当大的回旋余地，并保留在会计实务中继续变化的可能。

举出的一个例子是对珍贵艺术品的计量。目前尚不清楚《国际会计准则第 16 号》是否涵盖这些。2020 年的其他特殊例子还包括保险合同以及石油和天然气的勘探。一般的主题都是分别由《国际财务报告准则第 4 号》和《国际财务报告准则第 6 号》提出的，但这三要是为了使会计主体免于遵守国际财务报告准则的其他部分，包括《国际会计准则第 8 号》制定会计政策的一般方法。在这种情况下，国家惯例可以继续作为填补国际财务报告准则空白的一种方式。保险合同的各种实务处理方法由《国际财务报告准则第 17 号》提出，并于 2021 年生效（进而取代《国际财务报告准则第 4 号》）。

### 9.3.3　关于首次采用国际财务报告准则的选择

《国际财务报告准则第 1 号》为公司首次从国内会计准则转到国际财务报告准则提供了多种会计处理方法的选择。其中一个与商誉有关。正如 4.3 节和第 8 章所提到的，对于商誉的规定近年来发生了很大的变化。英国关于商誉的会计实务处理方法通常是，1998 年以前购入的商誉记为零，1998 年以后购入的商誉分期摊销 20 年。在其他国家（如法国），商誉一直被资本化。在向国际财务报告准则过渡的时期，按照旧的国内会计准则记录的商誉数据被允许保留。在表 1－1 中，葛兰素史克公司 2005 年和 2006 年分别采用国际财务报告准则与美国公认会计原则记录的数据差异说明了这一点。对此主要的解释是，在旧的英国会计规则下，资产负债表中不包括商誉这一会计项目，而在国际财务报告准则的初始报表中商誉有所体现。因此不同国家的出发点会在未来多年里影响国际财务报告准则的实施。

### 9.3.4　尽早采用新准则

如 9.2.1 节所述，一个新的或经过修正的准则通常在其公布与被强制采用日期之间存在一段时间。某些公司会选择尽早采用，这与其所在国家等因素有关。当国际财务报告准则引入新的要求或备选的会计处理方法时，公司将会评估它们对盈余或负债合计等一些比较重要的会计数字产生什么影响。它们还将评估任何会产生的合理的额外成本，以及会计政策变化带来的任何一次性成本。Stadler 和 Nobes（2014）将这些问题纳入了他们关于管理层如何做出会计政策选择的模型中。考虑到企业面临的不同情况，一些公司会尽早采用新准则，其他公司则会等到被强制采用新准则的日期。公司实务相关的实证研究将在 9.4 节中讨论。

### 9.3.5　明确的备选方案

明确的备选方案是指在会计准则中显而易见的备选方案，公司的选择在财务报表和附注中清晰可见。20 世纪 90 年代早期，国际会计准则存在大量的备选方案。然而 1993 年和 2003 年的两次大规模修订工作后，这些备选方案正被逐步取消。

表 9-2 列示了 2019 年国际财务报告准则中明确的备选方案。这里并不包括《国际财务报告准则第 1 号》（首次采用国际财务报告准则）中的大量备选方案，这些备选方案在 9.3.4 节中进行讨论。一个重要的问题是，在选择这些备选方案时各国之间是否存在系统性的差异，倘若存在，那么国际会计差异仍然没有消失。

**表 9-2　2019 年国际财务报告准则中明确备选方案的示例**

| | |
|---|---|
| 《国际会计准则第 1 号》 | 财务状况或综合收益的报表没有格式要求（第 54 段和第 82 段） |
| 《国际会计准则第 1 号》 | 允许在两张报表中列报综合收益（第 81A 段） |
| 《国际会计准则第 2 号》 | 使用先进先出法或加权平均法确定存货成本（第 25 段） |
| 《国际会计准则第 2 号》 | 允许商品交易经纪人存货按市价计价（第 3 段） |
| 《国际会计准则第 7 号》 | 计量经营活动现金量的直接或间接基础（第 21 段） |
| 《国际会计准则第 7 号》 | 对利息和股息进行分类的选择（第 31 段） |
| 《国际会计准则第 16 号》 | 固定资产以成本或公允价值基础进行计量（第 29 段） |
| 《国际会计准则第 20 号》 | 资产补贴可作为资产的扣减项或递延收入（第 24 段） |
| 《国际会计准则第 27 号》 | 在母公司报表中，可以对子公司、合资企业和联营企业使用权益法计量或作为金融资产以成本列示（第 10 段） |
| 《国际会计准则第 38 号》 | 某些类型的无形资产以成本或公允价值计量（第 72 段） |
| 《国际会计准则第 40 号》 | 允许将以经营租赁方式持有的房地产划分为投资性房地产（第 6 段） |
| 《国际会计准则第 40 号》 | 在整个主体范围内选择成本或公允价值作为投资性房地产的计量基础（第 30 段） |
| 《国际财务报告准则第 3 号》 | 计量被收购方的非控制性股权时，在被收购方的净资产份额或者公允价值之间选择一方作为计量基础（第 19 段） |
| 《国际财务报告准则第 9 号》 | 根据权益性工具的其他综合收益来选择以公允价值计量（第 4.1.4 段） |
| 《国际财务报告准则第 9 号》 | 根据某些金融工具的损益来选择以公允价值计量（第 4.1.5 段） |
| 《国际财务报告准则第 9 号》 | 选择指定一个套期关系（第 6.1.2 段） |
| 《国际财务报告准则第 15 号》 | 将可变对价的估计作为期望值或最有可能的金额（第 53 段） |
| 《国际财务报告准则第 15 号》 | 当客户在一年及以内付款时采取折扣或者不确认收入（第 63 段） |
| 《国际财务报告准则第 15 号》 | 对一年及以下的合同成本进行费用化或者资本化。（第 94 段） |
| 《国际财务报告准则第 16 号》 | 承租方可将短期低值租赁视为经营性租赁（第 5 段） |
| 《国际财务报告准则第 16 号》 | 承租方可选择不将提供服务的部分分开使用（第 15 段） |

让我们以英国和德国为例，研究上市公司的合并报表。传统做法可能会对选择产生重大影响。例如，Kvaal 和 Nobes（2010）对 2005 年的国际财务报告准则实务做了如下预测：

1.（《国际会计准则第 1 号》）英国集团将继续使用资产负债表的财务状况格式（见 2.9 节）。例如，英国普华永道会计师事务所（2011）建议的国际财务报告格式模型中就使用了这种格式。不过，德国的大部分集团将继续使用报表格式。

2.（《国际会计准则第 2 号》）英国集团将继续使用先进先出法，而许多德国集团将使用加权平均法，这在德国的会计实务中很常见，因为先进先出法会受到税法的限制（Kesti，2005）。后进先出法在德国公司的非合并报表中也会出现（见第 16 章），但这并不被《国际会计准则第 2 号》所允许。

3.（《国际会计准则第 40 号》）英国集团将继续以公允价值计量投资性房地产，但德国集团将继续使用成本计量投资性房地产。

在 9.5 节中我们将对关于国际财务报告准则的实务展开讨论。

### 9.3.6　隐蔽的备选方案

由于国际财务报告准则中存在不同的解释、隐蔽的备选方案或模糊的标准，国际上不同的国际财务报告准则实务还有进一步的适用空间。在执行准则的过程中不可避免地要做出一些估计，但我们所讲的差异无关这些估计（见 9.3.7 节）。隐蔽的备选方案或模糊标准的例子见表 9-3。设计隐蔽的备选方案不是为了允许主体进行选择，而是不同的判断可能导致在实务中允许这种选择。可以看到，其中一些选择取决于什么是"可能"的。Doupnik 和 Richter（2004）认为德国的会计人员对"可能"一词的解释比美国会计人员更为谨慎（这个词在国际财务报告准则的许多地方都出现过）。

表 9-3　2019 年国际财务报告准则中隐蔽的备选方案和模糊标准的示例

| | |
|---|---|
| 《国际会计准则第 1 号》 | 根据预期结算日期或持有目的确定负债是否为流动负债（第 60 段） |
| 《国际会计准则第 8 号》 | 根据各种目的来确定重要性（第 3 段） |
| 《国际会计准则第 12 号》 | 只有在未来可能产生应纳税利润的情况下，才确认递延税资产以弥补亏损（第 34 段） |
| 《国际会计准则第 12 号》 | 只有当在可预见的将来有可能出现股息时，才确认子公司未汇出利润的递延税负债（第 39 段） |
| 《国际会计准则第 21 号》 | 基于多种标准确定功能货币（第 9~12 段） |
| 《国际会计准则第 28 号》 | 在是否产生"重大影响"的基础上认定是否为联营企业（第 6 段） |
| 《国际会计准则第 36 号》 | 基于多种标准确定减值迹象（第 12~14 段） |
| 《国际会计准则第 37 号》 | 根据资金流出的可能性确认预计负债（第 14 段） |
| 《国际会计准则第 38 号》 | 当六项标准全部满足时才将开发成本资本化（第 57 段） |
| 《国际会计准则第 38 号》 | 只有在无形资产使用寿命有限的情况下，才能对其进行摊销（第 88 段） |
| 《国际会计准则第 40 号》 | 对于公允价值不能可靠计量的投资性房地产，尽管公允价值的选择范围广泛，但仍应以成本计量（第 53 段） |
| 《国际会计准则第 41 号》 | 对于公允价值不能可靠计量的生物性资产以成本计量（第 30 段） |
| 《国际财务报告准则第 3 号》 | 在对等合并形式下的企业合并中确定收购方（第 6 段） |

续表

| | |
|---|---|
| 《国际财务报告准则第 5 号》 | 将预期在一年内出售的资产视为持有待售资产（第 8 段） |
| 《国际财务报告准则第 8 号》 | 基于多种因素确定可报告部分（第 11 段） |
| 《国际财务报告准则第 9 号》 | 评估允许按公允价值指定的准则（第 4.1.5 段） |
| 《国际财务报告准则第 9 号》 | 估计套期有效性作为使用套期会计的一个条件（第 6.4.1 段） |
| 《国际财务报告准则第 10 号》 | 基于投资方拥有"对被投资方的权力"来确定子公司的类型（第 7 段） |
| 《国际财务报告准则第 16 号》 | 出租人要基于"几乎所有的风险和回报"对租赁进行分类（第 62 段） |

表 9 - 3 中隐蔽的备选方案的一个例子是《国际会计准则第 38 号》所要求的开发费用资本化。根据欧盟各国的规定，在某些情况下，资本化是被禁止的（比如德国），而在其他情形下，资本化是被允许的（比如英国），但也不是必须的。欧盟国家的会计准则没有像《国际会计准则第 38 号》一样，只有符合特定标准时才能进行资本化，这一点是很重要的。一个著名的例子是，大众汽车公司在 2001 年自愿从德国会计准则转为国际财务报告准则时（见 2.9 节），由于开发成本资本化使所有者权益增加了 41%。宝马汽车公司也出现了类似的影响。

由于英国没有大型的上市汽车公司，因此无法找到英国和德国进行直接比较的例子。但是，开发费用是否资本化取决于一系列标准是否得到了满足，而这些标准是很模糊的，例如完成开发的可行性、完成开发的意愿以及是否有足够的资源支持开发的完成（《国际会计准则第 38 号》）。因此，在 9.4 节中所讨论因素的驱动下，存在着有意或无意的较为系统的国际差异。例如，德国用于国际财务报告准则合并目的的资本化并没有产生税收影响，而英国的情况则不同，因为税收方面的考虑可能会影响单个公司财务报表中有关这一项目的会计实务，而且可能会影响合并报表。并且，资本化更多的是反对德国的保守主义传统，而不是反对英国的传统。

看待隐蔽的备选方案的另一个角度是，国际财务报告准则解释委员会可能对准则有不同的解释。国际会计准则理事会更偏向以原则为基础而不是以规则为基础的准则（见第 5 章），这意味着它试图避免细节性的规定。解释委员会公布了之前向其提出但已决定不予处理的话题清单。在每一个话题下，提出问题的公司或审计机构至少认为有两个答案是合理可行的。

### 9.3.7 计量估计

表 9 - 4 给出了一些国际财务报告准则中会计估计的例子（与上文 9.3.6 节中与确认有关的估计相反）。计量估计的一个例子是，折旧需要评估资产的预期使用年限和剩余价值。折旧方法（例如，直线折旧法或余额递减折旧法）也是一种会计估计，而不是一种会计政策选择，因为选择哪种折旧方法取决于资产的磨损情况。

**表 9 - 4　2019 年国际财务报告准则中会计估计的示例**

| | |
|---|---|
| 《国际会计准则第 2 号》 | 存货的可变现净值（第 30 和 31 段） |
| 《国际会计准则第 12 号》 | 基于预期收回或清偿的方式计算递延税的税率（第 51 段） |
| 《国际会计准则第 16/38/40 号》 | 基于估计的使用寿命、残值和磨损方式进行折旧（或摊销）（第 50、51 和 60 段） |
| 《国际会计准则第 16/38/40 号》 | 选择公允价值作为计量基础（第 31～34 段） |

续表

| | |
|---|---|
| 《国际会计准则第 19 号》 | 基于死亡率估计、最终薪酬等计算的养老金义务（第 75 段） |
| 《国际会计准则第 36 号》 | 以现金流折现或可变现净值判断是否减值（第 18 段等） |
| 《国际会计准则第 37 号》 | 按资金流出的可能性计算预计负债的最佳估计数（第 40 段） |
| 《国际财务报告准则第 9 号》 | 某些金融资产和金融负债的公允价值（第 5.2.1 段） |
| 《国际会计准则第 41 号》 | 生物性资产的公允价值（第 12 段） |
| 《国际财务报告准则第 2 号》 | 授予员工的权益性工具（例如股票期权或非上市公司的股份）的公允价值（第 11 段） |
| 《国际财务报告准则第 3 号》 | 基于公允价值将企业合并的成本分摊到被收购方的资产和负债中（第 18 段） |
| 《国际财务报告准则第 15 号》 | 估算的考虑（第 50 段） |
| 《国际财务报告准则第 16 号》 | 租赁期限取决于对是否在可选期间执行的估计（第 18 段） |

　　惯例、便利性和税收考虑都将在这里发挥作用。英国的实务（FEE，1991）是使用一种简便的方法（例如对厂房通常使用直线法，零残值和十年寿命）。这样做的原因是英国有一项折旧免税计划，而该计划与会计折旧毫无关系（见 2.5 节）。德国的传统是（Haller，1992），对于一些非合并报表来说，通过使用税法允许的最低使用年限和余额递减法（在资产使用年限接近末尾时改为直线法折旧）来加速支出。

　　很明显，德国集团所编制的合并报表应当放弃上述以税收为目的而估计的使用年限和其他类似估计。例如，大众汽车公司转变会计准则的结果是股东权益增加了 36%（见 2.9 节）。与此相关的是，国际财务报告准则下的德国集团报表在很大程度上放弃使用余额递减法，部分原因是修订后的德国法律已经要求根据德国本国会计规则编制的合并报表中取消以税收为基础的会计政策。然而，在其他一些欧盟国家，根据国际财务报告准则，余额递减折旧法可能会继续使用下去。

## 9.4　国际财务报告准则实践的多样化动因

　　国际财务报告准则不仅适用于各种不同的实务，而且在公司、行业或国家层面上存在几种适用的动因。企业面临不同的环境，可能会做出不同的会计政策选择（Watts and Zimmerman，1978）。例如，一些公司可能会为了给股票市场留下良好印象而展示高利润。另一些公司可能喜欢展现低利润，以此来提高价格或减少派发股息或薪酬。这些不同的动因可能存在于不同的行业之间。例如，在天然气或电信等公用事业中，实行价格管制以及希望以表现低利润作为提高价格的理由是很普遍的，但这在大多数行业中却并不正常。

　　本节重点讨论了为什么某些国家的公司希望采用不同于其他国家的国际财务报告准则。首先要讨论的是，是否与在第 2 章中确定的因素相关。这里考虑了三个因素：融资制度、税收制度和法律制度。德国和英国将再次被用作主要的解释例子。

　　首先，正如 2.4 节所讨论的，可以将国家划分为内部融资和外部融资两种类型，尽管这种划分的严苛程度正在降低。例如，德国传统上被视为一个内部融资国家，但德国最大的上市公司已经从 20 世纪 90 年代中期开始适应股东/外部融资文化，并自愿采用国际财务报告准则或美国公认会计原则（Weissenberger et al.，2004）。然而，许多规模较小的德国公司一直等到德国证券交易所以及 2002 年欧盟颁布的第 1606 号决议的强制推动，才开始使用国际财务报告准则。这些德国公司可能仍然以内部融资为主，没有市场压力要求它们采用创造性会计实务并进行更多的披露，这不同于美国或英国的市场。如果存在依照国际财务报告准则编制不同风格的财务报表的机会，那么这些德国公司就可能存在动机去编制不同风格的财务报表。其次，如 2.3 节所讨论的，文献将发达国家的法律制度分为两种主要类型：罗马法系（民法）和普通法系（David and Brierley，1985），这影响了对财务报告的监管。例如，根据德国会计准则编制的财务报表主要是《商法》（HGB）和税法规定的，而英国会计规则的详细内容可在私营部门会计准则中找到。当然，对于德国和英国的国际财务报告准则来说，准则的内容现在是相同的。但是，如上所述，监管和执行仍由国家负责。这包括审计的性质和监管、证券交易所的规则、证券交易所监管机构和任何其他监管或审查机构的活动。这些领域的国际差异仍然存在，因此罗马法系/普通法系的二分法仍会影响财务报告实务。

最后，是税收制度对财务报告的影响。这在 2.5 节中得到了验证，税收在德国产生的影响被认为比在英国产生的影响大。然而，在合并报表使用国际财务报告准则的背景下，这种差异是否仍然相关？乍看上去似乎没有影响，因为国际财务报告准则的合并报表与税收计算无关，至少在德国是这样的，税收根据未合并的单个主体税前会计利润计算。然而，税收实务影响国际财务报告准则下合并报表的原因有两个：便利性（在德国）和税收一致性（在英国）。

在德国，公司被要求继续按照商法中的传统规则编制非合并报表，以计算应纳税所得额和可分配利润。这与合并或非合并报表是否采用国际财务报告准则编制无关（Eierle et al.，2018）。在某些领域，非合并报表由税收因素驱动而进行的会计政策选择可能会通过国际财务报告准则影响合并报表。例如，在德国，资产减值是可以在计算税收时扣除的（但在英国不行），因此德国更容易出现资产减值。考虑到国际财务报告准则减值过程的判断空间（见 7.2 节），上述对资产减值的偏好就可能会在德国的按照国际财务报告准则编制的合并报表中继续存在。

在英国，国际财务报告准则适用于单个公司的财务报表，并将其作为计算应纳税所得额的起点。英国的税务当局通常希望母公司和其他子公司所出具的报表采用与集团报表相同的会计政策。举例来说，无形资产的确认和计量涉及税收问题，因此，鉴于国际财务报告准则在这个方面需要相当多的判断，个别公司在使用国际财务报告准则时为了减少资本化（费用最大化）进而减少税收，它们将有动机去解释《国际会计准则第 38 号》，而这些解释将在合并报表中得以体现。

Gee 等（2010）研究了税收对德国和英国在国际财务报告准则下所出具的财务报告的潜在影响。他们得出的结论是，税收对会计政策选择的影响有一个范围。

总结本节的内容，在国际财务报告准则中即便规定了合并报表中的某些范围，国内会计准则下的实务做法也可能会继续在合并报表中延续。这并不是说这种做法的延续仅仅是由于惯性，而是说不同实务做法的原因在某些情况下仍然具有相关性。然而，实务或习惯本身可能是进一步的解释。这并不一定是坏事，因为惯例也有好处：惯性本身可以作为进一步的解释，因为公司本身可能会希望尽量少改变会计政策，从而为内部和外部使用者提供更容易理解的信息。

## 9.5　国际财务报告准则实践的多样化实例

### 9.5.1　对欧洲和澳大利亚在采用国际财务报告准则早期所选择的明确备选方案的研究

自 2005 年以来，国际财务报告准则在澳大利亚和欧盟国家的广泛使用使得对国际财务报告准则实务变化的研究成为可能。毕马威会计师事务所和 Keitz（2006）使用 2005 年年底的数据，研究了 10 个国家（其中 7 个是欧盟国家）中最大公司的 199 份根据国际财务报告准则出具的财务报告。这就排除了许多第一次采用国际财务报告准则的英国公司[①]，意味着像澳大利亚[②]这样的国家被排除在外。毕马威会计师事务所的研究报告了关于备选方案的选择，在某些情况下，数据还按国家进行了分类。但是，这项研究的目的不是对国家间的会计实务进行正式比较。英格兰及威尔士特许会计师协会（ICAEW，2007）报告了 2005—2006 年对 24 个欧盟国家的 200 家大小不一的上市公司进行的调查。一般来说，关于备选方案的选择的数据是汇总在一起的，而不是按国家列示的，虽然也有一些例外。英格兰及威尔士特许会计师协会的研究报告显示，按国家和部门划分，国际财务报告准则中备选方案的使用有很大差异。在报告中发现按公允价值计量资产时几乎没有其他备选方案，（当然）金融机构对金融资产的计量除外。对 2006 年年报的调查（Ineum，2008）也有类似的发现。

上述调查注意到不同公司在处理养老金成本方面有很大的差异。Morais（2008）在 2005 年调查了 523 家欧洲公司，以研究它们在国际财务报告准则下对于精算损益处理的选择。她发现，英国和爱尔兰的公司做出的选择明显不同于其他国家，而且与它们此前的做法是一致的。

Kvaal 和 Nobes（2010）研究了澳大利亚、法国、德国、西班牙和英国股票市场主板中 2005 年和 2006 年共 232 家公司依据国际财务报告准则出具的财务报告。他们发现了一个类似的国与国之间对于运用国际财务报告准则的倾向性做法，但涵盖了表 9-2 中列出的 16 种明显的国际财务报告准则备选方案，而不仅仅是其中一种。如表 9-5 所示，Nobes（2013）在更新数据的过程中增加了几个国家。我们可以看到，实行国际财务报告准则之前的传统做法往往能够继续存在。例如，澳大利亚和英国的公司在资产负债表中列示净资产，而欧洲大陆的公司关注的是总资产。许多澳大利亚和英国公司使用公允价值计量投资项目，但很少有德国或意大利公司这样做。据此得出的结论是，德国版本的国际财务报告准则与英国版本有显著差异。正如第 3 章所提到的，Nobes（2011）编制了一个分类表，表明澳大利亚公司和英国公司在国际财务报告准则下的会计实务在某种程度上是相似的，各个欧洲大陆国家版本的国际财务报告准则在某种程度上也是相似的。

---

① 许多英国公司不以 12 月 31 日为年终点，因此它们首份依据国际财务报告准则出具的财务报告截至 2006 年。

② 大多数澳大利亚公司从 2005 年 7 月 1 日开始采用国际财务报告准则。

表 9 - 5　2008 年采用国际财务报告准则中特定备选方案的公司的百分比

| | | 澳大利亚 | 加拿大 | 英国 | 德国 | 法国 | 西班牙 | 荷兰 | 意大利 | 瑞典 |
|---|---|---|---|---|---|---|---|---|---|---|
| 1* | 资产负债表列示净资产 | 100.0 | 0.0 | 85.2 | 0.0 | 0.0 | 0.0 | 14.3 | 0.0 | 0.0 |
| 2* | 资产负债表顶部列示现金 | 100.0 | 100.0 | 0.0 | 30.4 | 0.0 | 4.8 | 14.3 | 21.4 | 0.0 |
| 3* | 按用途划分损益表 | 58.3 | 87.5 | 82.1 | 82.6 | 62.1 | 4.8 | 50.0 | 7.1 | 95.0 |
| 4* | "经营活动"中的股本利润 | 68.8 | 30.8 | 40.4 | 23.3 | 10.7 | 0.0 | 0.0 | 0.0 | 93.3 |
| 5† | 仅列示其他综合收益 | 67.5 | — | 90.6 | 33.3 | 14.7 | 32.1 | 41.1 | 18.8 | 23.1 |
| 6* | 间接性的经营活动现金流 | 8.3 | 100.0 | 100.0 | 100.0 | 100.0 | 95.2 | 100.0 | 100.0 | 100.0 |
| 7* | 作为经营活动现金流支付的利息 | 81.5 | 74.3 | 65.1 | 60.9 | 80.0 | 42.9 | 78.5 | 85.7 | 90.0 |
| 8 | 以公允价值计量某些固定资产 | 15.4 | 7.9 | 13.4 | 0.0 | 0.0 | 0.0 | 11.8 | 0.0 | 3.8 |
| 9 | 以公允价值计量投资性房地产 | 73.3 | 40.0 | 72.7 | 10.0 | 12.5 | 6.3 | 75.0 | 0.0 | 100.0 |
| 10* | 指定某些资产以公允价值计量 | 29.2 | 35.3 | 12.7 | 17.4 | 33.3 | 19.0 | 75.0 | 12.5 | 52.6 |
| 11† | 利息支出资本化 | 87.1 | — | 57.4 | 41.7 | 44.4 | 100.0 | 66.6 | 33.3 | 33.3 |
| 12* | 仅使用加权平均折旧法 | 52.9 | 63.0 | 30.0 | 76.2 | 50.0 | 83.3 | 41.7 | 78.6 | 10.0 |
| 13 | 其他综合收益的精算损益 | 86.7 | 79.6 | 85.4 | 63.3 | 50.0 | 57.8 | 31.3 | 24.0 | 20.0 |
| 14 | 按合并比例界定合资企业 | 11.5 | 63.0 | 22.6 | 15.8 | 75.8 | 88.0 | 46.0 | 40.0 | 33.3 |

注：该表列示了选择某一特定会计政策的公司占该项目下所有公司的百分比。
＊表示仅非金融公司。
†表示 2008 年后备选方案被剔除。

### 9.5.2　对不同国家所采用明确备选方案的后续研究

Baik 等（2016）研究了韩国的公司根据《国际会计准则第 7 号》对现金流量表中利息支出列报位置的选择。在之前的韩国公认会计原则下（受美国公认会计准则的影响），利息支出在"经营活动产生的现金流"项目下列示。Baik 等发现，在第一批采用国际财务报告准则的报表中，利息支出从"经营活动产生的现金流"到"筹资活动产生的现金流"列报方式的变化更有可能出现在发生财务困境的公司，或利息支出较高或银行控股较高的公司。Charitou 等（2018）研究了英国公司在这个问题上的选择。他们发现，如果企业出现亏损或发行了大量债券，它们就不太可能在"经营活动产生的现金流"下列报利息支出。

Stadler 和 Nobes（2018）研究了政府补助下资产计量的会计问题，该问题尚未被研究人员实证研究过。他们发现一些国家（如中国、德国、西班牙和韩国）的大多数公司都得到了政府的补助。国际财务报告准则的会计实务差别很大，例如，澳大利亚、巴西、韩国和加拿大的公司将这笔补助列示为一种债务，而不是将其与资产相抵后计算净值），比例分别为 100％、100％、4％和 0％。

一些研究人员已经对公司在《国际会计准则第 40 号》下对投资性房地产的计量基础所做出的选择进行了研究。这个问题也包含在表 9 - 5 中。Israeli（2015）发现高杠杆的公司更可能采用公允价值计量投资性房地产。这很容易理解，因为使用公允价值会让公司的杠杆看起来更小些。Maki 等（2016）也发现，所有权分散的公司更有可能采用公允价值计量，因为他们更希望向投资者提供有用的信息。

### 9.5.3　小型上市公司选择的明确备选方案

Kvaal 和 Nobes（2010）对大型上市公司的研究表明，他们对国际上不同国际财务报告实务的发现是稳健的。也就是说，他们预期较小的公司可能对国际的可比性不太注重，因此会表现出与国家更相关的政策选择模式。事实上，大公司所做的一些国际财务报告准则中的选择似乎不符合它们采用国际财务报告准则之前的国家惯例做法。例如，大型德国公司大多选择采用按用途分类的损益表，这大概是为了符合纽约和伦敦证券交易所的大多数惯例。按性质分类则是传统的德国做法，1987 年之前作为法定要求。

Nobes 和 Perramon（2013）研究了这个问题。他们将 Kvaal 和 Nobes（2012）在 2008 年和 2009 年的数据作为非金融公司的相关数据，然后精心挑选了与 2008 年和 2009 年有关的国际财务报告准则政策选择的数据，这些选择是由相同的 5 个国家中最小的上市公司做出的。他们发现，在 15 个主题中，至少有 12 个主题的会计政策选择在中小企业之间存在显著差异。这包括上面所提到的与损益表有关的德国公司，因为小型德国公司大多选择采用传统的按性质分类的格式。正如第 5 章所指出的，Ball（2006）警告说，采用国际财务报告准则不太可能带来会计上的国际一致性。对于规模较小的上市公司来说，情况尤其如此。

### 9.5.4　关于提前采用国际财务报告准则的研究

Glaum 等（2018）研究了对国际财务报告准则不同应用范围的另一个方面：提前采用准则中发生变动的部分。他们考察了法国、德国和英国的公司是否提前采用了《国际会计准则第 19 号》中的变动内容。他们发现是否提前采用与国家、公司股权和收入性质有关。

### 9.5.5　公司所属行业是否影响其会计政策选择

正如在第 2 章中提到的，Jaafar 和 McLeay（2007）调查了特定行业的会计政策选择是否导致了一些国际差异。他们发现，与国家相比，行业的影响很小。然而，他们研究了采用国际财务报告准则之前的做法，这意味着国家因素所带来影响的一部分（或许大部分）是会计准则的国际差异造成的，而不是会计政策选择造成的。Stadler 和 Nobes（2014）研究了当所有公司遵循相同准则时，在国际财务报告准则环境下各种因素的影响。他们指出，尽管会计政策选择与所在国家有很强的关联性，但一个国家内的国际财务报告准则实务并不统一。因此，他们调查了国际财务报告准则会计政策的选择受行业、公司或政策等特定因素以及国家驱动程度的影响。他们使用了 Kvaal 和 Nobes（2012）收集的 2008 年和 2009 年非金融公司的数据。公司特有的因素包括规模和杠杆率。选择某种会计政策的特定因素与所选择的政策对会计数字的影响有关。例如，如果一家公司已经拥有很高的杠杆率，它可能不愿意选择按比例合并来合资企业，这将提高杠杆率。Stadler 和 Nobes 发现，会计政策的选择和国家之间有很强的关联性，在行业、企业和政策等变量的影响下仍然存在。

### 9.5.6　使用国际财务报告准则中隐蔽备选方案的国际差异

Wehrfritz 和 Haller（2014）尝试了一项更困难的任务，即评估国际财务报告准则实务中确认和计量方面是否存在国际差异（见 9.3.7 节）。他们对德国和英国的会计师进行了问卷调查，以研究在规定的确认和计量方面的潜在差异。然而，他们发现样本很难匹配，也没能在实务中确认很大的国际差异。

## 9.6 国际财务报告准则实践随时间变化的情况

对于 Kvaal 和 Nobes（2010）研究的大多数公司来说，所研究的财务报表都是根据国际财务报告准则编制的。这就提出了一个问题：实施国际财务报告准则之前的做法（以及各国国际财务报告准则的做法模式）的影响是否具有向国际财务报告准则过渡的主要特征，因此是否会随着时间的推移而消散。为了查明这一点，Kvaal 和 Nobes（2012）在三年后研究了同一家公司关于国际财务报告准则的会计政策选择。他们预计实施国际财务报告准则之前的会计政策（以及国家）的影响将继续，尤其是《国际会计准则第 8 号》限制了会计政策的变化。

Kvaal 和 Nobes（2012）研究了三年间的 126 项会计政策的变化。他们发现，澳大利亚和英国公司的变化不大，但法国和西班牙公司的变化要大得多。值得注意的是，法国和西班牙公司在过渡到国际财务报告准则后（尽管受到《国际会计准则第 8 号》的限制），其会计政策的变化情况比在过渡期间（当《国际财务报告准则第 1 号》没有施加限制时）要多。澳大利亚和英国公司的情况则正好相反。

Kvaal 和 Nobes（2012）给出了这个问题的解释。他们认为，法国和西班牙公司距离国际会计准则理事会的文化、精神和要求远，因此不了解在过渡期间可能发生的变化。Kvaal 和 Nobes 通过记录每一个过渡期后会计政策的变化是否符合实施国际财务报告准则前的要求（根据国家公认会计原则）来检验这一点。他们发现，澳大利亚和英国公司的少数变化也大多是遵循实施国际财务报告准则前的国家准则，这表明这些国家的公司并没有借鉴外国公司，而是对本国内同行业公司之间的可比性更加看重。然而，法国和西班牙公司在过渡期后的政策变化大多偏离了实施国际财务报告准则之前的国家准则，这意味其中存在着一些借鉴，也许借鉴对象是伦敦证券交易所的上市公司，因为这些上市公司通常是在世界范围内按国际财务报告准则出具财务报告的大公司。

Haller 和 Wehrfritz（2013）以 Nobes（2006）的研究为起点，考察了 2005 年至 2009 年德国和英国公司实施国际财务报告准则时会计政策的变化。正如 Kvaal 和 Nobes（2012）的结论一样，他们也发现这些国家的公司很少有会计政策上的变化。

澳大利亚存在一个比较特殊的情况，因为澳大利亚最初实施国际财务报告准则时剔除了一些非澳大利亚惯例做法的备选方案，如计算经营活动现金流的间接法。然而，2007 年以后，这个备选方案又被重新启用。然而 Bond 等（2012）发现，截至 2009 年，澳大利亚所有的上市公司中，只有不到 1% 的公司从直接法转为间接法，这再次说明了国家惯例影响的显著持久性。顺便说一句，有研究表明，直接法能更好地预测未来现金流（Bradbury，2011；Farshadfar and Monem，2013）。

## 9.7　不同版本国际财务报告准则实践的影响

本章讨论了国际财务报告准则的不同应用范围和动因问题。虽然这个问题与公司或行业之间的差异有关，但这里的关注重点是国际问题。

9.2 节和 9.3 节调查了九个方面的不同国际财务报告准则的适用范围。作为这项工作的一部分，我们提供了关于国际财务报告准则中明确备选方案、隐蔽备选方案和计量估计的大量表格，这些可以作为第 6 至第 8 章国际财务报告准则内容覆盖范围的延伸来研究。9.4 节得出的结论是，产生国际差异的动因经修正后仍是适用的。9.5 节和 9.6 节出具了各国关于会计政策不同选择的大量证据。

这里有一个与国际会计准则理事会的工作和目标相关的启示。没有任何研究者发现存在证据表明国际财务报告准则下的会计政策选择之间的国际差异与不同的潜在经济环境有关。也就是说，据我们所知，对类似情况的解释不尽相同的原因是各国的动机和习惯不同。这符合制定国际会计准则的核心宗旨：使财务报表在使用者做出经济决策时具有可比性。这带给国际会计准则理事会的反馈是，排除各种备选方案很重要而且应该继续下去。

随着时间的推移，国际财务报告准则间的差异将会有所缩减。例如，国际会计准则理事会将继续删减明确的备选方案，缩小差距以及可能的解释空间。同时，过渡性的差异也将被消除。然而，国际财务报告准则的使用者却必须保持警惕，举例来说，国际财务报告准则的德国版本很可能继续与英国版本不同。

最后，学生和教师可以放心的是，尽管各国开始实施统一的国际财务报告准则，比较国际会计仍将作为一个单独的研究领域而存在。

◈ 小　结 ▶

● 国际财务报告准则中不同会计实务的范围建议划分为九种类型。

● 国际财务报告准则有不同的国家或地区版本和不同的译本。

● 国际财务报告准则的执行在国际上各不相同，因为它仍然是一个国家法律问题。

● 在不同版本的国际财务报告准则、明确备选方案、过渡时期备选方案、隐蔽备选方案以及不同计量估计范围方面都存在差距。

● 导致财务报告存在国际差异的一些原因将继续成为导致不同国际财务报告准则会计实务存在差异的动因。

● 某些国家的公司希望采用不同于其他国家国际财务报告准则的相关因素包括融资制度、税收制度和法律制度。

● 不同国家版本的国际财务报告准则的存在对国际会计准则理事会和财务报表使用者都有影响。

◀ **问　题** ▶

带星号问题的参考答案见书末附录 B。

9.1* 导致欧洲会计制度存在差异的原因在多大程度上会继续影响欧洲采用国际财务报告准则后的会计实务，并成为这些实务产生差异的原因？

9.2* 请举例说明国际财务报告准则中的备选方案，以及各国公司如何不同地选择这些备选方案。

9.3 "在国际财务报告准则下的合并报表中，税收对财务报告不会产生影响。"请对此进行讨论。

9.4 自 2000 年以来，导致国际财务报告准则下的会计实务存在差异的动因在多大程度上减少了？

9.5 如果发现国际财务报告准则在国家间存在巨大的系统性差异，这意味着什么？

9.6 如果某版本的国际财务报告准则是用你熟悉的语言翻译的，请评价翻译的质量。

◀ **在线资源** ▶

扫描下列二维码即可阅读本章参考文献。

第 **10** 章

# 美国的财务报告

学完本章后，你应该能够：

● 解释美国的准则制定和执行程序，以及公共机构和民间机构之间的关系；

● 描述美国财务报告的主要特征；

● 解释美国会计规范的主要特征；

● 概括美国公认会计原则和国际财务报告准则之间的主要差异。

## 10.1 引 言

我们从第 5 章至第 9 章已经比较详细地学习了国际财务报告准则。世界上大多数上市公司如果没有使用国际财务报告准则（或者以该准则为基础建立其他类似规范），就是在使用美国公认会计原则。本章主要考察美国公认会计原则和以美国证券交易委员会为首的美国监管体系。在美国，（财务报告被）要求用大量的篇幅来列报一个关于财务报告规则和惯例的综合描述及分析。在本章讨论这些做法时，我们必须有选择性地将重点放在美国公认会计原则与国际财务报告准则有不同要求的主要议题上。关于美国和其他地方实施情况的更多细节见第 17 章。

如同其语言和法律体系，美国会计也发源于英国，如美国会计之父 Arthur Yong 和 Jamas Marwick 都是英国人的后裔（他们的名字现在分别融入安永会计师事务所和毕马威会计师事务所的名称之中）。美国的其他两家大型会计师事务所的名字（德勤和普华永道）也都取自英国人的名字，这说明了这些公司的起源。此外，虽然美国和英国的会计规则不同，但从第 2 章所讨论的国际差异的原因和性质来看（例如法律制度和融资制度），美国和英国在整个世界范围内是极其相似的。与中国、法国、德国或日本相比，英国公认会计原则和美国公认会计原则的会计实务也有一些相似之处。如果要对国家分类，这种相似之处说明应当把美国和英国划分在同一个类别中。然而，有些人认为存在一种所谓的英美会计或盎格鲁-撒克逊会计（Anglo-American or Anglo-Saxo accounting），但是这种观点受到了批判（在 3.9 节中已经解释过了）。

英国会计和美国会计的一个主要共同点是财务报告规则独立于税法规定（Lamb et al.，1998）。税法在许多项目上承认财务报告中的数据（例如销售数据和工资费用）。然而，在涉及判断的几个问题上，计算税收时依据的是税法中的具体规定。这意味着税法对财务报表的影响较小，不过在后面 10.6.1 节中要提到的后进先出法是个例外。

比英美会计之间的相似性更重要的是美国公认会计原则和国际财务报告准则之间的相似性。美国对其他国家的会计实务和国际会计准则的影响是非常深远的。从 2001 年开始，随着国际会计准则理事会的成立，美国恰好出现了一系列会计丑闻，从此美国会计开始反过来受外部因素的影响，特别是受到国际财务报告准则趋同计划的影响。

之后我们将详细介绍美国的法规框架（见 10.2 节），特别是美国证券交易委员会，它对上市公司披露财务信息要求的详细程度在世界上首屈一指。随后我们将介绍美国会计准则制定机构（见 10.3 节），对美国概念框架的考虑（见 10.4 节）以及一些具体的会计和审计问题（见 10.5 节到 10.7 节）。在本章的最后（见 10.8 节）将会对比美国公认会计原则与国际财务报告准则。

## 10.2 法规框架

### 10.2.1 法律

美国是一个由 50 个州组成的联邦国家，各州都有自己的立法机构，这些机构具有在其辖区内控制商务活动及征税的许多权力。设立公司和向股东分配利润这样的事项受联邦法律的约束。职业会计师的从业权利也是由各州授予的，其要求在各州之间略有不同。美国注册会计师协会这一全国性会计职业团体的成员资格并不是授予会计师从业资格的前提条件，许多执业者并没有参加该协会，所以美国注册会计师中并没有包括所有具备执业资格的会计师。

管理证券交易的法律最初是由各州制定的，法律的制定在 1911 年从堪萨斯州率先开始，随后迅速传播到其他各州。它们一般称为"蓝天法"（blue sky laws），为讥讽肆无忌惮的堪萨斯州经营商试图出售蓝天而得名。它们通常要求对出售证券的计划进行登记，并披露必要的信息。在某些情况下，这些法律会赋予州政府官员否决证券出售计划的权力。

目前，管理证券交易最重要的法律是由联邦政府推行的 1933 年的《证券法》和 1934 年的《证券交易法》。这两部法律是在 1929 年金融危机（包括"华尔街危机"）之后通过的。但是，不论是这两部法律还是其他相关法律都没有包括与财务会计和财务报告有关的详细条款。在会计的强制要求方面，美国法律与英国《公司法》的会计部分或欧盟其他国家的相似规则也不具有可比性（见第 15 章）。对会计准则的需求，美国采取了完全不同的做法。1934 年设立了证券交易委员会来管理证券法规，其主要职能在于确保投资者能够获得必要信息以便做出投资决策。投资者包括债务证券和权益证券的买家（包括潜在买家）。美国证券交易委员会要求公司提供公开招股说明书和定期财务报告，它还有权规定公司在编制财务报告时必须遵循的方法以及报告的格式和内容。美国证券交易委员会关注对现有和潜在的投资者提供的信息，它不同于英国和其他欧洲国家法律的保护重心，后者保护的是现有股东或债权人，也关注对更广泛利益相关者的责任。其所导致的后果之一就是，相比其他地区的监管机构，美国的监管机构较少关注谨慎性和受托责任。

重要的一点是，只有很少一部分（大约 7 000 家）美国公司在美国证券交易委员会注册，必须遵循该委员会的会计和审计制度。如果一个公司想要在市场上发行证券，就必须在美国证券交易委员会注册。一旦注册成功，企业就必须公布财务报表、文件报告，由注册会计师负责审计，并遵守美国证券交易委员会和美国公认会计原则的相关规范。在阅读本章时，请记住，美国公认会计原则也适用于一些总部位于美国以外的公司，例如一些加拿大和日本的公司。例如，在纽约证券交易所上市的外国公司提交的财务报表不符合国际会计准则理事会制定的国际财务报告准则时，仍会受到美国证券交易委员会的管控。一些外国公司会采用美国公认会计原则以迎合投资者的需求。

其他公司（私营公司）没有强制接受审计或公开财务报告的要求，尽管许多公司被要求公布其股东或债权人的审计报表。2007 年，美国财务会计准则委员会和美国注册会计师协会成立了私营公司财务报告委员会，专门就私营公司会计向财务会计准则委员会提出改进建议。例如，考虑到成本效益，可能会建议私营公司免于披露某些信息。该委员会向美国财务会计准则委员会提出建议，但其在 2012 年年底被私营公司委员会（Private Company Council，PCC）取代。根据私营公司委员会的建议，美国财务会计准则委员会从 2014 年开始对美国公认会计原则进行了几项修订。例如，私营公司可以在 10 年内分期摊销商誉，而不是遵循减值准则。与此同时，美国注册会计师协会发布了中小企业财务报告框架。与美国公认会计原则相比，做出了一些简化，但它很少被使用（Mastracchio and Lively，2017）。

美国公认会计原则的本义和字面意思一致，即为大多数公司、审计师和教科书认可的高水平会计原则。然而，从 20 世纪 30 年代起，一些规则逐渐被书面化（或"正式公布"），所以现在正式公布的公认会计原则实际上是来源于不同渠道的汇总，它其实并不是"原则"，而是非常详细的规则，它也不是"公认"的，而是由美国证券交易委员会所批准的机构书面记录下来的，然后由美国证券交易委员会执行，同时通过《萨班斯-奥克斯利法案》落地。原则和规则的对比已经在第 5 章讨论过了，其中值得注意的是，即使是一套详细的规则也可能是原则导向的。

美国更依赖规则的一个原因是，这个国家有更悠久的历史且具有有权力执行这些规则的机构（美国证券交易委员会）。另一个原因可能是，美国的环境非常容易引起诉讼，因此审计师和管理层可能更喜欢详细的规则，因为证明他们遵守了这些规则，比用"真实和公允的观点"等模糊概念更容易。

### 10.2.2　美国证券交易委员会

美国证券交易委员会由美国总统任命的五名成员组成，是享有准司法权的独立监管机构。美国证券交易委员会有大批工作人员支持这五位成员。当一位新的美国总统上位后，就会有新的美国证券交易委员会工作人员就职，正如 2017 年特朗普就职总统时的情况。如第 5 章提到的，这样就会影响正在进行中的项目，例如考虑采用国际财务报告准则的建议。

美国证券交易委员会颁布了大量与会计相关的公告。然而，这些公告主要是和公司注册的细节而非会计准则相关。但是，《S-X 条例》（Regulation S-X）规定注册公司应如何编制财务报告，其中 10 - K 表包括年报和附加信息，大型公司必须在年度结束后的 60 天内提交该表，10 - Q 表针对的是季度报告，8 - K 表用于披露（在 4 天内）有关重要事项（例如增发股份等）。

美国证券交易委员会有时候会通过《会计系列公告》（Accounting Series Releases，ASR）或者《财务报告披露》（Financial Reporting Releases，FRR，这种公告是最近才开始发布的）发布与会计事项相关的指南。此外，还有一种相关的文件被称作《员工会计公告》（Staff Accounting Bulletin，SAB）。然而美国证券交易委员会自成立以来，一直倾向于把对其制定的会计准则的执行权力限制在监督职责之内，准许并鼓励民间机构（目前是通过美国财务会计准则委员会）在会计准则的制定过程中保持主导地位（见 10.3 节）。1973 年，美国证券交易委员会颁布了《会计系列公告第 150 号》，重申了该委员会保持监督职能的意图：

> 在有效满足此法定责任并意识到会计职业界的专业性、能力和资源，且不推卸责任的过程中，本委员会历来依靠会计职业界任命的会计准则制定机构来引导会计原则的制定并改善工作。本委员会认为，这些机构的决定（除少数例外情况）能够满足投资者的需求。
>
> 美国注册会计师协会目前任命的负责制定会计原则的机构为美国财务会计准则委员会……该委员会将继续采取依靠民间机构来领导会计原则的制定和改善工作这一政策……
>
> 基于这一政策，美国财务会计准则委员会通过公告和解释发布的原则、准则和惯例将被本委员会视为具有明确的权威支持，那些与美国财务会计准则委员会的公告相矛盾的原则、准则和惯例将被视为不具备这种权威支持。

值得注意的是，美国证券交易委员会并未将权力"下放"给美国财务会计准则委员会。正如 Zeff（2010）提出的，按照法律规定，美国证券交易委员会不能这么做。为监督美国财务会计准则委员会在准则制定过程中的行为，美国证券交易委员会的工作人员与美国财务会计准则委员会的工作人员需保持定期的沟通。对于美国财务会计准则委员会已经发布的公告，有时美国证券交易委员会可能会有不同的观点。但是，迄今为止，美国证券交易委员会干预美国财务会计准则委员会职权范围的事例为数甚少（见第 11 章）。它希望美国财务会计准则委员会能在相关领域内承担进一步制定新准则的工作。不过无论如何，对于公司和审计师而言，最重要的是美国证券交易委员会的成员如何解释会计准则。就很多主题而言，此问题的答案可以在美国证券交易委员会公布的《员工会计公告》中找到，而该公告也成为美国公认会计原则的组成部分。

2001 年和 2002 年，安然公司和世通公司的会计丑闻曝光之后，五大会计师事务所中的安达信宣布破产，导致了《萨班斯-奥克斯利法案》的出台。同时，这些事件也导致了由美国证券交易委员会监管的美国上市公司会计监督委员会（Public Company Accounting Oversight Board，PCAOB）的成立（Carmichael，2004）。此外，对董事的会计职责与审计师独立性的要求也明显增加（见 10.2.4 节）。2008 年的信贷紧缩和与其有关的金融灾难，正在推动美国证券交易委员会和其他监管部门的进一步改革。

### 10.2.3 美国国会

美国的立法机构——国会通常依靠美国证券交易委员会来维护公众利益，但需要指出一些例外的情况。首先是投资抵税问题，这是为了鼓励购置生产性资产而制定的税法条款。该条款允许公司在使用资产的第一年将新资产成本按一定百分比从所得税负债中扣除。该投资抵税的使用引起了关于应该何时将减税额计入损益的争议。一些人认为减税额应当计入当年的收益；其他一些人则认为减税应在有关资产的使用年限内分摊。最终，民间准则制定机构建议只采用一种方法，即将减税额按照资产的使用年限进行分摊。但是，在这一建议定稿之前，国会通过立法（《1971年税收法案》）阻止任何准则制定机构对在政府机构（包括美国证券交易委员会）归档的报告中的投资抵税可接受的会计方法施加限制。

显然，国会的目的在于不削弱税收减免所带来的激励效果。国会认识到，如果公司采取了最佳决策，而会计准则却为它提供较差的盈利方式，最终它会选择"不经济的决策"，这将是件很遗憾的事情，会计准则应该尽可能对经济决策产生中立的影响。美国财务会计准则委员会已发起研究，评估其准则的经济后果。国会的做法可视为提倡准则中立性方面的先驱。顺便说一下，作为通用税制改革的一部分的投资税收抵免自 1986 年起已被废除。

在美国，Solomons（1978）和 Zeff（1978）对会计的"政治化"问题进行了评述。之后，Zeff（1997）和 Mozes（1998）再次对此问题发表了看法，他们认定股票期权会计问题是准则制定者与政府部门之间的一场重要论战（见 7.9.5 节）。由于公司对禁止使用权益结合法的反对，国会在企业合并会计改革问题上有过进一步的参与（Beresford，2001）。国会还在 2002 年通过了《萨班斯-奥克斯利法案》来实现对会计的介入。这在很大程度上与会计无关，而是与拥有控制权的管理者以及审计师有关。然而，它确实提高了合并报表中未包括的特殊目的实体的披露要求。这些案例以及会计准则制定中的政治参与的话题会在第 11 章详细讨论。

### 10.2.4 审计

公司独立审计师出具的审计报告可以成为财务报告阅读者的重要信息来源。该审计报告声明了其对财务报表公允性的意见。美国审计报告的标准格式如下：

> 我们已经审计了公司随附的截至 2019 年 12 月 31 日和 2020 年 12 月 31 日的财务状况表，以及截至 2020 年 12 月 31 日三年间各年度的相关合并损益表、综合损益表和现金流量表以及相关附注（合称"合并财务报表"）。我们还根据特雷德韦委员会（Committee of Sponsoring Organizations of the Treadway Commission，COSO）主办组织委员会发布的《内部控制-综合框架（2013）》中确立的标准，审计了截至 2020 年 12 月 31 日公司财务报告的内部控制情况。

> 在我们看来，上述合并财务报表是公允的，所有提供的材料、2019 年 12 月 31 日和 2020 年 12 月 31 日公司的财务状况、会计处理结果以及截至 2020 年 12 月 31 日三年间各年度的现

金流量表，都符合美国公认会计原则的要求。我们还认为，截至 2017 年 12 月 31 日，基于 COSO 发布的《内部控制-综合框架（2013）》确立的标准，本公司在所有重要方面均保持了对财务报告的有效内部控制。

审计意见中的关键词是第二段中的"符合美国公认会计原则"。这反映了在评估是否公允时对包括准则在内的权威文献的依赖（Zeff，1990，1992 and 2007a）。实际上，与英国的审计法不同，美国的法律并没有提到"公允"。

如 10.2.2 节所述，美国证券交易委员会正式承认了美国财务会计准则委员会发布的准则的权威性。美国注册会计师协会的规则又进一步保证了美国财务会计准则委员会准则的执行。上文指出，美国注册会计师协会的成员资格并不是执业的先决条件。然而，控制执业权的国家当局普遍采用美国注册会计师协会的规则。美国注册会计师协会《职业道德准则第 203 号》规定：

> 如果财务报表与美国财务会计准则委员会颁布的会计原则有任何背离，协会成员不得就财务报表是否符合美国公认会计原则发表审计意见……这对报表整体都有重大影响，除非该协会成员能够证明是由特殊情况导致的，否则财务报表会被误导。在这种情况下，审计报告必须说明背离情况，在可行情况下的大致影响，以及遵守原则会导致产生误导的理由。

美国注册会计师协会的行为准则还规定，"注册会计师协会审判委员会可以在听证会后，对发现侵害行为准则的协会成员进行警告，吊销执业权或开除"。因此，注册会计师如果允许背离美国财务会计准则委员会声明的行为发生，就可能会失去其行业地位。假设授权当局同意美国注册会计师协会审判委员会的结论，就失去了证明财务报表陈述"公允性"的法律权威。《职业道德准则第 203 号》是针对审计人员的，但美国公认会计原则是针对公司管理层的，它不允许基于公允陈述的理由而发生偏离（见 10.3.2 节）。

不过，《萨班斯-奥克斯利法案》要求高管层确保财务报表是公允陈述的。除此之外，《萨班斯-奥克斯利法案》并不直接与会计相关，除了要求一些披露外。该法案主要关于公司治理和审计，比如对审计师提出更高的独立性要求。《萨班斯-奥克斯利法案》的要求非常苛刻，使得在美国证券交易委员会注册和在美国交易所上市的公司承担的成本更高。2003 年，美国上市公司会计监督委员会决定自己制定审计准则，而不再把这个任务交给已经扮演这个角色 60 多年的美国注册会计师协会。Zeff（2003）研究了一个多世纪以来美国审计行业是如何逐渐没落的。

正如 10.2.1 节所提到的，大多数美国公司并不会强制性地受到审计，因此其中一些公司选择进行审计审查，这只是一套标准化的程序，而非一个完整的审计流程。

## 10.3 会计准则制定机构

### 10.3.1 职业界的准则制定机构

第一个系统介入美国会计准则制定的民间机构是由美国注册会计师协会设立的会计程序委员会（Committee on Accounting Procedure），该机构在证券交易委员会成立后不久设立（Davidson and Andersen, 1987)。在 1939 年至 1959 年间，该委员会先后发布了 51 份会计研究公报。会计程序委员会于 1959 年被会计原则委员会取代，截至 1973 年，会计原则委员会发表了 31 份意见书及 4 份声明书。根据惯例，只要会计程序委员会和会计原则委员会的公报尚未被美国财务会计准则委员会修订或废止，它们就仍然有效。Zeff（1972）考察了美国和其他国家在这个阶段的准则制定过程。

由于人们对会计准则制定程序越来越不满意，1971 年，美国注册会计师协会成立了两个委员会对这些程序进行审查。对于准则制定程序，人们不满的第一个原因在于，会计原则委员会完全由会计职业界支配，缺乏足够的规定确保其他利益集团的意见得到考虑。Zeff（2018）解释了美国证券交易委员会是如何从背后影响会计原则委员会的，并提醒它有必要为投资者的需求服务。惠特委员会（Wheat Committee）受命研究这一问题，并于 1972 年做了题为《制定财务会计准则》（Establishing Financial Accounting Standards）的报告，从而促使三个新机构诞生：负责制定准则的财务会计准则委员会，负责任命委员会成员和筹集经费的财务会计基金会（Financial Accounting Foundation，FAF），负责咨询工作的财务会计准则顾问理事会（Financial Accounting Standards Advisory Council，FASAC）。Zeff（2015）研究了导致这些事态发展的准则制定危机，并解释了惠特委员会是如何得出结论的。

不满的第二个原因在于，为了使会计准则的制定更可靠，应当建立基本概念，但是会计原则委员会的此项工作进展缓慢。为了做出有关财务报告目标的报告，成立了特鲁布拉德委员会（Trueblood Committee），这是建立 FASB 的概念框架迈出的第一步（见 10.4 节）。Zeff（2016）审查了特鲁布拉德委员会的工作。

英国也颁布过惠特委员会和特鲁布拉德委员会所做的类似报告，这些报告也产生了类似的结果，包括促成会计准则委员会的诞生。

### 10.3.2 美国财务会计准则委员会

自 1973 年以来，美国财务会计准则委员会一直是美国证券交易委员会任命的负责制定美国财务会计和报告准则的民间机构，它的经费来自会计师事务所、实业界、投资者和信贷组织以及其他各种有关的组织及个人的自愿资助。各个利益集团的年度资助都有所限制，以确保委员会的独立性免受不当影响。现在，美国证券交易委员会通过对其注册人征税来资助美国财务会计准则委员会。

美国财务会计准则委员会的成员（最初有 7 名，2008 年减少至 5 名，现在又恢复为 7 名）都是专职的，进入委员会之前，必须中断以前的全部业务或职业联系，这些成员具有不同的背景，并非全部都来自会计师事务所。

到 2009 年为止，美国财务会计准则委员会颁布财务会计准则公告、财务会计概念公告和财务会计解释公告。2009 年，美国财务会计准则委员会将之前的所有公认会计原则编制在一起形成"法典"，也就是说，把所有已发布的和之前机构发布的准则按照主题范畴进行了重新组合。读者会注意到，许多学术论文在提到过去的发展时使用了原准则的名称或编号，如有关外汇交易的《财务会计准则公告第 52 号》。我们在本书中当讨论历史发展的时候也会这样做。然而，现在对现行公认会计原则的引用应该是会计准则汇编（Accounting Standards Codification，ASC）的相关部分。

美国财务会计准则委员会还发布了一些主要由委员会内部用来指导准则制定的概念声明。它们共同构成了概念框架。概念陈述本身不包含准则本身的直接应用。10.4 节对此进行了研究。

在颁布公认会计原则的修正案之前，美国财务会计准则委员会必须遵循广泛的正当程序。在开展每一个重要研究项目时，委员会应当：

- 任命特别工作组对研究项目提供咨询。该工作组由大量的技术专家组成，包括财务报表编写者、审计师以及财务信息使用者；
- 研究与该项目有关的学术文献并在必要时进行进一步研究；
- 举行公开听证会，即"圆桌会议"；
- 广泛地分发供公众评议的拟议公告的征求意见稿。

委员会的运作比其他任何国家的准则制定机构或国际会计准则理事会的运作都复杂，且预算经费更多。大批委员会的专业人员从事研究工作，参加公众听证会，分析来自社会公众的口头和书面评论，编写供委员会考虑的建议书及文件草案。

美国财务会计准则委员会工作的另一个方面是 1984 年成立的新兴问题任务组（Emerging Issues Task Force，EITF）。这个小组的成员来自大型会计师事务所和公司，美国注册会计师协会和证券交易委员会是这个工作小组的观察员。新兴问题任务组负责处理新出现的问题，并提供被广泛认可的紧急指导。它的结论将被公开，并具有很大的影响力。

四个美国会计机构（财务会计基金会、财务会计准则委员会、财务会计准则咨询委员会和新兴问题任务组）在 2001 年建立国际会计准则理事会的改革中都有相应的机构（见第 4 章）。表 10-1 记录了美国和国际会计准则制定机构。

**表 10-1　会计准则制定机构**

| 主体 | 美国 | 国际 |
| --- | --- | --- |
| 政府信任机构 | 财务会计基金会 | 国际财务报告准则基金会 |
| 委员会 | 财务会计准则委员会 | 国际会计准则委员会 |
| 咨询委员会 | 财务会计准则咨询委员会 | 国际财务报告准则咨询委员会 |
| 说明机构 | 新兴问题任务组 | 国际财务报告准则解释委员会 |

2001 年和 2002 年，由于一些大型公司（如安然公司）突然倒闭，美国以规则为基础的会计准则和国际会计准则理事会以原则为基础的会计准则之间的差异受到特别关注。2002 年，美国财务会计准则委员会就此问题专门发布了一个咨询文件。此外，美国财务会计准则委员会在 2008 年又发布了《美国财务会计准则公告第 162 号》，进一步明确了美国公认会计原则不允许因"公允列报"的需要而偏离规则的要求。

2002 年，美国财务会计准则委员会宣布了与国际会计准则理事会的一个联合项目（诺沃科协议，Norwalk Agreement），决定在 2005 年之前尽可能地消除二者之间的差异，之后将寻求中期项目的进一步趋同。2006 年，《谅解备忘录》为进一步趋同提出了明确目标和重点事项。10.5 节至10.8 节将讨论美国公认会计原则和国际财务报告准则两者之间现存的差异。正如第 5 章所述，从2008 年开始，美国证券交易委员会可能要在美国采用国际财务报告准则。看起来未来多年美国证券交易委员会依然会继续要求美国财务会计准则委员会编写公认会计原则。

Miller 等（2016）考察了美国财务会计准则委员会的运作。Zeff（1995）分析了美国政府法规和民间法规的混合状况。

### 10.3.3　有影响力的团体

财务报表使用者的代表对准则的制定有很大影响，在美国尤其如此。美国财务会计准则委员会寻求并倾听注册金融分析师协会（Chartered Financial Analyst Institute，前身为投资管理和研究协会）的意见，并且美国财务会计准则委员会的七个成员之一是专业的财务分析师。

大型公司的管理层（财务报表编制者）自然会对准则的制定产生重要影响。有人（Watts and Zimmerman，1978）认为他们会为私人利益（例如，支持一个公司的股价）去游说美国财务会计准则委员会。管理层对国会议员和其他人的游说或许能解释国会的干预行动（见 10.2 节和第 11 章）。

同时，学术界在准则的制定方面也发挥着重要的作用。在美国财务会计准则委员会中通常有一名成员以前是学者。美国财务会计准则委员会经常委托学术界研究一些正在讨论的问题。美国会计学会（American Accounting Association，AAA）代表会计学术界参与对征求意见稿的讨论。

## 10.4　概念框架

### 10.4.1　引言

美国在概念框架方面的工作先于英国或国际会计准则委员会（如第 6 章所述）。会计概念框架是促成国际会计准则委员会建立的研究的主要考虑因素之一。这一领域之前也有过一些研究（Paton，1922；Canning，1929；MacNeal 1939）。1959 年，美国注册会计师协会在成立会计原则委员会的同时，还成立了会计研究部。后者分别于 1961 年和 1962 年编写了《会计研究报告第 1 号》和《会计研究报告第 3 号》。① 这些文件包含定义（例如资产和负债）和一系列假设，这些假设将会计主体和持续经营的概念与会计信息的理想质量（特别是客观性和一致性）混合在一起。然而，《会计研究报告第 1 号》和《会计研究报告第 3 号》被会计原则委员会拒绝，因为其中的一些内容与现有的实务处理不同，而且会计原则委员会在 1970 年最终出台了自身制定的且主要是描述性的原则——《商业企业财务报表所反映的基本概念和会计原则》（《会计原则委员会声明第 4 号》）。其中第 4 章涉及会计目标，这导致了对会计信息质量特征的讨论，质量特征将相关性置于可核性和中立性之前（Schattke，1972）。

与此同时，美国会计学会在 1966 年发表了一份具有"革命性"意义的《基础会计理论声明》（A Statement of Basic Accounting Theory，ASOBAT）（Sterling，1967）。它并没有借鉴现有的实

---

　　① 这些文件是由美国注册会计师协会公布的，但是会计研究部主任（Maurice Moonitz，一位学者）指出这是在他的授权下进行的。《会计研究报告第 1 号》是 Moonitz 编写的；Robert Sprouse（另一位学者）编写了《会计研究报告第 3 号》，而 Moonitz 进行了重新起草。

务做法，而是采用了演绎法。《基础会计理论声明》从未被美国会计原则委员会接受。它的结论看上去显得非常先进，它将决策有用性放在会计目标的首位，并提出会计信息的四个"基本标准"①：相关性、可核性、中立性和可量化性。在此之后，又有五个会计信息沟通指南：使用的适当性、重要关系的披露、环境信息的包含、实体内部和彼此之间实务做法的一致性，以及随着时间推移实务的一致性。这些要求现在称为质量特征。在美国财务会计准则委员会和国际会计准则理事会的后期框架中可以看到其中的许多内容。

美国财务会计准则委员会自成立以来，就将相当一部分的精力放在制定"财务会计与报告的概念框架"工作上。特鲁布拉德委员会所承担的研究工作为出台关于财务报告目标的一个重要公告做出了重大贡献。下面取自美国财务会计准则委员会（1976）发布的关于该项目的一份文件，它说明了概念框架的重要性：

> 尽管许多组织、委员会和个人已经发表了自己对概念框架或框架的某些方面的构想，但没有一个框架获得普遍的认可或者成为会计实务的依据。这些成果中突出的例子是《会计原则委员会第 4 号公告》（1970），但其主要目的是描述会计是什么，而不是"应该是什么"。

> 概念框架是一部章程，它是由相互依存的目标和基本概念组成的连贯体系，能够产生内在一致的准则，并规范财务会计和财务报表的性质、职能和局限性。其目标是确定会计的目的和意图，其中基本概念是指会计的基本概念，用于指导会计事项的选择、计量，将其汇总并传递至各利益集团。

美国财务会计准则委员会在成立后的 10 年间一直致力于研究概念框架，其结论包含在下列财务会计概念公告中：

● 概念公告第 1 号描述了公司财务报告的基本目标，此外有一个单独的公告（第 4 号）描述了非营利组织的目标。

● 概念公告第 2 号描述了使会计信息具备有用性的信息质量特征。

● 概念公告第 3 号（后来被概念公告第 6 号取代）对财务报表的主要要素进行了定义，例如资产、负债、收入和费用等。

● 概念公告第 5 号阐明财务报表要素的确认和计量标准，以及和财务报告所列报的信息有关的一些问题。

Gore（1992）详细介绍了框架的创建过程。为补充概念框架，美国财务会计准则委员会于 2000 年发布了概念公告第 7 号。这使得概念框架紧跟时代，并且使得资产负债表的某些项目从成本计量向现值计量迈出了一步。

2010 年，美国财务会计准则委员会联合国际会计准则理事会发布了概念公告第 1 号和第 2 号的替换公告。然而，美国财务会计准则委员会之后就没有再加入国际会计准则理事会自 2010 年后的进一步修订行列。因此，概念公告第 8 号不同于国际会计准则理事会 2018 年的框架。例如，概念公告第 8 号对管理层的规定较少，也没有提到谨慎性。2018 年，关于财务报表附注的章节被添

① "准则"（standards）一词目前的含义似乎起源于 1969 年英国会计准则指导委员会（Accounting standards Steering Committee）的成立（Rutherford，2007，p. 37）。

加到概念公告第 8 号中。

尚不清楚的是概念框架是否有助于强制美国财务会计准则委员会在任何主题下都能得出结论。例如，关于准则的讨论涉及对会计备选方案的利益和成本的评估，由于利益冲突及缺乏关于成本和收益水平的确凿证据，这种评价仍然是具有主观性的。许多学术论文都提出了框架及其使用的各种局限性（Dopuch and Sunder，1980；Ketz and Kunitake，1988；DePree，1989；Mozes，1998）。

美国财务会计准则委员会的框架在全世界都具有影响力。例如，国际会计准则委员会的概念框架（见第 6 章）和英国的原则公告明显继承了它的内容。对概念公告第 6 号的概括性结论将在下文阐述。

### 10.4.2　财务报表的要素

概念公告第 6 号定义了财务报表的十个要素，最主要的是资产、负债、权益、收入和费用，其他要素的定义均基于资产和负债。资产被定义为：

> 由于过去的交易或事项……而获得或控制的潜在的未来经济利益。

负债被定义为：

> 由现时义务所引起的潜在的未来经济利益流出……这项现时义务是由过去的交易或事项引起的，需要在未来向其他公司提供资产或资源。

正如第 6 章所解释的，国际会计准则理事会的定义目前不再使用"probable"（可能的），而是用"potential"（潜在的）代替。

权益是资产和负债的差额；收入和费用则以资产和负债的增加和减少来定义。这些也是国际会计准则理事会概念框架中的相应内容。然而，专业术语上存在一个有趣的区别。美国财务会计准则委员会主要关注"收入"和"费用"，这比国际会计准则理事会所界定的"利润"和"费用"范围要小。美国财务会计准则委员会的上述概念尤其与一个主体"正在进行的主要或中心业务"有关。国际会计准则理事会的收入和费用还包括其他类型的损益。

在 10.4.1 节我们曾经提到，概念框架的使用存在局限性。美国财务会计准则委员会并没有始终遵守其概念框架，或者它可能需要很多年才能够使美国的会计准则与概念框架保持一致。例如，直到 2003 年发布的《美国财务会计准则公告第 150 号》才提出强制要求，将可赎回优先股划分为负债，而这种规定早在多年前已经包括在《国际会计准则第 32 号》中了。虽然可转换债券有权益类的要素，《国际会计准则第 32 号》要求将其单独列示，但美国通常将其划分为负债。另一个关于应用这些定义的过程非常缓慢的例子与租赁会计有关（见 10.6.3 节）。

## 10.5　年报的内容

### 10.5.1　引言

正如 10.2.2 节所介绍的，证券交易委员会要求公司以不同频率提交大量报告。公司被要求必须按照10-K格式编制财务报表和附注，还被要求提供"管理层讨论与分析"表来解释公司的经营成果和财务状况。美国财务会计准则委员会还没有对其提过要求。国际财务报告准则中与之最接近的是管理层评述，国际财务报告准则没有要求管理评论，但国际会计准则理事会在2010年发布了第一份"实务声明"。

美国公司主要有四张财务年报：资产负债表、利润表、所有者权益变动表和现金流量表。表10-2和表10-3列示了500家美国大公司前两种报表的报表名称，该数据来源于美国实务年度调查报告。遗憾的是，它们之后不再这样做了，所以我们必须使用几年前的数据。由此可见，利润表这一术语在美国已逐渐被取代。

**表10-2　对应于"资产负债表"的美国术语**

| | 公司（%） |
|---|---|
| 资产负债表 | 95.2 |
| 财务状况表 | 4.8 |
| 总计 | 100.0 |

资料来源：American Institute of Certified Public Accountants（AICPA）（2010）*Accounting Trends and Techniques*. AICPA, Jersey City, New Jersey, p. 147.

**表10-3　对应于"业绩表"的美国术语**

| 公司（%）： | 2000 | 2009 |
|---|---|---|
| 营业报表 | 33.0 | 48.4 |
| 利润表 | 47.3 | 36.2 |
| 损益表 | 18.0 | 14.0 |
| 其他 | 1.7 | 1.4 |
| 总计 | 100.0 | 100.0 |

资料来源：American Institute of Certified Public Accountants（AICPA）（2001/2010）*Accounting Trends and Techniques*. AICPA, Jersey City, New Jersey, p. 311（2001），p. 317（2010）.

### 10.5.2　资产负债表

美国的资产负债表有一些标准要素，例如，资产在垂直式报表的上部列示（或两栏式报表的左侧列示）。与包括英国在内的欧洲国家的资产负债表格式不同的是，美国的流动资产位于固定资产之前，只有少数美国公司使用"财务状况表"格式。所以对非专业的股东来说，美国的报表格式不是特别易于阅读。

通过对英国"股东资金"对应术语的考查，我们可以进一步证实美国公司所用术语的多样化，如表10-4所示。此外，还有一个例子，对应于英国的术语"股票溢价"（share premium），美国也有多种不同的表述方法（见表10-5）。

**表10-4　对应于英国"股东资金"的美国术语**

| | 公司（%） |
|---|---|
| 股东权益 | 51.2 |

续表

| | 公司（%） |
|---|---|
| 股票持有者权益 | 35.8 |
| 股票所有者权益 | 3.2 |
| 股票持有者投资 | 1.0 |
| 股东共同权益 | 1.0 |
| 股票持有者共同权益 | 0.2 |
| 赤字或亏损 | 4.4 |
| 其他表达或无表达 | 3.2 |
| 总计 | 100.0 |

资料来源：American Institute of Certified Public Accountants（AICPA）（2010）*Accounting Trends and Techniques*. AICPA, Jersey City，New Jersey，p. 300.

表 10-5　对应于英国"股票溢价"的美国术语

| | 公司（%） |
|---|---|
| 资本公积 | 57.0 |
| 超过票面价值或规定价值的资本 | 15.2 |
| 实收资本 | 10.2 |
| 追加资本或其他资本 | 2.8 |
| 资本盈余 | 2.4 |
| 其他说法 | 2.8 |
| 小计 | 90.4 |
| 无资本公积账户 | 9.6 |
| 总计 | 100.0 |

资料来源：American Institute of Certified Public Accountants（AICPA）（2010）*Accounting Trends and Techniques*. AICPA, Jersey City，New Jersey，p. 300.

### 10.5.3　所有者权益变动表，包括综合收益

直到最近，美国公认会计原则和所有其他会计体系的利润表都没有显示所有的损益。例如，将财务报表改用母公司的功能货币时的货币损益显示为准备金变动。英国的会计制度是第一个要求会计主体在损益表中列示所有损益的会计制度：1993 年，《财务报告准则第 3 号》要求一份单独的"确认损益总额表"，以显示任何被排除在损益账户之外的金额（见第 16 章）。1997 年，《美国财务会计准则公告第 130 号》首次要求编制其他综合收益表。其他综合收益包括重估投资引起的未纳入利润表的利得，以及由于国外子公司财务报表的外币折算而产生的利得或损失（见 10.6.4 节）。利润表还包括权益增加或减少的其他原因，如股票发行或股息支付。

《美国财务会计准则公告第 130 号》允许会计主体在单独的报表或损益表中列示其他综合收益，但这种情况很少见。很明显，管理者更希望投资者关注利润数字，因为它的波动性更小。

Bamber 等（2010）发现，这尤其适用于管理层股权激励程度低或很少有工作保障的美国公司。1997 年，国际会计准则委员会在《国际会计准则第 1 号》中引入了类似的内容，允许采用美国方法（一份包含所有者权益变动的报表）或英国方法（一份包含被传统损益表排除在外的损益报表）。然而，从 2013 年开始，美国公认会计原则和国际财务报告准则都要求一份完整的所有者权益变动表，并且要求其他综合收益作为收益列示。

### 10.5.4 利润表

美国的利润表往往比其他国家的更为详细。它们的名称也各不相同，如表 10-3 所示。与几乎所有其他国家以及国际财务报告准则的区别是，美国的利润表需要三年的数据，也就是包括前两年的比较数据。这是美国证券交易委员会的要求，也适用于提交国际财务报告准则报表的外国公司。

从 2013 年开始，美国公认会计原则和国际财务报告准则明显都开始要求使用包含损益和其他综合收益的单一报表。但是，它们可以作为单独的部分列示；实际上，几乎所有的公司都有两份报表。一个重要的国际差异仍然存在：实现的任何损益（例如出售外国子公司）的处理方式。关键的问题是，在处置时，以前计入其他综合收益的损益是否从其他综合收益重新划分为损益。根据美国公认会计原则，其他综合收益的所有项目最终会被重新分类，但正如 6.3 节所解释的，在国际财务报告准则下，某些项目并非如此。

### 10.5.5 现金流量表

现金流量表是美国证券交易委员会要求提供的，但它的出现晚于其他两张主要报表。它并不是复式记账体系的一部分，而是以另一种方式看待资产负债表和利润中的部分信息。和利润表一样，美国规则的不同之处在于它要求公司提供连续三年的数据。

1987 年以前，美国要求公司提供财务状况变动表，这之后，应《美国财务会计准则公告第 95 号》的要求，财务状况变动表被现金流量表取代。后者更加注重现金和现金等价物的流动，而非广义上的"资金"。1992 年，《国际会计准则第 7 号》也发生了同样的变化。美国财务会计准则委员会/国际会计准则理事会发布的"初步意见"提议将关注点只放在"现金"上，就像英国现金流量表那样。此表中有三个主要项目：经营活动产生的现金流量、投资活动产生的现金流量和筹资活动产生的现金流量。同英国报表不同，《美国财务会计准则公告第 95 号》所要求的报表使用税后利润，所以税款并不列示为现金的使用。

与《国际会计准则第 7 号》相比，在支出与收到的利息和红利在何处列报的问题上，美国公认会计原则更缺乏灵活性。在美国公认会计原则中，除了支付的红利属于筹资活动产生的现金流量之外，以上各项都属于经营活动产生的现金流量。

### 10.5.6 专业术语

表 10-6 列出了美国准则、国际财务报告准则和英国准则在会计术语上存在的一些差别。多数时候这些差别无关紧要。例如，多数讲英语的非美国人可以非常容易地理解像"应收账款""应

付账款""销售额"之类的术语。然而，在某些情况下，也有可能产生误解，例如：

1.英国《公司法》对应"销售额"（sales）的术语是"营业额"（turnover）。然而，在美国，"营业额"被解释为员工的离职和雇佣。

2.英国术语"存货"（stock）和"股票"（shares）译成美国术语时通常为"存货"（inventory）和"股票"（stock），因此试图同美国人讨论"股票"（stock）计价的先进先出法是毫无意义的。国际财务报告使用术语"存货"（inventory）和"股票"（shares）。更糟糕的是，美国术语"库存股"（treasury stock）在英国可能会被认为是金边债券（即政府公债），而它真正的意思是公司回购自己的股票，并将其存在公司中。国际财务报告准则使用了折中的术语"库存股"（treasury shares）。

3.有些词语，如"财产"（property）的含义在大西洋两岸国家有着很微妙的差异。在英国，"财产"通常指土地（即不动产）或者建筑物，而在美国，"财产"有着更广泛的含义，包括任何有形的固定资产。

4.如 2.9 节指出的，"准备金"（provision）、"公积金"（reserve）及"备抵"（allowance）这三个词的意思很难区分。

表 10-6　美国准则、国际财务报告准则和英国准则中的一些会计术语

| 美国准则 | 国际财务报告准则 | 英国准则 |
| --- | --- | --- |
| 应付账款（accounts payable） | 应付账款（payables） | 应付账款（creditors） |
| 应收账款（accounts receivable） | 应收账款（receivables） | 应收账款（debtors） |
| 备抵（allowance）（如坏账备抵） | 减值准备（impairment） | 预计负债（provision）（法案用语） |
| 资产负债表（balance sheet） | 财务状况表（statement of financial position） | 资产负债表（balance sheet） |
| 公司章程（bylaws） | — | 公司章程（articles of association） |
| 融资租赁（capital lease） | 融资租赁（finance lease） | 融资租赁（finance lease） |
| 资本公积（capital surplus） | — | 股本溢价（share premium） |
| 公司登记执照（certificate of incorporation） | — | 公司组织大纲（memorandum of association） |
| 普通股（common stock） | 普通股（ordinary shares） | 普通股（ordinary shares） |
| 不变币值会计（constant dollar accounting） | — | 现行购买力（current purchasing power） |
| 现行汇率法（current rate method） | — | 期末汇率法（closing rate method） |
| 财务年度（fiscal year） | 会计期间（accounting period） | 财务年度（financial year） |
| 一般物价水平调整（general price level adjusted） | — | 现行购买力（current purchasing power） |
| 收益（income） | 利润（profit） | 利润（profit） |
| 利润表（income statement 或 operations statement） | 损益表（profit or loss） | 损益表（profit and loss account） |

续表

| 美国准则 | 国际财务报告准则 | 英国准则 |
| --- | --- | --- |
| 存货（inventories） | 存货（inventories） | 存货（stocks） |
| 杠杆效应（leverage） | — | 杠杆比率（gearing） |
| 票据（notes） | — | 票据（bills） |
| 资本公积（paid-in surplus） | — | 股本溢价（share premium） |
| 面值（par value） | 面值（par value） | 名义价值（nominal value） |
| 权益结合（pooling of interests） | 权益结合（uniting of interests） | 兼并会计（merger accounting） |
| 优先股（preferred stock） | 优先股（preference shares） | 优先股（preference shares） |
| 不动产、厂场和设备（property, plant and equipment） | 不动产、厂场和设备（property, plant and equipment） | 有形固定资产（tangible fixed assets） |
| 购买会计（purchase accounting） | 购买会计（purchase accounting） | 收购会计（acquisition accounting） |
| 不动产（real estate） | 土地（land） | 土地（land） |
| 准备金（reserve）（如坏账准备） | 减值准备（impairment） | 准备金（provision）（法案用语） |
| 公积金（reserve）（如养老金） | 准备金（provision） | 准备金（provision） |
| 销售额（sales） | 收入（revenue） | 营业额（turnover） |
| 股票（stock） | 股票（shares） | 股票（shares） |
| 以股票为基础的薪酬（stock-based compensation） | 以股票为基础的支付（share-based payment） | 以股票为基础的支付（share-based payment） |
| 股票股利（stock dividend） | 发放红利（bonus issue）（小额） | 发放红利（bonus issue）（小额） |
| 股东权益（stockholders' equity） | 所有者权益（equity） | 股东资金（shareholders' funds） |
| 股票分割（stock split） | 发放红利（bonus issue）（大额） | 发放红利（bonus issue）（大额） |
| 库存股（treasury stock） | 库存股（treasury shares） | 自有股份（own shares） |

## 10.6 会计原则

### 10.6.1 存货

存货计价的总则在《会计研究公报第 43 号》中提出。美国最通用的规则是"较低的成本与市价法"。在美国，一旦存货的价值从历史成本减少到市价，那么即使未来市场行情好转也不得转回该减值损失，但在国际财务报告准则中是允许转回的。

美国存货计价的主要特征是许多公司采用后进先出法来确定存货的成本（见表 10 - 7）。后进先出法的运用意味着，从会计上认定最近购进的存货最早被用于生产或销售，剩下最早购进的存货作为年末的期末存货。如果某种存货的价格上升，则意味着当期利润和期末存货价值比使用平均成本法或先进先出法要低。

表 10 - 7　500 家公司存货计价的成本确定方法

| | 使用该方法的公司数量（家） |
| --- | --- |
| 先进先出法 | 325 |
| 后进先出法 | 176 |
| 平均成本法 | 147 |
| 其他方法 | 18 |

| | 公司数量（家） |
| --- | --- |
| 以上使用后进先出法的 176 家公司： | |
| 所有存货 | 4 |
| 50％及以上的存货 | 82 |
| 少于 50％的存货 | 78 |
| 无法判断 | 12 |
| 使用后进先出法的所有公司 | 176 |

注：此表显示了 500 家大公司所使用的存货计量方法，公司可以使用一种以上的方法。
资料来源：Adapted from American Institute of Certified Public Accountants（AICPA）（2010）*Accounting Trends and Techniques*. AICPA，Jersey City，New Jersey，p. 169.

　　美国最初因税收目的允许使用后进先出法，以便在价格上涨时，存货持有利得可以免税。否则，由于存货的额外价值（尽管存货数量是不变的）所产生的收益将需要纳税。美国的这种会计处理存在的问题是，如果公司以纳税为目的采用后进先出法，税法要求它所公布的利润表也必须使用该方法。这让人想起在欧洲大陆的一些国家中，税收给会计处理带来的普遍影响（见第 2 章）。

　　如上所述，美国很多公司从后进先出法的使用中获取可能的税务减免。然而，正如表 10 - 7 所示，大多数公司实际上采用了多种方法，这可能是因为一些存货的价格呈现下降趋势，也可能是因为要将国外子公司的非后进先出法计算的存货包括在内。那些仍在使用先进先出法的公司的目的可能是提高利润，因为管理人员薪酬与公布的净收益是紧密相连的。目前，已经有人对此进行了大量的经验性研究（Jennings et al.，1992；Hunt et al.，1996），但是这些研究并未解决市场能否识别后进先出法对盈利的负面影响以及对纳税额的正面影响这些问题。

　　运用后进先出法的影响可能会很大。就期末存货的估价而言，涉及的价格可能是几十年前的价格，而不是稍微过时的价格。后进先出法使存货成本与最先购进时的成本保持一致，这样，期末存货的计价可能会低得离谱。这一问题恐怕比过时的固定资产的计价更为严重，因为存货更多地用于销售，并且是构成流动比率的一个主要因素。更糟糕的是，可能因为生产中采用了更先进的材料使得存货的数量减少，这时以往的存货成本可能不会反映在利润表中。有人把这种现象称为"存货后进先出法的侵蚀作用"。尽管可以认为，因为后进先出法使得销售成本包括了更多的当前成本，所以它可以更好地表述收益，然而后进先出法仍然会导致令人误解的高收益。

　　美国公认会计原则要求公司披露所使用的是哪种存货成本计价方法，美国证券交易委员会建议注册公司如果计量存货使用的是后进先出法，则需要在附注中披露当使用先进先出法时存货的价值。表 10 - 8 给出了两个公司的示例。可以看到，在 2010 年卡特彼勒公司的案例中，如果选择先进先出法作为计量基础，存货将增加 27％。在流动资产净值（26％）和净资产（24％）方面，这一差异非常显著。因此，一些重要的比率，如流动比率、净资产收益率和杠杆率，可能会受到严重影响。截至 2018 年的年度财务报告，后进先出法与先进先出法所造成的差异已降至 17％。

表 10-8 后进先出法的调整示例

| | 后进先出法<br>（百万美元） | 调整金额<br>（百万美元） | 先进先出法<br>（百万美元） | 增加额<br>（％） |
|---|---|---|---|---|
| 福特汽车公司（2010） | 5 917 | 865 | 6 782 | 15 |
| 福特汽车公司（2014） | 7 866 | 978 | 8 844 | 12 |
| 卡特彼勒公司（2010） | 9 587 | 2 575 | 12 162 | 27 |
| 卡特彼勒公司（2014） | 12 205 | 2 430 | 14 635 | 20 |

资料来源：作者根据各公司的年度报告编制整理。

是否允许使用后进先出法是美国公认会计原则和国际财务报告准则会计之间最大的差别之一，这一差别可能涉及数百万美元的金额。2003 年，国际会计准则理事会禁止再使用后进先出法（从 2005 年起生效），理由是它不太可能对期末存货做出公允表达。在美国，试图禁止后进先出法会产生一个政治问题，因为只有在出于税收目的时才允许在财务报表中使用后进先出法。相比之下，例如，在英国因税收目的而使用后进先出法是不允许的，这使得《标准会计实务公告第 9 号》（Statement Of Standard Accounting Practice 9）明确指出，出于任何会计目的都不得使用后进先出法，因为该方法无法公允地表述期末存货价值。除非美国的税收制度发生改变，否则使用后进先出法的美国公司采纳国际财务报告准则后将导致税收增加。

### 10.6.2 有形资产

北美的会计惯例是长期以历史成本进行计量。Zeff（2007b）追踪了美国证券交易委员会自 1934 年到 20 世纪 70 年代的所有关于历史成本的规定。在美国公认会计原则中也有相关的概念，即只有在与另一方进行公平交易的情况下，才能确认收益与利得。因此，即使估计的价值有所上升或市价发生改变，在财务报表上固定资产或无形资产的账面价值也不会增加，因为那些事件都不是"交易"。与国际财务报告准则不同，《国际会计准则第 16 号》和《国际会计准则第 40 号》均允许价值的重估，并且在《国际会计准则第 41 号》中做出了要求。不过，美国公认会计原则（和国际财务报告准则）现在将其从金融资产的原则中分离出来了（见 10.6.5 节）。

公司建造自用资产时所发生的资产"成本"必须包括"借款费用"，即为建造而借款所带来利息和费用。大多数国家（例如法国、德国或英国）不要求（有些地方甚至禁止）对借款费用资本化。《国际会计准则第 23 号》在 2009 年以前不要求将借款费用资本化。

在北美，将有形固定资产成本在其使用年限内摊销是普遍的做法，《会计研究公报第 43 号》第 9C 章的第 5 段阐述了美国的立场：

> 生产设备的成本是它在有效经济寿命内所提供服务的成本之一。美国公认会计原则要求以下列方式将此项成本在设备的预计使用年限内分摊：尽可能在使用设备获取服务的期间内公平地摊销成本。这一程序就是所谓的折旧会计，即旨在以系统、合理的方式把有形资产的

成本或其他基础价值减去残值（如果有的话）后，在该单位资产（可能是一组资产）预计的使用年限内进行摊销的会计制度，这是一种分配程序而不是计价程序。

必须强调的是，这一规定在美国准则中不存在任何例外，而在国际财务报告准则中却存在例外，投资性房地产便是一例。

与多数国家一样，折旧的计算方法有很多种，其中直线折旧法是最常见的，但是加速折旧的各种方法也是得到认可的。例如，卡特彼勒公司在 2018 年的年报中指出，固定资产的折旧主要采用加速折旧法计量。为什么一个公司想要使用比直线折旧法更复杂的折旧方法，尤其是在加速计提费用的情况下？根据一些国家（如法国、德国、意大利或日本）的国内公认会计原则，原因可能是公司想要更快地计提费用以更早地获得税收减免。然而，美国公司被允许在税务报告和财务报告中使用不同的折旧费用。其原因更加微妙：对于某些资产，一些美国公司喜欢在财务报告中使用选定的税基，因为这会减少因账面价值与税收价值存在差异而产生递延税的资产数量（见 7.10 节）。

此外，《美国财务会计准则公告第 121 号》和《美国财务会计准则公告第 144 号》规定了有关资产减值的要求，现在又出现在会计准则汇编（ASC）360 - 10 - 35 - 15 中。这些规定要求应在每个资产负债表日（即在美国证券交易委员会注册的公司各季度）判断资产是否出现任何减值迹象（例如有形损失）。如果存在减值迹象，就必须进行计算以比较：（1）资产的账面价值与（2）使用或出售该资产（未折现且不收取利息）所产生的预期未来现金流之和。如果（2）低于（1），则应确认减值损失。减值损失以账面价值超过公允价值的部分来计量。如果不存在市场，减值损失则以现金流折现作为公允价值的估计值来衡量。

相比之下，《国际会计准则第 36 号》没有规定使用未折现现金流进行减值测试。如果出现减值迹象，则通过将账面价值与市场价值和使用价值（即折现现金流）之间的较高者进行比较来衡量其多少。这意味着在国际财务报告准则下更多的减值将被确认，因为根据美国会计规则，许多减值将因使用未折现的（即较高的）现金流总额被筛选出来。

举例来说，假设某旧设备已经损坏，下面是与其相关的信息：

- 账面价值（折旧成本）＝900 万美元
- 可实现净值＝600 万美元
- 未折现净现金流＝1 000 万美元
- 折现现金流＝800 万美元

根据美国公认会计原则，因为未折现净现金流（1 000 万美元）超过了账面价值（900 万美元），所以没有发生减值。但是根据国际财务报告准则，可收回金额（较高的使用价值和公允价值）为 800 万美元。

另一个比较重要的考量与减值转回有关。考虑到减值涉及的判断较多，一些减值结果是不乐观的。然而，美国公认会计原则不允许减值转回，因为这可能会导致故意过度计提减值，然后再进行转回，以达到平滑收益的目的。相比之下，国际财务报告准则允许对被发现的过度计提减值进行转回，但与商誉有关的减值除外。

### 10.6.3　租赁

美国在租赁协议方面的会计要求已经有 70 多年的历史了。这一要求从 1949 年开始，当时是相对简单的，即承租人必须披露每年租金的金额和付款时间，并评估特定租赁是否可被认为是可被资本化的资产。这些要求已经逐渐演化为全面的、复杂的，并与承租人和出租人的租赁活动密切相关的一系列会计和报告准则。

尽管这些要求相当复杂，但概念却十分简单：如果与租赁资产的所有权相联系的风险和报酬已转移给承租人，则出租人必须把该项租赁报告视为资产出售（销售型或直接融资型租赁），而承租人则应把该项租赁报告视为资产购置（融资租赁），即这是一项"融资租赁"（capital lease）。否则，承租人和出租人均应把该项租赁报告视为"经营租赁"（operating lease）。融资租赁与经营租赁的划分界限是很武断的。对融资租赁的一个划分界限是租赁期占资产使用年限的 75％以上或资产的租赁费用占资产总价值的 90％以上。作为对比，国际会计准则理事会所发布的准则（《国际会计准则第 17 号》）没有明确指出具体的划分标准，而只是要求依赖其基本概念进行判断，即考察资产的大部分风险和收益是否转移给了承租人。这是美国的规则体系和国际会计准则理事会的原则体系的一个典型对比。

租赁业务应该成为等额报告资产和负债的基础，这种思想反映了"实质重于形式"的观念，即强调经济实质（承租人使用了大部分资产）而非法律形式（承租人并不拥有资产）。但是，这一点本身就会造成对此问题的误解，因为经济实质依赖于严格的法律协议。更清楚地说，其经济（和法律）实质是承租人控制租赁财产，因此租赁财产是承租人的资产。

在美国，利用租赁协议作为一种融资机制得到了迅速发展。在一些行业（如复印机或计算机设备生产行业），它成为一种营销最终产品的手段，"租赁"已经取代了传统的"销售"。因为出租人知道承租公司不乐意将租赁资本化（尤其因为之后需要确认负债），所以通常会对租赁进行特别安排以使其达不到融资租赁的技术标准。美国财务会计准则委员会及其他准则制定者正在考虑是否要求将所有的不可撤销租赁都作为融资租赁进行处理，因为这似乎满足了"资产"和"负债"的定义（见 6.2 节和 10.4 节），但是这一变动极不受公司的欢迎（见 11.7 节）。

2010 年，美国财务会计准则委员会和国际会计准则理事会联合发布了一份征求意见稿，建议取消经营租赁这一概念。但是这一进程遇到了很多阻碍，2013 年发布了修订草案，仍要求承租人在资产负债表中将大多数租赁视为融资租赁（现在采用国际财务报告准则术语"融资租赁"finance leases）。美国公认会计原则在 2015 年按照修订草案进行了修订，但（与《国际财务报告准则第 16 号》不同）在损益表中保留了经营性/融资性的分类。也就是说，美国承租人的损益表仅仅列示了经营租赁的费用，而国际财务报告准则下承租人的损益表（在损益表中将除短期租赁以外的所有租赁都视为融资租赁）还显示了折旧费用和融资租赁的费用。

对于出租人而言，经营性/融资性的分类将继续适用，就像《国际财务报告准则第 16 号》对出租人所规定的一样。例如，大多数财产租赁继续被出租人视为经营租赁。

### 10.6.4　无形资产

一般来说，根据美国公认会计原则，如果是外购的无形资产，就必须确认为资产；如果是内部形成的资产，则应视为费用。因此，研发成本应被立即确认为费用，除非它们形成了实物固定资产，如实验室。最初的《美国财务会计准则公告第 2 号》讨论了谨慎性（要求将资产进行费用化处理）和权责发生额（建议费用应结转以进行匹配）之间的冲突。然而，最后得出的结论是，总体而言，出于谨慎和一致性要求直截了当地禁止资本化。计算机软件是一个特殊的例外。美国公认会计原则要求，在确定了产品的技术可行性后，在一定条件下需要将该产品的开发成本资本化。美国的要求比国际财务报告准则（《国际会计准则第 38 号》）更为保守，后者要求开发成本在满足某些标准时必须资本化（见第 7 章）。

无形资产的一般计量要求与固定资产类似。最明显的是，这些资产必须按历史成本计量，如果它们有可确认的使用年限，则应在使用年限内摊销。《美国会计原则委员会意见书第 17 号》将使用寿命限制在 40 年，但 2001 年《美国财务会计准则公告第 142 号》（现在的会计准则委员会第 350 - 30 - 35 条规定）取消了这一限制。现在，具有有限寿命的无形资产必须在寿命期内摊销。然而，寿命不确定的无形资产（包括商誉）不得摊销，但应适用于减值准则。每年必须对每一种无形资产进行一次评估，以确定是否可能出现减值。如果需要，就必须进行减值确认，或者，每一种无形资产都必须每年进行减值测试，而不进行初始评估。国际财务报告准则要求采用后一种处理方法。

### 10.6.5　投资

在美国，并非通过流动与非流动来区分投资，尽管许多公司提供的资产负债表是按这种方法分类的。为了满足计量的目的，美国公认会计原则忽略流动性差异，要求根据管理意图将投资分为三类——投资性贷款，未上市股票：按摊余成本计价；交易性投资：按公允价值计价；可供出售的投资：按公允价值计价。

后两种处理方法将产生未实现利得和损失。其中第二类应计入当期损益，第三类应计入其他综合收益。对第二类投资的处理（公允价值直接计入当期损益）又称为"市值计价"。这三种分类与国际财务报告准则中的大致相同，但是考虑到对未上市股票进行公允价值计量的难度，在美国公认会计原则下，这些资产以成本计量，而在国际财务报告准则下，必须以公允价值计量。对于交易性负债也可以采用"市值计价"的方法处理。《美国财务会计准则公告第 157 号》将公允价值定义为处置资产或转移负债的现行市价（现称会计准则委员会第 820 - 10 - 05 条规定）。

为了达到披露目的，美国公认会计原则要求许多按历史成本计价的投资提供公允价值信息。在《国际财务报告准则第 7 号》中，也有相似的要求。对比之下，许多国家都没有系统的公允价值披露制度，固定资产投资通常按成本计价，尽管许多金融机构倾向于按市价对有价证券进行计价，然而流动资产投资通常会按较低的成本与可变现净值计价。

### 10.6.6　雇员福利，包括以股份为基础的支付

很多美国公司的资产负债表中最重要的负债项目之一是与雇员福利相关的。一些美国公司不仅承诺退休金福利，而且承诺退休后的医疗福利。这些负债必须以预期支付额的折现价值记账。这里有一个与美国汽车公司巨头——通用汽车公司（General Motors）有关的有趣案例。在 2008

年不得不向债权人寻求庇护之前，通用汽车公司多年来一直在走向金融灾难。表 7－10 展示了通用汽车公司 2006 年简化版本的资产负债表。在负债部分，养老金负债为 119 亿美元，退休后的医疗福利负债为 501 亿美元。这使得 2006 年的负股东权益和 2005 年仅为 147 亿美元的股东权益不值一提。养老金负债是债务和基金之间的区别。相比之下，公司很少为医疗福利设立基金，因此大部分医疗福利的义务被列示为负债。通用汽车公司无力支付这些巨额且未设立基金的债务，这一点是很清楚的，最终该公司的股价跌至接近零的水平。

当预期值发生变化，进而增加累计收益或损失，情况就复杂了，这将导致重新计量，有时这被称为精算损益。会计准则委员会、国际会计准则理事会和 2006 年发布的新的美国准则（《美国财务会计准则公告第 158 号》）对这些情况的处理各不相同。主要的一点是，累计损益必须立即在资产负债表中被确认，而以前从未这样做过。小的变动会立即被确认为损益，而较大的变动则会先计入其他综合收益，再转入损益。这与国际财务报告准则的处理形成对比，后者将重新计量后的变动计入其他综合收益，不再将其重新分类计入损益。

## 10.7　企业合并

### 10.7.1　合并范围

第 8 章讨论了集团会计领域的国际财务报告准则要求。正如文中所解释的，美国公司最先提出了合并的概念。和其他会计问题一样，美国公认会计原则在定义应当纳入合并范围的公司时，试图提供的不是一种原则，而是一种可审计的规则。国际会计准则理事会（在《国际会计准则第 27 号》中，后来在《国际财务报告准则第 10 号》中）对"有能力控制财务和经营政策"的概念的界定就是一个明确的原则，但在某些情况下需要根据该原则进行判断。美国对于合并范围的定义为，拥有超过半数的投票权或签订其他保证控制权的法律协议（现在是会计准则委员会第 810－10－15－10 条规定）。这使得许多公司通过一系列手段来建立实际拥有控制权但可以不在合并范围内的企业实体。然后这些"特殊目的实体"可以贷款、融资租赁以及进行其他形式的资产负债表表外融资，而这些都不需要合并到母公司报表中。最典型的例子就是安然公司，它在倒闭时拥有数以千计的特殊目的实体。安然的倒闭导致了其咨询/审计公司（安达信）的倒闭。

2002 年的《萨班斯-奥克斯利法案》对此做出了回应，它要求对资产负债表表外负债进行附注披露。2003 年，美国财务会计准则委员会发布了《财务会计准则解释公告第 46 号》，要求把受集团支持或由集团获得其剩余收益的"可变利益实体"也纳入合并范围（见第 8 章）。

### 10.7.2　企业合并会计

第 8 章详细讨论了合并报表的编制实践和合并与收购的替代会计方法。直到 2001 年，美国与企业合并相关的会计实践在《美国会计原则委员会意见书第 16 号》的基础上确定。这个意见书允许公司采用两种会计方法处理企业合并会计——购买法和权益结合法。

在购买法下，被收购公司在集团财务报表中的资产计价以合并时的公允价值为基础。《美国会计原则委员会意见书第 16 号》将购买法的实质描述为：

> 购买法将企业合并解释为一家公司收购另一家公司，收购方公司将收购的资产价值减去应承担的负债记为收购成本。有形资产和可确认无形资产的公允价值减去负债后的金额与收购成本之间的差额记为商誉。收购方公司的报告收益以收购公司的收购成本为基础，包括被收购公司在被收购后的经营成果。

在权益结合法下，被收购公司的会计计价基础保持不变，其资产的已折旧历史成本合并计入收购公司。2001 年，美国财务会计准则委员会废除了权益结合法。因此，从那时起所有的企业合并都使用购买法核算，但以前使用权益结合法的记录仍然存在，所以仍然会对一些大集团的财务报表产生影响。这一内容在第 8 章得到了进一步的研究，包括与国际财务报告准则的比较。

### 10.7.3　商誉

在商誉的处理上，也存在重大的国际差异。根据美国和国际会计准则理事会制定的准则，估计的公允价值和收购的净资产公允价值之间的差异可以记为商誉。不过，依然存在一个实务上的重大差异，即美国要求（截至 2009 年，大多数企业的报表）以收购方的角度进行列报，而《国际财务报告准则第 3 号》要求以中立或市场的角度进行列报。这样会减少随后的资产折旧，增加出售资产的账面利得以及各种摊销费用。现在，这些费用在合并后计入损益表。2009 年（国际财务报告准则）的进一步变化是，合并过程中产生的费用，如法律费用和银行手续费用，需要立即计入损益表，而不是计入收购成本（从而增加商誉）。这在 8.5 节中给出了一个数值说明。

另一个不同之处是（截至 2009 年）美国公司会将所收购的非货币性资产按比例注销以避免负商誉的产生，所以一般不会出现负商誉。国际财务报告准则规定负商誉出现时应立即将其作为一项收入。

更主要的区别在于对正商誉的会计处理。简单回顾一下美国、英国和国际会计准则理事会规则的变化，可以看到其存在的差异。2001 年之前，美国会计实务仍然按《美国会计原则委员会意见书第 17 号》的规定，将商誉作为一项资产，并将其在有效经济年限内摊销（不超过 40 年）。许多公司使用 40 年这个期限，原因是估计商誉使用年限比较困难而且这一选择可以尽可能地减少费用。然而，美国证券交易委员会经常要求特定领域的公司使用更短的摊销期。相对而言，英国会计实务的做法（根据《标准会计实务公告第 22 号》的规定）则是立即从集团公积金中冲销商誉（截至 1998 年）。这意味着美国公司的资产看上去比英国公司多，同时其利润看上去比英国公司少。有人认为这种差别导致了美国公司管理层在国际比较中处于劣势（Choi and Lee，1991）。

1995 年之前，国际会计准则委员会允许公司按照英国的方法进行会计处理，但后来又将摊销的最长期限限定为 20 年。到 20 世纪 90 年代末，英国和国际会计准则委员会都要求公司按照 20 年的期限对商誉进行资本化，超过 20 年的商誉必须每年进行减值测试。

2001 年，美国财务会计准则委员会发布了《美国财务会计准则公告第 142 号》，该委员会通过回顾以往的发展，最终得到了一个符合逻辑的结论。该公告废除了摊销方法，要求公司对商誉进行年度减值测试。因为商誉不一定会被消耗，所以无论选用哪种使用年限进行摊销都是武断的，最终所得出的费用结果都是毫无意义的。当然，扣除了这些费用以后，废除权益结合法就不是那么难以接受了。国际会计准则理事会自 2005 年起采用了美国财务会计准则委员会的做法。

然而，减值测试是费时费力的。因此，从 2011 年开始，如果预先评估显示减值测试无法提示计提减值的需要，公司就可以避免进行减值测试。但是国际会计准则理事会并没有采纳这一方法。

有关商誉的更多细节，包括美国公认会计原则中的相关要求，都可以在第 8 章中找到。

## 10.8 与国际财务报告准则的差异

如第 5 章所述，世界上的大型公司在编制合并报表时都越来越倾向于采用美国公认会计原则或国际财务报告准则。因此，这两种体系之间的差异对国际比较来说非常重要。此外，美国财务会计准则委员会和国际会计准则理事会希望尽量减少准则之间的差异，因此列出这些差异也就是列出准则未来可能发生的变化。

美国财务会计准则委员会与国际会计准则委员会有着大致相同的概念框架，尤其是两者都认为财务报告的主要目的是为投资者提供预测未来现金流量的有用信息，且两者对"资产"与"负债"的定义几乎相同，均视其为财务报表的基本要素。然而，正如第 6 章所解释的那样，国际会计准则理事会的框架（而不是美国财务会计准则委员会）在 2018 年进行了修正，扩大了定义范围，但这还没有对会计准则产生影响。

20 世纪 90 年代后期，美国财务会计准则委员会和国际会计准则委员会/理事会在一些项目上进行了合作（如《国际会计准则第 14 号（修订版）》和《国际会计准则第 33 号》）。很明显，20 世纪 90 年代末，美国公认会计原则和国际财务报告准则为取得财务报告的世界主导地位展开了竞争。美国财务会计准则委员会不断指出两种体系之间的差异，暗示国际会计准则存在诸多缺点（Bloomer，1999）。

从 2001 年开始出现了一种新的动态。美国证券交易委员会正式认可国际会计准则理事会的新安排（Camfferman and Zeff，2007）。此外，国际会计准则理事会最初的 14 名成员中包括 2 名美国财务会计准则委员会前成员和 1 名美国财务会计准则委员会前受托人。2002 年任命的美国财务会计准则委员会主席曾经是国际会计准则理事会的成员。2002 年两个机构宣布了一项正式的协调化项目，并于 2006 年和 2008 年进行了更新。因此，美国财务会计准则委员会和国际会计准则理事会之间的合作变得广泛，所有重大的新项目都联合进行了十年。表 5-8 列示了美国财务会计准则委员会采纳国际财务报告准则要求的例子。最大的联合项目是 2014 年促成的收入确认的新准则；尽管 2016 年也联合启动了一个租赁会计项目，但最终还是采用了不同的准则（见 10.6.3 节）。

美国证券交易委员会从 2007 年开始接受在国外注册的公司的国际财务报告，甚至在 2008 年发布了普遍采用国际财务报告准则的建议。但是最终并没有如愿，合作力度也从 2012 年之后开始变小。

美国公认会计原则与国际财务报告准则一个普遍性的差异是前者在许多主题上更为详尽（"基于规则"），我们曾在第 5 章讨论过该问题。阻碍其他国家运用美国公认会计原则的因素是该准则只有英语版本，而国际财务报告准则目前已经被官方翻译成很多种语言。在第 5 章我们还讨论了从国际财务报告准则向美国公认会计原则的调整。

表 10-9 列举了一些美国规则不允许或不要求与国际财务报告准则保持一致的方法。除非美国的规则在未来几年有所改变，否则这些问题会在美国公司转而采用国际财务报告准则后产生影响。从另一个角度来看表 10-9，国际财务报告准则在很多领域没有美国公认会计原则详细，或者提供的备选方案比美国公认会计原则多。表 10-10 举了一些例子。Nobes（2001）把这些差异详细地列成表格。安永会计师事务所（2018）和普华永道会计师事务所（2018）对两者之间的差异进行了考察。Bellandi（2007）详细比较了国际财务报告准则和美国资产负债表的格式和内容。

**表 10-9　美国公认会计原则不允许或不要求与国际财务报告准则保持一致的情况**

- 当存货减记到市值时，这种减值不能转回（见 10.6.1 节）。
- 允许采用后进先出法计量存货成本（见 10.6.1 节）。
- 出于对承租人损益表的考虑，美国公认会计原则将租赁分为融资租赁和经营租赁，而国际财务报告准则将所有租赁（少数例外）视为融资租赁（见 10.6.3 节）。
- 根据美国公认会计原则确认的减值更少，因为减值测试涉及未折现现金流（见 10.6.2 节）。
- 固定资产和无形资产的减值不能转回（见 10.6.2 节）。
- 一些复合金融工具没有被划分为债务和权益两部分（见 10.4.2 节）。
- 未上市投资一般按成本而非公允价值计量（见 10.6.5 节）。
- 开发成本（软件除外）不能资本化（见 10.6.4 节）。
- 某些养老金重新计量后的变动计入损益，某些则计入其他综合收益（随后再重新分类为损益（见 10.6.7 节）。
- 重组条款可在采用国际财务报告准则之后予以确认（见 7.8.1 节）。
- 有些事实上受到控制的企业并不属于合并范围（见 10.7.1 节）。
- 一些不受控制的可变利益主体包括在合并范围中（见 10.7.1 节）。
- 商誉可以在进行减值测试之前进行预先评估（见 10.7.3 节）。

**表 10-10　美国会计准则不允许采用的一些国际财务报告准则备选方案**

- 更灵活的资产负债表格式（见 10.5.2 节）。
- 财务现金流量列示的灵活性（见 10.5.5 节）。
- 以高于成本的价格计量有形资产和部分无形资产（见 10.6.2 节）。
- 选择将股票的损益计入其他综合收益（见第 7 章）。
- 以非控制性股权占净资产的份额来计量，而不是以公允价值来计量（见第 8 章）。

◈ **小　结** ◈

- 美国没有联邦公司法，但有一个强有力的证券交易委员会。私营企业的准则制定为公认会计原则提供了大部分内容。现在制定准则的机构是美国财务会计准则委员会。
- 国际会计准则理事会的概念框架建立在美国财务会计准则委员会的概念框架基础之上，该框架以资产负债表为基础。

- 在会计技术术语上，英国准则、美国准则和国际财务报告准则有很大的差别。

- 美国坚持采用历史成本法来计量无形资产和有形资产，它所采用的减值测试方法和国际会计准则理事会不同。

- 美国创造了将租赁费用资本化的观念，并建议未来扩展对该观念的运用。

- 对特定投资引进了公允价值会计。

- 允许在存货计价中使用后进先出法，并且应用广泛，这导致资产负债表列示的金额大幅度减少。

- 美国对由暂时性差异产生的递延税采用全面会计方法，这是国际会计准则理事会学习的模式。

- 与其他国家公司相比，过去美国更多地在企业合并中采用权益结合法，但是从2001年开始美国禁止使用该方法。

- 几十年来，美国处理商誉的方法都是进行资本化并按照使用年限进行摊销。2001年转化为资本化和减值测试方法。

- 美国的规则比国际会计准则理事会的更为广泛和详细，二者之间也有一些冲突。

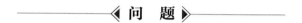

## ◀ 问　题 ▶

带星号问题的参考答案见书末附录B。

10.1* "美国会计是世界上最好的。"请讨论这种说法。

10.2* 美国公认会计原则受到其他国家会计准则的影响（如果有影响的话）有多大？

10.3 美国会计实务在哪些方面与其他国家不同？如何解释？

10.4 讨论中国与美国在财务报告和管制规则方面存在差异的原因（请列举重要的例子）。

10.5 "对美国会计影响最大的一直是证券交易委员会。"请讨论这种说法。

10.6 正如本章所指出的，美国和英国在会计的起因和性质方面非常相似，请指出造成现有差异的原因并进行讨论。

10.7 请描述美国公认会计原则和国际财务报告准则之间的主要差异。准则制定者能够轻易消除这些差异吗？

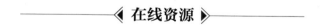

## ◀ 在线资源 ▶

扫描下列二维码即可阅读本章参考文献和推荐网站。

# 第 **11** 章

# 会计准则的政治游说：美国、英国和国际经验

**学习目标**

学完本章后，你应该能够：

● 定义政治游说；

● 解释公司和政府游说准则制定者的动机；

● 举出几个国家在特定准则下政治游说的例子；

● 举例说明关于准则制定组织结构的游说；

● 解释为什么有些准则制定者比其他人更容易受到游说的影响。

## 11.1 引　言

　　准则制定者，如国际会计准则理事会、美国财务会计准则委员会和英国会计准则理事会，承诺基于投资者的利益（而非公司或审计师），以概念框架为基础来统一其准则体系（特别是在 21 世纪的第一个十年）。然而，由此可能产生这样一个挑战：报表编制者和政府受私利驱动而进行政治游说。这可能会导致准则制定者改变他们的立场，并弱化或放弃准则中隐含的原则。一位学者将新成立的美国财务会计准则委员会描述为"鲨鱼池中的金鱼"（Seidler，1973）。

　　术语"经济后果"（economic consequences）已经被用来描述"会计报告对企业、政府、工会、投资者和债权人的决策行为的影响"（Zeff，1978）。与决策制定行为有利益关系的那些人将会对准则制定者施加压力，使准则制定者不要批准对其不利的准则（Horngren，1981）。这就是游说，它包括写信或在准则制定者安排的听证会上发表口头意见，向公众发表试探性的观点。"政治

游说"的含义不止于此，这里的"政治游说"指的是游说者针对某项提案采取的协调一致的行动，说客公开或隐蔽地发出威胁，寻求干预以推翻拟议中的准则，或损害准则制定者的声誉、独立性、权力、存在性。对准则制定施加政治影响的一个有用定义是"经济主体有目的地干预准则制定过程，目的是影响准则制定过程的结果，以增加该主体的经济价值或财富，实现一些与（准则制定者的）使命不一致的其他自利目的"（Gipper et al.，2013）。

政治游说所产生的压力可能构成要求撤回对制定准则者的资助或其他重要支持的威胁，或通过在公共媒体上进行对话来引起公众舆论。近几十年来，报表编制者带来的压力已升级到一种令人生畏的程度：获得政府行政和立法部门的积极支持。我们在美国看到了这种发展，《国际会计准则第 39 号》在欧洲也遇到了这种状况。

在美国，关于会计准则建议的政治游说一直是一种长期存在的现象（Sutton，1984）。然而，其他准则制定者也曾面临过这样的游说。国际会计准则理事会曾在股份支付和金融工具的会计问题上面临游说。一位国际会计准则理事会前主席提到，准则制定者对理事会在租赁和保险合同等问题上的举措做出反应时，曾警告说可能"街上会血流成河"（Tricks and Hargreaves，2004）。

在什么情况下，政治游说会成为准则制定者的一个问题？答案主要是在以下情况下，准则制定者在一个以前没有涉及的主题下建议发布一项准则，取消或大幅减少现有准则中的备选方案，以及监管机构将进行干预以确保严格遵守该准则。如果拟议的准则会降低企业的盈余，或者使它的盈余趋势更加不稳定，那么在一些国家进行政治游说的可能性就会增加。在银行和其他金融机构的案例中较为常见。在其他国家，如德国，利润与公司所得税挂钩，公司游说反对德国实施《欧盟第 4 号指令》中任何增加其利润的措施（Ordelheide，1993；von Wysocki，1984；McLeay，Ordelheide and Young，2004）。

准则制定者的任务是根据概念框架，确定政治游说在什么时候，以及在多大程度上提出有效的问题，这些问题在制定准则的什么时候需要注意，在什么时候不需要注意。

在此介绍之后，本章将（在 11.2 节）探讨政治游说动机。11.3 节考察了 1990 年之前的准则制定者遇到的游说例子。选择这一年作为分界点是因为 20 世纪 90 年代在美国、英国以及在国际会计准则委员会中，准则制定者提倡公允价值会计的现象越来越多，这是一个有争议的问题。1990 年，在英国，会计准则理事会（Accounting Standards Board，ASB）取代了会计准则委员会（Accounting Standards Committee，ASC）。例子取决于证据的可得性。这些例子取材于美国和英国，因为这些国家曾经有（现在也有）大量的上市公司，建立了良好的私营部门准则，它们有最具代表性的例子。政治游说的一些记录实例也可以在其他国家找到，例如德国。此外，Zeff 和 Johansson（1984）报告了 1977 年瑞典议会干预准则制定的案例。Crandall（1983）和 Scott（2003）报告了 1982 年加拿大关于石油行业补助会计处理游说失败的案例。

11.4 节介绍了 1990 年以后的政治游说。所有的例子都来自美国。自 1990 年以来，除美国以外很少有充分记录国家准则制定者进行游说的案例。部分原因可能是英国的会计准则理事会比它的前任更加独立（Swinson，2004）。相比之下，国际准则制定者在 20 世纪 90 年代及以后变得越来越重要，因此更倾向于被游说。11.5 节介绍了国际会计准则委员会/国际会计准则理事会的政治游说。

游说还涉及试图改变准则制定者的结构和运作模式。11.6 节讨论了与美国财务会计准则委员会和国际会计准则理事会有关的例子。

新的千禧年也是一个准则制定的新时代，因为现在有两大主要力量：国际会计准则理事会和美国财务会计准则委员会。11.7 节讨论了美国财务会计准则委员会与国际会计准则理事会趋同的政治游说。11.8 节为结束语。

## 11.2　政治游说动机

为什么财务报告编制者和政府要参与会计准则制定者的政治游说？对于在主要资本市场运营的上市公司来说，动机大多与最高管理层的收入和盈利压力有关。证券分析师向公司经理"问责"，他们公布的盈余预测为公司向股东提交的季度、半年度和年度报告中的业绩指标设定了预期。如果一家公司宣布的盈余高于去年，但没有达到预期，其股价可能会受到严重影响。例如，汇丰控股（HSBC Holdings）宣布，2010 年税前利润较上年同期增长 169%。然而，当这一利润低于分析师预期时，该公司股价在公告日下跌了 5%。为了避免遭受这样的影响，公司高管希望在收入的"管理"上保留尽可能多的灵活性。这种灵活性也适用于管理其报告收入，这是一个关键的市场指标。当准则制定者提议限制这种灵活性时，公司管理层（财务报告编制者）就会用他们拥有的相当大的权力予以抵制。

当一家公司试图策划一场恶意收购，或者本身成为恶意收购的对象时，也会产生同样的盈余管理动机，因为各方都希望说服目标公司的股东相信自己的盈利水平较高。合并活动在 20 世纪 60 年代和 20 世纪 80 年代至今尤为盛行。

在一个活跃的经理人市场上，他们自然希望证明自己有成为成功经理人的资质；一家大公司提高收入和盈利的记录，或者保持平稳和增长的盈利记录，都有助于提高他们的声誉。此外，高层管理人员会被激励去增加公司的收入和盈余，任何准则制定者提出的、会削弱高层管理这些数字的灵活性的倡议都会遭到反对。

另一个动机与管理人员的报酬有关。自 20 世纪 80 年代以来，高管越来越多地获得基于盈余的奖金和股票期权。人们普遍认为，稳定的盈余记录会提高这些股票期权的价值。当高管意识到准则制定者可能会以某种方式改变会计准则，从而危及他们丰厚的薪酬待遇时，他们就会强烈反对这种改变。

然而，受到监管或政客压力（如反垄断行动）的大型公司可能会寻求通过游说制定一个降低其盈余的准则来避免对其事务的干预，以免引起政府的过度关注。当公司高管对准则制订计划提出异议时，尤其是向政府立法或行政部门投诉寻求救济时，他们当然不会以自己的利益为由。在与立法机构打交道时，他们不会在会计问题上争论，因为立法机构及其工作人员通常不了解、不关心会计准则。相反，报表编制者将讨论提升到公共政策的层面，例如，他们声称，拟议中的倡议将抑制创业活动，可能使现有公司难以在收入和盈余良好记录的基础上获得足够的资本，从而扩大公司发展。当银行界感受到准则制定者的威胁时，它会指出拟议的会计准则在银行系统中投射出的不稳定形象，并可能限制信贷的可得性。这一准则甚至可能迫使监管机构关闭一些银行，因为它们财务报表中的资本余额低于偿付能力线。当他们的论点以公共政策的方式表达时，报表编制者可以更容易地从立法机构和其他政府人员那里获得同情。

各国政府还对拟议的会计准则进行了政治游说。如果人们相信拟议的准则将导致企业公布更低或更不稳定的盈余，他们可能会放弃扩张计划，停止资本投资。这种决定的结果可能是失业率上升，甚至是工厂关闭，政府希望不惜一切代价地避免这种情况，特别是当国家经济刚从衰退中复苏的时候。

2008 年的经济和金融危机增加了准则制定者的压力，因为谨慎的监管机构和政客们对银行困境的担忧落到了国际会计准则理事会和美国财务会计准则委员会的身上，并要求在会计上对上述困境予以缓解（Howieson，2011）。

从这个讨论中很容易看出，会计已经成为政治的一枚棋子。打个体育界的比方，"你在比赛中的得分方式决定了比赛的方式"。也就是说，评分制度的性质会影响行为。在足球比赛中，如果规则赛平分时，则角球较多的一方为胜方，那么各球队就会调整策略，使角球的机会最大化。在篮球中，三分线的得分规则变化促使许多球员从外线投篮。会计是企业游戏的计分制度，当会计准则发生改变时，企业经营者有动力改变他们的管理行为，以恢复或提高公司以前报告的收入和盈余记录。那些想要改变企业管理方式的人可能会发现，改变会计准则比直接说服公司经理改变他们的行为要容易得多。

## 11.3　1990 年之前的政治游说

### 11.3.1　美国

诉诸"经济后果"，甚至试图对会计准则制定者施加政治压力的例子，至少可以追溯到 20 世纪 40 年代。有两个原因可以解释为什么这一情况最先发生在美国而非其他国家。首先，美国是最早制定会计准则的国家之一，尤其是当时美国试图减少会计实务的多样化。其次，美国有一个严格的证券市场监管机构——证券交易委员会。自 1934 年成立以来，美国证券交易委员会定期采取强硬措施，防止上市公司偏离公认会计原则。通常情况下，与美国证券交易委员会争论不会有什么好处，因为除了极少数情况，委员会都坚决地不容忍这种背离。因此，不喜欢会计准则提案的公司知道，它们必须与准则制定者进行斗争。没有哪个国家的证券市场监管机构拥有这样的权力和人员，以确保公司如此严格地遵守本国的公认会计原则。因此，美国会计准则的制定者一直受到财务报告编制者的困扰，后者要求前者不能以损害其获得利益的方式改变会计准则。在某些情况下，财务报告编制者会敦促准则制定者修改现有的准则，因为不断变化的经济环境将使各公司能够利用改变后的准则以更有利的方式呈现其财务结果。

**第二次世界大战后通货膨胀的影响（1947—1949 年）**

20 世纪 40 年代末，在战后严重的通货膨胀期间，出现了一个关于"经济后果"的有趣呼吁。克莱斯勒、美国钢铁和杜邦等几家大型制造公司，希望按重置成本而非历史成本来记录折旧费用，而后者是美国公认会计原则允许的唯一方法。基于历史成本的折旧费用所反映的战前固定资产的价格要低得多，这样会高估公司的盈余，而且往往是非常大的数额。对制造公司来说，折旧费用是它们最大的支出项目之一。这些公司的论点可以从会计原则中得到证实，因为旧的美元成本与新的美元收入不匹配，但美国证券交易委员会和准则制定者毫不动摇地为历史成本会计辩护。

在公司看来，夸大收入会鼓励激进的工会要求更高的工资和附加福利（如养老金），股东会要求更高的股息。更糟糕的是，国内的媒体会指责这些大公司在已经通货膨胀的经济中牟取暴利，损害公众的最佳利益。准则制定者是否应该设法减轻这些后果可能带来的影响？管理层的另一个动机是寻求国会批准，将按重置成本计算的折旧用于计算联邦所得税，因为这些公司确信国家是在对资本征税。如果这些公司能够说服会计准则制定者在其财务报表中承认按重置成本计算折旧，那么它们就有希望成功推动类似的所得税改革。结果，准则制定者和国会都没有接受这些公司的说法。

没有证据表明这些公司对准则制定者施加了政治压力，但这是将会计计量与其可能的经济后果联系在一起的最早的协调努力之一（Zeff，1993）。

### 投资税收抵免的三个阶段（1962—1971 年）

在会计准则制定过程中，最著名的早期政治游说案例发生在 1962—1971 年。1962 年，联邦政府出台了"投资税收抵免"（investment tax credit）政策，以在经济低迷时期刺激资本性投资。最简单的形式是，这项抵免允许一家公司在购买 100 万美元的设备或机器时，扣除购买价的 10%，作为当年所得税负债的抵免。但这 10 万美元应该如何在公司的财务报表中解释呢？两种思想流派出现了："当期法"（flow-through method）和"递延法"（deferral method）。当期法的支持者认为，10 万美元的税收抵免应立即计入盈余，这一方法受到了那些正在寻找一切方式提高财报盈余的公司的青睐。然而，支持递延法的人认为，公司通过出售而不是购买来盈利。他们认为，那 10 万美元实际上是政府补贴，出于会计考虑，在编制财务报告时，应该从购买价格中扣除，而净购买价格 90 万美元则应作为该资产的实际成本，在该资产的使用期内进行折旧。由 20 名成员组成的会计原则委员会是当时的会计准则制定者，他们在应该接受哪种方法上产生分歧。八大会计师事务所以 4∶4 的票数分成了两派。会计原则委员会最终的投票结果为 14 票赞成、6 票反对，强制要求采用递延法，即公司必须从资产购买价格中扣除税收抵免。因此，会计原则委员勉强获得 2/3 多数票，拒绝了将税收抵免立即计入盈余的备选方案。

公司公开表示反对会计原则委员会的决定，而约翰·肯尼迪政府认为，出于会计目的，从资产购买价格中扣除税收抵免的要求，将导致企业报告较低的盈余，从而抑制资本性投资及扩大就业的热情。因此，出于宏观经济政策的考虑，政府敦促证券交易委员会允许两种方法同时实施。相当数量的公司管理层和持不同意见的八大会计师事务所中的几家也请求证券交易委员会不要采纳会计原则委员会的意见。最后，或许是迫于政府的压力，证券交易委员会于 1963 年 1 月宣布，将允许公司采用应付税款法或递延法两种方法。这一宣布内容令会计原则委员会感到震惊，因为证券交易委员会一直在向会计原则委员会施压，要求缩小会计实务的差异范围。就税收抵免而言，会计原则委员会曾认真而艰难地决定只采用一种许可的方法，但证券交易委员会否决了它，并允许采用两种方法。

当时公众并不知道，是政治游说促使证券交易委员会出人意料地批准了这两种方法。在哪种会计处理方法更好上，证券交易委员会不同意会计原则委员会的想法。最终，证券交易委员会不支持会计原则委员会，令其十分难堪，直到 1967 年，会计原则委员会才得知证券交易委员会否决它的原因。到 1964 年，3/4 的大公司选择立即将税收抵免计入盈余。

1967 年，投资税收抵免的正确会计处理问题第二次出现。就在那一年，会计原则委员会再次提出，要求从资产购买价格中扣除投资税收抵免，这显然得到了证券交易委员会的支持。但随后财政部助理部长（税收政策）公开陈述了他的观点，他认为"强制将投资税收抵免获得的利益进行递延，很可能会削弱其作为刺激现代化和扩张动力的有效性"。一旦得知财政部反对会计原则委员会提出的准则，证券交易委员会就会撤回其支持。因此，会计原则委员会了解到，是财政部而不是证券交易委员会在进行操纵，而且是由于政治而非会计上的原因。

这个问题在 1971 年第三次被提及，当时尼克松政府推出了一项"就业发展抵免"（job development credit）政策。这不过是"投资税收抵免"的一种新说法，但更强调其增加就业率。会计原则委员会再次发布了一份征求意见稿，要求从资产的购买价格中扣除抵免，财政部采取了明确的行动来应对这一举措。在颁布就业发展抵免的立法提案草案中，财政部规定，纳税人公司在向证券交易委员会提交的财务报表中，有权使用他们倾向于使用的任何抵免的核算方法。国会通过了这项立法，并迅速由总统签署，使其成为法律。直到 1986 年，国会才废除了税收抵免。

这三起涉及税收抵免的事件，特别是第一次和第三次，在财经媒体上得到了广泛的报道，这些新闻报道和社论可能提醒了公司高管，通过政治游说会计准则制定者可以取得什么效果。

### 企业合并（1968—1970 年）

20 世纪 60 年代末，美国企业界和政府从不同的方向对会计原则委员会施加压力，迫使其发布了一个高度妥协的企业合并准则。会计原则委员会最初想要废除权益结合法，但遭到业界的强烈反对。政府认为，取消该方法可能会有利于减缓似乎已经失控的合购运动的步伐。财务经理人协会（Financial Executives Institute，FEI）在全国媒体上铺天盖地地发布了批评会计原则委员会的新闻稿，而公司财务报告委员会（Corporate Financial Reporting Committee）则敦促财务经理人协会的成员：

> 联系你的外部审计师，要求与高级合伙人开会讨论你对［会计原则委员会］建议的意见，同时［公司财务报告委员会］强烈建议你想办法确定你的会计师事务所在这个问题上的立场。

这是对八大会计师事务所施加压力的尝试，因为八大会计师事务所都有一个合伙人在会计原则委员会任职。对八大会计师事务所来说，投票反对其主要审计客户的意愿可能会使会计师事务所未来的审计业务面临风险。最终，原则被抛到了九霄云外，会计原则委员会勉强通过并发布了有缺陷的《美国会计原则委员会意见书第 16 号》，这一意见书未能废除权益结合法（Chatov，1975；Seligman，2003；Zeff，1972）。

### 石油勘探成本、有价证券和租赁（1971 年）

在会计原则委员会（1959—1973 年）任期内，还有其他类似的政治游说例子。1971 年，会计原则委员会安排了三次公开听证会，以考虑石油勘探成本、有价证券和承租人账户上的长期不可撤销租赁的会计处理问题。石油行业利用其力量阻止会计原则委员会进一步处理勘探成本问题

（Savoie，1974）。美国共同财产和意外险行业反对将其庞大的有价证券投资组合中不稳定的、未实现持有损益纳入利润表中，这有效地阻止了会计原则委员会发布征求意见稿。租赁行业通过把渴望拥有长期不可取消的租赁资产（如飞机或汽油）的各方聚集在一起（承租人可以避免在资产负债表中披露租赁资产和负债），从中赚取了丰厚利润。因此租赁行业对会计原则委员会试图考虑初步草案的意见表示反对。租赁资产和负债资本化会对承租人的投资回报率及其负债权益比产生不利影响，从而使租赁合约的吸引力降低。为了对抗会计原则委员会，租赁行业组织了一场给国会重要议员写信的运动，以激起他们对会计原则委员会的愤怒。这些信是由全国各地的选民寄出的，其中相当多的人指出，会计原则委员会对以下方面产生威胁：

（1）在 20 世纪 70 年代之前，估计每年将增加公众的电力成本 5.5 亿美元；

（2）提高工业和公众的货运成本；

（3）减少火车车厢和机车的库存；

（4）提高公众的机票价格；

（5）损害航空航天产业；

（6）提高所有提供给公众的产品和服务成本；

（7）阻止许多小型和成长型企业获得现代化的低成本的机器和设备；

（8）对当前国际贸易逆差产生了负面影响。

这封信的内容使每一位国会议员都开始憎恨会计原则委员会。来自国会议员和交通部长的关注信，迫使会计原则委员会停止考虑将承租者在资产负债表中的租赁资产和负债资本化的问题。政治再次获胜。

### 分部财务报告（1966—1967 年）

20 世纪 60 年代，当分部报告成为一个问题时，政治也介入其中。在这十年中，无数的合并创造了大型企业集团、多元化企业，以及跨国企业。合并使得它们的业务跨越多个产品类别和地理区域。国会决策者无法确定合并是否会引发反垄断问题，除非合并后的公司按业务类别披露销售收入和全部收入。各公司反对必须披露与其全球业务的每一个主要部分相关的收入和利润。它们的目的之一是避免向竞争对手"泄露"自己盈利能力强的某些产品线或某地的运营信息。会计原则委员会试图对分部报告发布强制性准则，但遭到了政治上的反对。最终，会计原则委员会只能在 1967 年发布一份不具约束力的声明。相反，证券交易委员会在 1969 年和 1970 年发布了国内关于公司业务类别的报告准则。

### 不良债务重组（1973—1977 年）

美国财务会计准则委员会 1973 年成立以来，一直受到政治游说的困扰。1973 年 4 月 5 日，纽约市被发现无力偿债，银行界的领导者设法通过延长债务到期期限和降低利率来重组该市的债务。于是，财务会计准则委员会开始考虑银行应如何在财务报表中反映这种经济损失。财务会计准则委员会举行了一场公开听证会，在听证会上，它考虑了一种解决方案，即按市场价值反映应收贷款，这意味着银行需要在自己公布的财务报表中记录重大亏损。在公开听证会开始的时候，花旗公司董事长兼全国顶级银行家 Wriston 站出来发表了一份令财务会计准则委员会成员大为震惊的声明：

如果持有纽约市债务的银行被要求在重组后立即核销 25％的本金，那么这种重组可能根本就不会发生。与其有重要合作的某些银行可能负担不起，这不是从经济角度上看的，而是从财务报表读者对这些收益变化的解读方式来看的。当时，一些新成立的纽约银行正面临极大的盈利压力，因此，预期在资本减少的同时征收大量额外费用是完全不可接受的。

（Zeff，1985）

财务会计准则委员会是否应该坚持立即注销银行资产负债表上的应收账款，并承担使违约城市或公司的未来债务重组可能因此受到损害的风险？最终，财务会计准则委员会取消了对应收账款的冲销要求。对委员会来说，"经济后果"显然是无法承受的。该委员会最终于 1977 年发布的第 15 号声明获得了两票反对，许多人认为这是该委员会有史以来发布的最糟糕的声明，这都是因为政治干预（Zeff，1993；Daley and Tranter，1990）。

### 石油勘探成本（1975—1981 年）

20 世纪 70 年代后期的一个主要政治问题是石油勘探成本的核算，如前所述，石油行业在 1971 年成功地压制了这个问题。这个问题是在 1973 年阿拉伯石油禁运和美国政府需要建立一个数据库来制定国家能源决策之后出现的。1975 年的《能源政策与保护法案》（Energy Policy and Conservation Act）要求证券交易委员会为石油和天然气勘探建立统一的会计准则。在此之前，大多数大型生产商都将钻井的成本费用化（使用一种被称为"成功成本法"（successful efforts costing）的方法），而大多数中小型企业则将所有钻井的成本资本化（被称为"完全成本法"（full costing））。证券交易委员会的任务是建立一种所有公司都必须使用的单一方法。根据 1975 年的法案，证券交易委员会向财务会计准则委员会求助，要求制定一个可依赖的准则，后者也开始认真地开展工作。财务会计准则委员会在 1977 年发布的征求意见稿中，提出将成功成本法作为唯一可用的方法。这种立场激怒了中小企业，以至于它们游说国会通过立法，阻止财务会计准则委员会或证券交易委员会取消将完全成本法作为一种可接受的方法。因此国会起草了一项法案，但在与证券交易委员会谈判之后，该法案未能获得通过（Gorton，1991）。这一事件引起了财务会计准则委员会和证券交易委员会的注意，即强大的石油和天然气行业将竭尽全力保持其财务报告备选方案。尽管如此，财务会计准则委员会还是发布了美国财务会计准则公告，该公告得到了 4 票支持，3 票反对，取消了完全成本法。

随后，证券交易委员会在华盛顿和休斯敦举行了公开听证会，听取了数千页证词。反对《美国财务会计准则公告第 19 号》的公司开始了一项疯狂的运动，以阻止证券交易委员会执行该准则，它们争取到来自产油州的国会议员的支持，向证券交易委员会写信。中小企业担心，在成功成本法下，它们每年的收益可能会出现较大的波动，进而导致银行和其他资本供应商切断它们所需的融资。美国司法部和美国联邦贸易委员会支持了这些公司的论点，并发表了引发人们担忧的言论，即中小企业别无选择，只能被大型公司兼并，从而减少该行业的竞争对手数量。它们表示，这种进一步提高该行业集中度的做法不符合政府的反垄断政策，因此，完全成本法应该作为一种可接受的方法被保留。新成立的能源部反对《美国财务会计准则公告第 19 号》，同样也是出于与会计无关的原因：

能源部认为，如果小公司被迫使用成功成本法，则它们会故意从事低风险钻井活动，以降低年收益的波动，这与能源部鼓励在未发现石油和天然气的地方进行勘探的政策背道而驰。

(Zeff，1993)

在这种高压的环境中，证券交易委员会决定，公司已探明的石油和天然气储量应以现值为基础（称为"储量确认会计"(reserve recognition accounting)）在财务报表中报告，而不是以基于历史成本的成功成本法或完全成本法核算。但随后主要的石油和天然气生产商抱怨使用储量确认会计，由于石油输出国组织（OPEC）经常提高原油价格，这会导致企业未实现的持有收益和损失计入盈余，进而媒体和公众将强烈批评它们夸大收入。此后汽油的供应将被严格限制，它的价格会上升到前所未有的水平，消费者也会因此而愤怒。主要生产商辩称，现在不是它们每个季度公布创纪录收益的时候。最后，在激烈的批评和游说下，证券交易委员会指示财务会计准则委员会制定了准则，要求在附注中披露石油和天然气储量的现值，行业内的所有公司再次被授权可以选择采用成功成本法或完全成本法（Van Riper，1994；Horwitz and Kolodny，1982；Miller et al.，1998；Zeff，1982；Zeff，1993；Zeff，2007；Cortese，2011）。政治再次成为胜利者。

### 养老金会计（1984—1987 年）

当财务会计准则委员会试图要求在《美国财务会计准则公告第 87 号》中报告雇主的养老金成本和负债时，政治因素也介入其中。Miller 等（2016）写道："（对早期草案的）起草者的反对是如此强烈和顽固，以至于该准则（以 4 : 3 票勉强通过）并没有将养老金负债或基金资产计入资产负债表，而是制定了一项年度成本指标，该指标是故意为编造平滑的报告结果而设计的。"Daley 和 Tranter（1990）指出，该准则与财务会计准则委员会的概念框架不一致，而该框架"在最终准则制定时已经完全发展到位"。他们还说，这一准则是"社会政策制定委员会对民主社会中社会政策调控的经济和政治现实的回应"。

一些很有代表性的精算师担心这一项目只是一个特洛伊木马，背后的会计人员正在设法介入并接管精算师在养老金计划管理中的职能，这加剧了养老金会计核算的紧张局势。（Van Riper，1994）。

### 其他离职后的福利（1987—1990 年）

直到 20 世纪 90 年代，公司的医疗保健费用在支付时被记为费用，而不是在员工的工作年限内被累计。财务报告编制者预言，如果财务会计准则委员会要求在资产负债表上为所有现任和退休员工的健康福利这些迄今未确认的成本设置一项负债，将带来灾难性的后果。员工和工会担心，如果一些公司的资产负债表债务累累，可能会取消员工的部分医疗福利，或寻求重新谈判并签订集体协议。据报道，由于采用了这一准则，"数据显示，这些公司（在其利润表中）的医疗费用可能会激增 3～6 倍，在某些情况下，这种爆炸式增长会导致收益下降"（Loomis，1988）。

尽管有上述论点，但是委员会在 1990 年 12 月发布的《美国财务会计准则公告第 106 号》中确实要求采用这种类型的会计核算。这是一个有趣的案例，在这个案例中，报表编制者未能废除拟议的准则。然而，《美国财务会计准则公告第 106 号》允许公司在采用该准则的年份，将无资金准备的债务总额作为一次性费用核销，归类为"会计变更的累积影响"，或者将其作为普通费用摊销，摊销期限通常在 20 年以上。绝大多数采用者选择了前一种方法，他们可能认为，市场对一次性非现金支出的"累积效应"披露不会太在意。较成熟行业中企业的资产负债表受到的冲击尤其严重。1992 年通用汽车公司公布的税后支出为 208 亿美元，而 1991 年年底股东权益为 270 亿美元。克莱斯勒公司的税后支出超过了留存收益。但是，美国财务会计准则委员会迫使公司对其发给员工的医疗福利的累计费用进行核算，从而要求企业（许多企业是第一次）计算和分析福利的成本，这一做法得到了普遍的赞扬。《美国财务会计准则公告第 106 号》公正地提出了"管理你所能衡量的"（Miller et al.，1998；Wyatt，1990；Loomis，1988）。

### 11.3.2 英国

从 1970 年开始，随着英国和爱尔兰会计准则筹划委员会（Accounting Standards Steering Committee，ASSC）的成立，公司开始更加重视会计准则问题。尽管根据《公司法》，除了审计人员之外，实际上没有其他人可以持续监控公司的财务报表是否提供了"真实和公允的观点"。

**通货膨胀会计（1971—1975 年）**

在爱尔兰会计准则筹划委员会试图为通货膨胀会计设定准则的过程中，政治游说是显而易见的。1971 年 8 月，在人们对通货膨胀日益关注的时候，爱尔兰会计准则筹划委员会发表了一篇题为《通货膨胀与会计》的文章，其中概述了使用"现行购买力"（current purchasing power，CPP）会计的一个论点。这意味着对需要财务报表按照消费者价格指数的变化进行指数化调整，在补充报表中报告。这篇文章在 1973 年 1 月获得了爱尔兰会计准则筹划委员会征求意见稿 ED 8 的支持。该征求意见稿提出将现行购买力补充报表作为一项强制要求，并在 6 个月内征求意见。总体说来，虽然会计师事务所支持使用现行购买力方法，但提交意见的大多数报表编制者都表示反对（Tweedie and Whittington，1984）。

1973 年 7 月，征询意见期截止前 6 天，英国议会宣布将成立一个独立的调查委员会，调查公司因通货膨胀而调整会计的问题，理由是"这一问题影响到广泛的国家利益"，此举"震撼了会计界"。这一行动阻止了爱尔兰会计准则筹划委员会将其征求意见稿转化为强制性准则。1974 年 5 月，组成办爱尔兰会计准则筹划委员会的六个会计团体的理事会批准了《暂定标准会计实务公告第 7 号》，其中体现了征求意见稿 ED 8 中的建议。该准则的临时性意味着它对公司或审计师没有约束力，而是鼓励它们在考虑通货膨胀的影响时使用现行购买力方法。政府的调查委员会在 1974 年 1 月设立，爱尔兰会计准则筹划委员会和会计机构认为，一个暂行的、不具有约束力的准则是恰当的。

有证据表明，"政府曾被一些反对引入现行购买力准则的公司游说"（Tweedie and Whittington，1984）；此外，政府担心现行购买力方法可能使通货膨胀制度化，并担心现行购买力会计可能被提倡作为公司税收的基础（Tweedie and Whittington，1984）。因此，政府将爱尔兰会计准则筹划委员会的倡议视为会计以外关键领域潜在问题的根源。

最后，桑迪兰兹委员会的调查委员会在 1975 年 9 月发布了一份报告，支持现行成本会计（主要基于重置成本），拒绝了现行购买力会计。因此，《暂定标准会计实务公告第 7 号》失去了它可能产生的任何实际效果。

### 递延税（1975—1978 年）

1976 年，在会计机构管理委员会的资助下，爱尔兰会计准则筹划委员会批准发布了关于递延税会计的《标准会计实务公告第 11 号》之后，政治再次介入。该准则要求公司记录应纳税所得额和会计盈余之间的所有时间差异带来的负债。但 20 世纪 70 年代是一个通货膨胀的年代，议会制定了两项主要的所得税优惠政策：它批准对许多固定资产给予 100% 的第一年资本（即税收折旧）减免，并对商品存货给予存货增值减免，这是后进先出法的一种变化，仅用于税收目的。由于这些慷慨的税收优惠政策是在通货膨胀严重的时候施行的，这将导致公司应纳税所得额和会计收益盈余之间产生重大的时间差异，公司将被要求确认金额巨大的递延税负债。工业界强烈抗议新准则，主要是因为它会对公司资产负债表产生不利影响。

此外，工党政府的一位部长一直在倡导将工业国有化，一些公司担心政府可能会把名义上的所得税负债（工业界认为会持续增长，而且永远不会逆转）作为对企业预付定金的参考。政府不喜欢这一准则，因为它将迫使每一家公司记录比实际数额大得多的名义所得税负债，从而掩盖政府给予企业的重大税收优惠。这些都不是会计方面的争论，他们是自私自利的。最后，准则制定者迫于政治压力撤销了上述准则，代之以一种允许公司记录一个更低的递延税负债的准则，并允许在可预见的未来进行转回（Zeff，2002；Hope and Briggs，1982；Renshall，1987；Arnold and Webb，1989；Zeff，1988）。

### 研究与开发（1977 年）

在 1977 年颁布的《标准会计实务公告第 13 号》准备阶段，一个特殊的辩护请求被施加给准则制定者。航空航天业使用以下论据来阻止准则制定者要求在《标准会计实务公告第 13 号》中使用立即冲销开发费用的方法：

> 应当允许递延确认开发费用，因为政府合同中允许的利润率是根据已动用资本计算的，它包括资产负债表中的开发支出。因此，立即冲销将减少计算出的利润。换句话说，航空航天业担心会计准则可能带来的经济后果。

最终，该准则规定，不需要立即冲销开发费用。

### 商誉（1987—1990 年）

在会计准则委员会存续期的最后 3 年里，它大胆地试图对商誉的会计处理施加一些约束。1984 年发布的《标准会计实务公告第 22 号》对商誉处理方法的选择几乎不受限制，大多数公司都选择利用商誉继续冲销所有者权益。

在 1990 年 2 月发布的征求意见稿（ED 47）中，就在让位给会计准则理事会的几个月前，会计准则委员会提出了一种单一的方法：在最长 20 年的时间内将商誉摊销计入费用。这项提议遭到了强烈的游说。实务界强烈反对分期摊销的要求，并收到了一连串的负面评论，其中包括来自英国工业联合会（Confederation of British Industry）和财务总监 100 集团（the 100 Group of Finance Directors）的抗议。会计准则委员会及其 ED 47 工作小组的一名成员提出，会计准则委员会及其工作小组的成员受到了来自同事和客户的政治压力。六大审计事务所都表示反对，其中一个原因是为了避免惹恼当前和潜在客户。由于激烈的争议，会计准则委员会别无选择，只能在没有决议的情况下将商誉项目移交给继任者。

## 11.4 1990年之后的美国政治游说

### 11.4.1 有价证券（1990—1993年）

美国证券交易委员会历来反对公司在其财务报表中以市值计价资产。1978年，证券交易委员会决定支持石油行业的储量确认会计制度，这是1990年之前唯一的例外。然而，在20世纪90年代初，证券交易委员会主席提出，有价证券应该"按市价计价"。财务会计准则委员会迅速回应了这一建议，并开始起草一份准则草案，以市场价格对权益性证券进行计量，未实现的持股损益计入当期损益。在监管机构的怂恿下，银行业迅速做出反应，发起了一场运动，反对任何此类准则，因为银行通常持有大量证券组合。银行业担心，银行盈余的波动性将变得难以控制，在许多人士看来，这将意味着银行体系不稳定。像财政部长这样的政治人物给财务会计准则委员会写了一封信，信中他断言：

> 这一提议可能会对信贷的可获得性以及金融体系的稳定性产生严重的、意想不到的影响，我强烈建议财务会计准则委员会在这个时候不要采纳这样的准则……［市值会计］可能导致更严重和更频繁的信贷紧缩，因为资产价格的暂时下跌将导致银行资本的迅速减少，以及不可避免的银行放贷能力的减弱。

在银行业的攻击下，财务会计准则委员会认为有必要制订一个折中方案。权益性证券将被划分为"交易性"或"可供出售"两类。两者都将按市值计价，但只有在交易性证券（这些证券将在短期内出售）上未实现的持股损益才会计入当期损益。可供出售证券（通常是两种投资组合中较大的那一种）累积的损益将计入所有者权益部分，在这些证券被出售之前不会影响利润。1993年颁布的《美国财务会计准则公告第115号》就体现了这种妥协，因此权益性证券未实现的利得和损失大部分从当期损益中转出了。与以往一样，将持有至到期的债务性证券按摊销历史成本记录（Kirk，1991；Wyatt，1991；Worthy，1992；Scott，2003；Schultz and Hollister，2003）。

### 11.4.2 员工股票期权（1992—1995年）

最近最著名的政治争议与员工股票期权有关。在这个问题上，人们的情绪高涨，因为财务会计准则委员会将高管的薪酬方案置于危险之中。1993年，财务会计准则委员会发布了一份征求意见稿，呼吁在利润表中强制计入员工股票期权的费用，使用基于期权定价模型的公允价值估算。以前，公司在授予股票期权时根本不记录任何费用，为了获得有利的所得税待遇，它们的行权价格被设定为与授予日股票的市场价格相等，因此它们没有内在价值。高级主管，尤其是高科技企业的主管，对财务会计准则委员会大发雷霆。在高科技领域，许多小公司都会向其所有员工给予期权，而不仅仅是给予一些受到青睐的高管。公司知道，它们的盈余将受到沉重打击，如果公司盈余大幅下降，股东将不太愿意慷慨地向员工给予股票期权。

当高科技企业断定财务会计准则委员会对它们的批评和反对置之不理时，它们向国会议员提出了上诉。法案因此被提出，命令证券交易委员会不执行要求股票期权费用的财务会计准则委员会的准则。与此同时，支持财务会计准则委员会立场的其他国会议员提交了法案，要求证券交易委员会执行此类准则。1994 年 3 月，财务会计准则委员会在硅谷举行了一次公开听证会，导致举行了一场声势浩大的"阻止财务会计准则委员会"抗议集会，集会上有鼓舞人心的演讲者和一支高中游行乐队，激起了一阵反对的狂潮。当地媒体对这次集会做了广泛的报道。6 周后，财务会计准则委员会提议的反对者召集了美国参议员，以 88 票对 9 票的投票通过了一项不具约束力的决议，敦促财务会计准则委员会不采用其准则，因为这将给严重依赖员工创业精神的新兴行业的企业带来严重的经济后果，并且会减少而不是扩大员工股票期权计划的范围。

然而，广受尊敬的美国投资者、公司董事会成员 Warren Buffett 为财务会计准则委员会辩护说：

> 如果期权不是一种报酬，那它是什么？如果报酬不是费用，那它是什么？而且，如果在计算利润时不计入费用，那么这些费用究竟应该在哪里计算呢？

立场是明确了，但风险极高。然后，1994 年 10 月，提出并在参议院顺利通过议案的那位参议员又提出了另一项法案，如果该法案通过，将要求任何新的财务会计准则委员会准则都需要证券交易委员会成员以多数投票通过，才能生效。这样的立法将威胁到财务会计准则委员会未来的生存能力。不久之后，证券交易委员会主席私下建议财务会计准则委员会放弃立场，因为国会给的压力很大。委员会主席之前曾公开表示支持财务会计准则委员会的征求意见稿，而如今他写道：

> 我警告（财务会计准则委员会），如果它采用新准则，证券交易委员会将不会执行它……现在回想起来，我错了。我知道，如果不是我迫使财务会计准则委员会投降，它会坚持自己的立场。出于一种错误的信念，认为我是在为财务会计准则委员会的最大利益而行动，我没有在这个饱受围攻、勇敢的组织需要的时候给予支持，而且可能已经为强大的公司和国会更多的干预打开了大门。

（Levitt and Dwyer，2002）

最后，财务会计准则委员会以 5 票对 2 票通过了《美国财务会计准则公告第 123 号》，该法案赞成在利润表中对股票期权的公允价值费用化，也允许在附注中披露该费用可能产生的影响。大多数公司采用了这一附注处理方式。

这是一件痛苦的事情，财务会计准则委员会不想重蹈覆辙。然而，正如在 11.7 节中可以看到的那样，2002—2004 年，当财务会计准则委员会履行与《国际财务报告准则第 2 号》趋同的承诺时，这种情况不得不重复。

### 11.4.3　企业合并和商誉（1996—2001 年）

多年来，证券交易委员会的会计人员一直希望财务会计准则委员会解决企业合并的"权益结合法"与"购买法"下的会计问题。员工们抱怨，他们 40％ 的时间都花在了与企业合并有关的问题上。这个问题最终在 1996 年被列入财务会计准则委员会的议程。经过漫长的问询，委员会在 1999 年的征求意见稿中决定取消权益结合法，并将商誉和其他无形资产的最大摊销期限从 40 年缩短至 20 年，这与《国际会计准则第 22 号》（1993 年修订）相一致。尽管行业对取消权益结合法的举措表示服从，但并不喜欢每年不得不摊销商誉而减少 5% 利润的前景，特别是当人们认为在最近的许多收购中商誉的数额已经占收购价格相当大的百分比时。业内人士呼吁美国国会帮助说服财务会计准则委员会放弃其对商誉摊销的立场。这促成了 2000 年 3 月和 5 月在国会、参议院和众议院举行的听证会。

一位财务会计准则委员会前主席在听证会上发表了以下评论：

> 财务会计准则委员会经常处于守势，因为这些听证会通常是在某些公司、行业协会或其他公司声称财务会计准则委员会采纳提议的准则为最终会计准则，将会造成严重的经济损害时召开的。虽然同情财务会计准则委员会的政党有时会被邀请发声，但牌局往往偏向于对手。

关于企业合并和商誉的两次听证会都是这样，但财务会计准则委员会坚持自己的立场。即便如此，两名众议院议员提出了一项议案，试图推迟建议准则的实现，13 位参议员在一封给财务会计准则委员会的信中表达了他们的担忧。一位资深参议员，同时也是强大的银行、住房和城市事务委员会主席，在财务会计准则委员会的征求意见稿转化为最终准则之前，于 2000 年 6 月举办了一场"商誉会计圆桌讨论会"。会议期间，他对财务会计准则委员会主席发表了以下评论：

> 在只观察合并时的财务状况时，我认为购买法优于权益结合法。然而，因为购买法要求商誉在未来期间摊销，在任何成功的合并中，我们预期商誉的价值会上升而不是下降。
>
> 那么问题就变成了，武断地写下商誉所产生的问题是否足以压倒我们从购买法中获得的接近现实的利益？有没有一种方法可以定期评估商誉的价值，以及它是否会被保留，是否在下降或者在上升？

2000 年 3 月，该委员会主席曾在其所在委员会举行的听证会上表达过非常类似的意见。

在财务会计准则委员会主席回到他的办公室后，委员会开始重新考虑自身所提议的对待商誉的方式。到 12 月，委员会得出结论，原则上可以支持定期进行商誉减值测试。因此，委员会决定发布一份修订后的征求意见稿，以定期对商誉进行减值测试的要求，取代商誉在不超过 20 年内分期摊销的要求。最终发布的准则是《美国财务会计准则公告第 142 号》，其中包括商誉定期减值测试。

### 11.4.4 以公允价值计量的衍生工具（1997—1998 年）

根据《美国财务会计准则公告第 133 号》，财务会计准则委员会引入了以公允价值计量衍生证券的要求。在准则出台之前，包括美国银行家协会（American Bankers Association）在内的反对者利用它们的影响力与国会议员进行接触，试图阻挠财务会计准则委员会的法案在参议院和众议院被提出，并举行了公开听证会（Beresford，1998；Zeff，2002）。然而，最终财务会计准则委员会在 1998 年 6 月成功地发布了该准则。

### 11.4.5 公允价值会计下的银行损失核算（2008—2009 年）

2008 年 10 月，在金融危机中，财务会计准则委员会的压力陡增，金融服务公司和银行担心，如果它们所持的抵押贷款支持证券和债务抵押债券必须在一个以低价为特征的市场上以公允价值计价，那么它们的监管资本将受到影响。当月，美国国会匆忙批准了一项法案，授权证券交易委员会暂停公允价值会计的使用。2 个月后，证券交易委员会的一项研究得出结论，现有的公允价值准则不应被暂停。2009 年 1 月，财务会计准则委员会重申了对公允价值会计的支持。然后，2009 年 3 月，15 位国会议员支持了一项法案，旨在建立一个联邦会计监督委员会，其成员包括联邦储备委员会的主席、美国财政部长、美国联邦存款保险公司主席以及证券交易委员会主席和美国上市公司会计监督委员会主席。该机构将"批准并监督联邦金融监管机构的会计原则和准则，以及这些机构要求的报告要求"。其目的显然是减少对金融工具公允价值的必要使用（Revsin et al.，2015）。

2009 年 3 月 12 日，在众议院金融服务委员会小组委员会的听证会上，宾州民主党主席保罗·康约斯基（Paul Kanjorski）口头攻击了财务会计准则委员会主席罗伯特·赫兹（Robert Herz），因为该委员会提出的公允价值会计准则在经济危机中对银行产生了所谓的负面影响。康约斯基威胁说，如果财务会计准则委员会在未来 3 周内不采取决定性的行动来缓解这些影响，就会通过立法来实现同样的目标。这种压力可与欧盟委员会在 2008 年 10 月对国际会计准则理事会施加的压力相媲美，但它涉及银行对金融工具会计的不同方面。我们有理由相信，美国银行界和银行监管机构已向众议院的小组委员会表达了自己的观点。

听证会后的 3 周内，财务会计准则委员会发布了两个立场公告，此举可能会降低银行在可供出售证券上"其他非暂时性减值"的损失规模，给银行更大的灵活性来确定非流动性资产的公允价值，尽管会扩大披露范围。前一项决定以 3∶2 票通过。财务会计准则委员会做出的这些让步，几乎没有为正当程序留出时间，立即遭到了金融媒体的批评。最终，受到威胁的联邦会计监督委员会没有成立。

## 11.5 国际会计准则委员会/国际会计准则理事会的政治游说

### 11.5.1 后进先出法的淘汰（1992 年）

在国际会计准则委员会的准则被几个国家采纳之前，特殊利益集团的游说活动就已经困扰着理事会了。这种情况发生在 1992 年，当时国际会计准则委员会理事会试图执行其 1990 年发表的意向声明中的一项规定，即取消后进先出法作为一种可接受的处理办法。由于在德国、意大利、日本和韩国这些税务报告和财务报告紧密联系的国家，后进先出法可用于所得税目的，因此这些国家出席国际会计准则委员会理事会的代表团投票反对取消后进先出法。一种假设是，各代表团赞同其国内所发表的意见，即不应采取任何行动干扰后进先出法所给予的税收优惠。这四张反对票构成了具有否决权的少数，而取消后进先出法的动议也以失败告终。这一动议的失败出乎意料，使国际会计准则委员会理事会感到尴尬。有趣的是，尽管在美国普遍使用后进先出法，但委员会的美国代表团投票赞成取消后进先出法，认为这是一种不恰当的会计方法。

最后，在 2003 年，作为改进项目的一部分，国际会计准则理事会在对《国际会计准则第 2 号》的修订中取消了后进先出法。

### 11.5.2  股份支付（2001 年）

当国际会计准则理事会 2001 年开始工作时，其议程上的一个主题就是股份支付，其中包括员工的股票期权。在发布征求意见稿之前，理事会事先发布了 G4＋1 集团关于该主题的研究报告。报告建议，根据每个连续报告期结束时期权的公允价值，在提供员工服务的每个期间将期权费用化。这次发布促使欧洲 15 家大型跨国公司发起了写信运动。写信者抱怨，体现这一建议的准则将使他们的公司处于竞争劣势，因为与使用美国公认会计原则（不需要确认此类费用）的公司相比，他们公司的利润会下降。下面列出了写这些信的公司：

| | |
|---|---|
| 诺基亚（芬兰） | 瑞银集团（瑞士） |
| 爱立信（瑞典） | 雀巢（瑞士） |
| 拜耳（德国） | 罗氏（瑞士） |
| 戴姆勒-克莱斯勒（德国） | 圣戈班（法国） |
| 奥西（荷兰） | 拉法基（法国） |
| 飞利浦（荷兰） | 倍耐力（意大利） |
| 荷兰国际集团（荷兰） | 雷普索尔（西班牙） |

有些信件的关键段落是相同的，这表明，至少有一些信件是协同写的，很可能是由大型跨国公司的游说组织——欧洲实业家圆桌会议（European Round Table of Industrialists）组织的。它们的论点利用了当时欧洲议会正在审议的国际会计准则拟议条例中的一段陈述，内容如下：

> （15）在审议和制定关于国际财务报告准则（IFRS）和国际财务报告解释委员会（SIC-IFRIC）相关文件和立场时，（欧洲）委员会应该考虑到避免使欧洲公司在全球市场上处于竞争劣势的重要性，而且在最大可能的范围内，听取各代表团在会计监管委员会上所表达的意见。委员会将派代表参加国际会计准则理事会的组成机构。

尽管国际会计准则理事会在发布征求意见稿之前就受到了干预，但理事会在 2004 年 2 月成功地发布了《国际财务报告准则第 2 号》，要求公司将员工股票期权的公允价值计入费用。在征求意见稿阶段，企业的反对态度有所软化，这或许是因为它们担心广泛曝光的安然公司和世通公司的丑闻引发的会计违规行为。2005 年 2 月，欧盟委员会正式批准《国际财务报告准则第 2 号》在欧洲使用。2004 年 12 月，美国财务会计准则委员会发布了《美国财务会计准则公告第 123 号》（修订版），该修订版在很大程度上与《国际财务报告准则第 2 号》趋同，但国会中阻止美国准则生效的政治反对派导致了阻击法案（blocking legislation）的引入。

### 11.5.3  金融工具（2002—2004 年）

对《国际会计准则第 39 号》的修订成为刚成立不久的国际会计准则理事会的主要政治斗争。

国际会计准则委员会于 1998 年 12 月发布了《国际会计准则第 39 号》，这是国际证券委员会于 2000 年 5 月批准的构成"核心准则"的最后一套准则。对国际会计准则委员会来说，就该准则达成一致意见已经够困难了，尽管当时世界上相对而言很少有国家真正重视该准则。2000 年 6 月，欧盟委员会才宣布关于要求欧洲所有上市公司在 2005 年之前在其合并报表中使用国际准则的建议。2002 年 6 月，欧洲理事会通过了正式规定这一要求的有关条例。

2001 年，欧盟委员会鼓励欧洲私营部门设立一个机构，对国际财务报告准则的技术可靠性进行审查。很快它们成立了欧洲财务报告咨询小组，随后授权成立了一个由欧洲国家会计专家组成的技术专家组（TEG）。技术专家组就其征求意见稿向国际会计准则理事会提交意见，并就国际财务报告准则的技术可行性向理事会提出建议。为了使理事会能够接受政治层面的建议，提议创建一个由欧盟成员国政府代表组成的会计监管委员会。技术专家组的建议也将被送到会计监管委员会。尽管欧洲议会可以推迟这一决定，但欧盟委员会最终决定批准国际财务报告准则在欧洲使用。

修订后的《国际会计准则第 39 号》是对国际会计准则理事会与欧洲财务报告咨询小组和欧盟委员会之间这种新型关系的第一次严峻考验。这也是第一个激怒了欧洲重要报表编制者部门的准则，它给欧盟委员会带来了巨大的压力，要求其限制采纳该准则。对该准则的反对意见有两点：一是它通过阻止银行的核心存款组合使用套期会计来限制套期会计；二是它允许对某些负债进行公允价值选择。最强烈的抱怨（尤其是来自法国银行的抱怨）是，第一点将使它们遭受无法接受的盈余波动，并要求它们改变风险管理做法，使之对自己不利。欧洲央行（European Central Bank）辩称，公允价值计量选择权将导致银行负债被低估，尤其是在以反映银行信用状况不佳的高利率贴现的情况下。此外，欧盟委员会声称，该准则的公允价值选择权违反了关于公司会计的《欧盟第 4 号指令》中的一项条款。如果仅仅只是因为委员会本身可以启动一项程序来相应地修改该指令，那么这一论点的价值是可疑的。

法国的反对在 2003 年 7 月达到了狂热的程度，当时法国总统雅克·勒内·希拉克（Jacques René Chirac）写信给欧盟委员会主席罗马诺·普罗迪（Romano Prodi），认为国际会计准则理事会提出的金融工具准则将对金融稳定造成"灾难性"的后果。欧洲央行和巴塞尔银行监管委员会也对该准则可能造成人为波动的某些方面表示关切。

就其本身而言，技术专家组建议支持《国际会计准则第 39 号》，但奇怪的是，5 票赞成，6 票反对。技术专家组的规则规定，只有在其成员中超过 2/3 的人反对某一准则时，技术专家组才可以建议否决某一提议。2004 年 10 月，会计监管委员会建议批准《国际会计准则第 39 号》，但要"减去关于核心存款的全面公允价值和投资组合套期的规定"。这成为欧盟委员会 11 月宣布的对《国际会计准则第 39 号》的部分认可的两个"分割"。2005 年 6 月，国际会计准则理事会回应批评，对《国际会计准则第 39 号》的公允价值选择权进行了修正，导致欧盟委员会取消了在分割这个问题上的开始。核心存款中套期会计的分割仍然存在。

国际会计准则理事会面临的困境之一是，如果它要完全接受来自欧洲的所有反对意见，它就会颁布一个不那么以原则为导向的准则。对国际会计准则理事会来说，与美国财务会计准则委员会趋同的大门必须敞开。但美国财务会计准则委员会主席表示，委员会只与高质量的准则趋同。

此外，分割被认为是美国证券交易委员会会计人员关注的一个来源，他们一直鼓励美国财务会计准则委员会和国际会计准则理事会消除高质量准则差异。美国证券交易委员会和国际会计准则理事会希望，有一天，美国证券交易委员会要求外国注册公司将基于国际财务报告准则的盈利和股东权益与美国公认会计原则相一致的这一要求取消，但前提是美国公认会计原则与国际财务报告准则的趋同在美国证券交易委员会看来是高质量的。

有人质疑，世界其他地区的准则制定者或监管机构是否会利用欧盟委员会开创的先例，通过分割令人反感的条款，来适应国内对未来国际财务报告准则的反对。尽管欧盟委员会否认其对《国际会计准则第 39 号》的分割构成先例，但它仍可以对未来的国际财务报告准则采取类似的行动。

### 11.5.4 经营分部（2006—2007 年）

2006 年，国际会计准则理事会发布了《国际财务报告准则第 8 号》，以取代《国际会计准则第 14 号》关于分部报告的新准则。《国际财务报告准则第 8 号》类似于美国的运营部门披露准则，这种趋同是国际会计准则理事会的目标之一。

欧洲财务报告咨询小组提出了积极的支持建议，欧盟委员会也表示采纳。然而，一场反对的运动导致欧洲议会的一个委员会请求欧盟委员会对该准则进行影响分析。最终，在 2007 年 11 月，也就是国际会计准则理事会发布准则的 1 年之后，欧洲议会最终同意了该准则。

### 11.5.5 证券投资重分类（2008 年）

一场真正的危机发生在 2008 年 10 月，起因是全球金融危机初期股市的大幅下跌。法国几家重要的金融机构持有大量被归类为"交易性"的债务证券，它们迫切希望避免在 9 月 30 日即将发布的季度报告中披露所持债券的巨额亏损。在法国政府的强力支持下，它们敦促欧盟委员会向国际会计准则理事会施压，立即将其持有的股票重新分类为回溯期的"持有至到期"（即证券价格高于其账面价值的时候），以避免必须在刚刚结束的季度报告亏损。在 10 月 6 日至 10 月 12 日这一周，欧盟委员会威胁国际会计准则理事会，除非它在未来几天内批准这样一项准则，否则它将失去在欧盟制定准则的特权。理事会面临的压力是巨大的，就好像有人用枪对着它的头。国际会计准则理事会很快就授予了国际会计准则委员会基金会受托人可以推翻其正常的正当程序的权力。10 月 13 日（星期一），理事会以两票反对意见、多数保留意见（即弃权）的投票结果批准了对《国际会计准则第 39 号》的修订，以实现重分类，并可以追溯到 2008 年 7 月 1 日。与此同时，修订了《国际财务报告准则第 7 号》。2 天后，欧盟委员会批准了该修订案，这是有史以来最快的一次批准。

尽管按照公认会计原则可以进行这种重新分类，但国际会计准则理事会此前并不允许这样做。但在没有经过正常的公布程序的情况下，要求国际会计准则理事会做出这一改变的政治压力是前所未有的，这导致了对国际会计准则理事会无力应付这种自我利益的游说的齐声批评，尤其是在美国。最后，只有少数金融机构实行可以回溯的重分类。法国再次提出抗议，抗议涉及金融工具的会计问题。

## 11.6 报表编制者试图控制会计准则制定者

### 11.6.1 美国

对于报告编制者来说，仅在特定的会计问题上与美国财务会计准则委员会对峙是不够的。从1985 年开始，他们采取措施试图"控制"财务会计准则委员会。1985 年，财务经理人协会敦促任命第二名报表编制者进入由 7 人组成的财务会计准则委员会，结束委员会中只有一位财务分析师的局面。1988 年，由大约 200 家美国大型上市公司和银行首席执行官组成的企业圆桌会议（Business Roundtable）向美国证券交易委员会施压，要求合作成立一个理事会来监督财务会计准则委员会。该理事会将对财务会计准则委员会的议程行使控制权，并可以在财务会计准则委员会批准任何准则后否决这些准则。证券交易委员会主席果断拒绝这项提议，称证券交易委员会监督着财务会计准则委员会。1990 年，可能是在报表编制者游说团的鼓励下，负责任命财务会计准则委员会成员和筹集资金的财务会计基金会的受托人，将财务会计准则委员会通过准则的最低投票规则从 4∶3 更改为 5∶2，以减缓理事会制定准则的步伐。

1996 年爆发了一场重大的对抗。在美国国会的政治攻击之后，财务会计准则委员会批准了关于员工股票期权的《美国财务会计准则公告第 123 号》后不久，财务经理人协会主席向财务会计基金会董事会主席表示，财务经理人协会强烈希望采取措施，使财务会计准则委员会进一步处于报告编制者的控制之下。这导致证券交易委员会主席采取行动保护财务会计基金会董事会的独立性。他坚持要求财务会计基金会董事会任命 4 名代表公众利益的受托人。在此之前，所有的受托人都是由财务会计基金会的赞助机构任命的，其中就包括财务经理人协会。起初，财务会计基金会董事会一直反对，直到证券交易委员会主席威胁说，除非财务会计准则委员会遵守规定，否则它将失去证券交易委员会对它的支持。最后，财务会计基金会任命了 4 名证券交易委员会主席熟悉的受托人，将财务会计基金会董事会的规模从 14 人扩大到 16 人。

这一系列的干预以及上面没有提到的其他干预表明，美国的报表编制者是多么严肃地把财务会计准则委员会视为其财务事务中一股不受欢迎的力量。

### 11.6.2 国际会计准则理事会

《国际会计准则第 39 号》事件的后果之一是欧洲报表编制部门向欧洲财务报告咨询小组施压，要求扩大其职能和使命，在未来国际财务报告准则中明确考虑欧洲公司的利益问题。因此，欧洲财务报告咨询小组要超越纯粹的会计领域，进入具有政治和经济影响的领域。2004 年 4 月，欧洲财务报告咨询小组发布的政策声明说，根据扩大后的权限，欧洲财务报告咨询小组在对重大问题发表意见时，需要结合其他利益相关者的意见来分析其经济、法律和实际影响，其中一些问题可能引起政治辩论。"拟议的国际财务报告准则将在早期阶段在欧洲公共利益的背景下进行充分讨论。"因此，在欧洲财务报告咨询小组的审议中，政治影响得到了更高的关注。通过这种方式，欧洲实务界可以以"政治"为由向欧洲财务报告咨询小组和欧盟委员会求助。

从 2003 年起，监督国际会计准则理事会的国际会计准则委员会基金会受托人对其章程和工作程序进行了审查。欧洲实务界和欧盟委员会一直在敦促国际会计准则理事会改进其咨询程序，这意味着，要表现出更大的意愿来接受报告编制者团体的意见。欧洲实务界和欧盟委员会希望在受托人理事会和国际会计准则理事会中看到更多来自实施国际财务报告准则的国家的代表，而减少来自美国的代表，因为美国不使用国际财务报告准则。它们成功地说服了受托人将国际会计准则理事会成员的"技术专业知识"标准扩大到"专业能力和实务经验"，这样理事会就不那么像一个"象牙塔"了。理事会通过准则的最低投票规则从 14 名成员的简单多数票改为 9 票对 5 票。欧盟委员会和欧洲财务报告咨询小组就 10∶4 的席位进行了辩论，希望理事会拥有 2 名以上的兼职理事会成员。对某些人来说，这些改革（从 2005 年 7 月 1 日起生效）可能会让人想起美国的报表编制团体为获得对美国财务会计准则委员会更大的控制权所做的尝试。但准则制定者必须被那些受其决定影响的人视为公正、开明的仲裁者。

2013 年，应欧盟内部市场和服务专员迈克尔·巴尼耶（Michael Barnier）的邀请，菲利普·迈斯塔特（Philippe Maystadt）提交了一份为《国际财务报告准则应更加"欧洲化"吗?》的报告。在报告中，他建议重组欧洲财务报告咨询小组，并建议它"应该更彻底地分析"国际财务报告准则是否"有利于欧洲的公共利益"。这样，欧洲财务报告咨询小组就根据这种理解重组了。"欧洲公共利益"是什么意思? 可能它是指促进经济增长和金融稳定，这超越了国际会计准则理事会的使命，即促进全球资本市场的发展。欧洲的公共利益不一定与世界其他地区的公共利益一致。

在受到欧洲议会两个委员的批评三年之后，国际会计准则委员会基金会受托人提议成立一个由国际公共部门当局组成的监督小组，以监督受托人的表现，包括在出现空缺时任命新受托人的程序。欧洲议会的委员会辩称，像国际会计准则理事会这样的机构，实际上无法制定欧盟法律——也就是说，将其准则强加于欧盟企业——除非该机构必须对具有国际地位的公共部门负责。监管理事会于 2009 年 2 月 1 日成立，从名称可以看出是比"小组"更重要的角色，最初的成员包括来自欧盟委员会、美国证券交易委员会、日本金融服务机构和国际证券委员会组织的领导人物。

受托人将理事会的成员从 14 人逐渐增加到 16 人（最多可包括 3 名兼职成员），但后来又让理事会的规模下降到 14 人。目前所有成员都是全职的。原则上，理事会成员按地域划分如下：欧洲4 名成员、北美 4 名成员、亚洲/大洋洲 4 名成员、非洲和南美洲各 1 名成员、任何地区 2 名成员，以实现总的地域平衡。根据新的成员标准，董事会可能只有全职成员，这与一些批评人士的观点相悖，他们认为全职成员可能会与会计实务中的"现实世界"脱节。

## 11.7  美国财务会计准则委员会与国际会计准则理事会趋同的政治游说

### 11.7.1  员工股票期权：第 2 轮（2002—2005 年）

2002 年，美国在员工股票期权会计方面有两项发展。在安然公司、世通公司破产和涉嫌欺诈之后，企业开始受到越来越大的压力，并被要求采取措施，恢复公众和股东的信任。未能将股票期权的公允价值费用化的公司被认为滥用职权。如上所述，美国财务会计准则委员会在 1995 年发布的《美国财务会计准则公告第 123 号》中赞成计入费用；然而，除了少数公司之外，大多数公司最初都选择在附注中披露该支出对盈余的稀释效应。由于巴菲特的努力，包括可口可乐、华盛顿邮报和通用电气在内的几家大公司在 2002 年宣布，它们将在未来的利润表中记录股票期权费用。采取这种做法的运动开始引起媒体和股东的共鸣，其他公司也开始面临效仿它们的压力。截至 2004 年底，已有超过 825 家公司宣布使用这种处理方法，其中约 120 家公司的股票被广泛持有，它们的股票被纳入了标准普尔 500 指数。相对于美国证券交易委员会报告的约 1 万家公司而言，这只是一小部分。

2002 年的另一个发展是财务会计准则委员会发布了一份征求意见稿，将其修订后的《美国财务会计准则公告第 123 号》与国际会计准则理事会发布的基于股份支付的征求意见稿进行比较。这一举动推动了财务会计准则委员会履行与国际财务报告准则趋同的承诺。财务会计准则委员会非常清楚，它将再次陷入一场关于员工股票期权会计问题的政治风暴。2004 年 3 月，财务会计准则委员会发布了一份征求意见稿，要求在利润表中按照股票期权的公允价值确认费用，该征求意见稿在许多方面与 1993 年发布的征求意见稿相似。征求意见稿发布后收到的评论信超过14 000 封，创下了纪录。

在高科技行业的推动下，国会议员迅速通过了一项名为《股票期权会计改革法案》的立法提案，该法案旨在严格限制任何基于征求意见稿的财务会计准则委员会准则的适用性。根据该法案，强制将股票期权的公允价值计入费用只适用于公司的首席执行官和其他四位薪酬最高的高管。这是对许多向大多数员工授予股票期权的高科技公司做出的重大让步。该法案还规定，当使用期权定价模型来估计期权的公允价值时，波动性应为零，这与金融常识相悖。众议院以312 票对 111 票通过了该法案，这表明该法案得到了众党派广泛的支持。然而，一些关键的参议员宣称他们反对干预财务会计准则委员会。到 2004 年 12 月第 108 届国会休会时，参议院仍在商议一项配套法案。

尽管国会采取了这一行动，财务会计准则委员会还是在 2004 年 12 月一致通过了《美国财务会计准则公告第 123 号》（修订稿），但其生效日期被推迟到 2005 年 6 月 15 日，因为证券交易委员会认为，由于实施 2002 年《萨班斯-奥克斯利法案》规定的内部控制，公司在年底已经不堪重负。2005 年 4 月，证券交易委员会将针对大多数公司的生效日期延长了 6 个月。

2005 年 2 月，众议院提出一个新的阻击法案——《广泛基础股票期权计划透明法案》，提出者正是上届国会中支持《股票期权会计改革法案》的人。它要求证券交易委员会改善财务报表附注中关于股票期权的披露，包括对每股收益的稀释效应。3 年后，证券交易委员会将被要求向国会提交关于这些强化披露的有效性报告。在 3 年期限结束前，证券交易委员会不得将《美国财务会计准则公告第 123 号》（修订版）视为公认会计原则的一部分。该法案的目的很明确：成为阻止美国财务会计准则委员会准则生效的第一步。

然而，由于两位关键参议员的坚决反对，众议院法案背后的势力逐渐减弱，美国财务会计准则委员会的准则于 2006 年生效。尽管如此，众议院采取的举措（显然是由公司游说推动的）很可能出现在租赁等其他议题上。政治游说确实对实现会计准则真正的国际趋同构成了潜在威胁。

### 11.7.2　国际会计准则理事会/美国财务会计准则委员会对承租人的租赁提案（2010—2016 年）

2012 年 5 月，美国众议院的两名注册会计师成员，与其他 58 名众议院议员一起组织了一次写信活动，抗议国际会计准则理事会和美国财务会计准则委员会于 2010 年 8 月提出的关于承租人应将所有租期超过 12 个月的资产和负债（只有少数例外）资本化的提案。在这封信中，60 名众议院议员在信中援引了咨询公司 Chang & Adams 的一项有争议的研究。该研究称，这样的资本化将对美国经济，尤其是房地产行业，产生严重的不利影响。这封信被寄给美国财务会计准则委员会主席，抄送给美国证券交易委员会主席和国际会计准则理事会主席，并被媒体报道。由于物业（房地产）行业的批评，美国证券交易委员会和国际会计准则理事会于 2013 年 5 月发布了一份修改稿的征求意见稿，再次呼吁承租人将租赁资本化，并提出所谓的"B 类租赁"（包括大多数房地产租赁）将被视为经营性租赁，计入利润表，也就是说，总成本将在租赁期内以直线法的方式分配。这比融资租赁会计方法更容易接受，因为后者在前几年费用总额较大。2016 年 1 月至 2 月，美国证券交易委员会和国际会计准则理事会发布了租赁准则（《国际财务报告准则第 16 号》和《会计准则更新》（ASU）2016 年第 2 号）。美国财务会计准则委员会在其准则中纳入了承租人 B 类租赁的概念，称其为"经营性租赁"，并对其进行类似于长期惯例的定义。然而，国际会计准则理事会恢复了最初的计划，要求承租人在所有财务报表中将几乎所有租赁视为融资性租赁，显然没有被房地产行业的辩护说服。

## 11.8　结束语

20 世纪 90 年代之前，证券交易委员会是唯一严格执行公认会计原则的证券市场监管机构。自 20 世纪 90 年代以来，特别是在 21 世纪头十年，其他国家加强了它们的执法机构。但它们在欧洲和其他地方的表现水平和一致性仍存在很大差异，部分原因是预算不足和配套立法薄弱。此外，不同国家的监管文化也不同。然而，如果准则的制定者和监管者都是高质量的，一方面，这些准则有可能提高公司报告的质量，另一方面，编制者团体政治游说事件的不断增加可能会导致准则被弱化。至少，这些综合发展可能使准则更详细，有额外的段落具体规定条款、豁免、例外和澄清，以适应准则制定者施加的特殊利益。

有人能否认政治游说是在国家和国际层面上制定准则必须面对的现实吗？随着风险越来越大，政治上反对不受欢迎变革的声音肯定会越来越大。在相当大的程度上，财务报告的编制者已经成为一股与被认为越权了的准则制定者抗衡的力量。研究准则制定过程的人必须注意政治游说的现象。

 ◀ 小 结 ▶

- 政治游说是指对准则制定者施加压力（通常来自公司或政府），而不是围绕某一特定准则提

议的技术价值或合规成本展开辩论。

● 游说者的动机可能包括希望使收益看起来更高、更低或有较小的波动。就政府而言，游说意愿可能是确保各种经济激励措施产生更有吸引力的会计结果。

● 直到 1990 年，美国准则制定者的游说包括重置成本折旧、投资税收抵免、企业合并、石油勘探成本、有价证券、租赁、分部财务报告、不良债务重组和其他离职后的福利等。

● 英国的例子包括通货膨胀会计（涉及政府时）、递延税、研究与开发、商誉等。

● 美国从 1990 年开始的游说涉及有价证券、员工股票期权和商誉等，其中两个被重复游说。

● 国际会计准则委员会和国际会计准则理事会变得越来越重要，游说也越来越多。例子涉及后进先出法、股份支付和金融工具。

● 财务报表编制者试图控制美国财务会计准则委员会，之后又试图控制国际会计准则理事会。

● 当美国财务会计准则委员会寻求与国际会计准则理事会趋同时，股份支付和租赁会计重新成为美国游说的主要议题。

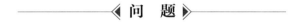

## ◈ 问　题 ▶

带星号问题的参考答案见书末附录 B。

11.1* 解释对准则制定者进行政治游说的各种动机。

11.2* 举例说明美国准则制定者的政治游说，解释游说在哪些方面超越了关于正确技术解决方案的争论。

11.3 为什么美国的政治游说案例比其他任何国家多？

11.4 举例说明国际会计准则委员会和国际会计准则理事会的政治游说，解释这些年来游说为什么会增加以及如何增加。

11.5 讨论下述观点：政治游说可以而且应该通过给予编制者在制定会计准则方面更多的发言权来减少。

11.6 一个国家的政治游说数量与政府部门和会计行业的准则制定者的独立性之间是否存在联系？

11.7 讨论概念框架对政治游说发挥了哪些防御作用。

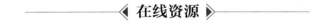

## ◈ 在线资源 ▶

扫描下列二维码即可阅读本章参考文献和推荐网站。

# 第三部分

# 中国和日本的财务报告

第 **12** 章

中国和日本的财务报告

---

**学习目标**

学完本章后, 你应该能够:

● 解释中日两国在影响财务报告的因素方面的主要异同点;

● 概述影响日本会计的主要外国因素以及由此产生的日本会计系统的独特特征;

● 解释来自日本政府不同层次的要求, 以及《商法》和《证券法》对财务报告要求的差异;

● 说明日本实务与根据国际财务报告准则或美国公认会计原则的会计实务之间的主要区别;

● 评论日本实现的和预期的国际协调程度;

● 总结 20 世纪 80 年代后期以来中国会计的发展;

● 解释中国如何在会计中融合新旧观念;

● 概述中国上市公司会计准则的主要特征;

● 讨论中国会计准则与国际财务报告准则之间的主要差异。

## 12.1 引 言

前几章讨论的是世界上大部分经济体中上市公司的报告, 这些公司使用国际财务报告准则或美国公认会计原则。但是有两个主要的例外, 本章将关注东方最大的两个经济体——中国和日本的会计制度。中国已经成为世界第二大经济体, 并可能最终成为世界第一大经济体。日本曾经是第二大经济体，现在是第三大经济体。

中国和日本在制度背景上有一些相似之处。首先，两国都有很长的中央集权统治的历史。其次，与此相适应的是，这两个国家都有源自 19 世纪欧洲成文法法典的商业法律体系。两国的会计以罗马法为基础，受到了很大的外部影响。

在日本，强大的外部影响始于一个多世纪前，这些影响首先来自欧洲，然后来自美国。21 世纪以来，国际会计准则理事会已经成为影响日本会计发展的关键因素。这些问题将在 12.2 节中讨论。然后，12.3 节研究日本公认会计原则下的会计实务。12.4 节讨论日本公认会计原则和国际财务报告准则之间的差异。

在中国，欧洲起源的经济体系——计划经济被另一种欧洲起源的经济体系——基于股票市场的市场经济所取代。这一变更给会计的目的和操作带来了巨大变化，但前一制度的特点仍然存在。国际会计准则理事会同样起着非常重要的作用，特别是中国对上市公司采用以国际财务报告准则为基础的新会计准则之后，这部分内容将在 12.5 节中讨论。上市公司的国际财务报告准则和中国公认会计原则之间的差异在 12.6 节中进行了研究。

在本章中，介绍日本的篇幅远多于介绍中国的篇幅，原因如下：虽然日本的会计体系从 20 世纪 40 年代末才开始有重大变化，但从 19 世纪末就开始不断发展，而中国的现行会计体系是 20 世纪 90 年代以后的产物。另外，对于上市公司而言，中国的会计准则与国际财务报告准则非常相近，所以要讨论的差异很少。

## 12.2　日　本

### 12.2.1　会计环境

本节考察了自 19 世纪后期引入《商法》之后日本会计的发展。我们要分析过去几十年的变化，并以此作为会计协调性的例证。在这一节中，我们首先探讨日本的会计环境。之后的部分研究其法规框架，然后讨论会计实务和与国际财务报告准则的差异。

日本的工业化始于 1868 年明治维新将权力集中于天皇之后。天皇政府曾致力于鼓励和促进工业的发展。至少在第二次世界大战之前，日本的经济一直由少数财阀（即工业政治财团）控制，这些财阀通常与银行有关，最初建立在贵族家族的基础上。尽管被称为"集团"的非正式组织已经取代了财阀，但银行的重要性以及商业控制的某些封闭特点仍然存在。

第二次世界大战后，日本成为世界经济强国之一。1990 年初，东京证券交易所的股票市值超过纽约证券交易所，尽管随后大幅下跌。日经指数从 1989 年底的最高峰 38 916 点，到 2005 年跌至 1989 年的 1/3 以下。1994 年底，东京证券交易所的市值仍是伦敦证券交易所的三倍多（*The Economist*，1996），尽管 2007 年两者大体上持平，2015 年几乎相同。2018 年东京证券交易所再次超过了伦敦（见表 1-5）。1994 年底，世界上最大的六家银行都是日本的（*The Economist*，1996）；然而，到 1998 年末，六大银行无一是日本的（*Financial Times*，1999），一部分原因归结于日元贬值，另一部分原因则归结于日本股市下跌。全球最大的公司中只有少数是日本公司。

20 世纪 90 年代，股价和资产价格的大幅下跌导致了需要通过重组来拯救银行，也导致了会计界对变化与外部影响的开放程度的提高。21 世纪以来，日本经济缓慢复苏，日元升值，但在 2008 年，日本股市经历了比美国和英国更严重的下滑。

在日本，政府对会计的影响最为显著（Arai and Shiratori，1991）。然而，这种影响来自三个相互独立的方面：《公司法》（以前的《商法》，源于欧洲大陆的影响）、《证券交易法》（受美国影响）和税法。这部分内容将在 12.2.3 节讨论。事实上，这三个来源在财务报告问题上时有相互冲突的解决方案。Leuz（2010）对监管变量进行聚类分析时，将日本、法国和德国归为一类，如表 3-2 所示。

日本的上市公司必须遵守《证券法》的规定。东京证券交易所规定了自己的上市要求。虽然日本股票交易规模非常大（见表 1-5），但日本公司通常严重依赖借贷而不是发行股票作为其筹资的主渠道，银行是主要的提供者（Cooke and Kikuya，1992）。在许多情况下，银行拥有客户很大一部分股份，甚至可能是最大的股东。一般来说，日本公司的股票是长期持有的。银行深层次的介入以及股权持有的长期性，意味着日本不像英国或美国那样关注短期收益信息。银行可以直接获取客户的会计信息，因此对外部财务报告的关注度相对较小。此外，公司之间通常会有互惠的股权安排。这些股东和银行一样，可能倾向于拥有私人会计信息，并在年度会议上投票选举公司管理层。

由于上述政府权威对会计的重要影响，日本会计行业对财务报告的影响相对较小。日本注册会计师协会是国际会计准则委员会的创始成员之一，但后者直到 20 世纪 90 年代才对日本财务报告产生影响。主要原因是国际会计准则委员会最初试图通过国家专业会计机构的努力来推广其准则，但日本注册会计师协会的影响力有限。国外对日本财务报告的长期影响较为明显的是德国对原《商法》的影响和美国对《证券法》的影响。美国的影响力缩小了日本会计准则和国际会计准则的差异。然而，从 1993 年至 1995 年，国际会计准则委员会主席由日本人担任，也正是这段时间，国际影响力在日本持续扩大。

2001 年，日本成立了一个私营部门准则制定机构，其中一个原因是与新的国际会计准则理事会建立了联系。如 12.2.4 节所述，日本会计准则与国际财务报告准则趋同的项目于 2005 年正式启动。2009 年，日本宣布，某些上市公司的合并报表将允许使用国际财务报告准则，有效期至 2010 年 3 月 31 日。一些公司已经采取了这一做法（见 12.2.6 节）。美国在 2012 年放弃了类似的提议，也放弃了在 2015 年或 2016 年强制实施的提议（见 5.6 节）。

更令人困惑的是，除了日本公认会计原则与国际财务报告准则的趋同和使用国际财务报告准则的许可之外，现在还有第三种方法：日本修订国际财务报告准则（Japanese modifications of IFRS，JMIS）。日本修订国际财务报告准则的大部分内容与国际财务报告准则相同。在 2015 年 6 月，日本修订了两个准则：一是要求对商誉进行摊销，而不是采取减值。二是要求计入其他综合收益的利得最终都要重新分类为损益。日本在这些问题上不同意国际会计准则理事会的意见，并希望说服国际会计准则理事会做出改变。日本公司被允许在 2016 年 3 月以后的年度内使用经修改的国际财务报告准则。Matsubara 和 Endo（2018）认为，这种附加的国家公认会计原则的修订是由于日本会计准则制定者试图调和变革以及面临连续性的竞争压力。

### 12.2.2 企业组织形式

日本最常见的企业组织形式是株式会社（kabushiki kaisha，KK）。它在许多方面与英国的公开上市公司很相似，但与株式会社更相似的是德国股份公司（AG），它是株式会社的原型。日本大约有 100 万家株式会社。它们最低要有 1 000 万日元的发行资本。其中大约只有 3 600 家株式会社的股票是公开交易的（见表 1-5）。因此，虽然所有上市交易的公司都是株式会社，但到目前为止，大多数株式会社的股东很少，规模相对较小。

日本第二常见的商业组织形式是有限会社（yugen kaisha，YK）。与之接近的是英国的私人股份有限公司，与有限会社更相似的是德国有限公司。有限会社的股东和株式会社的股东一样负有有限责任。有限会社和株式会社的主要区别是对股东的限制。有限会社的股东人数不能超过 50 人，而株式会社的股东人数没有上限。只有在其他股东同意的情况下，有限会社的股东方可处置其股份。对株式会社的股东则没有这样的限制，尽管特定株式会社的公司章程可能要求只有在董事批准后才能处置股份。然而，2005 年的《公司法》不允许任何新的有限会社成立，取而代之的是一种新型的私人会社（godo kaisha）。

在日本有两种主要的合伙制：一种是普通的或无限的伙伴关系；另一种是有限和无限合伙的组合，由一个或多个有限合伙人和一个或多个无限合伙人组成。

### 12.2.3 法规框架

法规的第一个来源是 2005 年的《公司法》，其中包含了前《商法》的要求。《公司法》是由司法部管理的，适用于所有的株式会社。它起源于 19 世纪的德国《商法》，日本人在 1890 年首先修改了该法典。然而，随着日本的修订，德国的影响力逐渐减弱。

一般来说，司法部的工作人员都有法律背景，而不是会计背景。因此，日本与德国受到同一种观念的影响，即保护债权人利益至少与保护股东利益同等重要。这也许能够解释为什么具体的会计规则更强调谨慎的资产评估而不是收入计量。对股本在 5 亿元以上或负债总额在 200 亿元以上的企业进行独立专业审计。

法规的第二个来源是 2006 年的《金融工具和交易法》，前身是《证券法》，它只适用于公开交易的株式会社。《证券法》在二战后不久首次颁布，当时麦克阿瑟（MacArthur）将军负责日本的盟军管理（Chiba，2001）。麦克阿瑟将军以美国会计监管制度为范本，对日本会计监管制度进行了修正。日本《证券法》主要受到美国 1933 年的《证券法》和 1934 年的《证券交易法》的影响。直到 2000 年，这部日本《证券法》一直由财政部管理，现在由金融服务管理局（Financial Services Agency，FSA）管理。因此，这些政府机构在财务报告方面的职能和权力与美国证券交易委员会相似。1947 年，美国驻日管理者在日本设立了一个证券交易委员会，但在 1952 年美国人离开后，该委员会被解散了。

日本《证券法》的会计计量要求，尤其是披露和备案要求，比《公司法》的要求更广泛和具体（Cooke，1993）。公司必须向金融服务管理局和其上市的任何一个证券交易所提交财务报表。财务报表可在财政部和相关交易所供公众查阅。所有受《证券法》约束的公司都必须接受审计。

日本金融服务管理局负责一份名为《商业会计原则》的参考文件，该文件最初是在 1949 年发布的，以美国的模式为基础（Kikuya，2001）。该参考文件已修改多次。所有根据《证券法》进行报告的公司都必须遵守这些原则。与司法部的要求相比，金融服务管理局的财务报告要求往往更强调收入计量和股东保护，甚于资产估值和债权人保护。

日本金融服务管理局有一个顾问机构，最初叫做企业会计审议委员会（Business Accounting Deliberation Council，BADC），其成员具有不同的背景，来自工业界、会计职业界、政府和大学。在 2001 年英国会计准则委员会成立之前，企业会计审议委员会还就一些特定问题发布了意见和准则。企业会计审议委员会已经被企业会计委员会（Business Accounting Council，BAC）取代，后者仍然关注审计准则。

公开交易的株式会社受上述两种来源的影响。因此，公司必须根据《公司法》的要求，编制两套财务报表：一套是为股东准备的（不是为公众准备的）；一套则按照《证券法》的要求申报。两套财务报表的净利润是相同的。主要的区别在于，《证券交易法》要求披露的信息更多。另一个显著的差异是，《商法》没有要求编制合并报表。《商法》要求株式会社在报纸或官方公报上公布简要版本的财务报表。低于上文所述规模标准的公司只需公布一份简要的资产负债表。

法规的第三个来源是税收法律法规。这些对财务报告有重大影响，因为在许多欧洲国家，某些费用扣减和收入延迟只有在根据《公司法》编制的公司法定财务报表中反映出来的情况下才允许用于纳税目的的扣除或者允许收益递延。这些费用扣除项目和递延项目包括折旧、坏账准备、雇员遣散费和分期付款销售的利润。总的来说，《公司法》、《证券交易法》和企业会计原则在某些方面都含糊不清，因此遇到具体问题时往往要参考税法的规定。例如，《公司法》要求流动资产按成本计价，除非市场价值"实质上更低"。这往往会导致会计人员使用税收准则中下跌 50% 或 50% 以上的标准（Sawa，2003）。

企业通常会选择一种能最大限度地提高税收收益的会计做法，而不是更准确地反映潜在经济事实的会计政策。税法的另一个影响是，一些不可扣除的项目，如董事奖金，是由公司从留存收益而不是收入中扣除的。

因此，政府根据上述三个方面的法律显著影响着财务报告。《公司法》由司法部管理，《证券法》和税法由金融服务管理局管理。相对于司法部，金融服务管理局的影响力日益增强。由于两个部门在态度上的根本差异，这种相对影响力的变化导致了日本对财务报告要求从采用"法制化"手段转向"经济化"手段。

### 12.2.4　会计职业界和会计准则

与日本政府相比，日本会计行业对财务报告的影响相对较小（Sakagami et al.，1999）。日本注册会计师协会是在美国统治时期根据 1948 年的注册会计师法成立的（尽管其有一个根据 1927 年的法律成立的前身机构）。日本注册会计师协会约有 29 000 名成员。因此，它的起源相对较晚，与英美等国家的职业机构相比规模较小。

直到 2001 年，日本注册会计师协会才对会计师事务提出建议。根据《证券法》，向日本金融服务管理局报告的公司必须遵守这些公告，因为不遵守公告将被视为偏离了可接受的会计实务。

如果严重背离日本注册会计师协会的公告，金融服务管理局将要求该公司修改其财务报表。

日本注册会计师协会的成员中很少有人在工商界担任高级财务职位。因此，日本会计职业界对财务信息编制者的影响不大。这与英国形成鲜明对比，例如，在英国，大公司的财务总监大多是会计专业人员。和德国一样，日本也有一个独立的（规模更大的）税务专家行业。日本注册会计师协会包括会计行业的代表。因此，协会成员可以通过影响企业会计准则的形式和内容来影响财务报告。企业会计委员会的审计委员会仍然包括审计人员。

2001 年，日本成立了一个民间准则制定机构（财务会计准则基金会），部分目的是与新的国际会计准则委员会保持联系。该基金会由包括日本注册会计师协会在内的 10 个私营机构组成。其目标是将会计准则的制定从公共部门转移到民间机构。与美国、英国和国际会计准则理事会制定准则的安排一样，日本设有一个管理监督委员会和一个日本会计准则理事会（ASBJ）。2018 年，日本会计准则理事会共有 14 名成员（4 名全职）。

日本会计准则理事会的主要任务之一是协助将日本的做法同国际惯例结合起来。作为这一过程的部分环节，国际会计准则理事会和日本会计准则理事会宣布了一个旨在消除准则中主要差异的项目（IASB，2005）。日本会计准则理事会在 2006 年发表了一份"关于日本趋同进程的声明"。该声明宣称，大多数问题正在审查中，一些问题很突出。2007 年 8 月的东京协议提出，主要差异将在 2008 年之前通过新准则消除，其他差异将在 2011 年之前消除。

到了 2019 年 8 月，日本会计准则理事会已发布了 30 条准则，如表 12-1 所示。其中一些准则（例如，基于股份支付的第 8 号准则，有关关联方披露的第 11 号准则，有关其他综合收益的第 25 号准则和有关收入确认的第 29 号准则）与国际财务报告准则大致相符。其他准则则专门针对日本问题（例如，净资产变动表的第 6 号准则）。12.4 节研究了日本的准则与国际财务报告准则的差异。

表 12-1　日本会计准则理事会发布的准则（2019 年 8 月）

|  | 准则 |
| --- | --- |
| 1 | 库存股和法定盈余公积 |
| 2 | 每股收益 |
| 3 | 退休金保障准则的修订 |
| 4 | 董事成员的特别津贴 |
| 5 | 净资产列报 |
| 6 | 净资产变动表 |
| 7 | 经营资产剥离 |
| 8 | 股份支付 |
| 9 | 存货计量 |
| 10 | 金融工具 |
| 11 | 关联方披露 |
| 12 | 季度财务报告 |

续表

| | 准则 |
|---|---|
| 13 | 租赁交易 |
| 14 | 退休金保障准则的修订 |
| 15 | 建造合同 |
| 16 | 经修订的投资权益法核算准则 |
| 17 | 关于企业分部和相关信息的披露 |
| 18 | 资产弃置义务 |
| 19 | 退休金保障准则的局部修订 |
| 20 | 关于投资和出租财产公允价值的披露 |
| 21 | 企业合并 |
| 22 | 合并财务报表 |
| 23 | 对研发成本准则的局部修订 |
| 24 | 会计变更和错误更正 |
| 25 | 其他综合收益 |
| 26 | 退休金 |
| 27 | 当期所得税 |
| 28 | 税务影响会计准则的修订 |
| 29 | 收入确认 |
| 30 | 公允价值计量 |

### 12.2.5 年度报告内容

#### 1.《公司法》的要求

《公司法》要求的财务报表的形式和内容的具体规定包含在"关于股份公司的资产负债表、利润表、业务报告和附表的规定"中。司法部于 1963 年首次发布了这些文件，后来不时地加以修订，包括 1982 年的一次重大修订。

根据《公司法》编制的财务报表必须包括资产负债表、利润表和所有者权益变动表。这些是非合并报表。就第 2 章所讨论的内容而言，日本的资产负债表是从流动资产开始的双列报表，利润表是按功能垂直列示的。公司还必须向股东大会提交各种补充附表，包括股本和公积金的变动情况、收购和处置固定资产，以及与董事和股东的交易。

对于财务报表经过审计并提交给日本金融服务管理局的大公司，还需要合并报表。

#### 2.《证券交易法》的要求

《证券交易法》对于管理财务报表的形式和内容的具体规定包含在"关于财务报表的原理、形式和编制方法的规定"中。这些规定最早是财政部于 1963 年颁布的。根据《证券交易法》编制的财务报表必须包括资产负债表、利润表、所有者权益变动表、现金流量表、各项补充附表和某些不需要审计的补充信息。补充附表包括股本及公积金、长期债务、固定资产及公司内部交易的详情。其他未经审计的信息包括公司的组织结构、员工、生产和现金流的详细信息。

公司根据《证券交易法》编制的财务报表与根据《公司法》编制的财务报表，年度损益和股东权益等项目应是相同的。然而，《证券交易法》对财务报表的术语、形式和内容的规定更为详细，通常要求公司披露某些项目的额外细节，或对公司行为财务报表中披露的某些项目进行重新分类。日本注册会计师协会（2010）对法律要求进行了总结，在本书撰写之时，日本注册会计师协会网站上仍有相关内容。

在美国交易所上市的日本公司可以在日本提交美国公认会计原则下的合并报告。作为采用国际财务报告准则的一部分，2009 年日本政府曾决定撤销使用美国公认会计原则的许可，但这一决定在 2011 年被撤销，一些日本企业仍在使用美国公认会计原则。正如下文所解释的，一些公司正在使用国际财务报告准则，而且公司数量还在增加。

**3. 便携式译本**

使用日本财务报表的外国用户通常会面临一个紧迫而重要的困难：语言障碍。很明显，日本的财务报表，不仅单词不同于英语，而且措辞也不同。因此，几乎没有外国用户能猜出日本的一系列报告的关键内容。语言障碍可以通过几种不同的方式来克服。外国股票经纪公司可以雇佣日本人对日本财务报表进行翻译和评价，个人股东可以从中受益。对某个日本公司的财务报表感兴趣的用户可以雇佣专门翻译日语资料的公司或个人为其提供服务。

一些大型日本跨国公司准备了英文版的年度报告。例如，在纽约证券交易所上市的日本公司必须遵守美国证券交易委员会的相关要求。这些规定要求公司提供根据国际财务报告准则和美国公认会计原则编制的英文财务报表，或从日本会计准则调整至美国公认会计原则的英文财务报表。尽管美国公认会计原则的财务报表可能对使用者有帮助，但它们不是日本财务报告的可靠信息来源。不过，在美国证券交易委员会注册的外国公司中，尤其是那些提供根据美国公认会计原则编制的财务报表的外国公司中，日本公司是最大的外国证券交易委员会注册公司（Godwin et al.，1998）。

一些没有在外国证券交易所上市的日本公司也会准备英文财务报表。这些报表有时称为"便携式译本"。公司可能会准备一份便携式译本用于公共关系和营销活动。它通常采用以日元计价的有关数额，并使用适当的年终汇率将日元数额转换成美元。公司财务报告通常强调，将日元换算成美元只是为了方便读者，并不意味着该公司遵循了货币换算的会计准则。为了方便翻译，通常继续沿用符合日本公认会计原则的收入计量原则和资产评估原则。然而，便携式译本可能包括日本公认会计原则不要求的额外披露事项，并将一些财务报表项目重新分类为非日本读者熟悉的形式（Nobes and Maeda，1990）。这种重新分类通常不会影响总资产、股东资金或当年利润的价值。便携式译本为了解日本财务报告的某些方面提供了有用的信息。但是，上面提到的进一步披露和重分类也意味着，它们并没有准确反映日本财务报告的原貌。

## 12.2.6　国际财务报告准则的自愿采用

如 12.2.5 节所述，从 2010 年起，一些日本公司被允许在其合并报告中使用国际财务报告准则。2009 年企业会计委员会提出的初始条件是：

- 公司在日本上市；
- 公司拥有熟练掌握国际财务报告准则的员工；
- 该公司必须接受外国证券交易所的监管，或者拥有一个大型的外国子公司（资本至少为 20 亿日元）。

2010 年，这一范围扩大到母公司符合上述条件的日本子公司的合并报表。2013 年，上述第一个和最后一个条件被剔除，只留下相当模糊的第二个条件。与欧盟和澳大利亚一样，日本对国际财务报告准则有一个正式的审查程序：这些准则必须由日本金融服务管理局指定，而且迄今为止还没有未指定的例子。

公司在获得使用国际财务报告准则的许可方面进展缓慢。日本电波工业株式会社（Nihon Dempa Kogyo）在截至 2010 年 3 月 31 日的年度中这样做了，随后 2011 年豪雅公司（Hoya）和住友集团（Sumitomo）以及 2012 年日本板硝子株式会社（Nippon Sheet Glass）、日本烟草公司（Japan Tobacco）、日本安立公司（Anritsu）和日本中外制药株式会社（Chugai Pharmaceutical）纷纷效仿。此后，许多公司都采用了国际财务报告准则。2015 年，日本金融服务管理局公布的一项调查显示，截至 2015 年 3 月，已有 75 家公司采用或宣布采用国际财务报告准则，占日本股市总市值的 18% 以上。日本金融服务管理局认为，公司采用国际财务报告准则的主要原因是：为了简化有许多外国子公司的集团的会计程序；为了提高国际可比性。日本金融服务管理局随后的公告显示，采用国际财务报告准则的公司数量迅速增加，如表 12 - 2 所示。Ozu 等（2018）调查了 292 名日本上市公司的经理，发现：采用国际财务报告准则的好处预计不会太大，但对大型公司和在国外上市的公司来说，好处将是最大的；过渡到国际财务报告准则被认为是复杂的和昂贵的；在收入核算和准备合并方面仍将面临挑战。

表 12 - 2　日本公司对于国际财务报告准则的采用情况

|  | 2015 年 3 月 | 2016 年 6 月 | 2018 年 6 月 |
| --- | --- | --- | --- |
| 采用国际财务报告准则的公司数量（家） | 75 | 112 | 204 |
| 东京证券交易所的资本化百分比（%） | 18 | 29 | 34 |

### 12.2.7　审计

上市公司及其他符合以下两项标准之一的公司均需进行独立的执业审计师审计：

- 公司总股本超过 50 亿日元；
- 公司总负债超过 20 亿日元。

控制审计准则的是企业会计委员会而不是日本注册会计师协会，这再次证明了日本会计行业相对薄弱。然而，从 1991 年开始，企业会计委员会（或其前身）已经认可日本注册会计师协会作为可以准备和发布这些准则实施指南的机构。日本金融服务管理局要求，以符合《证券交易法》为目的而进行的财务报表审计必须按照公认的审计惯例进行，即企业会计委员会发布的审计准则和工作规则。

Yoshimi（2002）解释了日本如何逐渐重视审计。在 2003 年和 2007 年，对《注册会计师法》进行了重大修改，以提高审计师的独立性，这一变化受到美国 2002 年《萨班斯-奥克斯利法案》的影响。有关以上所有内容的详细信息，请参见日本注册会计师协会（2013）。

## 12.3  日本：会计实务

### 12.3.1  概述

如上所述，对于合并报表，日本公司现在允许（在各种条件下）从四种不同的公认会计原则中选择：

- 日本公认会计原则；
- 日本承认的国际财务报告准则；
- 日本修订的国际财务报告准则；
- 美国公认会计原则。

本节将考察上述四个原则中的第一个，日本公认会计原则的各个方面：资产；所有者权益与负债；收入和非经常性项目以及合并报表和外币折算。为了让读者理解在过去日本会计原则与国际财务报告准则或美国公认会计原则有很大的不同，并且日本会计原则经历了一个漫长而渐进的趋同过程，本书讨论了自 20 世纪 90 年代以来的发展。Sakurai（2001）对日本较早时期的会计原则进行了详细的考察。

### 12.3.2  资产

#### 1. 有形资产及折旧

日本公司的资产负债表必须按成本（减去累计折旧）显示非流动资产。自建资产的借款成本通常不资本化，但必须符合国际财务报告准则或美国公认会计原则。除土地外，准则通常不允许重估。这种谨慎的做法符合德国和美国的实务，但与国际会计准则理事会的几个准则允许重估的做法形成了鲜明对比。然而，1998 年的一项新法律（1999 年修订）允许大公司在 2001 年 3 月之前重新估价土地。任何由此产生的重估准备金都不作为一项收益纳税，因此会产生递延税负债。

日本最常用的折旧方法是余额递减法（Cooke and Kikuya，1992）。公司一般采用税法规定的折旧率，这同样也适用于剩余价值的折旧计算。减值测试将资产的账面价值与其未贴现现金流进行比较，如同美国公认会计原则的做法。这意味着国际财务报告准则下的减值更少，而且在这种测试不存在的情况下，减值通常是通过比较账面价值和贴现现金流来衡量的。此外，与美国公认会计原则一样，减值转回也不被允许。

租赁资本化的现象在日本曾经是极其罕见的，这正是一个关注税收准则和法律形式而不是商业实质的国家会出现的情况。然而，企业会计审议委员会在 1993 年发布了一项准则，规定"所有权转让"租赁资本化，将其他融资租赁资本化或通过提供基本相同的信息予以披露。2007 年日本会计准则理事会发布了第 13 号准则，这与国际财务报告准则或美国公认会计原则下的情况大致相同（即融资租赁资本化）。如美国公认会计原则中所述，有一些数字标准来确定租赁是否为融资租赁。在撰写本书时，日本公认会计原则并未遵循《国际财务报告准则第 16 号》的规定，而是几乎所有租赁都必须由承租人资本化。

### 2. 无形资产

企业会计审议委员会要求从 2000 年 4 月起将研发支出确认为费用。这就像美国公认会计原则一样，公司不允许延期确认大部分研发成本。相比之下，在国际财务报告准则下，当满足某些标准时，研发成本资本化是强制性的。之前通过对日本财务报告的调查（Gray et al.，1984；Cooke and Kikuya，1992）发现 80％的公司在开发费用产生时立即将其注销。其他无形资产，如前期费用和证券发行成本，在日本可以资本化，但在国际财务报告准则或美国公认会计原则下则不可以。与国际财务报告准则或美国公认会计原则不同，日本会计准则中没有"无限期"无形资产的概念，这些无形资产不需要摊销，而是需要每年进行减值测试。在日本，所有无形资产都是按税率摊销的。非合并取得商誉是可资本化的，然后在 5 年内以直线法分期摊销。摊销费用是可扣税的（Nobes and Norton，1996）。

### 3. 投资

以前，金融资产通常按成本或重大损失后的较低价值计价。因此，收益可能会被推迟数年直到出售，而价值的大部分下跌都被忽略了。然而，从 2001 年 3 月 31 日的资产负债表开始，可供出售的金融资产大致按照美国公认会计原则或国际财务报告准则处理。总的来说，处理方法如下：

- 在投资者的非合并报表中，其对子公司、合资企业和联营企业的投资均按成本价持有。
- 持有至到期的债券按摊余成本计价。
- 可供出售的有价证券按公允价值进行计价，损益计入净利润（无论是否实现）。
- 其他投资按公允价值计量，利得和损失计入所有者权益。然而，对未上市证券的投资是按成本计算的。

### 4. 存货

《日本会计准则理事会第 9 号公告》（2006）要求采用成本和市价孰低法对存货进行计价，市价通常指的是可变现净值（net realisable value，NRV）。日本会计准则理事会的声明允许公司在市价上涨时仍保留较低的价值（和美国一样），或使用成本和市价孰低法（和国际财务报告准则一样）。

当公司不能明确地确定一项存货的实际成本时，公司（直到 2011 年）可以从各种存货流动假设中进行选择：加权平均成本法、先进先出法或（在某些情况下）后进先出法。在实务中，与德国一样，加权平均成本法比先进先出法或后进先出法更为普遍。自然，就像在这种情况下的美国一样，在会计处理上选择的方法必须与税收处理中选择的方法一致。国际会计准则理事会于 2005 年禁止了后进先出法，2011 年 3 月起在日本也不允许使用后进先出法。

### 5. 应收账款

公司有时会根据税法允许的情况来计算坏账的免税额。因此，它可能比其他国家的可比公司的数额要多（JICPA，1994）。日本公司可以计提超过税法规定金额的预计负债，但超出的部分不能作为税收抵扣项目，因此很少有日本公司会这样做。这是日本税法如何影响财务报告的一个方面。

2000 年前，日本对外币应收账款和应付账款的处理与大多数其他国家不同。正如在德国公认会计原则下常见的那样，短期项目（在一年内到期）按收盘价折算，但长期项目按交易的历史价格折算（发生重大损失时除外）。然而，日本采用了美国和国际财务报告准则对短期和长期项目都使用收盘价的处理方法。

### 12.3.3 所有者权益与负债

#### 1. 所有者权益和负债的分界线

日本公认会计原则没有一个类似于《国际会计准则第 32 号》的准则，即试图划清负债与权益界限的准则。例如，在国际财务报告准则下，大多数优先股被视为负债（股息支付被视为利息支出），而可转换债券被视为部分股权。相比之下，根据日本公认会计原则，对这两种工具的会计核算将分别遵循其合法形式的权益和负债。

#### 2. 法定公积金

《公司法》要求，公司必须将至少相当于股息支付的 10% 的金额转移到法定公积金，直至法定公积金达到股本的 25%。这与法国或德国的法律规定类似，但日本比法国或德国计提比例高。法定公积金不可分配，但可按照适当的法律程序（如发行红利股）进行资本化。法定公积金的要求表明了《公司法》的债权人利益保护的导向。预留公积金的目的是确保公司不会采取以损害债权人利益为代价的方式，恣意制定股息政策。

#### 3. 递延税

在日本，税法对财务报告有重大影响。很少出现重大的时间性差异，因为财务报表中的金额通常与税务账户中的金额十分接近。例如，公司通常在其财务报表中计提的折旧金额与以纳税为目的计提的折旧金额是一致的，即允许用于税务目的的最大金额。由于账面与税收的实质性差异很小，递延税会计的实务在日本没有得到发展。

《公司法》并没有特别提到递延税，但其会计准则将递延费用的项目限制在某些特定类别，其中不包括所得税。因此，该法案似乎禁止公司记录递延税资产，但不禁止递延税负债。当其他公司被禁止记录递延税资产时，有些公司却允许记录递延税负债，这是矛盾的。因此，在根据《公司法》编制的（非合并的）财务报表中很少发现递延税项目（JICPA，1994）。

传统上，递延税很少在合并财务报表中进行核算。然而，企业会计审议委员会声明，2000 年 3 月以后的所有财务报表中全额计提递延税款。日本注册会计师协会发布了关于递延税资产确认的审计指南。

Gee 和 Mano（2006）讨论了日本递延税准则与美国和国际会计准则理事会的准则趋同。这篇文章表明，递延税资产在 2002 年至 2004 年日本银行的资产负债表中非常重要。

#### 4. 预计负债

在这方面主要有两个区别：（1）日本公认会计原则不要求在一项预计负债被承认之前具有现时义务，所以一些公司比《国际会计准则第 37 号》计提了更多的预计负债。（2）日本公认会计原则则没有规定对预计负债的要求，所以实际数额往往比《国际会计准则第 37 号》规定的要大。

**5. 职工福利**

传统上，几乎所有日本公司都有（不建立基金的）员工退休和离职计划。这些计划要求员工离职时公司根据其服务年限、工资和其他因素支付一定数额的薪酬。然而，一些大公司已经建立了西方式的养老金计划，其中包括外部基金。

在日本，作为养老金支出的金额往往受到税法允许的金额的限制，相当于所有员工自愿在年底离职时所需支付金额的 40％。然而，企业会计审议委员会声明要求在截至 2001 年 3 月的会计年度的合并报表中充分披露职工福利。这意味着与国际财务报告准则相当微小的差异也已得到解决。例如，2008 年发布的《日本会计准则理事会第 19 号公告》要求在年末计算贴现率（就像《国际会计准则第 19 号》中的要求一样），而不是在会计期间开始前计算，尽管贴现率一般是基于政府债券的利率确定的，比公司债券的利率低。然而，2012 年第 26 号公告保留了美国对精算损益的处理方法。也就是说，资产负债表显示了全部负债（从 2013 年开始），但精算损益最初部分计入损益，部分计入其他综合收益，尽管最终全部计入损益。

日本关于股份支付的准则（第 8 号）类似于《国际财务报告准则第 2 号》，不同的是它不涉及现金结算支付。

**6. 应付股利**

在日本，应付股利作为流动负债进行确认，而在国际财务报告准则下直到其具有法律约束力时才被确认为流动负债。

### 12.3.4　收入和非经常性项目

日本会计准则理事会在 2018 年发布了一项新的收入确认准则。它基本上是基于《国际财务报告准则第 15 号》。在此之前，日本公认会计原则远不如《国际财务报告准则第 15 号》详细，而是与以前的《国际会计准则第 11 号》和《国际会计准则第 18 号》相似。关于差异的更多细节可以在普华永道（2018）中找到。

在利润表中，非经常性项目与其他项目分开，在公司所得税前单独列示。它们包括出售非流动资产的利得和损失，以及差错更正后产生的重大重述。这比美国之前的定义（在美国，这类项目很少出现）宽泛得多。国际会计准则理事会从 2005 年起禁止公布此类项目。

### 12.3.5　合并报表和外币折算

与美国的集团财务报告相比，日本的集团财务报告有相对较新的发展。日本的财务报告传统上重视母公司的财务报表，而不是合并报表。《公司法》一般不要求合并报表；在 1992 年之前，《证券法》只要求合并报表作为补充信息。然而，在 1998 年有关上市株式会社的另一项法规变化中，合并报表成为证券报告的基本组成部分。

与欧洲或国际财务报告准则的一个不同之处在于，在日本，子公司被定义为另一家拥有一半以上有表决权股份的企业，而不是基于"控制"这个模糊概念来定义。这种情况在日本 2000 年

3 月以后的会计年度中发生了变化（Seki，2000）。然而，与《国际财务报告准则第 10 号》不同的是，日本的实务不需要考虑潜在的投票权。一个主要问题是，非正式的经济集团组织（Keiretsu groupings）不受合并准则的约束，因为没有母公司。

法规规定了合并报表的一般具体编制程序。例如，公司必须消除集团内部的余额和交易，必须确认非全资子公司中的少数股东权益。然而，在某些情况下，日本的合并可以在不实行统一政策的情况下纳入外国子公司的数据。2006 年，日本会计准则理事会仍然允许子公司在国际财务报告准则或美国公认会计原则下进行某些方面的会计处理。例如，日本烟草公司指出，其报表中包括大多数基于美国公认会计原则的子公司。2018 年，日本会计准则理事会发布了一份关于实施统一政策的征求意见稿。

各集团在如何将商誉从资产负债表中去除方面存在相当大的国际差异。在日本，企业必须在其有效的使用期限内摊销商誉。摊销年限遵循的是非合并商誉的摊销年限，即不超过 5 年。然而，从日本允许从 2000 年 3 月结束的会计年度起对商誉最多进行 20 年摊销的做法中，我们再次看到了国际协调的效果。自那以后，美国和国际会计准则理事会已转向仅对商誉进行减值处理，但日本尚未做出这种改变。事实上，这在日本遭到了强烈的反对。在日本，负商誉被视为当期损益，而在国际财务报告准则下，负商誉被视为即时收入，在美国公认会计原则下则很少出现负商誉。

日本集团必须使用权益法来核算集团账户中的联营企业，就像在美国公认会计原则或国际财务报告准则下一样。合营企业通常也采用权益法。

日本对外国子公司合并的会计处理与美国公认会计原则或国际财务报告准则下的会计处理有很大的不同。这些要求包含在一份名为《外汇交易会计准则》的企业会计审议委员会声明中，该声明于 1979 年发布，随后于 1984 年和 1995 年进行了修订。在最近一次修订（1996 年生效）之前，该准则要求集团使用一种修改后的暂行办法来翻译外国子公司的财务报表以编制合并报表。在这种方法下，以历史成本持有的资产、资本和非流动负债采用历史汇率折算，以现值计量的大多数资产和负债采用期末汇率，例如以市价计量的应收账款、应付账款和存货。修订后的准则要求资产负债表项目采用期末汇率折算，利润表项目采用平均汇率折算。这与美国公认会计原则或国际财务报告准则的要求相似。

## 12.4　日本与国际财务报告准则的差异

在本节中，我们将讨论日本公认会计原则和国际财务报告准则之间的差异。然后，我们使用两种不同的方法来研究这些差异。首先，对日本年度报告的回顾揭示了与国际财务报告准则不同的会计政策。其次，当日本公司首次采用国际财务报告准则时，必须提供从日本公认会计原则到国际财务报告准则的数字调整对账。

### 12.4.1　概述

在过去的 20 年里，日本发生了巨大的变化。2001 年成立了一个民间准则制定机构。而在此之前，企业会计审议委员会一直在调整日本的要求，使之符合国际会计准则委员会或美国的要求。到

2001 年 3 月 31 日会计年度结束时，如上所述，许多传统的日本会计特征已经被抛弃了。然而，与几个欧洲国家的情况不同，日本公司没有出现过直接在财务报表中使用国际财务报告准则的例子（Sawa，2003），直到日本金融服务管理局特别允许在 2010 年以后的报表中直接使用国际财务报告准则。

一个重要的趋同项目正在进行中，尽管这在很大程度上意味着要改变日本准则而不是国际财务报告准则。表 12 - 3 列出了截至 2019 年 3 月，日本规定中不允许或不要求但符合国际财务报告准则的一些主要做法。除此之外，普华永道对国际财务报告准则和日本公认会计原则的比较记录了在日本的准则中没有具体要求但国际财务报告准则涵盖的大量问题（PwC，2018）。

表 12 - 3　2019 年日本与国际财务报告准则的一些主要差异

| 主题 | 日本公认会计原则 | 国际财务报告准则 |
| --- | --- | --- |
| 1. 固定资产和投资性房地产 | 以历史成本为基础计量 | 允许以公允价值计量 |
| 2. 租赁是否资本化 | 融资租赁 | 所有租赁 |
| 3. 借款费用 | 一般费用化 | 资本化 |
| 4. 开发费用 | 支出（软件除外） | 有些必须资本化 |
| 5. 开工前费用 | 可以资本化 | 必须费用化 |
| 6. 无形摊销 | 全部摊销 | 无限期不摊销 |
| 7. 商誉 | 摊销至 20 年 | 每年计提减值 |
| 8. 减值测试 | 根据未折现现金流量 | 没有测试；使用现金流量折现法计量 |
| 9. 减值转回 | 不允许 | 适当时允许 |
| 10. 存货减值 | 可以视为永久 | 适当时转回 |
| 11. 非上市股份的计量 | 按成本 | 按公允价值 |
| 12. 预计负债 | 无义务时可以提出；一般不贴现 | 仅在义务时；贴现 |
| 13. 应付股利 | 可视为应计负债 | 不可视为应计负债 |
| 14. 可转换债券 | 通常视为负债 | 分为权益和负债 |
| 15. 长期合同 | 随时间限制收入 | 完成方法的百分比 |
| 16. 特殊项目 | 广泛定义 | 不允许 |
| 17. 终止经营 | 未披露 | 详细披露 |
| 18. 临时控股子公司 | 从合并报表中剔除 | 合并报表 |

### 12.4.2　国际财务报告准则与日本公认会计原则差异的案例研究

在本节中，我们回顾日本烟草公司 2010 年以"简便转换"的形式编制的年度报告。我们使用 2010 年年度报告是因为公司在 2011 年准备采用国际财务报告准则。下面的引用文字显示了日本公认会计原则与国际财务报告准则的差异，并且自 2010 年以来（至少到 2019 年中期撰写本书时），日本公认会计原则没有发生变化，否则将影响这些差异。我们在方括号中加入了与国际财务报告准则的比较。

存货按成本计价，主要采用平均成本法。《日本会计准则理事会第 9 号公告》提出……存货……按成本或销售净值中孰低者计量……在适当的情况下，可以用重置成本代替销售净值。

［日本的会计准则与美国直到 2016 年的公认会计原则一样，有时会在重置成本低于历史成本或可变现净值时使用重置成本。］此外，烟叶……在 2008 年 4 月 1 日前每年都会贬值。［由于《日本会计准则理事会第 9 号公告》中有新的规定，公司不再使用这种折旧方法。］

2007 年 3 月，日本会计准则理事会发布了《日本会计准则理事会第 13 号公告》，在以往的会计准则下，融资租赁将租赁财产的所有权转移给承租人的，应当资本化。不过，其他融资租赁获准作为经营性租赁交易入账，修订后的会计准则要求所有融资租赁交易均应资本化。［《国际会计准则第 17 号》中规定融资租赁应当资本化。公司直到 2009 年声明后才这样做。几乎所有租赁都根据《国际财务报告准则第 16 号》予以资本化。］

如果资产或资产组的账面价值超过预期的未折现未来现金流量的总和，将确认减值损失……资产或资产组。［这个测试在《国际会计准则第 36 号》中不存在。］

对于大多数外国合并子公司来说，其财务报表是按照美国公认会计原则编制的。［言外之意是，未按照《国际财务报告准则第 10 号》的要求调整政策以实现集团一致性。］

商誉的平均摊销年限为 5～20 年。［商誉不得根据《国际财务报告准则第 3 号》进行摊销，但应每年进行减值测试。］

### 12.4.3　协调中存在的差异

当日本公司首次采用国际财务报告准则时，它们被要求说明从日本公认会计原则过渡而产生的会计差异。例如，住友集团在截至 2018 年 3 月 31 日的年度财务报告中采用了国际财务报告准则。表 12-4 显示了 2017 年年末准则过渡对资产负债表的影响。这种影响很小，主要是重新分类而不是重新计量造成的。这种小规模的影响说明了以前将日本公认会计原则与国际财务报告准则融合在一起的努力取得了成功。

表 12-4　截至 2017 年 3 月 31 日，住友集团的所有者权益调整　　　单位：十亿元

| | |
|---|---|
| 根据美国公认会计原则的权益 | 1 162 |
| 流动资产 | （90） |
| 固定资产 | 117 |
| 流动负债 | （50） |
| 长期负债 | （23） |
| 根据国际财务报告准则的权益 | 1 116 |

资料来源：Prepared by the authors from published financial statements.

## 12.5　中　国

### 12.5.1　会计环境

和日本一样，中国从西欧借鉴了成文法的《商法》（Chen，1998；Huang，2001）。与日本不同的是，中国引入了苏联式的统一会计制度。这些特点就是 20 世纪 70 年代后期发生重大变化的背景。

会计的发展是由巨大的经济改革推动的，尽管这些改革并没有伴随着重大的政治改革。中国从计划经济转向市场经济，始于 1978 年。经济体制改革的例子有：

● 虽然商业企业的所有权仍然属于政府，但现在管理权与所有权分离，因此企业主体的概念是存在的；

● 现在银行体系允许民间贷款资金发挥重要作用，股权融资也已开始发展；

● 大量外国投资资本流入中国（Davidson et al.，1996）。

特别相关的发展包括：

● 到 1984 年，中央银行已经承认并开始规范股票发行（Winkle et al.，1994）；到 20 世纪 90 年代初，上海和深圳已经有了股票交易所。

● 1992 年，华晨中华（Brilliance China Automotive）在纽约证券交易所上市。

● 中国企业可以持有 A 股（必须由中国人持有）、B 股（可以由外国人持有，从 2001 年起可以由中国人持有）和 H 股（在香港上市）。一些中国公司也在美国、英国、新加坡和其他地方上市。A 股公司必须使用新的企业会计准则（Accounting Standards for Business Enterprises，ASBE），该准则大致是基于国际财务报告准则。2007 年以前，持有 B 股的公司必须使用国际财务报告准则，但现在需要使用新的企业会计准则；2010 年之前，H 股公司可以选择国际财务报告准则或香港会计原则（也允许使用企业会计准则）。

### 12.5.2　1992 年的会计法规

中国的会计制度与经济相适应，并以统一的会计制度为基础。其中包括一份会计科目表、一份根据资金来源和用途编制的资产负债表，以及许多分析附表。资金由政府提供，根据使用情况分为固定资金、流动资金和专项资金。每一笔资金来源都有规定的用途且必须遵守。Enthoven（1987）、Skousen 和 Yang（1988）及 Zhou（1988）叙述了这一制度以及改革的开端。

在经济体制改革之后，政府进行了会计改革，主要目的是鼓励外国投资者。1992 年，财政部颁布了四项会计准则。其中包括关于利润分配和审计的说明。最相关的法规是《中华人民共和国外商投资企业会计制度》和《股份制试点企业会计制度》。《企业会计准则——基本准则》于 1993 年开始生效。它增加了一些基本规定（例如，必须使用复式记账法，在财务报表中必须包括现金或资金报表，并在适当时提供合并报表），制定了一个概念框架（虽然名称不同），并制定了一些详细的财务报告准则。Tang 等（1994）提供了基本准则的翻译。

中国会计法规的概念框架与美国和国际会计准则委员会的先例相当接近（Davidson et al.，1996）。但是，该法规没有明确指出财务报表的主要使用者或目的。相反，这里提到了一个用户层次结构，其中包括政府和企业的管理。这与美国和国际会计准则理事会强调外部投资者的财务决策有很大的不同，尽管它适用于政府仍然是最重要的企业资金提供者、贷款资本比股权更重要的国家。中国的框架是基于收入和费用观点，而不是美国和国际会计准则理事会框架的资产和负债观点。中国的框架是基于历史成本，没有国际财务报告准则中允许的重新计量，也没有使用国际财务报告准则和美国准则中的公允价值。此外，"实质重于形式"没有被确立为一个原则，可靠性优先于相关性。然而，中国的制度承认企业主体和相关的所有者权益以及利润的概念。此外，在以税收为目的计算的金额和会计计算的金额之间仍然有很高的一致性，因此计算应纳税所得额是会计的一个主要目的。

值得注意的是，中国的法规框架仍然与英美国家的法规框架大不相同。"准则"不是由私营部门制定的，而是由财政部制定的；中国注册会计师协会由中国财政部主管。中国注册会计师协会成立于 1988 年，现有会员几十万名，约半数会员在会计师事务所工作。1992 年，中国证券监督管理委员会以美国证券交易委员会为蓝本，成立了资本市场监管机构。

1992 年颁布的会计准则是不完整的。这些准则包括固定资产历史成本的使用，存货计价采用先进先出法、后进先出法等，但没有关于"成本和市价孰低"的规则，以及税收准则的坏账和折旧费用。同时，稳健性原则第一次被纳入中国的会计法规，这导致了后来一些要求的变化。有关的详细内容请参见 Liu 和 Zhang（1996）、Ge 等（1997）及 Ezzamel 等（2007）。为了补充企业会计准则，中国实施了一系列行业特有的"统一会计制度"（Xiao et al.，2004）。

### 12.5.3　1992 年以后的发展

1992 年会计法规颁布后，世界银行向中国提供了 260 万美元的贷款，以帮助财政部改革会计行业和拓展会计准则（Davidson et al.，1996）。主要顾问是德勤会计师事务所。其中一名成员曾是国际会计准则委员会的前工作人员（Cairns，1996），国际会计准则委员会和中国注册会计师协会有过几次接触。

1994 年至 1996 年，中国印发了 30 份征求意见稿，这些征求意见稿一般都与国际会计准则委员会的准则一致。第一个准则是 1997 年发布的有关关联方关系和交易的披露准则。同年，中国加入了国际会计准则委员会，并成为理事会会议的正式观察员；国际会计准则委员会的理事会在北京召开；中国政府宣布支持国际会计准则委员会。此外，香港于 1997 年回归中国。香港自 1993 年开始将其准则建立在国际会计准则的基础上。

1998 年 10 月，中国成立了财政部会计准则委员会（China Accounting Standards Committee，CASC）。它是由学者、会计师事务所成员以及政府专家组成的。该委员会获得了一笔世界银行赠款，并再次聘请德勤会计师事务所担任顾问。截至 2005 年初，中国共颁布了 16 项准则，其中一些只适用于上市公司。

1998 年，财政部颁布了《股份有限公司会计制度——会计科目和会计报表》，规定了财务报表的格式（Taylor，2000）。要求所有上市公司都要考虑是否存在存货减值、投资减值和应收账款减值。其他类型的公司不允许减值。

1999 年，中国修订了包括公司治理和内部控制等内容的《会计法》，以加强对投资者的保护。在此基础上，国务院发布了《企业财务会计报告条例》，更新了 1992 年的框架，使其与国际会计准则委员会框架更加一致，尤其是引入了资产和负债会计（Pacter and Yuen，2001）。Huang 和 Ma（2001）概述了中国从 1949 年到 2000 年的会计转型。

2000 年，财政部颁布了适用于各行业的《企业会计制度》，并于 2002 年（译者注：实际为 2001 年）开始实施。第一部分将减值会计的要求扩展到大多数资产，并引入了"实质重于形式"的概念。第二部分包含一个会计科目表，适用于所有企业，以改善会计的统一性。这种会计监管方法与会计准则并存。

2006 年 2 月，财政部发布了一套新的企业会计准则：1 个基本准则和 38 个具体准则，基本上与国际财务报告准则一致。从 2007 年起，上市公司必须执行这些准则，其他公司可以选择执行。《企业会计准则》列表显示，自 2006 年以来，一些准则进行了修订，另一些准则被增加进来。《企业会计准则第 16 号》在 2017 年进行了修订，《国际会计准则第 20 号》允许两种对政府补助资产的会计选择，而 2006 年的版本只允许递延收益方法（不计入资产）。然而，这些变化主要发生在对国际财务报告准则的修订之后。例如，修订后的《企业会计准则第 33 号》和新的《企业会计准则第 40 号》以及《企业会计准则第 41 号》源自国际会计准则理事会新的合并准则，即《国际财务报告准则第 10 号》、《国际财务报告准则第 11 号》和《国际财务报告准则第 12 号》。《企业会计准则第 21 号》在 2018 年进行了修订，将租赁资本化扩展到几乎所有的租赁，与《国际财务报告准则第 16 号》一样。

尽管 2006 年以后的企业会计准则是基于国际财务报告准则的，但仍与国际财务报告准则存在差异（见 12.6 节）。Peng 和 Bewley（2010）发现了一个向公允价值计量方向发展的重大趋势。然而，正如 12.6 节所示，中国企业会计准则在公允价值计量方面的运用比国际财务报告准则的要少。Xiao 和 Hu（2017）还表明，"公允价值"在企业会计准则中经常被提及，但除了金融工具之外，公允价值会计（即持续使用公允价值计量基础，将收益计入收入）在实务中很少被使用。这一点得到了 Yang 等（2018）的证实。Nobes（2020）详细研究了截至 2019 年年中，中国企业会计准则所需或允许的公允价值金额，发现这远低于 Peng 和 Bewley 的研究结论。

企业会计准则的到来给中国会计带来了巨大变化。例如，详细规则较少（ICAS，2010），并且不再有特定行业的要求。He 等（2012）认为，新会计准则对政府法规中合同条款的影响比对信息质量的影响更大。例如，新准则影响利润规模，连续三年亏损的公司将从证券交易所退市。Zhou 等（2016）发现，转向企业会计准则导致使用应计费用增加收入以使收益趋于平稳，但同时也增加了会计信息的相关性。

从 2005 年开始，"小企业会计制度"适用于未上市和其他小型企业，这简化了准则。从 2013 年起，允许部分中国企业使用基于《中小主体国际财务报告准则》的《小企业会计准则》（Accounting Standard for Small Enterprises）。各种准则所符合的现行法律要求是 2017 年修正的《会计法》。

### 12.5.4　会计制度发展历程概述

Chow 等（1995）认为，文化限制将减缓中国向英美会计发展的步伐。尽管如此，Xiao 和 Pan（1997）认为采用英语国家的概念框架是一种帮助改革中国实务的方式。概念框架被视为持续改进准则的一种方法。

Xiao 等（2004）认为，虽然 Nobes（1998）和 Ball 等（2000）预测与投资者相关的会计准则在同时发展，但政治因素导致中国保持了统一的会计制度（如 2000 年的《企业会计制度》）。Xiao 等（2004）认为，政府的影响减缓了会计制度对不断增长的股票市场做出反应的速度。

Tang（2000）认为，由于缺乏对管理人员和审计人员的培训，以及审计人员缺乏独立性，公司对新准则的遵守不够全面。Chen 等（2011）研究了 1992 年至 2000 年的中国会计状况，探讨了控制的薄弱点。Yang 等（2018）进一步总结了近期的中国会计史。他们还对中国上市公司的高管进行了调查，发现在中国按照国际财务报告准则的要求进行专业判断是一项挑战。Bewley 等（2018）试图解释为什么中国在 2006 年采用了更多的公允价值会计。然而，Nobes（2020）认为，他们真正解释了为什么中国采用了国际财务报告准则，而这带来了有限的公允价值会计。

### 12.5.5 审计

现在许多企业都要求审计，包括外资企业、有限责任公司和国有企业。大型国际会计师事务所在中国存在一定的局限性，例如，审计报告通常只能由中国注册会计师签署，尽管中国注册会计师协会的某些外国成员可以在一定条件下签字（Accountancy，1997）。

Hao（1999）回顾了 20 世纪特别是 1978 年以来中国会计行业组织和规范的变化。国家仍发挥着巨大的影响力。

Xiao 等（2000）讨论了中国审计准则的出现。DeFond 等（1999）的研究表明，1995 年开始实施的新审计准则，严格规范了审计资格认证要求，并提高了审计质量。

关于中国审计准则与国际准则的对比分析，参见 Lin 和 Chan（2000）。Sami 和 Zhou（2008）发现中国审计准则的实施增大了股票的交易量和价格波动，这表明市场信息更加充分。中国在 2006 年引入新会计准则时，以国际审计准则为基础，引入了新的审计准则。Firth 等（2012）讨论了强制审计师轮换在中国的影响，发现强制轮换提高了获得保留审计意见的可能性。

2013 年的《公司法》是包含审计要求的相关法律。中国注册会计师协会提供了 2018 年中国注册会计师行业概览。

## 12.6 中国与国际财务报告准则

### 12.6.1 中国会计准则与国际财务报告准则之间的差异概述

国际会计准则委员会对中国的影响已经在上面提到。Peng 等（2008）在 1992 年、1998 年、2001 年和 2006 年的新法规中描绘了中国会计准则向国际财务报告准则趋同的趋势。上市公司准则的最新版本非常接近国际财务报告准则。然而，中国会计准则与国际财务报告准则之间的一些差异仍然存在（Deloitte，2006）。表 12-5 显示了重要的差异，其中大多数涉及删除国际财务报告准则中的备选方案，主要是非美国备选方案。表 12-5 主要涉及上市公司。对于非上市公司来说，差异可能会大得多，因为它们仍然按照 2002 年的《企业会计制度》进行报告。

表 12-5 中国会计准则与国际财务报告准则的一些不同之处

| 不同的部分 |
| --- |
| ●《企业会计准则第 8 号》禁止所有减值损失的转回（与美国公认会计原则类似，但不同于《国际会计准则第 36 号》）； |
| ●《企业会计准则第 5 号》一般要求以成本计量生物性资产，除非有令人信服的证据证明公允价值是可靠的（然而《国际会计准则第 41 号》假定公允价值是可靠的）。 |

续表

| 删除部分 |
| --- |
| ●《企业会计准则第 4 号》、《企业会计准则第 6 号》和《企业会计准则第 27 号》不允许有形和无形非流动资产的公允价值计量备选方案（与美国公认会计原则类似，但不同于《国际会计准则第 16 号》、《国际会计准则第 38 号》和《国际财务报告准则第 6 号》）； |
| ●《企业会计准则第 30 号》要求利润表按功能列示，然而《国际会计准则第 1 号》和美国公认会计原则允许按性质列示； |
| ●《企业会计准则第 31 号》不允许使用间接法编制现金流量表（不同于《国际会计准则第 7 号》或美国公认会计原则）。 |

### 12.6.2　在调整中显示的差异

Cairns（1996）研究了 18 家在香港证券交易所上市的中国公司的年度报告。这些公司拥有 H 股，被要求发布符合国际财务报告准则或香港会计准则（接近国际财务报告准则）的财务报表。在 Cairns 所研究的 18 家公司中，5 家选择了使用国际财务报告准则，13 家选择了使用香港会计准则。与最初的中文版财务报表相比，国际会计准则下的报表只出现了小幅度调整，最常见的是由货币统一处理的临时问题引起的。从中国会计准则到美国会计准则的调整幅度更大。但是，由于新准则的实施，这种调整变得越来越小。

Chen 等（1999）检验了在中国会计准则和国际会计准则下报告的收益之间的调整问题。他们表示，按照中国会计准则报告的收益明显更高。Chen 等（2002）考察了 1997—1999 年中国与国际会计准则的协调情况，探索 1998 年的规定是否缩小了两套准则之间的差距。但他们没有找到任何证据证明这一点，他们将其归因于缺乏配套的基础设施，导致盈余管理和审计不善。

从 2007 年开始，由于新企业会计准则的实施，上市公司合并报表的国际财务报告准则和中国公认会计原则之间的差异应该会小得多。然而，由于企业会计准则和一些过渡性问题的差异，在企业会计准则和国际财务报告准则下同时报告的公司仍然会出现巨大的差异（因为它们同时拥有 A 股和 H 股）。表 12-6 显示了这种差异的一个例子。这种情况主要是由中国企业会计准则下公司会计的三个特点造成：

- 以收付实现制为基础核算养老金，从而忽略负债和相关费用；
- 继续使用某些固定资产以前的估值计量，而国际财务报告准则使用成本法计量；
- 对现有固定资产使用以前基于税收目的的账面净值，这种方法使得固定资产迅速被冲销，因此与国际财务报告准则相比，企业会计准则价值和折旧费用很低。

表 12-6　中国东方航空 2009 年企业会计准则与国际财务报告准则的差异　　　单位：百万元

| | 收入 | 资产* |
| --- | --- | --- |
| 根据中国企业会计准则 | 540 | 3 104 |
| 养老金义务 | (334) | (1 850) |
| 修正土地使用权的估价 | 8 | (360) |

续表

| | 收入 | 资产* |
|---|---|---|
| 修正资产可折旧年限 | (65) | 168 |
| 其他 | (8) | 147 |
| 上述项目的递延税 | 28 | 26 |
| 根据国际财务报告准则 | 169 | 1 235 |

注：＊不包括非控股权益。

从表 12-6 可以看出，企业会计准则的盈利必须减少 69％，才能达到国际财务报告准则的数字；企业会计准则下的股本将不得不减少 54％。

如表 12-7 所示，在同一家公司的 2016 年调整对账中，折旧调整仍被列示，但养老金调整未被列示。中国东方航空在收购上海航空的背景下，根据国际财务报告准则，确认了更多无形资产，因此显示了对无形资产的新调整。除控制性权益外，所有股权对账均由中国公司提供。

**表 12-7 中国东方航空 2016 年企业会计准则与国际财务报告准则的差异** 单位：百万元

| | 收入 | 资产* |
|---|---|---|
| 根据中国企业会计准则 | 4 408 | 47 180 |
| 修正的折旧费用 | (10) | 31 |
| 企业合并中的无形资产 | — | 2 242 |
| 其他 | — | (3) |
| 根据国际财务报告准则 | 4 498 | 49 450 |

注：＊不包括非控股权益。

我们可以注意到从 2009 年到 2016 年，公司规模实现了巨大增长，这是中国经济急剧增长的体现。

### 12.6.3 使用国际财务报告准则的中国公司

一些在香港联交所上市的中国公司除了为内地编制会计报表外，还编制国际财务报告准则报表。例如，截至 2017 年底，在香港上市的 398 家中国公司中，有 85 家（21％）编制了国际财务报告准则报表。Nobes 和 Stadler（2013）的一项研究中包含了许多这样的公司。研究发现，被调查的 49 家中国公司做出的国际财务报告准则会计政策选择与英国公司的会计政策选择有些相似，至少与欧洲国家的国际财务报告准则做法相比是这样的。例如，许多中国公司在资产负债表上显示净资产，并以公允价值持有投资性房地产。

表 12-8 显示了北京北极星公司从企业会计准则到国际财务报告准则的调整。调整后的收入和权益都大幅增加，它们涉及国际财务报告准则下投资性房地产使用公允价值，但在中国会计准则下需使用其成本。因此，这是一个受国际财务报告准则备选方案影响的例子，它在中国企业会计准则中可用，但没有被选择使用。

表 12 - 8　2017 年北京北极星公司企业会计准则与国际财务报告准则的差异　　　单位：百万元

| | 收入 | 资产* |
|---|---|---|
| 根据企业会计准则 | 1 140.4 | 12 599.0 |
| 投资性房地产折旧转回 | 138.4 | 1 530.0 |
| 投资性房地产公允价值调整 | 111.0 | 4 261.2 |
| 根据国际财务报告准则 | 1 389.8 | 18 390.2 |

注：* 不包括非控股权益。

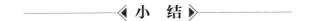

## ◀ 小　结 ▶

● 中国和日本有着悠久的中央集权控制历史，都采用了成文法的商业法律体系。然而，两者都受到了盎格鲁-撒克逊观念的影响，包括目前两个国家会计准则与国际财务报告准则的融合，至少对上市公司是这样。

● 政府是日本财务报告环境的主要影响因素。有三个不同的来源，即《公司法》、《证券交易法》和税法。这三个来源代表了日本对财务报表目的的不同看法。

● 与历史悠久、实力雄厚的英国和美国的会计行业相比，日本的会计行业规模相对较小，对财务报告的影响也小。

● 日本的一些会计要求和做法比较保守。例如，日本企业不允许以高于历史成本的价格计量固定资产。一种常见的折旧方法是余额递减法，这导致资产在早期的折旧费用相对较高。日本公司必须建立一个不可分配的法定公积金。许多公司在税法允许的最大范围内，在财务报表中收取费用，甚至超出了会计谨慎性原则的要求。

● 自 20 世纪 90 年代末以来，日本的会计准则发生了广泛变化，以减少与美国公认会计原则和国际财务报告准则实务的差异。2001 年成立了一个民间的准则制定机构，并持续进行准则趋同的进程。

● 采用国际财务报告准则的公司提出，正如日本公认会计原则与国际财务报告准则的账目调整表所示，日本公认会计原则与国际财务报告准则的重要差异仍然存在。

● 由于经济体制改革，中国的财务报告发生了变化。盎格鲁-撒克逊会计一直很有影响力。会计以及会计职业的地位和影响力正在上升。

● 尽管如此，中国会计保留了一些传统的特征，因此产生了各种观点的融合，特别是对于非上市公司。

● 对于上市公司，需要一套基于国际财务报告准则的会计准则，但国际财务报告准则与这些新的中国会计准则之间仍存在重大差异。

## ◀ 问　题 ▶

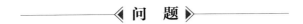

带星号问题的参考答案见书末附录 B。

12.1* "与美国会计不同，日本会计不是环境的产物，而是外部影响的产物。" 请对这句话进行讨论。

12.2* 20 世纪 90 年代初，哪些因素可以用来预测中国会计的发展方向？

12.3 对比日本注册会计师协会和美国注册会计师协会的角色。

12.4 讨论中国和日本在财务报告及其监管方面存在差异的原因（给出与其效果相关的例子）。

12.5 "日本是独特的，所以日本的会计也是独特的。"请对这句话进行讨论。

12.6 假设你是一名熟悉美国或国际财务报告准则公司报表的财务分析师，你在评估日本公司时会遇到哪些困难？

12.7 日本会计的分类是怎样的？日本会计的哪些特征导致了这一分类，日本会计及其环境与这一分类中的其他国家有什么共同之处？

12.8 根据你对日本会计的了解，你认为日本会计在 Gray（1988）模型中有什么特点？

12.9 20 世纪 90 年代，中国会计与东欧国家会计的发展为何不同？

**◀ 在线资源 ▶**

扫描下列二维码即可阅读本章参考文献和推荐网站。

# 第四部分

# 单个公司的财务报告

# 单个公司的财务报告背景

**学习目标**

学完本章后，你应该能够：

● 举例说明各国会计准则与国际财务报告准则之间的差异；

● 解释各国会计准则存续的原因与目的；

● 概述财务报告、税收和利润分配之间的联系；

● 证明小公司或非上市公司的确存在特殊规定，并说明其内容。

## 13.1 引　言

世界上大多数公司都没有在证券交易所上市。这包括几乎所有上市公司的子公司。在许多国家（例如大多数欧洲国家），非上市公司的合并报表和非合并报表都被要求遵守本国会计准则编制。除了这些非上市公司，还有数以百万计的经营主体不是以公司的形式成立的。即使个别主体没有发布财务报表，它也需要出于各种目的去开展会计工作。例如，计算应纳税所得额，计算法定可分配收益或提供公司合并需要的数据。为了达到这些目的，公司一般会遵守本国会计准则。

Francis 等（2008）声称，在世界银行调查的 56 个国家的大多数国家中，很多非上市公司都从 1999/2000 年起采用国际财务报告准则。不过，也并非全部都是如此。例如，对于欧盟国家来说，国际财务报告准则并没有得到这些非上市公司法律意义上的普遍认可。这些公司的数据的报告只是"使用"了国际财务报告准则，而非真正意义上的"采用"（Nobes，2010）。

即使集团公司的合并报表必须遵循国际财务报告准则或美国公认会计原则（例如，母公司已上市），多数情况下其单个公司的非合并报表的编制也可以遵循或者必须遵循本国会计准则。在此类报表中，子公司的资产和负债没有被合并。相反，将对子公司、合营企业和联营企业的持股视为投资，通常按成本计算。如果母公司的非合并报表采用的是国际财务报告准则，那么与其相关的是《国际会计准则第27号》。该准则允许母公司在计量投资时选择按成本计量、使用权益法，或者按《国际财务报告准则第9号》规定以公允价值计量。

由此得出的一个结论是，许多国家的大部分会计实务都没有遵循国际财务报告准则。本书的这一部分（第13~16章）研究了非合并财务报告。第14~至16章集中讨论的是欧洲非合并财务报告，这些报告遵循各国会计规定，没有使用国际财务报告准则。第14章着眼于欧盟内部的会计协调以及20世纪90年代东欧的转轨。第15章则更详细地探讨了各国制定准则的不同方式，尤其是法国、德国和英国（继美国、中国和日本之后的世界三大经济体）。第16章研究了上述这三个国家的会计准则，包括与国际财务报告准则的比较。在展开上述内容之前，本章提供了一个大致环境。13.2节概述了各国会计准则与国际财务报告准则之间的差异大小。13.3节则对一些主要国家仍在使用本国会计准则的程度进行了总结。13.4节研究了财务报告、税收和利润分配之间的联系。13.5节则讨论了对非上市公司制定特殊规定的理由，介绍了国际会计准则理事会针对中小企业会计的准则——《中小企业国际财务报告准则》。

这里或许应该解释一下专业术语。在美国和国际财务报告准则的规则中，私人主体（private entities）近似于非上市主体，也许不包括那些非上市但握有公众存款的企业（如银行和保险公司）。遗憾的是，英国对公共有限公司和私有有限公司的区分是完全不同的。大多数公共有限公司并没有上市，它们仅具有合法权利来为其证券建立市场。在本书中，我们将使用美国或国际财务报告准则意义上的"私人主体"一词，除非我们在第15章中明确提及基于英国法律背景。

## 13.2　各国会计准则与国际财务报告准则的差异概述

第16章将考察会计准则和实务的一些国际差异，特别是与非合并报表有关的差异。说明这些差异的另外一种方法是考察从各国会计准则到国际财务报告准则的调整。本书已经在其他章节考察了一些这样的转化。表1-1、表1-2以及5.3节都给过几个相关的例子。此外，第7章也介绍过大众汽车公司和德意志银行从德国会计准则向国际财务报告准则调整的例子。

这些调整都与合并报表有关。公司不提供非合并报表的调整，理由是国际投资者对此不感兴趣。例如，在世界上最大的资本市场美国，非合并报表很少经过审计，公司甚至根本就不会提供这些报表。然而对合并报表的多数调整都适用于非合并报表，两者最大的不同之处是与商誉有关的部分。表13-1摘录了德国拜耳公司在强制要求执行国际财务报告准则之前一年的报告，来说明国际财务报告准则和德国会计准则之间的差异。这些问题只有一个是与合并报表有关的。其中几个问题在第16章中有所讨论。表13-1中的财报年份为2004年，因为在以后几年，集团的报告不再采用德国公认会计原则编制。然而，这个表格中的大多数问题到现在仍然是德国公认会计原则和国际财务报告准则之间的相关差异。

表 13-1　德国拜耳公司对国际财务报告准则与德国会计准则要求差异的解释

> 按照国际财务报告准则编制的财务报表旨在为投资者提供决策依据。因此，国际财务报告准则规定要严格区分商业目的的会计报告和税收目的的会计报告，不允许预提费用，在特定情况下对已实现利得使用不同的定义，确认和计量方法选择的定义更严格，并要求提供更详细的附注和解释。
>
> 两个准则之间的重大实质差异主要涉及证券、外币应收款项和应付款项以及衍生金融工具的会计处理，在国际财务报告准则下，这些都是按期末价值规定的，而德国会计准则适用的是非平等的处理原则……
>
> 国际财务报告准则和德国会计准则规定，租赁资产应以经济所有权为基础进行确认。然而，经济所有权的定义各不相同。根据国际财务报告准则，租赁资产应由承担相关风险和获得报酬的一方确认。
>
> 随着替代《国际会计准则第 22 号》的《国际财务报告准则第 3 号》的引入，协议日期为 2004 年 3 月 31 日或之后的企业合并中产生的商誉不再进行摊销，而是必须每年进行减值测试。德国会计准则仍继续允许企业摊销商誉，或直接冲销留存收益……
>
> 根据国际财务报告准则，只能对第三方的债务计提预计负债。养老金准备根据预计单位福利法计算，并考虑将来薪酬和养老金的增加。国际财务报告准则不允许公司采用以税收为基础的方法……
>
> 如果对于损失结转的可使用性有足够的确定性，那么就必须对这些亏损结转确认递延税。德国会计规则不允许对由于税收亏损结转而带来的递延税资产进行资本化处理。

资料来源：Adapted from *Bayer AG Annual Report*, 2004. Bayer AG, Leverkusen, Germany.

## 13.3　各国会计准则的存续

第 5 章已经讨论过采用国际财务报告准则和与之趋同的区别。一个国家之所以不愿意采用国际财务报告准则编制合并报告或所有报表，可能有很多原因，例如：

- 不愿失去制定准则的控制权；
- 在政治或文化上反对采用国际财务报告准则，因为该准则是用英语编写的，而且不在本国法律制度之内；
- 认为国际财务报告准则过于复杂，而且要求披露的信息太多，或者就证券交易委员会的案例得出相反的判定结论；
- 不希望将税务和财务报告分开（也不希望基于国际财务报告准则计税）；
- 认为国际财务报告准则可选择的会计方法太多，并且没有详细的指导。

最典型的例子是美国，美国证券交易委员会尚未允许国内的注册公司采用国际财务报告准则编制财务报表。有趣的是，由于美国证券交易委员会的监管范围只限于向其注册的公司，因此大量的美国公司并不受其控制。此外，美国证券交易委员会只关注合并报表，所以对于那些注册公司的单个报表及子公司的报表，该委员会没有做出任何要求。除了在美国证券交易委员会注册的公司的合并报表之外，其他报表既不需要披露也不需要经过审计。尽管如此，大多数情况下美国公司还是会为它们的债权人和股东编制符合美国公认会计原则的财务报表，而其利润还是计算应纳税所得额的基础。

由于认为本国的情况很特别，日本不愿意放弃本国的会计准则。例如，日本人反对取消权益结合法/账面价值法，原因是受到文化传统的影响，他们倾向于将企业并购看成双方同意的合并而非充满敌意的兼并。这减缓了日本与国际财务报告准则趋同的步伐（IASB，2005）。中国和印度也没有采用国际财务报告准则。

民族自豪感使得欧盟的某些地区不喜欢国际财务报告准则或美国公认会计原则，它们将其视为藏有英美会计的特洛伊木马。不过，在非合并报表中谨慎地采用国际财务报告准则有更重要的理由。最根本的一个原因是上市公司的合并报表和其他公司或其他报表的会计目标存在差异。例如，一家非上市公司可能没有董事以外的股东。完全采用国际财务报告准则对这种公司而言成本高昂。这些问题见 13.5 节。

此外，非合并报表的主要会计目的可能是计算应纳税所得额或可分配利润，而不是给投资者提供有用的信息以帮助他们预测现金流量。这种会计方法或许应该与国际财务报告准则有所不同。许多欧盟国家的税收和财务报告联系密切（见 13.4 节），这就不难理解为什么这些国家不愿意采用国际财务报告准则来编制非合并报表了，因为由此产生的利润数额需要更多的职业判断。实际上，国家将应纳税所得额的计算权委托给国际会计准则理事会，而后者对这并不是很感兴趣。

表 13－2 举例了欧盟国家对《欧盟第 1606/2002 号条例》允许在非合并报表中采用国际财务报告准则而所做出的反馈。以德国为例，公司可以在非合并报表中使用国际财务报告准则，但前提是它们要基于税收和利润分配目的来按照本国会计准则编制另外一套财务报表（Haller and Eierle，2004）。13.4 节进一步讨论了这个问题。表 13－2 的右半部分是那些税收跟财务报告联系较紧密的国家。

**表 13－2 某些欧盟国家对非合并报表可能采用国际财务报告准则的反馈**

| | |
|---|---|
| ● 强制采用 | 塞浦路斯 |
| ● 上市公司强制采用（2009 年以后），非上市公司可选择* | 丹麦 |
| ● 自愿采用* | 英国、荷兰、挪威 |
| ● 上市公司强制采用，非上市公司禁止采用* | 捷克 |
| ● 自愿采用，但仅限于财务报告 | 德国 |
| ● 禁止采用 | 奥地利、比利时、法国、西班牙、瑞典 |

注：＊意味着应纳税所得额有两个不同的起征点。

即使是那些允许在非合并报表中使用国际财务报告准则的国家，也大多允许公司自愿使用本国会计准则。不过许多国家，如英国，从 20 世纪 90 年代末开始实施了大量与国际财务报告准则趋同的改革项目。随后，中小企业都大致采用了国际财务报告准则并将其作为国内公认会计原则。

## 13.4 财务报告、税收及利润分配

如第 2 章所述，无论在哪个国家，利润都是一般会计准则下计算应纳税所得额和可分配利润的起点。但是利润和上述两者之间的接近程度有所差异。Lamb 等（1998）研究了几个会计主题，认为法国和德国的财务报告与税收的联系程度要比美国和英国的更紧密。Oliveras 和 Puig（2005）

与 Gavana 等 (2013) 使用相同的方法, 发现在西班牙和意大利, 税收对于财务报告的影响都有所减小。Nobes 和 Schwencke (2006) 研究了一个多世纪以来, 财务报告和税收之间关系的演化, 发现二者的关系在挪威有日渐松散的趋势。

当财务报告和税收规则相同时, 原来以财务报告利润为起征点的理论的地位就可能发生逆转, 选择会计数据时往往要考虑其税收影响。这就是德国国内会计准则下的现实情形 (Haller, 1992)。由于国际财务报告准则下的利润计算更加主观, 而且国际财务报告准则不受某个国家控制, 这种紧密的联系使得某些国家不大可能在实务中采用国际财务报告准则或与之完全趋同。使用国际财务报告准则意味着这种紧密联系必须被打破, 或者必须对同样的事项做两次会计处理。

有些国家允许一些公司, 甚至允许所有公司使用国际财务报告准则或者国内规则来编制财务报告, 这会带来一个更加复杂的问题, 即公司运用不同方法可能会出现不同的税前利润, 也就是计算应纳税所得额的两个不同的起征点, 如表 13-2 中星号标注的国家。其中有些国家对许多会计主题都有特殊的税收规则, 对这些国家来说问题不大, 但是其他国家对特定主题没有专门的税收规则, 税收实务完全依赖于会计规则, 这些国家就可能出现很大的困难。例如, 根据《国际会计准则第 32 号》, 某些支付项目被重新分类为股利而非利息, 或者反过来支付项目被重新分类为利息而非股利。利息是可以在税前抵扣的, 股利则不可以。这样就出现了问题, 在计算应纳税所得额时可否按照财务报告的分类来抵扣利息。各国对这个问题的处理方法存在差异。在许多国家 (如法国和德国), 合法的可分配收入金额与个体法人的会计利润相同。根据欧盟的第二项指令, 可分配利润是累计实现的利润减去累计发生的亏损。在英国, 会计利润会被调整, 例如, 将过去自愿调高资产价值所导致的折旧费用加回来。然而, 单个公司 (可以分配利润的公司) 向国际财务报告准则的转变, 可能会影响其已出具的财务报告。

在美国, 对分配的限制取决于偿付能力, 而不是利润, 这可能是欧洲更好的解决方案。

## 13.5 非上市公司的特殊规定

### 13.5.1 为非上市公司制定特殊规定的理由

"大公认会计原则" (big GAAP) 与 "小公认会计原则" (little GAAP) 或 "报告差异" (differential reporting) 有着悠久的历史 (Keasey and Short, 1990; Jarvis, 1996; Evans et al., 2005; Eierle, 2005)。区分以下问题是很重要的: 这是关于公有/私有的区别还是大/小的区别? 本节关注的是公有/私有的问题, 而 13.6 节关注的是大/小的问题。监管机构和其他机构常常搞不清楚自己的关注点到底是什么。国际会计准则委员会的文件《中小企业国际财务报告准则》, 针对的是私有主体, 我们在本节对此进行讨论。

制定特殊规定的理由很简单: 非上市公司不向公众募集资金, 因此它们不需要向公众报告。如上所述, "公有" 与上市公司相关。然而, 由于银行和保险公司也从公众那里筹集资金, 因此它们属于公共类别。上市公司必须做出更全面、更好的财务报告。相比之下，对非上市公司来说，向公众报告的成本可能会超过从中获得的好处。事实上，法律是否应该要求非上市公司公布财务报告这一点并未凸显。当然，公司需要做一些会计工作（例如出于税收和分红的目的），而且可能被债权人或股东要求。

上市公司和非上市公司在公认会计原则上存在差别，典型的例子是美国，正如 13.3 节所述，美国证券交易委员会仅要求上市公司（和一些其他金融机构）遵守美国公认会计原则。2011 年，负责监督美国财务会计准则委员会的财务会计基金会成立了一个工作小组，研究如何为非上市公司简化美国公认会计原则。它不建议中小企业采用国际财务报告准则，而是应该创建一个特殊版本的美国公认会计原则。如 10.2 节所述，非上市公司委员会成立于 2012 年。根据其建议，美国财务会计准则委员会从 2014 年开始对非上市公司版本的美国公认会计原则进行了修订。

自 1981 年发布《国际会计准则第 14 号》以来，国际准则体现了这种区别。该准则免除了非上市公司的适用权。这一豁免条款在《国际财务报告准则第 8 号》取代《国际会计准则第 14 号》后被沿用。同时，另一个准则也包含了类似的豁免条款：《国际会计准则第 33 号》。

自 2005 年以来，欧盟一直是适合区分上市/非上市公司的好例子，因为国际财务报告准则仅对上市公司强制执行。国际公认会计原则在大多数欧洲国家仍然存在，对于非上市公司的财务报告，它要么是强制性的，要么是可选的。澳大利亚有一种完全不同的观点：对于一些非上市公司来说，不采用国际财务报告准则的主要理由不是会计准则，而是大量的披露要求。这些信息不仅要编制和披露，而且还要审计。

2010 年，澳大利亚发布了一个特殊版本的国际财务报告准则，作为没有公共责任却被要求公布财务报告的公司的可选依据。减少会计信息披露要求并不改变任何会计准则，但大大减少了信息的披露要求。2012 年，英国和爱尔兰也提出了类似的想法。除减少披露要求外，《财务报告准则第 101 号》与欧盟认可的国际财务报告准则相同。它是专为使用欧盟版本的国际财务报告准则编制合并报表的企业中的子公司和母公司编制非合并报表而设计的。

### 13.5.2　国际财务报告准则中有关中小企业的规定

在国际会计准则委员会的整个生涯中存在一个核心思想，即为大型上市公司的合并报表制定准则。然而，在国际会计准则理事会成立的初期，为中小企业提供适用的国际财务报告准则的需求就出现在了其面前。尽管理事会的一些成员提出过反对意见，认为为中小企业提供国际财务报告准则可能会分散其在主要任务上的精力，但国际会计准则理事会仍从 2003 年开始研究该项目。为了保护这个项目，负责的工作人员直接向国际会计准则理事会主席报告。最终，这变成了一个关于私有主体而不是小主体的项目。反对的部分原因在于，除非极其武断，不然"小"是很难定义的，同时我们不清楚为什么小公司财务报告的使用者与大公司财务报告的使用者需要的信息不同（假设两家公司都是上市公司，或者都是非上市公司）。

在所有公司报告中全面采用（或部分采用）国际财务报告准则，针对小企业或者非上市企业的国际财务报告准则无疑会帮助这些公司减轻负担。确实,南非对国际财务报告准则十分热衷,以至于采用了国际会计准则理事会的征求意见稿作为小企业和未上市企业的准则。然而对于法国和德国等仅仅在合并报表范围内使用国际财务报告准则的国家,或者会计和税务紧密联系的国家,中小企业采用国际财务报告准则的必要性似乎不是那么清楚。尽管如此,欧盟向来是支持中小企业采用国际财务报告准则的先锋。这可能是因为欧盟希望最终能够完全统一欧洲会计实务,然后在欧洲实现相同的纳税基础。这些目标与国际会计准则理事会服务于投资者的国际可比性目标并不相同。结果之一是欧盟委员会希望中小企业会计准则比目前的国际财务报告准则更加简化(例如,在计量方面与现行国际财务报告准则存在差异)。是否允许从完整的国际财务报告准则中引入不同的计量基础,这一问题拖慢了国际会计准则理事会的项目进度。2004 年,国际会计准则理事会发布了一份讨论文件。根据这一文件的反馈,国际会计准则理事会决定,在估计成本和收益时大体上允许存在一些计量差异。2007 年的征求意见稿中包括了很少的差异,但正如下文的解释,有一些差异还是添加到了 2009 年的最终准则中。

尽管该项目是以中小企业为标题,但它还是取决于该报告主体是否涉及公众利益,尤其是是否上市,而不是企业规模大小。该征求意见稿针对的是不具有大众责任的主体,即那些非上市的和不进行信托业务的主体,如银行和保险公司。2008 年,该项目的标题是“私有主体”,但是到了 2009 年 1 月,就变为了“非公众受托责任主体”(non-publicly accountable entity,NPAE)。然而,尽管这仍然是准则包括的范围,但该准则的名称又恢复到中小企业,部分是因为“非公众受托责任主体”的说法不够好,并且“私有”也是存在混淆的(例如,在中国,很多公司都是部分国有的)。Ram 和 Newberry(2013)研究了国际会计准则理事会在为中小企业编写国际财务报告准则时所经历的过程。

2009 年发布的《中小企业国际财务报告准则》只有 230 页(加上指南和结论基础),而完整的国际财务报告准则有 1 400 页(加上指南和结论基础)。前者更为简洁,所以更易于阅读。《中小企业国际财务报告准则》的每一章都涵盖了一条完整的国际财务报告准则。某些准则被整体省略了,例如分部报告(《国际财务报告准则第 8 号》)、每股收益(《国际会计准则第 33 号》)和中期报告(《国际会计准则第 34 号》)。此外,在披露要求方面也有许多删减,一些备选方案被取消或添加进来,并且与国际财务报告准则相比存在一些简化。

《中小企业国际财务报告准则》引入了几个其他备选方案,允许实施比国际财务报告准则的要求更简单的实务,正如表 13-3 所示。《中小企业国际财务报告准则》的其他简化与国际财务报告准则在没有添加备选方案的情况下产生了差异,如表 13-4 所示。其中一些差异涉及强制取代国际财务报告准则的选择。表 13-4 中的《国际会计准则第 40 号》就是这种情况。对于《国际会计准则第 20 号》,原国际财务报告准则中关于备选方案的选择被国际财务报告准则对中小企业完全不同的要求所取代。另外两个复杂的国际财务报告准则备选方案被删除:以公允价值计量固定资产或一些无形资产。基于此,2015 年对《中小企业国际财务报告准则》进行了微小的修订,增加了固定资产备选方案,以及表 13-3 中带星号的另一个备选方案。有些评论家主张进一步简化,例如将所有租赁都视为经营性租赁,不考虑递延税等。

表 13 - 3　　《中小企业国际财务报告准则》中增加的备选方案

| 完整的国际财务报告准则 | 《中小企业国际财务报告准则》中的备选方案 |
| --- | --- |
| 《国际会计准则第 1 号》 | 在特定情况下，可以合并综合收益报告和所有者权益变动表，作为利润表和留存收益表 |
| 《国际会计准则第 19 号》 | 简化养老金义务的计量，例如，不考虑预期加薪 |
| 《国际会计准则第 27 号》 | 母公司可以免除为投资者编制报表的义务 |
| 《国际会计准则第 28 号》 | 联营企业和合营企业可以在合并报表中按成本或公允价值计量（而不是使用权益法） |
| 《国际财务报告准则第 9 号》 | 如果以公允价值计量权益工具会导致出现不必要的成本或人工，则允许使用成本计量* |

注：* 是指 2015 年增加的备选方案。

表 13 - 4　　《中小企业国际财务报告准则》与国际财务报告准则的差异（除了附加备选方案）

| 完整的国际财务报告准则 | 《中小企业国际财务报告准则》的简化 |
| --- | --- |
| 《国际会计准则第 12 号》 | 只有在可预见的将来很可能获得支付时才确认联营企业和合营企业不确定收益所形成的递延税负债 |
| 《国际会计准则第 16 号》 | 计算资产的折旧时无需对残值进行持续检查 |
| 《国际会计准则第 20 号》 | 政府补助在可收到时确认为收益（而不是按资产净值或递延收益确认） |
| 《国际会计准则第 21 号》 | 出售外国子公司时，不得将外汇损益重分类为净利润 |
| 《国际会计准则第 23 号》 | 建造中的借款费用可以费用化（而不是资本化） |
| 《国际会计准则第 38 号》 | 所有的开发成本都应该费用化（而不是其中一些必须资本化） |
| 《国际会计准则第 38 号》 | 无形资产不能以公允价值计量（在《国际会计准则第 38 号》中，对于特殊的无形资产是允许这样做的） |
| 《国际会计准则第 38 号》/《国际财务报告准则第 3 号》 | 商誉和其他使用寿命不确定的无形资产，摊销期最多可达 10 年（而不是每年进行减值测试） |
| 《国际会计准则第 40 号》 | 在计量公允价值时，如果无须付出太大的成本代价则将之作为计量基础，而不是像国际财务报告准则那样可以选择成本或者公允价值 |
| 《国际财务报告准则第 5 号》 | 对非流动资产不存在持有待售类别 |
| 《国际财务报告准则第 9 号》 | 只对金融资产以摊余成本或市值计量（因此公允价值变动不计入其他综合收益） |
| 《国际财务报告准则第 10 号》 | 一年内有意出售而收购的子公司应排除在合并范围之外 |
| 《国际财务报告准则第 15 号》 | 比国际财务报告准则更广泛地使用合同收入 |

　　国际财务报告准则和《中小企业国际财务报告准则》在递延税方面存在差异，因为《中小企业国际财务报告准则》是在征求意见稿的基础上修改的。2015 年，《中小企业国际财务报告准则》被修改为《国际会计准则第 12 号》，这一问题得以解决。

　　私有主体可能仅使用了国际财务报告准则的一条完整准则。它们被允许使用完整的国际财务报告准则来计量和确认金融工具（即使用《国际财务报告准则第 9 号》），而不是表 13 - 4 中所总结的简化版本。

　　2010 年，国际财务报告准则基金会成立了一个中小企业准则实施小组（SME Implementation

Group，SMEIG）。该小组为国际会计准则理事会实施《中小企业国际财务报告准则》提供支持。2011 年 4 月，SMEIG 发布了三份非强制性的"问答"草稿，打算用这种方法来帮助中小企业实施财务报告准则。然而，这些草稿在欧洲遭到了批判，因为这些草稿将为《中小企业国际财务报告准则》提供大量详细的书面指导，这与其初衷相悖。直到 2015 年初，只有 7 个"问答"草稿以最终形式发布并被纳入 2015 年《中小企业国际财务报告准则》的修订版中。截至本书写作时，只有一个新的"问答"草稿发布（2017 年 12 月）。

### 13.5.3 中小企业对国际财务报告准则的采用和调整

截至 2019 年 3 月，国际会计准则理事会宣称，有 86 个国家允许非上市公司使用《中小企业国际财务报告准则》（有时还包括修正案）。没有国家出于任何目的要求中小企业遵守国际财务报告准则。然而，在上述大多数国家中，对于中小企业而言，国际财务报告准则的替代选择是完整的国际财务报告准则，因此我们可以假设，非上市公司倾向于选择使用《中小企业国际财务报告准则》，除了那些可能属于使用国际财务报告准则的企业。在其他一些国家，《中小企业国际财务报告准则》是公认会计原则之外的一种可选方案。在英国和爱尔兰，国家公认会计原则（《财务报告准则第 102 号》）与《中小企业国际财务报告准则》相当接近，它们都包括在上述 86 个国家中。

由于各种原因，其他国家并没有采用《中小企业国际财务报告准则》。例如：在美国，非上市公司报告要求的缺失使得《中小企业国际财务报告准则》的重要性降低；在澳大利亚，减少信息披露被视为更好的解决办法，而不是采用两种不同的公认会计原则；在法国、德国和日本，《中小企业国际财务报告准则》的采用将改变应纳税所得额和可分配利润。

## 13.6 小公司的特殊规定

人们普遍认为，上市公司无论多么小，都应该进行全面报告，这是这些公司从公众那里募集资金必须付出的代价。但除此之外，支持对较小公司制定特殊规定的理由就不那么明确了。这在很大程度上取决于非上市公司发布报告的目的。目的是否受公司规模的影响？由于非上市或小公司报告的概念框架并没有发布过，因此答案仍不清楚。然而，有人可能会认为，对较小的公司来说，报告成本对它们来说负担更重，因此应该允许小公司进行更简化的报告。这一论点的逻辑延伸是对这些公司完全没有报告的要求，这也是澳大利亚和美国对大多数非上市公司的立场。

在欧洲，根据公司法的第 4 号指令，小公司可以按照本国法律免于审计及公开财务报告。所谓"小公司"指的是雇员在 50 人以下、销售额和总资产的货币价值在一定金额（该限额在逐年上升）范围内的公司（见 15.3 节）。2013 年，欧盟改变了其会计指令的逻辑，首先解决了小企业的会计问题，然后增加了对大企业的一些要求。除此之外，修订后的指令（第 16 号）限制了欧盟国家法律可以要求小公司发布的附注的数量。

更重要的是，欧盟在 2012 年修改了指令，旨在允许成员国从指令中免除"小微公司"。小微公司是指至少符合以下三个标准中两个的公司：雇员少于 10 人，销售额少于 100 万欧元，资产少于 50 万欧元。大部分欧盟的公司都在这些标准以下，因此提议可能会带来重大变化，这取决于有多少个成员国会执行该豁免规则和强制实施什么规则。英国、中国香港、马耳他和新西兰等国家或地区有专门的小公司会计准则。英国的《小企业财务报告准则》（Financial Reporting Standard for Smaller Enterprises，FRSSE）最初于 1997 年颁布，该准则是一般准则的简化版，而且披露要求也减少了很多。"小公司"按照第 4 号指令来定义。关键问题是主要准则中的计量规则并没有重大变化，而且如果小公司出现了在《小企业财务报告准则》中未提及的会计问题，它们也必须参考一般准则。由于其他准则不断变化，《小企业财务报告准则》也需要经常修订。由于两方面的原因，《小企业财务报告准则》从 2016 年起不再适用：（1）将《中小企业国际财务报告准则》作为英国公认会计原则；（2）根据欧盟的"小微公司"要求制定英国公认会计原则的特殊版本。

## ◀ 小 结 ▶

● 世界上的许多财务报告仍然使用国内会计准则，而不是国际会计准则。

● 仍然有许多会计主题存在国际差异，包括无形资产会计、养老金、其他准备金会计，以及金融工具会计。

● 世界各国会计准则得以保留有几个原因，包括不愿做出改变和抵制外来影响。更重要的原因可能是国内会计准则更适合税收和可分配利润的核算。

● 某些国家会计准则的一个典型特征是降低了对小公司或非上市公司的要求。

● 国际会计准则理事会的《中小企业国际财务报告准则》征求意见稿主要和那些不涉及公众受托责任的公司相关。该准则相对于完整的国际财务报告准则来说非常简短，其中包括对计量的一些简化处理。

## ◀ 问 题 ▶

带星号问题的参考答案见书末附录 B。

13.1* 根据本章和以前各章的信息，举例说明两个国家会计制度之间或某个国家会计制度与国际财务报告准则之间存在的主要差异。

13.2* 财务报告存在差异的理由具有说服力吗？差异应该基于公司规模还是其他特征？

13.3 基于本章和前几章的内容，解释财务报告中的利润与应纳税所得额有何不同，并解释这种不同在国际上的差异。

13.4 解释《中小企业国际财务报告准则》与完整的国际财务报告准则有何不同。你认为这种差异是否足够？

13.5 分析中国、法国、日本和美国的中小企业采用或不采用国际财务报告准则的原因。

◀ **在线资源** ▶

扫描下列二维码即可阅读本章参考文献和推荐网站。

# 第 **14** 章

## 欧洲的会计协调和过渡

**学习目标**

学完本章后，你应该能够：

● 解释欧盟为何要统一财务报告；

● 概述欧盟会计指令的内容和影响；

● 对比欧盟与国际会计准则理事会的协调进程；

● 解释中欧和东欧的财务报告如何应对计划经济向市场经济的转变；

● 概述中欧和东欧应用国际财务报告准则时出现的问题。

## 14.1 引 言

第 13 章研究了与世界各地单个公司的财务报告有关的各种问题。对一些国家来说，这不是一个重要的研究问题。例如：

● 在美国，通常要求和规范的报告类型只有上市公司的报告（通常仅指合并报告）；

● 在澳大利亚和加拿大，虽然对除了上市公司报告以外的其他报告也进行监管，但并不存在一种特定类型的会计制度。

第 12 章讨论了中国和日本单个公司报告的特别准则。在第 13 章中，有人指出，一些国家将国际财务报告准则应用于中小型企业的单个公司报告。在一些国家（即欧洲国家），单个公司的报告受到监管，既不使用国际财务报告准则，也不使用中小企业国际财务报告准则。本章从欧盟内部的会计协调开始（见第 4 章），然后探讨东欧的转型问题。在这两种情况下，我们都关注单个公司的会计。

欧洲财务报告的历史为政治和经济变化对会计准则和实务的影响提供了一个显著的例子。欧洲的政治版图由欧盟成员国主导，包括一些前苏联国家。自从前苏联的 10 个国家分别在 2004 年和 2007 年加入欧盟以来，这两类国家之间有相当大的重叠。在本章中，我们首先讨论这些政治变化对欧盟内部会计协调过程的影响，然后讨论中欧和东欧转型经济体（包括欧盟和波兰在内的两个经济体）内部和外部（特别是俄罗斯联邦）的财务报告问题。

14.2 节介绍了欧盟从 20 世纪 60 年代开始在会计协调方面所做的努力。一些规定仍然适用，因为在大多数欧盟国家，国家法律仍然出于某些目的被强制或选择性地使用，非合并报表尤其如此，因为它是计算应纳税所得额和可分配收入的基础。第 5 章已经考察了欧盟在强制使用国际财务报告准则作为上市公司合并报表准则的背景下的相关性。14.3 节将考察 20 世纪 90 年代中欧和东欧会计的过渡。

## 14.2 欧盟内部的协调

### 14.2.1 欧盟协调的原因和障碍

根据 1957 年的《罗马条约》（Treaty of Rome），欧盟于 1958 年 1 月 1 日成立。六个创始成员国分别是法国、德意志联邦共和国、意大利、比利时、荷兰和卢森堡。1973 年，英国、爱尔兰和丹麦加入；1981 年希腊加入；1986 年葡萄牙和西班牙加入；1995 年奥地利、芬兰和瑞典加入；2004 年塞浦路斯、捷克共和国、爱沙尼亚、匈牙利、拉脱维亚、立陶宛、马耳他、波兰、斯洛伐克和斯洛文尼亚加入；2007 年保加利亚和罗马尼亚加入；2013 年克罗地亚加入。2019 年，欧盟人口约为 5.1 亿。

从会计的角度（和许多其他角度）来看，欧盟早期是由法国和西德主导的。1973 年，英国和爱尔兰的加入引入了盎格鲁-撒克逊式的财务报告理念。其他国家的加入并没有对协调指令和条例的内容产生很大影响，却给几个会员国带来了执行方面的困难。Day 和 Taylor（2005）讨论了加入欧盟的程序中与会计和审计相关的问题。

统一会计和财务报告的动力最初源自《罗马条约》。该条约的目标包括使人员、货物、服务和资本自由流动。这涉及取消关税，对第三国征收共同关税和建立程序以便协调经济政策。更具体地说，1970 年的《共同产业政策》（Common Industrial Policy）呼吁创造统一的商业环境，包括统一公司法和税收，以及创建共同的资本市场。

公司的活动超越了国界，因此股东和其他利益相关者在整个欧盟都需要受到保护。为了实现这一目标并鼓励资本流动，有必要建立一个关于欧盟各地公司的可靠的、同质的财务信息流。最后，这一目标推动了 2002 年的监管，即要求上市公司的合并报表使用国际财务报告准则，如第 5 章所讨论的。此外，不同欧盟国家的公司以相同的形式存在，并相互竞争，应该受到相同的法律和税收监管。

4.2 节讨论了财务报告和公司法统一的障碍。这里特别重要的是，欧盟各种国家会计制度的背景和目的之间存在着根本差异，包括传统法-德体系中的债权人/保密者和英-荷体系中的投资者/披露者之间的差异，以及基于法律和税收的准则和私营部门准则之间的差异。这些巨大的差异导致了会计行业的规模和实力的巨大差异。法德两国规模较小、实力较弱的国家会计职业团体成了其向英-荷体系的会计和审计发展的障碍（见第 2 章）。

14.2.2 节至 14.2.5 节详细说明了在 20 世纪 60 年代、70 年代和 80 年代，在不断扩大的欧盟内部，财务报告和审计的一些协调工作进展缓慢。20 世纪 90 年代，欧盟委员会将注意力转向金融服务，1999 年启动了金融服务行动计划（Financial Services Action Plan，FSAP），在 2001 年发布了朗法吕西（Lamfalussy）报告，并于同年成立了欧洲证券监管委员会（CESR），后进行了改革，更名为欧洲证券和市场管理局（ESMA）。国际财务报告准则法规于 2002 年通过，并于 2013 年修订。

### 14.2.2 指令和法规

欧盟试图通过两项主要工具来协调公司法和金融服务：一是必须纳入成员国法律的指令；二是无须通过国家立法机构就能成为整个欧盟法律的法规。表 14 - 1 列出了与公司会计有关的公司法和金融服务方面的指令和法规，并对其范围做了简要说明。第 5 章已经对 2002 年国际财务报告准则的使用进行了研究。最相关的公司法指令是第四条和第七条。2013 年，对《欧盟第 4 号指令》和《欧盟第 7 号指令》进行了合并和修订，内容没有重大变化。在概述指令和法规的程序之后，将在后文对这些进行更详细的讨论。

表 14 - 1 与公司会计有关的指令和法规

| 指令 | 采纳时间 | 英国法律实施时间 | 主题 |
| --- | --- | --- | --- |
| 第一条 | 1968 年 | 1972 年 | 越权规则 |
| 第二条 | 1976 年 | 1980 年 | 上市公司分离，最低资本，分配 |
| 第三条 | 1978 年 | 1987 年 | 合并 |
| 第四条* | 1978 年 | 1981 年 | 会计格式和规则 |
| 第五条 | — | — | 公司的结构，管理和审计 |
| 第六条 | 1982 年 | 1987 年 | 合并 |
| 第七条 | 1983 年 | 1989 年 | 合并会计 |
| 第八条 | 1983 年、2006 年 | 1989 年、2006 年 | 法定审计 |
| 第十条 | — | — | 上市公司的国际合并 |
| 第十一条 | 1989 年 | 1992 年 | 有关分支机构的披露 |
| 第十二条 | 1989 年 | 1992 年 | 一人公司 |
| 账户现代化 | 2003 年 | 2006 年 | 第 4 和第 7 号指令的现代化和更新 |
| 透明度 | 2004 年 | 2006 年 | 欧盟资本市场的透明度 |
| 接管 | 2005 年 | 2006 年 | 欧盟法规中的跨境收购 |

续表

| 法规 | | | |
|---|---|---|---|
| 欧洲经济 | 1985 年 | — | 跨国企业形式 |
| 利益集团合资企业国际标准 | 2002 年 | — | 国际财务报告准则的使用及其认可机制 |
| 欧洲社会 | 2004 年 | — | 符合欧盟法律的欧洲公司 |

注：* 有关银行及保险公司的特别指令分别于 1986 年及 1991 年通过。

首先，欧盟委员会（欧盟的常设公务机构之一）决定一个项目，并请一位专家准备一份报告。《欧盟第 4 号指令》相当于 1967 年的《埃尔门多夫报告》。然后准备一个先期项目或讨论文件。欧盟委员会的一个工作组对此进行研究，并提出指令草案，该草案再被提交给欧洲议会（直接选举产生的议会），并由经济和社会委员会（一个由雇主、雇员和其他人组成的协商机构）发表评论。最后将一项修订的提议提交给部长理事会（Council of Ministers）的一个工作组。欧洲议会决定是否采纳该提议，但必须由欧盟各国相关部长组成的理事会最终批准。就指令而言，会员国必须在规定的期限内出台本国法律，尽管该法律往往超越了指令和法规时间，下文就《欧盟第 4 号指令》的情况进行讨论。表 14-1 举例说明了英国的实施时间。稍后，我们将在更广泛的范围内列出执行《欧盟第 4 号指令》和《欧盟第 7 号指令》的日期。关于制定会计指令的过程的分析，见 Diggle 和 Nobes（1994）。

### 14.2.3　《欧盟第 4 号指令》

本节探讨了 2013 年之前《欧盟第 4 号指令》的内容。它处理的是非合并财务报表，称之为"年度报表"。《欧盟第 4 号指令》在 2013 年进行了重整。重整后的版本从针对小公司的准则开始，然后添加了针对大公司需求的内容。指令对一个国家的确切影响取决于国家立法机构通过的法律。例如，指令中有数十条以"成员国可能要求或允许公司……"开头。鉴于这种灵活性，其对会计的影响因国家而异（见第 16 章）。但是，我们在此考虑到该指令的概要及其最终形成的过程。

该指令（最初由欧盟委员会发布，1978；现纳入欧盟法令体系，2013）适用于所有欧盟国家的上市和私营公司，包括有关估值规则、公布的财务报表格式和披露要求的条款。它不包括《欧盟第 7 号指令》中的整合内容。《欧盟第 4 号指令》的初稿于 1971 年发表，那时英国、爱尔兰和丹麦还没有加入欧盟，也没有在欧盟派出代表。最初的草案深受德国《公司法》的影响，特别是 1965 年的《股份法》。因此，其估值规则是稳健的，格式规定得很严格，对附注的披露要求非常有限，财务报表应遵守该指令的规定。

由于英国和爱尔兰对该委员会、议会和研究小组的影响很大，所以 1974 年发布的草案经过了多次修订，引入了"真实和公允的观点"（a true and fair view）的概念。这一进程持续进行，并通过颁布最后的指令，确立了将"给予真实和公允的观点"作为编制财务报表的一项主要原则（第 2 篇，第 2～5 段；现为第 4 篇）。此外，英国的《标准会计实务公告第 2 号》的四项原则（权责发生制、谨慎性、一致性和持续经营原则）比 1974 草案（第 31 篇；现为第 6 篇）更清晰。"真实和公允的观点"的翻译及其在不同国家的不同影响已被广泛讨论（Alexander，1993；Ordelheide，1993；Nobes，1993；Aisbitt and Nobes，2001；Evans et al.，2015）。2013 年，"实质重于形式"

的概念被引入该指令，引发了更多有趣的翻译问题（Alexander et al.，2018）。

1974 年的另一项改变是采用了一些灵活的表述方式。有两种资产负债表格式可供选择（第 8 篇；现在是第 9 篇），还有四种损益表格式（第 22 篇）："按性质"和"按功能"格式的横向和纵向版本。在 2013 年的修订版中，这两种格式被简化为两种垂直格式（第 13 篇）。这些格式仅限于"盈利或亏损"，据推测，国家法律或单个公司可以将其扩展到包括其他综合收益。这些格式如何在国家实现见第 16 章。1974 年财务报表的项目有了更多的重新编排和总结（第 4 篇；现为第 19 篇）。该指令至今没有提及现金流量表，直到 1974 年任何成员国都没有编制现金流量表。英国在 1975 年的会计准则（《标准会计实务公告第 10 号》）中也没有提及股权变动表。

英-荷会计师的另一个担忧是税收对法德会计的影响。最终指令包括 1974 年草案要求的关于征税影响的额外披露（第 30 和 35 篇；现为第 17 篇）。尽管指令仍然要求基于历史，但成员国可能允许或要求采用某种类型的通货膨胀会计（20 世纪 70 年代的一个重要议题），使得指令在这方面比 1974 年草案的内容（第 33 篇；现为第 7 篇）更加详细，此外也允许选择存货成本（先入先出法、后入先出法或加权平均法）（第 40 篇；现为第 12 篇）。在许多其他会计主题上，则根本没有规则，如租赁会计、长期合同和货币折算。关于负债，该指令在目前没有义务的情况下，仍允许企业确认（第 20 篇；现为第 12 篇）。养老金义务不需要确认（第 43 篇；现为第 16 篇）。

《欧盟第 4 号指令》还要求在 1974 年草案中提出比 1971 年草案更多的说明，在最后指令中提出比 1974 年草案更多的说明（第 43~46 篇；现为第 15~18 篇）。这项源自德国法律的指令的另一个特点是，将公司按规模（以销售额、资产负债表总额和职工人数衡量）分为三类，成员国可以向规模较小的公司提供各种简化的格式和信息披露。2012 年增加了"微"类别（见 13.6 节）。2013 年版本的指令规定成员国不得对小型或微型公司强制披露超过 8 项事项。

《欧盟第 4 号指令》本应于 1980 年 7 月在成员国颁布，并于 1982 年 1 月生效。如表 14-2 所示，没有任何国家能够在 1980 年 7 月前实施该指令。表中也包括了在 2004 年初成为欧盟成员国的国家中该指令作为法律实施的年度。

**表 14-2　会计指令作为法律实施的年度**

| | 第 4 号 | 第 7 号 |
|---|---|---|
| 丹麦 | 1981 年 | 1990 年 |
| 英国 | 1981 年 | 1989 年 |
| 法国 | 1983 年 | 1985 年 |
| 荷兰 | 1983 年 | 1988 年 |
| 卢森堡 | 1984 年 | 1988 年 |
| 比利时 | 1985 年 | 1990 年 |
| 德国 | 1985 年 | 1985 年 |
| 爱尔兰 | 1986 年 | 1992 年 |
| 希腊 | 1986 年 | 1987 年 |
| 西班牙 | 1989 年 | 1989 年 |

续表

| | 第 4 号 | 第 7 号 |
|---|---|---|
| 葡萄牙 | 1989 年 | 1991 年 |
| 奥地利* | 1990 年 | 1990 年 |
| 意大利 | 1991 年 | 1991 年 |
| 芬兰* | 1992 年 | 1992 年 |
| 瑞典 | 1995 年 | 1995 年 |
| 挪威† | 1998 年 | 1998 年 |

注：* 为了全面实施这些指令，需对其作一些修订。
　　† 是欧洲经济区成员，但不是欧盟成员。

对于英国、爱尔兰和荷兰，修改包括强制性格式和详细的估值要求（Nobes，1983）。在其他国家，将"真实和公允的观点"作为至高无上的要求，其额外的披露要求以及将公告和审计范围进行扩展，这对大量公司来说是重要的（见第 15 章）。

显然，由《欧盟第 4 指令》所产生的法律、格式和披露要求都没有使标准化成为必要的要求。更重要的是，资产和负债的确认和计量几乎没有受到影响。指令中有很多可备选方案，同时很多主题被省略了。另外，若干其他国家（如瑞士和波兰）也作出了受到指令强烈影响的法律修改，在某些情况下这是为加入欧盟做准备。

在估值方面，支持调整价格变动的国家（荷兰是一个极端）和反对的国家（德国是另一个极端）的意见之间有一个非常松散的妥协。该指令允许成员国进行各种形式的重新计量。有一个要求，公司必须列示调整后的数字和历史成本之间的差异。2001 年，《欧盟第 4 号指令》自 1978 年通过以来进行了第一次实质性修订，允许《国际会计准则第 39 号》关于金融工具公允估值的要求（见第 7 章），因此欧盟公司可以同时遵守指令和准则。2003 年，会计现代化指令允许更广泛地使用公允价值，并消除了与国际会计准则理事会准则的所有其他不相容之处。这与欧盟要求一些公司直接使用国际财务报告准则编制合并报表是不同的。

欧洲专业会计机构自然对协调工作非常感兴趣，并设立了机构来监督和影响协调工作的进展（见 4.4 节）。目前最重要的机构是欧洲会计师联合会（以前称为欧洲专家联盟），它就公司法和会计协调向欧盟委员会提供咨询。欧洲会计师联合会的前身之一在 20 世纪 70 年代接受了"真实和公允"的支配地位以及必要性，并认为需要编制合并报表。这都可能有助于其被欧盟委员会接受。

1990 年，欧盟建立了一个欧洲准则制定者论坛，讨论了指令没有涵盖的问题，例如租赁会计和外币折算，然而，也明确表示不太可能有进一步的会计指令，毕竟这只不过是个论坛。它在 2001 年被关闭。1995 年，欧盟公开支持国际会计准则委员会（见第 4 章和 Gornik-Tomaszewski，2005）。

该指令仍对欧盟会计的发展有重大影响。例如，正如第 13 章所解释的，2009 年国际会计准则理事会的《中小企业国际财务报告准则》由于与该指令不一致，不能在任何欧盟成员国直接实施。

### 14.2.4 《欧盟第 7 号指令》

欧盟完成了制定集团会计准则的艰巨任务，这些准则由法律强制执行，并为具有不同实务的国家如英国、德国、法国、荷兰和意大利所接受。《欧盟第7号指令》的起源可以追溯到《埃尔门多夫报告》的补充文件（见14.2.2节）。早期的草案（例如，1976年欧盟委员会公布的草案）以德国的准则为基础。随着许多英美特征的增加或取代，这种影响逐渐减弱（Diggle and Nobes，1994）。《国际会计准则第3号》的存在可能对协商产生了影响。表14-3列出了该指令的主要条文及每项条文的主要来源国。2003年，在美国的安然丑闻（见第10章）之后，《欧盟第7号指令》进行了修正，拓宽了子公司的定义范围（见第8章）。然后，如前所述，《欧盟第4号指令》和《欧盟第7号指令》在2013年进行了合并和修订。表14-3进行了更新，以适应当时引入的小变化。

表 14-3　《欧盟第7号指令》的主要规定

| 条款号 1983/2013 | 要求 | 来源国 |
| --- | --- | --- |
| 1/22 | 子公司的定义主要是根据法律而非事实 | 英国 |
| 3/21 | 包括外国子公司的合并 | 英国、荷兰、法国 |
| 4/21 | 不论子公司的法律形式的合并 | 德国 |
| 4/1 | 各类公司合并 | 英国、荷兰 |
| 6/23 | 小型非上市集团免于编制合并报表 | 德国 |
| 7/23 | 全资子公司免于设立集团会计 | 英国、荷兰、法国 |
| 13/23 | 子公司可能因各种原因而被排除在外 | 英国 |
| 14/N. A. | 强制排除某些不同的子公司（2003年删除） | 英国 |
| 16/24 | 真实和公允的观点 | 英国、荷兰 |
| 17/24 | 使用的统一格式 | 德国、法国 |
| 19/24 | 商誉将在首次合并日计算 | 英国、荷兰 |
| 19/24 | 商誉以公允价值为计量基础 | 英国、荷兰 |
| 20/25 | 允许合并会计（2013年删除，一组内除外） | 英国 |
| 29/24 | 基于税收的估值需要"更正"或至少公开 | — |
| 30/N. A. | 商誉可以从公积金中扣除（2013年删除） | 英国、荷兰、德国 |
| 32/26 | 允许按比例合并合资企业 | 法国 |
| 33/27 | 联营公司权益法 | 英国、荷兰、法国 |

1983年《欧盟第7号指令》的通过是合并会计历史上的一个里程碑。实施该指令的国家法律应于1988年颁布，于1990年生效。但是，这些要求并没有被满足（见表14-2；注意指令的实际生效日期较晚，见表8-1）。

该指令是"母公司"概念和"主体"概念之间达成的以"母公司"概念为主的协调（见第8章）。《欧盟第4号指令》的财务报表格式适用于"不影响本指令的规定，并考虑到合并会计不同于年度会计的特定特征所产生的基本调整"。

关于集团会计的指令的目的之一很明确：就会计的其他方面而言，统一应使跨国公司（无论是不是跨国公司）的财务报表更容易进行国际比较，也更容易编制跨国公司的财务报表。然而，《欧盟第7号指令》显然还有另外两个目的。如果"统一"是唯一的目标，那么最简单的方法就是不加以合并，因为这是20世纪70年代初指令起草时整个欧盟大部分地区的普遍做法。因此，《欧盟第 7 号指令》的一个目标是通过要求集团合并一定规模以上的子公司来改进实务。指令的第二个目标特别明显：公开信息以协助东道国对跨国公司进行监督。

与 1976 年和 1978 年的草案相比，该指令的监督目的在被采纳的版本中要明显得多。很明显，在这些草案中，除了股东和投资者对集团的评估之外，欧盟委员会还考虑了合并报表的用途。有人提议合并由非法人企业控制的集团，以及由除欧盟以外的企业共同控制的无联系的欧盟公司。在第一种情况下，有人建议罗马天主教会在世界范围内的各种商业利益必须合并，因为它们是由教皇控制的。在第二种情况下，要求美国集团的各个欧盟子公司进行"横向合并"，尽管它们都不拥有或控制其他任何一家。哪些欧盟股东或投资者将从这些合并中受益？它与会计的统一有什么关系？持续追问这些问题无疑有助于消除这些规定的强制性地位。

回到协调上来，应该清楚的是，统一不是唯一的目标。协调一致并不意味着强制执行一套严格而狭隘的准则。然而，毫无疑问，该指令是欧洲公司朝着编制更综合以及更可比的报表迈出的一大步。它还会使欧洲大陆的实务与盎格鲁-撒克逊国家的实务更加一致。然而，该指令是经过长时间讨论和一系列妥协才最终通过的，成员国有许多选择。欧洲会计师联合会（1993 年）提供了对成员国所采用的备选办法的详细调查。

该指令对希腊、意大利、卢森堡、葡萄牙和西班牙等成员国的影响最大，这些国家中之前很少发生合并，而该指令也影响到欧盟新成员国的法律。一些与欧盟关系密切的国家根据《欧盟第 7 号指令》实施法律，例如，瑞士（Zünd，1993）在 1991 年通过了一项以《欧盟第 7 号指令》为基础的法律。当然，在欧盟要求合并报表使用国际财务报告准则的程度上，基于指令的国家法律的大部分内容是不相关的。

### 14.2.5　欧洲公司和欧洲经济利益集团

表 14 - 1 中的一项规定涉及一种注册为欧盟公司并受欧盟法律约束的公司类型，称为"欧洲公司"（Societas Europaea，SE），Societas Europaea 在拉丁语中就是欧洲公司的意思。由于来自欧盟委员会的压力，该规定的进展非常缓慢，部分原因是成员国不愿失去对在它们国家运营的公司的主权，以及部分成员国发现很难就工人参与董事会的公司结构达成一致。该规定最终于 2004 年通过。几家大型的欧洲的公司成了"欧洲公司"，其中最著名的是安联和巴斯夫等德国的跨国公司，而且仅在德国就有超过 150 家公司（du Plessis et al.，2012，p. 7）。2007 年，欧盟委员会就一项可能的欧洲私营公司法规征询了企业的意见，但在撰写本书时尚未出结果。

就欧盟公司建立某种形式的合资组织的提议达成一致要容易一些。"欧洲经济利益集团"（European Economic Interest Grouping，EEIG）是基于法国的商业形式，即经济利益集团。它是一个比欧盟协会更小、持续时间更短的企业组织。集团的成员是自治的盈利主体，而集团本身则提供了联合的功能，或支持针对特定目的进行组合（McGee and Wetherill，1989）。

### 14.2.6　其他指令

《欧盟第 2 号指令》涉及与股本有关的几个问题以及上市公司和私营公司之间的差异（Nobes，1983）。

《欧盟第 8 号指令》则涉及审计。这一指令相比其最初草案，效力有所削弱，这可能会极大影响会计的培训模式和工作范围，特别是在英国。它的主要影响是决定了在丹麦和德国这些会计师人数较少的国家被允许审计财务报表的主体。关于审计师独立性和审计公司的规定也发生了一些变化（Evans and Nobes，1998a and 1998b）。

在一定程度上，由于美国及其他地区对安然事件及其他丑闻的立法反应，修订后的《欧盟第 8 号指令》于 2006 年获得批准。该指令要求成员国设立审计监督机构，制定有关职业道德和独立性的规则，要求在法定审计中使用欧盟认可的国际审计准则，要求公益组织设立审计委员会，以及公布审计公司的透明度报告。

针对欧盟资本市场透明度（2004 年，2013 年修订）和跨境收购（2005 年）的金融服务指令已经通过。这些主要与上市集团有关，因此与本章没有直接的关系。

### 14.2.7 研究成果

第 4 章中提到的一些实证研究使用衡量协调的方法来研究欧洲的会计差异。研究发现在欧盟内部并不那么协调。Walton（1992）对欧盟统一后的英法两国进行了进一步的实证研究，在一个涉及几个会计计量问题的案例研究中，几乎没有发现协调的证据。Parker（1996）研究了英国和法国的财务报表附注在法律上的一致性。他发现，附注在这两个国家的地位仍然不同，但法国财务报表附注的覆盖范围已经扩大到英国。

## 14.3 中欧和东欧的过渡

### 14.3.1 概述

20 世纪 80 年代后期，中欧和东欧的计划经济未能实现经济增长。本节探讨中欧和东欧国家的财务报告，包括之前苏联的组成部分（俄罗斯、乌克兰、白俄罗斯、摩尔多瓦和爱沙尼亚、拉脱维亚和立陶宛）以及波兰、捷克共和国、斯洛伐克、匈牙利、罗马尼亚、保加利亚、阿尔巴尼亚、塞尔维亚、克罗地亚、波斯尼亚、斯洛文尼亚和马其顿。在这些国家中，有 11 个在 2004 年、2007 年、2013 年已经成为欧盟成员国。加入欧盟时，这些国家的人均 GDP 均低于 "15 个欧盟国家" 的平均水平。作为成员，它们致力于制定实施会计准则的法规，并要求其上市公司在合并报表中遵守欧盟认可的国际财务报告准则。

然而，不能仅仅通过采用欧盟法律来改革财务报告，正如我们已经看到的，这些法律本身不是完全协调的。这一节可以看作关于过渡困难的案例研究。因此，它的许多观点适用于其他区域。

以前依赖政府资金的新兴市场经济的企业，在转轨时需要通过非政府渠道进行融资，包括债务和股票。债务，特别是银行贷款，通常是比股票更重要的新来源（特别是考虑到在高通货膨胀的情况下个人储蓄缺乏）。这就使得会计准则偏向于债权人保护显得尤为重要。为了吸引外国投资，大公司有一个以盎格鲁-撒克逊概念为基础的财务报告制度是有用的。此外，为这些经济体提供部分资金的世界银行（World Bank）等国际机构通常要求会计信息采用公认的国际格式，并由公认的国际审计公司认证。尽管"资本主义"会计（无论是盎格鲁-撒克逊模式的还是欧洲大陆模式的）没有被强加，但在不同程度上，它仍然是一种需要适应当地环境的外来物。

自苏联解体及其对中欧和东欧失去控制以来发生的事件充分表明，该地区在政治、经济和文化上的多样性并不亚于西欧。正如在其他领域一样，这种多样性也体现在财务报告中。详细地观察每一个国家既不可能也无利可图，特别是法律和规章的细节无论在过去还是现在都在迅速变化。东德是一个特例。它的商业企业突然不得不遵守德意志联邦共和国建立的会计准则（见第 16 章）。然而，正如在本书其他章节讨论的那样，统一的经济压力导致了大型德国公司财务报告的变化（Young，1999）。

财务报告在东欧和中欧的发展相比于英国和美国等国家，曾多次不可避免地出现不连续性，但是没有一个国家完全脱离过去，前期的影响仍然存在。

### 14.3.2　20 世纪上半叶的会计

东欧和中欧（不包括两次世界大战之间属于苏联的那些国家）在此期间的会计与德国有很多相似之处。在缺乏成熟的股权资本市场的情况下，20 世纪 20 年代德国 Schmalenbach 的开创性工作强调了对债权人的保护和征税，并偏向于采用国家会计表。Schmalenbach 的图表旨在用于市场经济，但也可以用于计划经济或指令性经济。东欧和中欧的许多占领国在第二次世界大战期间被迫采用德国的图表，战后又被迫采用苏联的图表（Richard，1995a）。商业交易通过基于德国模式的商业法规进行管理，而德国模式又基于法国《拿破仑法典》。

例如，在两次世界大战之间的时期，波兰的经济发展缓慢，并以政府干预为特征。工业金融由国有银行和民营银行主导。有关会计、审计和公司的合并可见诸 1934 年的《商法》，该法受德国法典的影响。波兰会计师协会（Accountants Association in Poland，AAP）成立于 1907 年，但其对会计监管的影响很小。那时波兰还没有国家会计表，会计行业薄弱而分散。20 世纪 30 年代会计实务的改进主要是税务当局施加压力的结果。

### 14.3.3　计划经济时期的会计

几十年来，中欧和东欧社会主义国家的会计实务与西欧截然不同，而且在很大程度上与西欧隔绝。然而，由于经济改革和民主化，匈牙利和波兰等国的会计在 1989 年之前就变得更加灵活（Bailey，1988）。在没有私营企业和市场决定价格的情况下，这种特殊性是不可避免的。计划经济下的会计制度的主要目标是提供财务统计数据（通常以数量而不是价值的形式），供较高一级的预算单位使用。财务报告是向上通过行政结构流动的，而不是向外进入市场，即财务报告是"分层的"而不是"横向的"。

在计划经济中，会计的地位相对较低，缺乏灵活性，不必对市场创新做出反应。例如，整个东欧使用文书记账，所有国有企业都必须使用，采用苏联式的国家会计表。因为会计已经变得越来越标准化、简化和程序化，职能已经退化至簿记的程度。会计记录比财务报表重要得多。

在波兰，会计的重要性降低了，基本上只包括一套非常详细的财务规则、基于苏联式的国家会计表，尽管这个表格时不时就会被修改。当时波兰没有独立的会计行业，会计实务也没有创新的空间。会计成为中央经济管理的一种工具，执行方式就是对所有企业强制实行统一的会计制度。

### 14.3.4　向市场经济过渡的问题

在社会体制转型之后，中欧和东欧国家开始从一种经济类型向另一种经济类型转变。这样的转变显然对会计产生了重要的影响，会计不再是国家经济管理的工具，而变成了商界的工具（Bailey，1995）。

各国在实现转型方面的进展差别很大。每年的宏观经济评估载于欧洲复兴和开发银行的过渡时期报告。Aslund（2002）总结了不同国家在结构改革、控制通货膨胀、私有化、经济增长、限制腐败（可能是与会计和审计最相关的一个）和民主这六大方面的成功程度，只有爱沙尼亚和匈牙利获得了满分6分。在透明国际指数中，只有这两个国家的腐败程度得分高于最差的西欧国家。

在从计划经济向市场经济转型的过程中，严重缺乏熟练的会计师和审计人员，从而影响了会计实务的改进。然而，要改变这一状况，有赖于政府部门。财政部门在改革后的会计规定中取得了主导地位，这不仅反映在它们作为税务评估员和征税员发挥作用，而且根据欧盟的指令立法进行会计改革。

在进行转型时，每个国家不仅能够利用自己以前的会计经验，而且能够利用外部世界，特别是欧盟及其成员国的准则和实务，以及国际准则。鉴于欧盟内部实务的多样性（即使是上市公司在其合并财务报表中采用国际财务报告准则之后）以及国际准则起源于盎格鲁-撒克逊而不是欧洲大陆，大量国外丰富的经验（这可能会让东欧的会计师们感到惊讶）没有让转型变得容易。

例如，在俄罗斯和其他国家如罗马尼亚保留了强制性的国家会计表。然而，俄罗斯和罗马尼亚以不同的方式进行了改革。俄罗斯采用了旧的苏联模式以适应市场经济，但保留了最初继承自Schmalenbach的会计科目表（Kontenrahmen），该表基于生产过程，而不是像法国那样基于财务报表。罗马尼亚放弃了旧的苏联图表，转而采用了一种完全基于法国模式的图表。Richard（1995b）认为造成这些差异的原因是政治上的，而不是技术上的。

1999年罗马尼亚颁布了一项部级命令，将国际会计准则委员会的框架和国际会计准则委员会的准则纳入罗马尼亚立法。Roberts（2001）对此进行了研究，指出了他认为的一系列冲突和困惑，这些冲突和困惑是由将基于法国的观点与国际会计准则委员会内容混合而造成的。Albu和Albu（2017）解释了在调整罗马尼亚法律以适应2013年修订的欧盟指令后，如何减少与国际财务报告准则发生太多冲突。然而，罗马尼亚的法律没有国际财务报告准则那么详细，而且往往在解释时需要考虑到税法。

不足为奇的是，大多数新法律保留了旧法律的一些方面，特别是考虑到缺乏合格的会计师以及会计对税收征收的重要性。后者对于那些缺少资本市场且政府不能提供贷款的国家尤其重要。这意味着，我们既要强调会计记录和会计图表，也要像德国那样，将会计管理扩展到所有类型的企业，而不仅仅是有限责任公司。

实务中，历史和外部资源都被利用。第二次世界大战前的《公司法》和《商法》被广泛重新引入。这些法规以德国为基础，并与欧盟指令相一致。许多东欧国家在加入欧盟之前就将这些指令引入了立法。然而，国际会计准则委员会和国际会计准则理事会以及四大国际会计师事务所

（所有这些公司都在该地区大力扩张；Kirsch et al.，2000）带来了更多的盎格鲁-撒克逊会计思想。这并不一定是不利的。此外，许多外国投资者更愿意将他们的决定建立在非法定财务报表上，而不是法定报表上（Bailey and Alexander，2001a）。独立公司审计在东欧是一个新概念，四大会计师事务所通过将教学材料翻译成当地语言，成功地获得了各国国内最大公司的审计业务（Sucher and Zelenka，1998，pp. 730 - 731；Focus，2000）。

计划经济不需要外部审计和审计师的独立性，而且由于许多原因，在转型经济中即使相关的立法和法规已经颁布，也不能在实务中迅速实行（Sucher and Kosmara-Maclullich，2004a，2004b）。即使审计师协会已经成立，其审计师也往往不适应市场经济下的要求。此外，独立性可能会受到以下因素的威胁：审计师之间争夺客户的竞争；法律制度对违反税收准则的行为进行惩罚，而不是为投资者提供保护；客户公司如果收到合格的审计报告就很容易破产。审计失败在一些国家（如捷克共和国）得到了广泛的关注。捷克人在国际会计词汇中加入了"隧道"（即掏空，tunnelling）一词，用来描述资产和利润从公司中转移（如通过地下隧道），以使控制它们的经理人受益（Johnson et al.，2000）。

### 14.3.5　波兰的例子

受到政治和技术因素的影响，东欧不同的国家做出了不同的选择。在本节中，我们集中讨论波兰的例子。

波兰在 1989 年至 1991 年通过立法，重组了银行和保险部门，启动了私有化进程，并在首都华沙建立了一个股票交易所。关于破产的立法可以追溯到两次世界大战之间的时期。1991 年和 1992 年通过了个人和公司所得税法案。随着私有化进程的开始，1934 年的《商法》又得到了复兴。国有企业的私有化进程缓慢，部分原因是 1991 年成立的证券交易委员会为监管股市制定了严格的标准（参照美国证券交易委员会的模式）。1994 年通过了一项大规模私有化法案，根据该法案，大约 500 家中型公司被分配到国家设立的 15 家国家投资基金（NIF）中。国家投资基金是这些公司的主要所有者。所有波兰成年公民都有权获得可兑换成国家投资基金股份的普通股票（OECD，1996，附件四）。所有权的转移也通过其他方式进行，但剩余的国家主体的总数仍然相对较大（OECD，2000，第 20 页和附件五）。华沙证券交易所是东欧最大的证券交易所。它在 2017 年拥有约 480 家国内上市公司，其中大多数由国际会计师事务所审计。

1991 年 1 月，波兰财政部颁布了一项会计法令，涵盖了除金融机构以外的所有企业。这受到了严厉的批评（Jaruga，1993），因其既缺乏配套法律的威望，又坚持无益的统一，该法令被 1994 年的《会计法》取代，而《会计法》本身在 2000 年进行了重大修订（Reczek and Lachowski，2002）。该法案考虑了《欧盟第 4 号指令》和《欧盟第 7 号指令》，即要求提供真实和公允的观点，这意味着会计准则正式（但不一定在实务中）推翻了税收要求。真实和公允的观点在实务中被视为遵守财务报告的法律声明，包括税收规则（Kosmala-MacLullich，2003）。这一概念被视为一个需要遵循的规制，而没有进一步研究其措辞和含义（Kosmala，2005）。1995 年，波兰财政部颁布了一项专门关于合并的法令。

1994 年的《会计法》没有强制规定统一的会计报表，但要求各经济主体制订自己的会计计划。1995 年，波兰会计师协会发布了一个可选的标准会计科目表（Jaruga and Szychta，1997）。

缺乏经验丰富的工作人员是影响审计和会计准则执行的一个主要问题。尽管如此，很少有审计失败的相关案例（Sucher and Kosmala-MacLullich，2004b）。Krzywda 等（1998）和 Schroeder（1999）提供了更多关于波兰审计的信息。

波兰的计量规则一直深受所得税法律细节的影响。1994 年的《会计法》削弱了两者的联系，但考虑到波兰会计师缺乏出具不受税收规则驱动的财务报告的经验，这种联系仍然很重要（Jaruga et al.，1996）。对于税收而言，折旧率和折旧方法（包括鼓励投资的加速折旧法）、存货估值方法和坏账准备，主要是由财政部制定的准则决定的，但对于财务报告而言并非在原则上也是如此。私营公司几乎没有选择余地。

《商法》要求上市公司设立法定公积金，但几乎没有披露要求。这一差距已被采纳了《欧盟第 4 号指令》的财务报表格式的《会计法》弥补。这些格式以波兰语和英语在 Jaruga 和 Schroeder（2001 年）的相关研究中进行了重制，他们还总结了与公布的财务报表的形式和内容以及资产估值和收入计量有关的法案规定。然而，计划经济的一些报告惯例依然存在，例如，在"特别项目"的定义中包括坏账、呆账以及废弃项目的成本等（Krzywda et al.，1996，p.78）。该法案还引入了现金流量表。

波兰财政部成立了一个会计准则委员会，成员代表来自学术界、大型国际和国内会计师事务所、证券委员会、美国国家超级计算应用中心（NCSA）、波兰会计师协会和国内银行。该委员会的目的是制定国家会计准则，作为对《会计法》的修订和修正。

Klimczak 和 Krasodomska（2017）研究了 2015 年为实施修订后的 2013 年的欧盟指令而对《会计法》进行的修订，列出了一些与国际财务报告准则的差异。14.3.7 节中讨论了波兰和其他东欧国家对国际财务报告准则的反应。

### 14.3.6 俄罗斯的例子

在欧洲，俄罗斯和其他前苏联国家的会计制度改革最为缓慢。俄罗斯有庞大的非正式（"黑色"）经济，腐败程度高，很少被要求向外部投资者提供财务报表，没有外部审计或审计师保持独立性的传统。在实务中，审计的主要作用是确保公司符合税务机关的要求，税务机关有时几乎可以作为政府的政治部门（Sucher and Bychkova，2001；Sucher et al.，2005）。上述国家向西方式民主和资本主义的过渡进程比较缓慢，伴随而来的是大量的经济和政治混乱。在这些情况下，会计变化过快可能导致"会计一致性被会计混乱取代"（Bailey and Alexander，2001b）。在俄罗斯，无条件采用英美会计模式"并不被认为是改革国家会计制度的最佳方式"（Sokolov et al.，2001）。俄罗斯会计的某些既定方面可能会继续存在：如强调会计的控制功能、遵守国家会计表及财政部等中央国家机关的具体规定和指示，以及会计行业仍相对薄弱（Enthoven et al.，1998）。

转型经济中改革会计的最大障碍之一，是财务报告和财政报告之间的密切联系。俄罗斯最大的变化之一是《税法》的修订和《税法》第 25 章的实施，这有效地将财务报告和税务报告分开。纳税报表和财务报表必须分开记账。虽然这是一个积极的发展，应该使俄罗斯的财务报告完全采用基于国际财务报告准则的方法（见 14.3.7 节），但有人担心实际将会发生什么。对大多数俄罗斯公司来说，遵守两套准则可能过于复杂且成本高。许多公司可能只遵守税务报告准则（Krylova，2003b）。与上市公司相比，私营企业更有可能出现这种情况。对于私营企业来说，向税务局报告以及被征收尽量少的税款是编制财务报表的目标。后者有更大的动机来提高其报告收益的质量，以吸引外部投资者。Goncharov 和 Zimmermann（2006）提供的实证证据表明，在俄罗斯和其他地方，私营企业遵守税收规则对财务报告的影响大于上市公司。

### 14.3.7　国际财务报告准则在中欧和东欧的应用

为了加入欧盟，大多数中欧和东欧国家试图实施会计法规，使它们与欧盟的指令和法规保持一致。自欧盟 1989 年开始实施新的会计法规后，它们进一步更新了会计法规，使其与国际财务报告准则更加一致。例如，2001 年和 2003 年对《会计法》的修正案、捷克共和国的相关会计法令（Shirer and Alexander，2002；Sucher and Jindrichovska，2004）和波兰的 2000 年《会计法》修正案（Kosmala-MacLullich，2003；Vellam，2004）。欧盟 2002 年关于应用国际财务报告准则的规定，要求上市公司按照国际财务报告准则编制合并财务报表。在其他财务报表中则不是强制性要求。与西欧一样，转型经济体对该规定的反应是多种多样且复杂的。如表 13 - 2 所示，捷克共和国要求对上市公司的个别报表采用国际财务报告准则，但不允许对非上市公司的个别报表采用国际财务报告准则。相比之下，波兰允许但不要求国际财务报告准则用于上市公司的子公司的报表，而匈牙利（类似于法国）禁止非上市公司使用国际财务报告准则。波罗的海的三个州（类似于塞浦路斯）要求所有财务报表均采用国际财务报告准则，这可能是因为它们是缺乏完善的国家会计准则的小经济体。国际财务报告准则和国家会计法规之间存在相当大的差异（Krzywda and Schroeder，2007）。

许多大型俄罗斯企业为了满足海外融资的需要，也声称基于 20 世纪 90 年代末的国际准则编制财务报表。为此，俄罗斯制定了新的法规，使俄罗斯会计准则更接近国际财务报告准则（Enthoven at al.，2001；Krylova，2003）。实际上，这些财务报表通常是由外部审计师，特别是由四大会计师事务的审计师编制的。Sucher 和 Alexander（2004）认为，只遵守国际准则往往是不完整的，在使用国际财务报告准则方面的培训是迫切需要的。从 2004 年开始，银行合并财务报表必须按照国际财务报告准则编制。从 2012 年起，这一政策扩展到其他上市公司。Kim（2013）发现，2012 年之前使用国际财务报告准则的俄罗斯公司由于在伦敦证券交易所上市，其会计信息的价值相关性（与俄罗斯准则相比）有所增加。尽管如此，大多数企业的会计核算仍然在实务中由统一会计表（自 2001 年 1 月 1 日起进行了重大修订）主导。

在转型国家实施和执行国际财务报告准则并不容易。例如，Sucher 和 Alexander（2002）与 Sucher 和 Jindrichovska（2004）讨论了捷克共和国的问题，其执行过程由财政部主导，并由税务稽查员检查。较大的捷克上市公司的董事往往严重依赖国际会计师事务所来编制国际财务报告准则下的财务报表，他们自己可能对这些会计师事务所了解很少，特别是不认同实质胜于形式的概念。由当地投资者拥有并由当地事务所审计的规模较小的捷克上市公司在采用国际财务报告准则时遇到了更大的困难，而且它们这样做的好处不那么明显。这些发现可能也适用于其他转型经济体（Jaruga et al.，2007）。Obradović 等（2018）研究了在尚未加入欧盟的欧洲转型国家采用国际财务报告准则的困难，即塞尔维亚的困难。

最近，东欧国家一直在考虑是否对中小企业采用国际财务报告准则。但是，在撰写本书时，这些国家明显不包含在要求或允许中小企业采用国际财务报告准则的近 90 个国家的清单（2018 年 8 月 15 日生效）中。Strouhal（2011）研究了中欧和东欧中小型企业的会计。

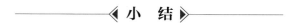

◀ 小 结 ▶

● 欧盟是世界上推动地区协调的最强大力量。作为消除欧盟内部经济壁垒总体目标的一部分，会计协调是欧盟委员会的众多目标之一。

● 协调通过欧盟的指令和法规实现。《欧盟第 4 号指令》导致大多数欧盟国家在会计格式、披露或估值程序方面发生了一些变化。《欧盟第 7 号指令》在很大程度上实现了集团会计的统一。这些指令在 2013 年被合并和重新编排。

● 由于政治变革和经济改革，中欧和东欧的财务报告已发生变化。

● 欧洲的前社会主义国家非常多样化，它们的财务报告准则和实务反映了这一点。1990 年以后，许多公司采用了欧洲大陆会计，涉及会计图表和税收准则的主导地位，但盎格鲁-撒克逊会计也有影响力。与之前相比，会计以及会计行业的地位和影响力正在上升。

● 11 个中欧和东欧国家在 2004 年到 2013 年加入欧盟，其上市公司的合并财务报表必须遵守国际财务报告准则。尽管俄罗斯不是欧盟成员国，但从 2012 年起，其银行也将根据国际报告准则来编制。在一些国家，公司被要求或允许将国际财务报告准则应用到其他财务报表中。

◀ 问 题 ▶

带星号问题的参考答案见书末附录 B。

14.1* 在欧盟内协调公司的财务报告是否可取且可能？

14.2* 在中欧和东欧，转型前的会计在哪些方面影响了之后的会计？

14.3 讨论"《欧盟第 7 号指令》是一个比《欧盟第 4 号指令》更有用的协调工具"的说法。

14.4 《欧盟第 7 号指令》在何种程度上协调了德国和英国之间的合并会计？

14.5 《欧盟第 7 号指令》的最初目标之一是协助东道国对跨国企业进行监督。研究和讨论支持和反对这种监督意愿的论据。

14.6 欧盟内部的协调对欧洲的非成员国有什么影响（如果有的话）？

14.7 讨论转型后俄罗斯和罗马尼亚对国家会计表格的选择。

14.8 比较 20 世纪 90 年代东欧的盎格鲁-撒克逊会计和欧洲大陆会计影响的重要性。

14.9 为什么审计师独立性在中欧和东欧是一个问题？

14.10 为什么罗马尼亚采用了盎格鲁-撒克逊式而不是法式的企业财务报告？

14.11 在 2001 年之前，哪个协调更成功，国际会计准则委员会还是欧盟？

14.12 比较 20 世纪 90 年代盎格鲁-撒克逊会计和欧洲大陆会计对东欧影响的重要性。

◀ **在线资源** ▶

扫描下列二维码即可阅读本章参考文献和推荐网站。

# 第 15 章

# 制定欧洲非上市企业会计规则

**学习目标**

  学完本章后，你应该能够：

● 解释谁为法国、德国和英国的非上市公司制定会计规则；

● 解释为什么适用会计规则的公司形式在欧盟不同国家间存在差异；

● 描述法国、德国和英国的公司法律形式。

## 15.1 引 言

第 13 章解释了欧盟强制使用国际财务报告准则的要求仅限于上市公司的合并报表范围内。第 14 章审查了欧洲各国的协调统一，特别是与单个（非合并）公司报告有关的方面。本章和第 16 章都关注其他欧洲公司，它们占据了所有公司中的绝大多数。这些公司的会计和财务报告规则并不是由国际会计准则理事会来制定的，与美国公认会计原则也不同。在大多数欧盟国家，甚至上市公司的母公司（非合并的）的财务报告也是如此。

第 16 章将考察单个公司的会计规则和实务。本章重点考察两个相关的问题：

1. 谁来为不在证券交易所上市的公司制定会计规则（15.2 节）？

2. 哪些公司需要遵守这些会计规则（15.3 节）？

这两个问题的答案在不同国家有相当大的差异，这些差异与在第 2 章区分过的法律制度（普通法系和罗马法系）以及融资来源是密不可分的。在第 10 章和第 12 章中所讨论的美国和日本的法规框架已经很好地说明了法律制度和融资来源对财务报告规则和实务的影响。

本章我们将深入分析目前法国、德国和英国的情况。选择这些国家的原因有很多，具体包括它们是欧盟最大的经济体，而且有欧洲最大的股票市场。它们对欧盟的其他国家以及世界上其他国家和地区的法律和会计实务都有影响。所有这些国家都仍然存在会计处理方法上的差异。所选的三个国家（不仅仅包括欧洲大陆的两个国家，还包括英国在内）的法规框架都与美国存在巨大差异。

第 15 和 16 章不涉及合并报表。许多公司并非集团成员，而且大多数未上市集团的合并报表仍在使用国内会计准则。本章研究了上述三个国家有关合并报表准则的许多有趣特点，其中一些已经在第 8 章进行过讨论。法国的独特之处在于，它有一套与非合并报表准则规定完全不同的合并报表准则。例如，在法国公认会计原则中，合并报表允许后进先出法和租赁资本化，但非合并报表并不允许这样做。

## 15.2　谁制定会计规则

### 15.2.1　引言

近几十年来，欧洲内部会计准则制定机构的差异性已经有所下降。实际上，表面证据说明目前欧盟内部的会计准则仅存在极少的差异。例如比较法国和英国，二者均为欧盟成员国，都通过国内法律来执行欧盟会计指令（见第 14 章）。两个国家都有公司法案和次级法律，都有适用于上市公司和私营公司的混合监管和准则制定机构。可能两国之间唯一的重要差异是英国没有类似于法国那样的《会计总方案》。然而如果深入分析，我们会发现表面上的相似性并不真实存在。随着下文对法国、德国和英国的准则制定机构的详细考察，这一点会逐渐清晰。

### 15.2.2　法国

至少从 17 世纪开始，法国政府就已经成为影响会计实务的主要因素，不过这种影响往往是非直接的并且形式复杂。科尔伯特在路易十四统治时期所颁布的 1673 年《商事王令》构成了 1807 年《拿破仑商法》的基础（Howard，1932），该商法后来传遍了整个欧洲大陆（对中国和日本的影响见第 12 章）。从 1946 年到 1983 年，政府的影响非常强大，但从那以后外部因素的冲击又使政府的影响开始削弱。这些外部因素包括来自欧盟的公司法协调计划和日益增强的全球资本市场的影响。

Colasse 和 Standish（1998）区分了自第二次世界大战以来的四个发展时期，我们在这里又增加了两个：

1. 1946—1957 年，战后重建与法国国家计划经济时期。法国在这段时期制定了《会计总方案》（Plan Comptable Général，PCG），其中以宏观经济目标为主，很少有来自会计职业界的观点。《会计总方案》是由国家会计准则制定机构制定和发展的，该机构的前身成立于 1946 年。

2. 1958—1973 年，现代化和经济高速增长时期。在这段时期《会计总方案》的应用领域扩大，并和税收规则产生了进一步的联系。

3. 1974—1983 年，经济动荡和法国式会计标准化（法国自身会计标准化）的鼎盛时期。在这段时期欧盟公司法指令被融入法国会计，从而使正式的法国会计规则数量激增。

4. 1984—1997 年，全球化、放松管制和私有化时期。在这段时期法国方法面临着严峻的考验，法国重新组建了会计协会，会计职业界的作用得到了加强，国际会计准则开始成为国内准则强有力的竞争对手。

5. 1998—2009 年，会计规则的改革期，并成立了会计监管委员会（Comité de la Réglementation Comptable，CRC）；1999 年制定了一个新的会计计划和更多的"国际"合并准则；上市公司的合并报表采用国际财务报告准则（其他公司的合并报表可选择性地采用）。

6. 2010 年至今，这个时期国家会计委员会和会计监管委员会被会计准则委员会（Autorité des Normes Comptables，ANC）取代，而且法国已经习惯按照国际财务报告准则编制合并报表。

所有这些影响的最终结果是法国会计出现双轨制，即单个公司的财务报表和集团财务报表采用不同的编制规则。从 1987 年合并报表成为强制要求开始，公司就需执行特定的规则，因此对于国际财务报告准则只适用于合并报表的想法，法国会计师早已做好了准备。正如第 5 章所提到的，法国决定不允许单个公司的财务报告使用国际财务报告准则。国际会计准则理事会对《中小企业国际财务报告准则》在法国的使用情况进行了审查。在答复欧盟委员会的咨询工作时，会计准则委员会咨询了各种组织、企业和使用者。得到的回复传达了对国际财务报告准则在法国（甚至在欧洲其他地方）中小企业实行有用性的负面看法，因此，《中小企业国际财务报告准则》似乎不太可能在法国被采用。

法国会计准则的数量不断增加，最终导致了《会计法》的出台，这些规则来源广泛，下面是雷伯德-特里罗和特勒（Raynaud-Turrill and Teller，1998）对其来源的分类：

| | |
|---|---|
| 公共来源： | 指令（作为国家法律实施）和法规 |
| 国际（欧盟） | 第 1 级：法律 |
| 法国政府 | 第 2 级：法令、部令、国家会计计划 |
| | 第 3 级：法院判决 |
| 混合公共/私人来源： | 第 4 级：原则，包括来自前机构（国家会计委员会、会计监管委员会）和当前机构（会计准则委员会）的意见。 |

瓦罗（Hoarau，2009）考察了会计准则委员会的建立。他认为随着时间的推移，成员（和由成员所代表的机构）的数量在逐渐减少，国家在其中所起到的作用也在减弱。我们下面将解释会计和审计机构的作用，包括法国注册会计师协会（Ordre des Experts Comptables，OEC）和国家注册审计师协会（Compagnie Nationale des Commissaires aux Comptes，CNCC）。金融市场监管局（Autorité des Marchés Financiers，AMF，见第 17 章）的工作与单个财务报表不直接相关。

《会计总方案》是法国会计最具特色的部分。这个总方案由会计准则委员会执行（之前是在会计监管委员会推荐的基础上，由国家会计委员会执行）。它不仅仅是一个账户分类表，而且是一个有关内部财会和外部报告的非常详细的手册。其内容包括会计术语的定义、估价与计量规则以及财务报表模式。许多会计教材都以此为基础。所有的法国会计师都要学习如何使用它来记录会计交易、起草财务报表和填报纳税申报单。Standish（1997，pp. 273 - 276）认为《会计总方案》实际上创造了一种全国性会计语言，其中国家会计准则制定机构对会计准则的作用类似于法兰西学院（Académie francaise）在语言规范中的作用。

Standish（1990）、Fortin（1991）和 Richard（1992）讨论了《会计总方案》的历史。《会计总方案》的第一个版本于 1947 年颁布，该版本中的思想并不完全源自法国，其中许多思想还来自德国。1957 年总方案进行了修订，随后于 1982 年和 1986 年再次进行修订，修订是为了贯彻《欧盟第 4 号指令》和《欧盟第 7 号指令》（见第 14 章）。比较重要的一点是，1982 年的《会计总方案》和以前的不同，所有的工商企业都被强制要求执行该方案。《会计总方案》于 1999 年再次进行了修订，最近的一个版本是在 2014 年发布的（然而，它没有包含任何法律上的变化）。为了将新的规则（例如长期合同等）加入《会计总方案》，每次修订都会发生一些改变。这些修订的一个特别目的是促使法国规则和国际财务报告准则的要求更加一致。然而，Le Manh（2017）在分析国家会计计划最近的变动时，并没有发现非合并报表的国际财务报告准则有太多改变（见 16.2.2 节）。与 1982 年的《会计总方案》不同的是，1999 年和 2014 年的修订版本不包括对成本管理会计和合并报表的任何规定。除此以外，其他方面基本上只是对 1982 年的规则进行了汇编和整理。

《会计总方案》的基础是一个十进制的账户图表。主要的账户类别包括：

**资产负债表账户**

1. 资本（所有者权益、长期贷款和应付款项）；

2. 固定资产；

3. 存货和在产品；

4. 应收账款和应付账款；

5. 财务。

**营业账户**

1. 费用；

2. 收入。

对以上科目还可以做进一步的分类。例如：21 有形资产；211 土地；2115 附有建筑物的土地；21155 附有行政办公建筑的土地。

对费用和收入的分类是按性质而非职能进行的（见第 2 章）。这对某些利润表的使用者不利，但使得所有公司实体都可以按照同样的方式来使用《会计总方案》。每个行业都有针对各自特点制定的《会计总方案》，称作职业方案。

税法法规在法国公司以及其他非公司单位的单个报表中发挥着重要的作用，原因有二：计量会计报告利润的规则和计量应税收益的规则区别不大；在年度报表内列示的费用只有在税收目的报表中才能抵减。对单个公司来说，立法者更关注的是如何协调会计和税法的关系，为此他们在《税收法令》和《会计总方案》之间建立了正式的联系。尽管《商法》和《公司法》并未明确指出，但它们与《会计总方案》是一致的。不过最近一些年税收法规的影响备受攻击，Lamb 等（1998）详细地研究了法国会计和税收之间的关系。虽然从会计和税法建立联系开始，许多法规发生了变化，但是法国的非合并报表受税法的影响很大，这一基本结论一直保持不变。这是为了减少由于需要编制两套不同的会计数字而产生的管理费用。第 2 章（2.5 节及 2.9 节）给出了税收影响财务报告的例子。

法国的职业会计团体比英国和美国发展得晚，四大会计师事务所虽然早已在法国经营，但没有一个是源于法国的。法国注册会计师协会成立于 1942 年，并在第二次世界大战后于 1945 年进行了重组。尽管其规模和影响在不断扩大，但是相对于英格兰及威尔士特许会计师协会等机构来说仍然是一个规模较小、力量弱、自治能力差的团体，而且从来没有负责过会计准则的制定工作。然而如前所述，它参与国家会计准则制定机关和会计法规委员会的工作，还对会计问题发布意见公告。

### 15.2.3 德国

在德国，对单个公司的会计规则多数是由德国政府来制定的，这一规律体现在《商法》（Handelsgesetzbuch，HGB）中。《商法》要求按照记账原则来编制财务报表。如果这些原则并没有在法律中说明，那就需要根据《商法》、注册会计师协会声明、税收法规、著名教授和其他人的公开评论以及企业会计实务进行推断。

《商法》可追溯到 19 世纪，但不时被法律修订。《欧盟第 4 号指令》（和《欧盟第 7 号指令》）于 1985 年在德国实施，被称为"Bilanzrichtliniengestz"。该指令基于德国法律（见第 14 章），这意味着在执行该指令时，没有必要对《商法》做什么改变。德国的立法机构也决定尽可能少做改变，为了不影响应纳税所得额。McLeay 等（2000）研究了德国的指令通过过程，认为企业对修订内容的影响最大。

2009 年的《会计法现代化法案》（Bilanzrechtsmodernisierungsgesetz，BilMoG）对会计准则朝着国际财务报告准则的方向做了一些小的改变。例如，现在必须对预计负债贴现。该利率由德国央行制定，使用的是过去 7 年的平均市场利率，如果是养老金，则使用的是过去 10 年的平均市场利率。《商法》也做了进一步的修订：（1）欧盟的"微观"制度（见第 13 章）由 2012 年的 Micro-BilG 引入；（2）欧盟对指令的修订由 2015 年的《会计指令实施法案》（BilRUG）引入。Fülbier 等（2017）认为，这些变化并没有使《商法》实质性地转向国际财务报告准则。

Haller 和 Eierle（2004）总结了德国关于直接将国际财务报告准则应用于单个公司报表的利弊的讨论。他们将政府的行为主要描述为被动（面对资本市场压力和欧盟法律）、保守和缓慢，但仍然稳定和持续。非合并报表允许采用国际财务报告准则，但前提是要根据《商法》编制报表用于税收和股息计算。因此，在此背景下使用国际财务报告准则并非常见的做法（Andre，2017；Eierle et al.，2018）。《中小企业国际财务报告准则》在德国得到了广泛的讨论，但由于根据国际财务报告准则和《商法》编制的财务报表之间存在的许多差异，以及前者不适合用于确定税收和股息，德国立法机构决定不推行该准则。

因此，回到德国公认会计原则，税法和联邦财政法院的裁决实际上也是会计准则的主要来源。所谓的权威性原则或一致性原则适用于应纳税所得额的确认。这一原则表明，税务报表是基于商业报表的（Haller，1992）。在 2009 年的 BilMoG 之前，所有费用都是可以抵扣的，因此必须在损益表中扣除。这包括特殊折旧、减值和预计负债。在实务中，会计数据的选择往往考虑到税收效应。在特殊折旧的情况下，税法要求折旧被记录在商业报表中，即使这掩盖了对公司事项的洞察。实际上，权威性原则发生了逆转，即商业报表其实是基于税收准则和动机的。所以事实上，联邦财政法院才是会计实务方面的最高权威。

Lamb 等（1998）将德国与美国、英国和法国的情况相比，详细研究了德国税收和会计联系的密切程度。2.5 节给出了许多税收影响德国会计的例子。德国财政当局总体上仍然反对它们无法施加影响的会计准则去影响构成税收计算基础的财务报表。然而，德国税法的调整，特别是在条款方面的变动，导致了财政和税收科目之间更广泛的差异。BilMoG 使德国的会计准则更接近国际财务报告准则，尽管一些差异仍然存在。BilMoG 旨在使《商法》成为国际财务报告准则更简单的替代方案，特别是对较小的公司。它不允许产生由税收引导的会计处理（如过度减值），但允许税法中的备选方案独立于财务报表中使用的政策来执行。尽管如此，诸如通常情况下的折旧费用等可能仍然基于税务上允许的金额，前提是它与商业实质没有明显偏离。Gee 等（2010）研究了税收对德国财务报告的影响范围。虽然他们主要关注国际财务报告准则下的报告，但他们也得出结论，税收对非合并报表的影响并没有被 BilMoG 消除。

虽然德国会计职业界的影响力近年来有所加强，但其力量仍然微弱。德国的会计师团体——德国法定审计师协会根据 1931 年《公司法》的规定于 1931 年成立。该机构的规模小于英国和法国的职业团体，且成员的加入全凭自愿，不过大部分的德国注册会计师都已经加入该机构。此外，根据 1961 年为规范会计职业界而颁布的《注册会计师法案》，德国成立了德国注册会计师公会，注册会计师加入该公会是法定要求。德国注册会计师公会主要通过提出建议，发布非强制性文件并在立法过程中提供咨询意见等途径对会计实务施加影响。德国官方机构，例如证券交易所和商业行会等对德国会计的影响很小，但是它们参与制定准则的讨论。会计学术界也通过这种方式对会计实务施加影响——尽管德国会计理论源远流长，研究方法多种多样。1998 年德国会计准则委员会（German Accounting Standards Committee，GASC）（德语为 Deutsches Rechnungslegungs Standards Committee，DRSC）成立，其目标是制定编制合并报表所适用的会计准则（不适用于单个公司报表的编制）。

Fülbier 和 Klein（2015）认为，德国公认会计原则的缓慢变化表明，会计准则的国际化与在计算股息和应纳税所得额等法律问题上保留会计传统色彩的愿望之间存在冲突。

### 15.2.4　英国

英国政府通过公司法律的形式来规范财务报告。1844 年，英国首次可以通过注册来设立公司，而无须再办理皇家法庭或议会的私有法案规定的复杂手续。随后，有限责任公司于 1855 年应运而生，从此英国《公司法》进行了无数次的修订。《公司法》适用于英格兰、威尔士和苏格兰，同时通过了一个仅适用于北爱尔兰的单独法令。20 世纪，法案的条款不仅数量增加了，而且更为复杂了。明显的标志是 1947 年的《公司法》（后来统一为 1948 年的《公司法》），这部《公司法》要求公司必须编制集团报表，区分"公积金"和"准备金"（这使得设置秘密公积金更为困难），增加许多新的披露要求，并要求董事编制能体现"真实与公允的观点"的财务报表。这部《公司法》以 1945 年关于公司法修订的科恩委员会报告为基础，而该报告及公司法的会计和审计内容均受到英格兰及威尔士特许会计师协会于 1942 年发布的"会计原则建议书"的极大影响。

1948 年的《公司法》在近 40 年中一直被作为主要的法令保留下来，但其一系列条款进行过修订。第一次修订是在 1967 年，要求公司必须披露营业额，这极大扩充了董事会报告和注释所提供的信息，并取消了家族私人企业不披露营业额的特权。第二次修订是在 1976 年，这次修订从法律上严格要求公司保存并公布信息，强化了审计人员的权力，并增加了对董事股份的披露。第三次修订是在 1980 年，在此次修订中执行了《欧盟第 2 号指令》。第四次修订是在 1981 年，在修订中执行了《欧盟第 4 号指令》。1985 年，所有这些法令合并在 1985 年的《公司法》中，这是一部特大型的法规，其中包括 747 节和 25 个附表。法案中的会计和审计条款在 1989 年的《公司法》中得到修订和重申，这部《公司法》主要贯彻《欧盟第 7 号指令》和《欧盟第 8 号指令》。

尽管经过了这些修正，英国《公司法》仍有很多 19 世纪起源时的烙印。贸易工业部（Department of Trade and Industry，DTI）于 1998 年建立了一个公司法检讨督导小组（Company Law Review Steering Group，CLRSG），该组织于 2001 年发布了最终报告，对于《公司法》整个框架的主要重建工作提出了建议。该报告中的大多数建议都被政府所接受，贸易工业部在 2002 年 7 月发表了《实现公司法的现代化》白皮书。2004 年，英国颁布了新的公司（审计、调查和社区企业）法案。2006 年，英国最终制定了改革后的新《公司法》，其中包括执行许多欧盟指令的要求（见表 14-1），也融合了所有以前的法律条款。这部新的《公司法》甚至超过了 1985 年版本《公司法》的规模，2006 年的《公司法》包括 1 300 节和 16 个附表，是英国法典中最长的法律。根据欧盟指令的变动，例如 2013 年对会计指令的修订，《公司法》得到了进一步修订。撰写本书时，英国正处于脱离欧盟的过程中。这将使《公司法》背离欧盟的指令，但预计也不会迅速做出改变。

英国《公司法》的规定与美国证券交易委员会的规定不同。它适用于除少数几个由皇家特许或依据国会特殊法令成立的公司外的所有英国有限责任公司。然而，《公司法》对中小型公司却有一些重要的豁免规定（见 15.3 节）。

除了国家之外，对财务报告规则产生最大影响的是会计师。1969 年，英格兰及威尔士特许会计师协会对一些被广泛认为有极大误导性、损害性的年度报表范例和对职业界的恶意批评（尤其是来自媒体的批评）做出了回应。为了反驳批评，解决所存在的问题并保持道义上的权威，英格兰及威尔士特许会计师协会成立了会计准则筹划委员会，后来该委员会更名为会计准则委员会（Accounting Standards Committee，ASC），英国和爱尔兰的其他五个职业会计团体也加入了该委员会。虽然会计准则委员会的成员几经变动，但其规模一直较大（在 1990 年解散时仍有 21 名成员），其中包括不领取薪金的兼职人员，并且成员不完全是业界人士。直到会计准则委员会解散的那天，依旧规定要有多达五名成员，这些成员不必是会计师，但要能够代表会计使用者。会计准则委员会的成员主要来自职业界，其作用只限于制定标准会计实务公告（Statements of Standard Accounting Practice，SSAP），而该公告的发布和实施仍由六个职业团体负责。Rutherford（2007）提供了会计准则委员会的详细历史。

1988 年，由会计职业团体咨询委员会设立的德林委员会（Dearing Committee）发布的报告受到批评，该委员会接受批评意见并同意接近美国的做法更为可取（见第 10 章）。1990 年，会计准则委员会被会计准则理事会（Accounting Standards Board，ASB）取代，理事会包括 1 名专职主席、1 名专职技术董事和 7 名（目前是 8 名）兼职的付薪成员。会计准则理事会受独立于职业界的财务报告理事会（Financial Reporting Council，FRC）的监督。与会计准则委员会不同的是，会计准则理事会有权发布会计准则。

会计准则理事会的准则被称为财务报告准则（Financial Reporting Standard，FRS）。会计准则理事会还接受了会计准则委员会现有的标准会计实务公告，这些公告在被财务报告准则取代之前一直有效。财务报告准则和标准会计实务公告包含披露规则（例如《财务报告准则第 1 号》是关于现金流量表的披露原则）和计量规则（例如《标准会计实务公告第 4 号》是关于政府补贴的计量）。一些准则同时包含两方面规则，例如《财务报告准则第 22 号》要求披露每股收益（《公司法》不要求），同时也制定了计算每股收益应遵循的规定。大多数准则适用于所有大中型公司，除非这些公司必须遵守国际财务报告准则（见第 5 章）。与美国公认会计原则风格的主要区别是，英国（和国际会计准则理事会）准则的细节较少。这可以表示为基于原则的准则和基于规则的准则之间的对比（见 5.5 节）。

从 2002 年开始，会计准则理事会的主要任务是为英国和国际财务报告准则趋同做准备。表 15-1 列示了 2014 年底英国公认会计原则完全修订时，现行的财务报告准则和标准会计实务公告。其中《财务报告准则第 12 号》《财务报告准则第 20 号》《财务报告准则第 26 号》《财务报告准则第 29 号》基本上是国际财务报告准则的翻版。有些准则只适用于上市公司，这也就是存在两个关于外币的准则（《标准会计实务公告第 20 号》和《财务报告准则第 23 号》）的原因。《德林报告》所带来的结果就是加强了会计准则的地位。《公司法》要求公共有限公司和其他大公司的董事在其年度报告中列报任何与会计准则不符的方面。

表 15-1　截至 2014 年年底的标准会计实务公告和财务报告准则

| 标准会计实务公告 | |
| --- | --- |
| 4 | 政府补助会计 |
| 5 | 增值税会计 |
| 9 | 存货和长期合同 |
| 13 | 研发会计 |
| 19 | 投资性房地产会计 |
| 20 | 外币折算 |
| 21 | 租赁和分期购买合同会计 |
| 25* | 分部报告 |
| **财务报告准则** | |
| 1 | 现金流量表 |
| 2 | 对子公司的会计处理 |
| 3 | 财务业绩报告 |
| 5 | 交易实质报告 |

续表

| 财务报告准则 | |
|---|---|
| 6 | 收购与兼并 |
| 7 | 收购会计中的公允价值 |
| 8 | 关联方披露 |
| 9 | 联营和合营企业 |
| 10 | 商誉及无形资产 |
| 11 | 固定资产和商誉的减值 |
| 12 | 准备金、或有负债和或有资产 |
| 13 | 衍生工具和其他金融工具：披露 |
| 15 | 有形固定资产 |
| 16 | 当期所得税 |
| 17 | 退休金 |
| 18 | 会计政策 |
| 19 | 递延税 |
| 20 | （《国际财务报告准则第 2 号》）以股份为基础的支付 |
| 21 | （《国际会计准则第 10 号》）资产负债表日后事项 |
| 22* | （《国际会计准则第 33 号》）每股收益 |
| 23* | （《国际会计准则第 21 号》）汇率变动的影响 |
| 24* | （《国际会计准则第 29 号》）恶性通货膨胀经济中的财务报告 |
| 25 | （《国际会计准则第 32 号》）金融工具：披露和列示 |
| 26* | （《国际会计准则第 39 号》）金融工具：确认和计量 |
| 27 | 人寿保险 |
| 28 | 对价 |
| 29* | （《国际财务报告准则第 7 号》）金融工具：披露 |
| 30 | 遗产财产 |

注：＊尤其适用于上市公司。

2010 年，会计准则理事会发布了两份征求意见稿（财务报告征求意见稿第 43 和 44 号），提议废除现有的英国公认会计原则，并将其替换为国际会计准则理事会发布的适用于中小企业的国际财务报告准则版本（见 13.5 节）。英国不能采纳未经修订的《中小企业国际财务报告准则》的一个原因是，它在一些小问题上与《公司法》不一致，而这无法通过修改法律来解决，因为法律的修改必须等待欧盟下达指令。例如，《中小企业国际财务报告准则》不允许任何损益被称为"非常损益"，而欧盟指令（以及《公司法》）都对这个术语进行了定义，并规定了它在损益表中的位置。由于 2013 年修订的指令中不再包含非经常性项目的概念，并且 2015 年对《公司法》进行了修订，所以这个问题已经被解决了。

2012 年，在所有这些取代英国公认会计原则的行动里，直接负责会计准则的财务报告委员会废除了会计准则理事会，并同时成立了会计委员会（许多成员都来自会计准则理事会），为会计准则理事会提供建议并编制准则草案。

除会计准则理事会外，1990 年还成立了另外两个新的机构，并将其作为财务报告委员会的一部分：财务报告审查小组（Financial Reporting Review Panel，FRRP）和应急会计准则工作组（Urgent Issues Task Force，UITF），这也是仿效美国的新兴问题任务组（第 10 章）。应急会计准则工作组在 2012 年被会计准则理事会解散。财务报告审查小组继续监管财务报告的质量，并可以对公司提起法律诉讼。其工作将在第 17 章讨论。2019 年，根据 2018 年金曼评论（Kingman Review）的建议，英国决定用一个更权威有力的机构——审计、报告和治理管理局（Audit，Reporting and Governance Authority，ARGA）取代财务报告委员会。

财务报告委员会于 2012 年至 2015 年发出以下文件：

- 《财务报告准则第 100 号》　财务报告要求的应用
- 《财务报告准则第 101 号》　减少信息披露框架
- 《财务报告准则第 102 号》　适用于英国和爱尔兰共和国的财务报告准则
- 《财务报告准则第 103 号》　保险合同
- 《财务报告准则第 104 号》　中期财务报告
- 《财务报告准则第 105 号》　适用于微观实体制度的财务报告标准

《财务报告准则第 100 号》解释的是在何种情况下适用何种标准。《财务报告准则第 101 号》则是国际财务报告准则在英国的一个特殊版本。它与国际财务报告准则的区别仅仅在于减少了披露要求。《财务报告准则第 101 号》是为使用国际财务报告准则的集团的子公司设计的。《财务报告准则第 102 号》取代了旧的英国公认会计原则，这是英国版的《中小企业国际财务报告准则》。除了解决上面提到的法律问题，《财务报告准则第 102 号》增加了一些额外的备选方案（如开发成本资本化），这是《中小企业国际财务报告准则》不允许的。更多的具体细节问题将在第 16 章给出。这些新准则一经发布就能够使用，同时旧英国公认会计原则从 2015 年起不再可用。

在 2016 年之前，英国的小公司一直被允许适用一个特殊的准则：《小型主体财务报告准则》（Financial Reporting Standard for Smaller Entities，FRSSE），该准则减少了披露要求。这也是上述变革的一部分。

英国公司在使用国内承认的国际财务报告准则以外的任何会计方法时，都必须遵守《公司法》。这意味着，例如，基于《国际会计准则第 1 号》的《财务报告准则第 102 号》本身对资产负债表的格式没有说明，《公司法》对资产负债表的格式要求也适用。

"真实和公允的观点"的概念发挥了重要作用。这个概念没有任何定义，但它是压倒一切的要求。为了确保提供真实和公允的观点，《公司法》要求在必要时公司需要提供额外的信息，在特殊情形下，可能会背离详细的规定（所谓"真实和公允的推翻"）。任何该等背离的详情、理由及后果，均须载于附注内。法律顾问（Arden，1993）认为，特别是在 1989 年《公司法》的修改之后，法院一般认为财务报表必须符合会计准则，以提供真实和公允的观点。法律顾问关于真实和公允的观点重要性的意见在 2006 年法案之后得到更新（Moore，2008）；本意见适用于根据英国公认会计原则和国际财务报告准则出具的报告。这证实了真实和公允的观点在传统意义上的重要性。

Tweedie（1988）说明了真实和公允的观点如何用来帮助或者抵御创造性会计。尽管这个概念曾经被认为是理所当然的，但近年来却引起了广泛的争论（Parker and Nobes，1994；Parker，Wolnizer and Nobes，1996；Alexander，1999，2001；Nobes，2000）。美国的安然事件给那些"偏好基于原则的准则"的人提供了支援力量。

在实务中，准则制定者比公司更多地推翻真实和公允的观点。与国际会计准则理事会不同，英国的准则制定者必须在法律约束的范围内制定准则。这在 1981 年的英国变得更加困难，因为欧盟指令的实施导致了详细规则的大量扩展，但是会计准则委员会和会计准则理事会非常巧妙地利用了一般要求来提供真实和公允的观点来推翻法案的特殊要求。有时，它们也会限制合法的选择，或者通过将一种合法的选择定义为不存在而有效地移除它。下面给出了一些说明：

1.《公司法》明确允许公司可以使用后进先出法，但《标准会计实务公告第 9 号》提出使用后进先出法通常不会导致真实和公允的观点。因此，在实务中，不允许使用后进先出法。《财务报告准则第 102 号》也禁止后进先出法的使用。

2.《标准会计实务公告第 9 号》在修订后，要求在尚未完工的长期合同中确认的利润被列为可收回金额，而非作为存货的一部分，以避免在存货的重新计量中包括可能未实现的利润。

3.《标准会计实务公告第 12 号》（被《财务报告准则第 15 号》以及现在的《财务报告准则第 102 号》取代）取消了对建筑重新计量时收取历史成本折旧的备选方案，而这显然是《公司法》允许的。

4.《标准会计实务公告第 19 号》要求，为了保证真实和公允的观点，投资性房地产不应计提折旧，尽管《公司法》规定（直到 2004 年都没有例外）所有使用寿命有限的固定资产都应计提折旧。

5.《标准会计实务公告第 20 号》（针对上市公司的被《财务报告准则第 23 号》取代，现在被《财务报告准则第 102 号》取代）采用了真实和公允的观点标准，允许对未结算的长期货币项目确认损益，尽管这背离了谨慎性原则。

6.《财务报告准则第 2 号》（现在的《财务报告准则第 102 号》）不支持《公司法》中与子公司免责有关的一些选择。原则上有时也需要免责不同的活动（现在也从指令中删除了），但准则声称这在实务中不太可能发生。

7.《财务报告准则第 3 号》通过对日常事项的广泛定义，有效地废除了特别事项的概念。在《财务报告准则第 102 号》中也插入了同样的语句。

8.《财务报告准则第 4 号》（被《财务报告准则第 25 号》和现在的《财务报告准则第 102 号》取代）通过发明一种新的"非权益股份"类别，避开了法律上对股份定义的限制。

9.《财务报告准则第 5 号》规定准子公司应被完全视为子公司，尽管它们在法律层面上并不是子公司。自此，法律扩展了子公司的定义（见第 8 章）。

10. 在某些情况下，法律禁止将资产和负债互相抵销，《财务报告准则第 5 号》中将它们分别作为借方和贷方的余额。

11.《财务报告准则第 10 号》允许商誉不摊销的可能性，但这需要一个类似于《标准会计实务公告第 19 号》的推翻法案。

上述许多准则在英国准则与国际财务报告准则的趋同中幸存了下来，其中一些被纳入《财务报告准则第 102 号》。

英国的税法对公司财务报告的影响很小。与欧洲大陆的许多地区不同，它不是会计实务中非合并报表的主要决定因素。会计利润不等于应纳税所得额，规定递延税是标准惯例。Lamb 等（1998）研究了英国和其他一些国家的税收和财务报告之间的复杂关系。然而，税务当局（英国税务海关总署）有一个政策，试图使应纳税所得额的计算更接近会计净利润的计算。

## 15.3　哪些公司适用会计规则

### 15.3.1　引言

哪些公司适用会计规则？有几种可能性，这些可能性与法律和经济标准相关：

- 所有公司；
- 具有某种特定法律形式的公司；
- 在一定规模以上的公司；
- 上市交易的公司；
- 上述标准的各种组合。

一旦一个国家或地区决定了哪种公司要被监管，那么就必须决定会计的哪些方面需要被监管。举例来说，如果簿记的主要目标是保护债权人和便于纳税，那么由法律来要求所有公司留账簿记录是有意义的。这种思想起源于法国，最初的形式是哥尔伯特在 1673 年推行的《商事王令》。显然，保留记录的要求有助于政府监管破产程序并征缴税收。

英国的情况则相反，尽管保护债权人的需要没有被忽视，但重点是规范股东有限责任公司以及所有权和控制权相分离的公司，要求这些公司编制并公布财务报表。法律将股东看作最主要的利益相关者，目的是保护作为委托人的股东不受到作为代理人的董事的侵害。法国的法律不太强调投资人的信息需求。另外一个极端是美国，从 20 世纪 30 年代开始，美国集中精力管制那些股票在市场上公开交易的公司，同时忽视其他公司的利益相关者的需求。

德国效仿了法国的做法，而非英国或美国的做法，但 20 世纪 60 年代，非有限责任的大型合伙企业破产，使各种利益相关者备受打击，并导致强制实施规模标准，以明确规定企业应在年度报告中披露什么。这一创举在 1978 年关于《公司法》的《欧盟第 4 号指令》中得到采纳（1971 年的第一份草案受到了德国法律的强烈影响），并在整个欧盟范围内传播开来。这一想法在 2013 年修订的指令中又得到了强化，指令限制了法律可以要求小企业披露的信息。正如 13.6 节提到的，欧盟现在允许对"小微公司"实施进一步豁免规则。

现在我们更详细地关注所选定的三个欧洲国家，以说明各国在这一领域的规则如何不同。

### 15.3.2　法国

不像美国和英国的规则，法国的会计法律和国家法令应用于所有的商业企业，而不仅仅是公司，并且涵盖了会计记录的保存和税务机关的需要以及向所有者和债权人的报告。2000 年和 2009 年修订的《商法》提供了关于一般会计规则的一个框架。该法典像注重保存会计记录一样，非常注重年度财务报表的编制。

法国最重要的公司形式是股份有限公司（SA，the société anonyme）和有限责任公司（SARL，the société à responsabilité limitée）。法国的股份有限公司和英国的开放式公司类似，而法国的有限责任公司大致和英国的封闭式公司类似，不过它源于德国的有限责任公司（GmbH）（见 14.3.3 节），而且在有些方面还类似于英国的合伙公司。关于公司数量的一些数据由法国国家统计与经济研究所（Institut National de la Statistique et des Etudes Economiques，INSEE）提供。公司也受《民法典》（例如，在公司设立方面）和《公司法》会计要求的约束，这些会计要求已并入《商法》（第 L232 - 1 条至 L233 - 27 条）。《公司法》从 1966 年开始生效，但为了实施《欧盟第 4 号指令》和《欧盟第 7 号指令》，该法在 20 世纪 80 年代进行了修订。2000 年至 2007 年的进一步修订，则提出了考虑社会和环境影响的规定。

法国《会计总方案》以资产负债表总额、销售额和员工人数作为计量公司规模的因素，并以此来决定公司应当选择哪种财务报表格式以及在附注中必须披露哪些内容，但每个指标的临界点并不相同。在实务中，无论公司规模多大，多数公司都使用标准格式（见 16.2.1 节）。因为不同的规模标准用于不同目的的报表，所以无法提供简要的财务报表。法国不允许公司将国际财务报告准则用于非合并报表。

### 15.3.3 德国

和法国一样，在德国包括个人独资公司和合伙企业（一般的和有限责任的）在内的所有公司都要符合《商法》对会计的要求，不过在法律形式和规模方面有所不同。公司形式主要包括股份公司（AG，Aktiengesellschaft）和有限责任公司。股份公司是与英国的开放式公司或法国的股份有限公司最为相似的一种公司形式。一些大型德国公司（如安联集团和巴斯夫公司）都已经从股份有限公司转变为欧盟的同类型公司 SE（Societas Europea，欧洲公司；见 14.2.5 节）。

股份公司的决策权和责任集中在管理委员会。公司有一个由非执行董事组成的监事会，以及由股东大会任命的成员，如果公司有 500 名或 500 名以上的员工，监事会必须包括员工代表。员工代表要么是董事会的三分之一（如果员工人数在 500~2 000），要么是半数（如果员工人数超过 2 000）。像 Aufsichtsrat 这样的机构在英国法律中是不存在的，但在荷兰有类似的机构，在法国也有类似的机构。其主要职能是任免管理委员会成员，监督管理委员会的工作，批准年度财务报表。监事会不得承担管理职能。管理委员会的成员没有资格加入监事会。1998 年的《公司控制与透明度法》（KonTraG）将审计任务的控制权从管理委员会移交给监事会，并通过其他方式加强了监事会的权力。

有限责任公司在其基本法律特征上与股份公司非常相似，例如独立的法人资格和公司的性质（尽管它有合伙性质）。然而，它也有一些明显的特点，尤其是不那么严格的法律规定。因此，有限责任公司的形成比股份公司更方便和容易。大多数外国跨国公司的德国子公司都是作为有限责任公司设立的。公司员工人数超过 500 人或者公司章程规定的，需要设立监事会。与英国和法国不同，德国有独立的私营公司法体系。一种常见的商业形式是单人制的有限责任公司。

企业的其他合法形式包括独资、合伙、有限合伙以及流行的 GmbH & Co.（普通合伙人与公司建立的有限合伙公司）。

官方来源没有提供有关企业数量的数据。然而，du Plessis 等（2012，p.6）表明，股份公司从 1926 年的约 17 000 家下降到 1992 年的 3 000 家，但在 2006 年上升到约 18 000 家，然后再次下降到 2010 年的 13 000 家。与英国开放式公司和法国股份有限公司一样，只有少数德国股份公司（大约 680 家）在证券交易所上市。相比之下，1909 年的有限责任公司约为 15 500 家，2006 年上升到 814 000 多家。中型和小型企业似乎更喜欢有限责任公司的形式，而股份公司形式主要用于需要在资本市场上筹集资金的公司。2001 年，德国营业额最大的 104 家工业企业中有 27 家股份公司、31 家有限责任公司、1 家有限合伙、5 家合伙企业、39 家普通合伙人与公司建立的有限合伙公司和其他公司。

除了《商法》的要求，公司必须遵守《股份法》（Aktiengesetz，AktG）和《有限责任公司法》（GmbH-Gesetz，GmbHG）分别规定的要求。较大的合伙企业和个体经营者属于 1969 年《公开法》（Publizitätsgesetz，PublG）要求披露的范围。在一些大型合伙企业的失败表明，尽管没有股东参与，但对包括政府在内的其他利益相关者有重大影响之后，该法案才被引入（Eierle，2005）。

《商法》补充规定应遵循的程度，视公司规模而定。如 2015 年修订的《会计指令实施法案》（BilRUG），公司规模的限制见表 15 - 2。一家公司必须连续几年至少低于三个规模标准中的两个。上市公司和其他大型公司没有被豁免。小型公司被准许提交一个简略的资产负债表，不需要提交损益表和简短的注释。它们不需要准备管理报告，也不需要对财务报表进行审计。中型公司可以编制简要的损益表，并在其附注中省略某些信息的披露。此外，为了便于存档，它们也被允许提交一份简略的资产负债表，并省略其他披露。由于 2012 年实施了另一项欧盟指令（见 13.6 节），现在"小微公司"获得了进一步的豁免。

表 15 - 2 德国中小微型规模公司的界定标准

| | 微型 | 小型 | 中型 |
| --- | --- | --- | --- |
| 销售额 | 700 000 欧元 | 1200 万欧元 | 4 000 万欧元 |
| 资产负债表总额 | 350 000 欧元 | 600 万欧元 | 2 000 万欧元 |
| 员工人数 | 10 | 50 | 250 |

单个公司允许提交国际财务报告准则财务报表，但如果它们这样做，就必须编制（但不需要提交）《商法》下的报表。从 2007 年起，所有公司都被要求向联邦公报（Federal Gazette）提交电子版的财务报表，并由联邦公报将财务报表转发到当地的商业登记处。

### 15.3.4 英国

在英国，所有公司都要为纳税目的而保留会计记录，但是特定的财务报告计量和披露要求仅仅适用于公司制企业，不适用于独资企业和合伙企业（除了有限责任合伙之外，见下文）。从 19 世纪开始公司就已经成为商业企业最重要的组织形式。英国《公司法》确认的最具有经济意义的公司类型是开放式公司，而为数最多的却是封闭式公司。英国公司的地位直到 1980 年欧盟第二版《公司法》指令实施后才从其名称中显示出来。"PLC"或"plc"代表上市公司，"Ltd"代表私营公司。也有担保有限公司和无限公司，但相对少见。表 15 - 3 给出了 2018 年英国上市公司和私营公司的数量。

表 15 - 3　在英国注册的企业主体

| | 数量 | % |
|---|---|---|
| 上市公司 | 7 | 0.2 |
| 私营公司 | 3 980 | 95.2 |
| 总计 | 4 180 | 100.0 |

资料来源：Companies House（2018）.

开放式公司和封闭式公司的本质区别在于前者有权向公众发行股票和债券，而后者没有。要在证券交易所上市，开放式公司仅仅是必要条件但不是充分条件。在英国大约有 2 400 家国内的上市公司。

为了执行 1981 年《欧盟第 4 号指令》，大型、中型和小型公司的财务报告差异成为非上市公司最典型的特征。公司规模大小是以营业额（销售额）、资产总额（即固定资产加流动资产）和员工人数来衡量的，其划分标准一直在变化。表 15 - 4 列明了 2016 年及以后的规定。

表 15 - 4　英国的公司规模限制

| | 微型 | 小型 | 中型 |
|---|---|---|---|
| 销售额 | 632 000 英镑 | 1 020 万英镑 | 3 600 万英镑 |
| 资产总额 | 316 000 英镑 | 510 万英镑 | 1 800 万英镑 |
| 员工人数 | 10 | 50 | 250 |

大型公司必须提交一份完整的经审计的财务报表供公司注册处备案。中型公司被允许只将资产负债表和简略的利润表（称为根据国际财务报告准则编制的利润表）进行备案并送交股东。对小型公司只要求将简单的资产负债表进行备案，并无需将利润表备案。根据特定限制，"小型"封闭式公司无须接受审计，这是欧盟允许的上限。

封闭式公司形式对小型公司特别有吸引力，尤其是那些只有少数合伙人的小公司，但是对提供专业服务的公司例外。有限责任合伙制形式（Limited liability partnerships，LLP）的出现主要是大型会计师事务所政治游说的结果。有限责任合伙公司和一般公司一样具有法人形式和有限责任（对所有合伙人）的优点，但各个合伙人分别纳税，有限责任合伙公司不需要缴纳公司所得税。经审计的财务报表表达了真实和公允的观点，并遵循了会计准则，这些报表由有限责任合伙公司存入公司注册处。2018 年，英国共有 53 848 家有限责任合伙公司。

◆ 小　结 ▶

**法国**

● 会计规则包含在《商法》和《会计总方案》中，两者都受到了欧盟指令的影响。

● 《会计总方案》受国家会计准则制定机关的管理，国家会计准则制定机关是个公共和民间的混合机构。

● 由国际会计准则委员会制定的准则不适用于单个公司。

● 税收法规和《会计总方案》相协调，是影响单个公司财务报表的重要因素。

● 法国会计职业界的影响力日益增长，但从未发布过会计准则。

● 会计规则适用于所有公司，但最重要的公司组织形式是股份有限公司、有限责任公司和小规模股份公司。

**德国**

● 对德国会计影响最大的是《商法》和税法。税法要求凡是可扣税的费用都应记入财务报表。

● 德国和英国一样，没有《会计总方案》。

● 由国际会计准则委员会制定的准则不适用于单个公司。

● 单个公司不允许使用国际财务报告准则编制财务报告，除非它们也根据《商法》出具报告。

● 德国有多种公司组织形式，最重要的是股份公司、有限责任公司和普通合伙人与公司建立的有限合伙公司。

● 《商法》和税法适用于所有公司。

**英国**

● 英国《公司法》对公司财务报告具有重要影响，但会计准则（财务报告准则和标准会计实务公告）的影响也非常重大。

● 法律和准则都受到职业会计师、欧盟指令、美国公认会计原则的影响，在 2005 年以后还受到国际会计准则的影响。

● 会计准则包括披露和计量的要求，但是披露要求视公司是否为开放式公司及其规模大小（大型、中型或小型）而不同。

● 公认的准则制定机构是会计准则理事会，该理事会独立于政府和会计职业团体，发布的准则适用于所有公司，其发布的准则正在与国际准则趋同。

● 会计准则理事会建议用中小企业的财务报告准则代替财务报告准则和标准会计实务公告。

● 英国准则制定机构通过真实和公允要求来限制或增加公司法的具体要求。

● 最重要的公司组织形式是开放式公司和封闭式公司。

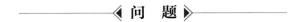

◀ 问　题 ▶

带星号问题的参考答案见书末附录 B。

15.1* 美国、英国、法国和德国对于哪些企业应该接受会计监管的问题有不同的答案。在你看来，哪个国家是"正确"的？

15.2* 在英国，不同类型的单个公司有不同的会计准则。为什么不同类型公司之间的区别，不单单取决于公司是开放式公司还是封闭式公司？

15.3　例如在法国，对会计记录的保管和财务报表的编制进行管理是否有用？

15.4　支持和反对《会计总方案》的理由是什么？

15.5 "英国会计行业不再对有关单个财务报表的会计准则有任何影响。"请讨论。

15.6 比较英国的财务报告委员会和法国的会计准则委员会的组成和作用。

15.7 为什么英国的财务报告委员会决定将（部分但不是全部）单个公司的英国会计准则与《中小企业国际财务报告准则》趋同？

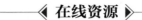

━━━━━━━━━━ ◀ **在线资源** ▶ ━━━━━━━━━━

扫描下列二维码即可阅读本章参考文献和推荐网站。

# 第 16 章

# 欧洲单个公司的会计规则和实务

**学习目标**

学完本章后，你应该能够：

● 在国家公认会计原则下，比较法国、德国和英国使用的财务报表格式；

● 比较法、德、英三国在国家公认会计原则下适用于单个公司的会计准则；

● 描述各国会计准则与国际财务报告准则之间的差异，并解释差异存在的原因。

## 16.1 引 言

第 13 章讨论了在国际上单个公司的财务报告与集团财务报告的差异化程度。第 14 章考察了欧洲国家财务报告的统一，特别是与单个（非合并）公司报告有关的统一。第 15 章研究了英国、法国和德国这三个国家单个公司准则的制定情况。本章着眼于单个公司的会计规则和实务在这些国家之间的差异，并与国际财务报告准则进行比较。本章不涉及合并报表（见第 8 章）。正如第 5 章所解释的，这三个国家的上市公司都被要求使用国际财务报告准则，非上市公司也可以这样做。

本章讨论这些国家会计的重大差异，即使在欧盟内部协调了几十年，在采用国际财务报告准则后，一些差异仍然存在。这些差异存在于财务报表格式（在欧盟指令中有详细的描述，但在国际财务报告准则中几乎没有提及）和会计原则（在国际财务报告准则中有非常详细的描述，但在指令中更为广泛和有选择性）。本章假定读者已了解第 15 章讨论的规则制定机构。本章的讨论重点是法国和德国，而不是英国，因为前两个国家的国内会计制度与国际财务报告准则的差异更大，这两个国家是更好的例子。与英国不同，它们不仅在国际财务报告准则涵盖的领域存在差异，而且在国内准则和国际财务报告准则所涵盖的领域有不同的规则（Ding et al.，2007）。这三个国家规则和实务的内容在不同程度上受国际财务报告准则的影响。国际财务报告准则的概念和规则对英国的单个公司产生了最大影响，法国和德国也受到了影响。

## 16.2　法　国

### 16.2.1　财务报表的格式

第 15 章强调了法国《会计总方案》在法国会计中的首要地位。《会计总方案》负责制定和规范财务报表的格式。这些并不是由《欧盟第 4 号指令》引入法国的，而是一种长期存在的做法，尽管该指令的实施确实带来了一些变化。根据企业规模（通过资产总额、销售额和员工人数衡量）的不同，财务报表有标准格式、精简格式和扩展格式，但实际上几乎所有公司都使用标准格式。有关单个公司报表格式的任何项目的组成详情，请参阅《会计总方案》。

标准的资产负债表通常采用表格形式（左右两侧）。与同等的英国格式相比，更多的细节显示在法国的资产负债表而不是在附注中。在资产一方，固定资产（分为无形资产、有形资产和财务资产）和流动资产按流动性从高到低的顺序排列。最近几年，三栏式经常用来列示资产：成本、累计折旧/摊销/减值和净额。前一年的数字仅显示净值。排除在固定资产和流动资产之外，但在资产负债表底部单独显示的是差额，它代表超过一个时期的支出或收入差额。在资产方，包括预付费用、递延费用、赎回溢价和负的未结算汇兑差额，只有预付费用被认为是国际财务报告准则下的资产。

法国资产负债表的负债和资本一方，列示了股东资金、预计负债和负债，底部为正的未结汇差额，该项目不视为国际财务报告准则下的负债。其中，股东基金分为：

（1）股本；

（2）股本溢价；

（3）重估准备；

（4）法定公积；

（5）法定储备；

（6）税法规定的公积；

（7）其他公积；

（8）预提的利润或损失；

（9）本年损益；

（10）投资补贴；

（11）备付税金。

其中一些项目是典型的债权人/税收导向会计下需设立的。法定公积的产生是由于法国公司有义务保留每年利润的 5%（扣除预提亏损），直至达到已发行股本的 10%。这笔公积金不能分配，但可以转增股本。重估准备源于过去税法要求或允许的重估。税收规定的公积包括出售固定资产而产生的免税长期收益等项目。当公司提供仅为税收目的而存在的费用时，如超额折旧（摊销额贬值），就必须设立税收规定的公积来抵扣税款。

利润表通常以纵式格式列报，收入和支出细分为营业收支、财务收支和"特殊"项目。此外，还提供了一种双条目格式。这两种格式都是"自然形成的"而不是"按功能形成的"。例如，员工成本和折旧显示为两种经营费用，而不属于销售成本、管理费用和其他职能。"特殊"类通常被翻译成英语中的非常项目，但这个概念在国际财务报告准则或美国公认会计原则中不再存在，其中任何特殊项目仍然包含在利润表的适当行中，而不是在结尾处单独列示。

法国国家会计委员会和会计准则委员会仍然建议，根据营运资本流动发布一份财务报表。这对单个公司是强制性的，当然低于一定规模的公司除外。欧洲共同体建议编制更符合国际实务的现金流量表；法国央行的中央资产负债表提供了另一种版本。对于合并报表来说，包含现金流量表的形式越来越受欢迎。有关机构的详情，如会计准则委员会及欧洲经济委员会的详细资料，请参阅 15.2.2 节。

在 1983 年执行《欧盟第 4 号指令》之前（Parker，1996），法国法律并没有要求公司提供财务报表附注，尽管除了资产负债表和收益表之外，还需要一些其他表格。《商法》规定了附注（附件）的功能：

（1）填写资产负债表和利润表所提供的信息，并对其进行评论；

（2）如果遵守规则不足以提供真实和公允的观点，则提供补充信息；

（3）在例外情况下，如有必要，提出背离会计规定的情况，以做出真实和公允的评价；

（4）描述和说明会计政策的变更或财务报表列报的变化。

所有类型的企业均须提供附注，但一定规模以下的独资企业可获豁免。对于低于一定规模（按照资产总额、营业额和员工人数衡量，但规模和报表格式的标准不同）的股份公司、有限责任公司和合伙企业，允许有一个简化的附件。

在法国，税收和财务报告密切相关。公司需准备一份"退税"报告，它既是税务报告又是会计文件。在这种情况下，由于公司必须在附件中披露对账目的重大税收影响，附件在真实和公允的观点要求（见下文）方面发挥着重要作用。在实际操作中，折旧是最受影响的项目。《会计总方案》第三卷第 3 章列出了需要在单个公司的附件中披露的项目（Gélard，2001，pp. 1098 – 1099）以获得更早的描述。

找到这些（和将在 16.2.2 节讨论的）实务例子的最简单的方法是访问大型法国上市公司的网站，查看母公司的财务报表，而不是合并报表（合并报表一般采用国际财务报告准则）。母公司报表通常更接近年度报告的发布时间，且有英文版本。

## 16.2.2　会计原则（包括与国际财务报告准则的差异）

自从实施《欧盟第 4 号指令》以来，法国财务报表必须既符合合法性（遵照规则）和真实性（按照规则的本意），又提供一个真实和公允的观点（真实和公允的观点的法国版本——参见第 14 章）。合法性和真实性是法国传统的会计观念。由于真实和公允的观点是引进的概念，在它的原产国没有明确的定义，因此在法国有很多关于它的意义的讨论（如 Pasqualini，1992）。在实务中，单个公司遵循的会计原则旨在满足债权人和税务机关的需求；而对于集团财务报表，其遵循的会计原则旨在吸引海外股票投资者（例如使用国际财务报告准则的投资者），这两种报表都应当被认为能够给出真实和公允的观点。

本章的重点是单个公司。资产和负债的确认和计量传统上遵循一种"财富"方法（即基于法律权利而不是基于经济实质的方法）。主要的估值方法是经过谨慎调整的历史成本法，有低估而不是高估利润和资产的趋势。这是满足债权人和税收的需求而非权益投资需要的财务报告模式。在这样的环境下，会计的职能不过是"对法律进行数学运算"（Garnier，1947）。原则上，"财富"的概念已于 2004 年由会计监管委员会更改为"经济遗产"（即更多基于控制而非所有权）。然而，租赁资产仍然没有被承租人资本化。

国家会计委员会和会计监管委员会（现在被会计准则委员会取代，如第 15 章所述）决定不允许将国际财务报告准则用于单个公司的财务报表。然而，在实务中，它们以另一种方式做到了这一点：在某些主题上，促使法国规则与国际财务报告准则趋同。特别是会计监管委员会发布了有关准备金、折旧、资产的确认和计量以及金融工具的公允价值的规定，这些规定密切遵循相关国际财务报告准则的描述。Delvaille 等（2005）介绍了法国（以及德国和意大利）与国际财务报告准则的趋同。

Richard 等（2018）给出了后续法规的细节以及它们在多大程度上使法国规则更接近国际财务报告准则。这些规则与税法不一致，但税务机关很灵活，使用了摊销法案等手段来克服这些不一致。为了实现与国际财务报告准则的趋同，有必要对《商法》进行修订，这超出了会计准则制定机构的权力范围（见 15.2.2 节）。最近修订的《会计总方案》（规章制度第 2014-03 条）没有解决这个问题。Le Manh（2017）解释了修订后的 2013 年欧盟指令是如何通过部长级法令在法国实施的，而没有与公众甚至议会进行任何协商。它只对单个公司的会计方法做了微小的改变。

从单个公司的角度来看，法国会计准则与国际财务报告准则在细节上仍有许多差异。评估国家公认会计原则和国际财务报告准则之间差异的一种方法是：检查公司从使用一个公认会计原则到使用另一个时公布的数值调整。就法国而言，这是 2005 年的事，这些例子不是最近才有的。其中一个例子如表 16-1 所示。有几个项目仍然适用。例如，金融资产增加，因为它们的价值从成本上升到公允价值，而有价证券（流动资产）降低，因为转为库存股（负资产）了。请注意，公司翻译人员使用的术语是美式的，特别是在"资本"区域。

**表 16-1　差额比较：欧莱雅的法国公认会计原则和国际财务报告准则**　　　　单位：百万欧元

| | 法国公认会计原则 | 国际财务报告准则 |
|---|---|---|
| 非流动资产 | | |
| 　商誉 | 817 | 3 514 |
| 　其他无形资产 | 3 740 | 1 065 |
| 　有形资产 | 1 944 | 2 185 |
| 　金融资产 | 5 033 | 8 542 |
| 　递延税资产 | — | 428 |

续表

| | 法国公认会计原则 | 国际财务报告准则 |
|---|---|---|
| 流动资产 | | |
| 库存 | 1 126 | 1 123 |
| 贸易应收款 | 2 063 | 2 063 |
| 其他应收款/提前支付 | 1 475 | 831 |
| 有价证券 | 1 580 | 0 |
| 现金及等价物 | 401 | 576 |
| 总计 | 18 179 | 20 385 |
| 股东权益 | | |
| 股本 | 135 | 135 |
| 附加资本 | 953 | 954 |
| 资本公积 | 11 431 | 14 326 |
| 累计调整 | −1 268 | −140 |
| 库存股 | −692 | −2 451 |
| 少数权益 | 4 | 1 |
| 准备金 | | |
| 员工福利 | 787 | 996 |
| 其他 | 475 | 188 |
| 递延税 | 660 | 1 322 |
| 借款 | 2 175 | 713 |
| 流动负债 | | |
| 应付贸易款项 | 2 108 | 2 109 |
| 其他 | 1 411 | 3 232 |
| 总计 | 18 179 | 20 385 |

资料来源：作者在欧莱雅年报获取的 2005 年数据。

这些差异不容易总结，但下面给出了一些例子。更普遍地说，应当注意的是，费用仍按性质分类，而不是按功能分类（见 2.9.2 节），或遵循谨慎性原则分类（见 2.9.3 节）。

（1）一些项目可以确认为无形资产（启动成本和研究成本），尽管这些项目没有根据国际财务报告准则确认。

（2）开发成本可以比在国际财务报告准则下更广泛地资本化，但当满足某些标准时，它们不需要像在《国际会计准则第 38 号》下那样资本化。

（3）不允许将融资租赁资本化，因为合同的法律形式（即租金）优先于其经济实质（即取得固定资产）。会计监管委员会接受了国际会计准则理事会对资产的定义，但将其限制在构成公司长期资产的范围内。

（4）折旧规则已经被修改，与遵循国际财务报告准则而不是税务机关的准则更加接近，但是公司仍然需要计提税收产生的额外折旧（摊销额贬值）。财务会计和税务会计分离的原则没有被接受。

（5）以退休福利形式支付给员工的款项必须作为费用记录。国家会计委员会表示倾向于将负债记录在资产负债表中，但也允许仅在附注中披露。考虑到拨备不能在税务上扣减，通常采用附注的方式进行披露。

（6）在利润表和资产负债表中包括递延税是允许的，但在实务中是非常罕见的。

（7）库存股被列为非流动金融资产，而不是所有者权益的负项目。

（8）根据《会计总方案》，对于长期建造合同来说，完工百分比法是首选的方法。然而，完全合同法是允许的，而且很常见，因为比较容易管理。

（9）预计负债不进行折扣处理。

（10）外汇交易的未结算亏损在利润表进行确认，而未变现收益则不进行确认。未结算余额列于资产负债表中。

（11）非常项目/特殊项目的定义是广义的。

（12）不允许以前年度调整。

（13）对以下情况的披露无具体要求：

1）基本的权益变动表；

2）非持续经营。

下面引用法国化妆品集团欧莱雅（L'Oréal）母公司 2018 年年报第 311~313 页，说明上述清单中的项目（2）、（4）、（5）、（7）和（10）：

> 直线折旧法和递减折旧法都是在有关资产的实际使用年限内计算的。在特殊情况下，工业机械和设备的折旧采用 10 年的直线折旧法，所有额外的折旧采用具有避税性质的加速折旧。
>
> 软件的开发成本采用直线法摊销。它还可以使用税法规定的加速摊销方法，摊销期为 12 个月。
>
> 欧莱雅根据当地法律法规为员工和退休员工提供养老金、提前退休和其他福利计划……资产负债表中不进行"无备资义务"（unfunded obligations）的披露，而是作为表外项目进行披露。
>
> 专门分配给员工股票期权和自由股票计划的库存股，在有价证券中认可。
>
> 经营资产和负债及相关套期工具的折算差额，在资产负债表内确认为"未实现汇兑损失"或"未实现汇兑收益"。若根据整体汇兑状况，这些未实现汇兑损益之和显示有潜在汇兑损失，则须确认预计负债。

表 16-2 总结了单个公司财务报表中法国公认会计原则与国际财务报告准则之间的一些差异。

**表 16-2　单个公司财务报表中法国公认会计原则与国际财务报告准则的一些差异**

| 主题 | 法国公认会计原则 | 国际财务报告准则 |
| --- | --- | --- |
| 1. 初创成本 | 可以资本化 | 费用化 |
| 2. 开发费用 | 可以资本化 | 当条件满足必须资本化 |
| 3. 融资租赁 | 不能资本化 | 资本化 |

续表

| 主题 | 法国公认会计原则 | 国际财务报告准则 |
| --- | --- | --- |
| 4. 退休福利负债 | 可以限制披露在批注中 | 必须在资产负债表披露 |
| 5. 发行人资本的列报 | 基于法律形式 | 基于实质，包括将工具分为债务和权益 |
| 6. 库存股的列报 | 非流动金融资产 | 负的所有者权益 |
| 7. 未结转的外汇收益 | 可以递延 | 计入当期损益 |
| 8. 建造合同 | 可以完成合同 | 记录符合条件的期间获得的收入 |
| 9. 测量标准规定 | 不贴现 | 贴现 |
| 10. 特殊项目 | 宽泛定义 | 不允许 |
| 11. 政策变更和差错更正 | 计入收入 | 可以调整以前年度损益 |
| 12. 现金流量表 | 不需要 | 需要 |

## 16.3　德　国

### 16.3.1　财务报表的格式

德国《商法》规定了企业编制年度财务报表的义务。2009 年德国的《会计法现代化法案》免除了小型非公司企业提供年度财务报告的义务。所有业务一般都遵循规定的格式，即使非法人组织业务不受特定格式的约束。由于在德国法律中没有重要性的概念，所有的法律标题都显示在财务报表中，即使它们只包含非常小的数额。

在德国，资产负债表只能采用复式记账法。连续的财务报表必须有相同的分类，并且禁止任意改变列报的形式。对中小企业的例外情况已经在第 15 章中提到。

股东权益包括资本、资本公积、盈余公积和当年的留存收益。资本公积由股东的股份溢价或其他资本投资构成。盈余公积是由管理层或股东决议从当年或上一年的收入中计提的。

股份公司必须计提法定公积金。当年净利的 5% 必须计入公积金，直至法定公积金和资本公积（不包括股东的其他出资）加在一起等于名义资本的 10% 或章程规定的更高数额。这种旨在保护债权人利益的公积金也存在于法国、其他几个欧洲国家和日本，但不存在于英美国家。

一些公司仍然将带有股权成分的特殊项目作为盈余公积的一部分列示。这些都是税收相关规定出台的结果，也为税收法规确定商业财务报表的内容提供了很好的例证。例如，这些会计科目的设立是为了储存出售土地和建筑物时的资本收益，以推迟缴纳所得税。它们也被用来记录税法允许的补提折旧。《会计法现代化法案》不允许设立任何新的特殊项目，但有些项目仍然保留了前几年的内容。该项目应部分解释为权益，部分解释为未来纳税义务。

在德国，利润表必须垂直列报。像法式报表一样，基本结构包括经营收入和支出，以及融资性收入和支出。微型、小型和中型企业可以简写（见第 15 章）。

德国允许有两种费用分类方法。总成本法根据费用的性质（例如原材料、工资和薪金、折旧等）对费用进行分类。费用是由生产方面决定的。存货的增加和减少以及资本化自用产品在计算总绩效时作为调整项目列示。这是通常的德国格式，在 1985 年修订《商法》之前，这是唯一允许的格式。销售成本法根据功能（即制造、销售、一般管理和其他）区分支出。

单个公司的财务报表不需要编制现金流量表，但由于没有子公司而不需要编制合并报表的上市公司除外。

### 16.3.2　会计原则：与国际财务报告准则的差异

如第 15 章所述，德国允许非合并报表中使用国际财务报告准则，但只有在符合《商法》（德国公认会计原则）的报表也为税收和股息计算准备的情况下允许。因此，国际财务报告准则很少用于这一目的。相反，本节涉及两个有关德国公认会计原则的相关问题：什么是主要的识别和计量原则，以及德国公认会计原则本身是否已改变，使其更类似于国际财务报告准则。

《商法》总结了主要的会计原则：谨慎性、权责发生制、一致性、持续经营和个别计价原则。自《欧盟第 4 号指令》实施以来，年度财务报表必须遵循有序簿记的原则，真实、公允地反映净资产、财务状况和业绩。如因特殊情况导致财务报表未显示真实和公允的观点，则需要在附注中进一步披露。要求遵守有序簿记原则意味着真实和公允的观点不是凌驾一切的，也不需要调整会计原则（Alexander，1993，1996；Ordelheide，1993，1996）。如有疑问，则通过附注的披露来符合这一概念。

德国会计一般来说是相当保守的（Evans and Nobes，1996），尽管这取决于对哪一种保守概念进行评估（见 2.9 节）。坚持历史成本是必需的，除了养老金计划资产和一些套期会计（见第 7 章在国际财务报告准则下对这些主题的讨论）。历史成本在德国会计中有很长的使用历史。在过去的几个世纪里，德国有时允许在一定时期内重新估值，但在各种经济危机之后又回到严格的历史成本（或更低的价值）（Hoffmann and Detzen，2013）。

正如 15.2.3 节所解释的那样，费用过去被认为是可扣减的（在《商法》中），只有当它们也包括在商业账户中（《商法》）。这导致净值、财务状况和业绩的列报有相当大的扭曲。然而，《会计法现代化法案》删除了这一原则。例如，一些开发成本现在可以资本化以供会计核算，但无论如何都被视为税收费用。然而，如果公司为了保持税收数字或会计计量偏向于减少利润而进行会计选择，税收考虑仍然会影响个别公司财务报表的会计核算。在 2.5 节中引用了德国年度报告，说明了几个税收影响的例子。

Fülbier 等（2017）研究了 2015 年的法律变化，该法律变化使修订后的 2013 年欧盟指令得以实施。他们的研究表明，就单个公司的会计而言，德国公认会计原则本身几乎没有受到国际财务报告准则的影响。

由于 2009 年和 2015 年的各种法律变化，对会计准则进行了多次修订。这些变化带来了会计规则和税法之间的一些差异。然而，单个公司（非合并财务报表）的原则在重要方面继续与国际财务报告准则不同。下面列举了德国会计的一些主要特点。

（1）土地必须按成本（扣除减值）计价，建筑物和其他固定资产应按取得成本或制造成本扣除折旧和减值后计价。公司有时会根据税法规定调整折旧。

（2）有形和无形资产的价值不能超过历史成本的价格计量。获得的无形资产（包括从其他企业购买一套净资产产生的商誉）必须资本化，然后根据其使用寿命摊销。筹集权益资本的成本不应包括在资产负债表中。无形资产或者商誉的使用年限不能确定的，应当在 10 年以上摊销。Stolowy 等（2001）比较了德国的无形资产规则（在《会计法现代化法案》之前）与法国和国际会计准则理事会的规则。

（3）《商法》不包括任何关于租赁分类的规则。因此，它们通常根据税收规则进行分类。这可能会导致与旧的《国际会计准则第 17 号》类似的结果，但比《国际财务报告准则第 16 号》下的资本化更少（Garrod and Sieringhaus，1995）。

（4）德国法律现在允许将开发成本与研究成本分开进行资本化。然而，不需要像《国际会计准则第 38 号》那样将某些费用资本化。

（5）有价证券和其他金融资产不按市场价值计价，但金融机构和某些套期会计除外。

（6）存货的估价可以采用加权平均法，也可以采用先进先出法或后进先出法。由于后进先出法可以用于税务用途，因此有时也可以用于会计用途，尽管现在即使不用于会计用途也可以用于税务用途。然而，加权平均法比先进先出法或后进先出法更常见。存货以市场价值减记，根据存货情况，市场价值可以是重置成本，也可以是售价减去成本。为了会计和税务的目的，除了直接材料和生产成本外，还必须包括材料和生产间接费用，因此，存货的成本一般以全部与生产有关的间接费用分摊为基础。此外，管理费用也可以包括在成本中。对于长期建设项目，必须采用完工合同方式。在客户同意某一阶段已成功完成的情况下，可以采用完工阶段会计。一般来说，建筑合同和服务收入的确认采用已完成合同法。

（7）无利息或低利息的应收款项以现值折现，这是德国会计方法中谨慎性原则的另一个例证。一般信用风险通常指为债务人进行一次性计提坏账准备，而坏账则被冲销。

（8）为建设资产而借款的利息可以被支出或资本化。

（9）债权人按应付金额清偿。不允许对无利息或低利息负债进行贴现。在资产负债表的主表中，一般没有流动负债和非流动负债的分类；详细情况见附注。

（10）长期外币应收款项和应付款项按原汇率或结算汇率折算，以避免确认收益或增加亏损。

（11）必须为不确定的负债和合同交易的潜在损失计提预计负债。此项规定也适用于下一年头三个月内的维修和保养费用。

（12）1987 年 1 月 1 日以后承付的养老金必须记录，但以前承付的应计数额则可选。《商法》下的贴现率是由德意志联邦银行公布的十年平均市场利率，而不是国际财务报告准则下优质公司债券的年终利率。德国会计未指定精算方法，而国际财务报告准则则指定"预期累计福利单位法"（projected unit credit method）。此外，与国际财务报告准则不同，精算损益没有特殊处理：它们被添加到预计负债中，并记入利润表。

（13）递延税资产不需要确认。

（14）对以下几方面的披露无具体要求：

1）现金流量表（不编制合并报表的上市公司除外）；

2）所有者权益变动表（不编制合并报表的上市公司除外）；

3）终止经营。

上述清单中的项目（1）、（4）、（5）、（7）、（9）、（10）和（13）以德国化工集团巴斯夫母公司
2017 年年报说明如下：

自建工厂的成本包括直接成本……融资成本……不进行资本化。对于余额递减折旧，如
果这会导致更高的折旧金额，就会系统地向直线折旧过渡。

存货。它们是按成本价出售的。存货如低于成本，则按报价、市价或公允价值确认。对
于原材料和工厂用品，重置成本由公允价值计量……原材料、在制品、制成品和商品的购置
或生产成本采用后进先出法确定。

在建项目尤其涉及巴斯夫集团公司在建的化工厂。利润在项目或项目一部分的最终发票
上确认。预期损失采用成本与可收回金额孰低法进行确认。

特别公积金维持在……由于这些是在法规变更前一年建立的……到《会计法现代化法案》
生效。这主要是指根据德国《所得税法》第 6b 条披露的内部公积金的转移……

其他预计负债的确认是为了反映预期数额的或有负债和待定交易的可能损失，以及为了
弥补年底遗漏的维修程序，这些维修程序将在下一年的头三个月发生。

巴斯夫不承认其子公司的递延税资产……

非流动外币应收款项按收购日的现行利率入账，如果低于资产负债表日，则按资产负债
表日的利率入账。非流动外币负债按收购日的现行利率入账，如较高，则按资产负债表日的
利率入账。

衍生金融工具被视为待定交易，一般不记为资产或负债。

表 16-3 总结了德国会计原则与国际财务报告准则在单个公司财务报表方面的一些差异。

**表 16-3 个别公司财务报表的德国公认会计原则与国际财务报告准则之间的一些差异**

| 主题 | 德国公认会计原则 | 国际财务报告准则 |
| --- | --- | --- |
| 1. 固定资产 | 历史成本或更低 | 可以公允价值持有 |
| 2. 商誉 | 摊销 | 减值 |
| 3. 合约 | 通常在合同完成时确认 | 完工百分比法 |
| 4. 有价证券 | 成本和市价孰低（银行除外） | 公允价值 |
| 5. 开发费用 | 允许资本化 | 要求资本化 |
| 6. 衍生品 | 不进行确认 | 公允价值 |
| 7. 存货 | 允许使用后进先出法 | 不允许使用后进先出法 |
| 8. 建设利息 | 费用化或资本化 | 资本化 |
| 9. 租赁 | 一些由承租人资本化（遵循税法） | 由承租人资本化 |
| 10. 维修规定 | 在下一年的前三个月产生 | 只有当义务产生时 |
| 11. 职工薪酬规定 | 10 年平均率；对精算损益没有特殊处理 | 市场折现率；精算损益计入其他综合收益 |
| 12. 递延税资产 | 选择性确认 | 在可能发生的时候必须进行确认 |

续表

| 主题 | 德国公认会计原则 | 国际财务报告准则 |
| --- | --- | --- |
| 13. 政策变更和错误更正 | 通过收入调整 | 追溯到以前年度调整 |
| 14. 现金流量表 | 不需要 | 需要 |

对于法国、英国和几乎所有其他欧洲国家来说，评估国家公认会计原则与国际财务报告准则之间差异大小的一个好方法，是查看 2005 年向国际财务报告准则过渡时发布的调整报告。然而，大多数大型德国公司早在 2005 年之前就自愿采用了国际财务报告准则。然而，一些德国公司直到 2007 年都一直被允许使用美国公认会计原则编制合并报表。其中一些公司提供了从德国公认会计原则到美国公认会计原则的调整。如果与国际财务报告准则协调，大多数项目也将适用。表 16 - 4 合并了德国大型化工集团巴斯夫提供的收入和所有者权益对账表。2004 年的收入调节包含了一些相当大的调整，这些调整恰好彼此抵销了。然而，2003 年，美国版的利润比德国版高出 45%。

**表 16 - 4　巴斯夫 2004 年德美规则对账情况**　　　　　　　　单位：百万欧元

| | 收入 | 权益 |
| --- | --- | --- |
| 根据德国公认会计原则报告的收入 | 1 883.0 | 15 765.0 |
| 符合美国公认会计原则的利息资本化所需的调整 | (4.5) | 472.7 |
| 为内部使用而开发的软件的资本化形式 | (53.5) | 128.3 |
| 养老金会计 | 41.0 | 924.3 |
| 计提准备金 | (8.1) | 244.4 |
| 衍生品和长期外币项目的会计处理 | 194.5 | 3.2 |
| 以市价计算的证券价值 | 6.8 | 191.5 |
| 与权益法核算的公司有关的估值调整 | (161.6) | 39.0 |
| 存货评估 | (3.4) | 18.9 |
| 商誉摊销的冲销 | 148.7 | 469.5 |
| 其他调整 | 29.8 | 58.6 |
| 递延税和股息支付税影响的确认 | (210.4) | (810.8) |
| 少数股东权益 | 0.5 | (345.5) |
| 符合美国公认会计原则 | 1 862.8 | 17 159.1 |

资料来源：Adapted from the *BASF Annual Report*，2004，p. 92. BASF SE, Ludwigshafen，Germany.

## 16.4　英　国

### 16.4.1　财务报表的格式

英国 2006 年出台的《公司法》（适用于单个公司）的基本要求是，公司必须编制一份资产负债表和利润表，该报表既符合欧盟认可的国际财务报告准则，也符合国际财务报告准则和英国会计准则的详细规定。前者称为国际会计准则下的个别科目，后者称为《公司法》下的个别科目。

《公司法》的单个科目必须遵守该法案对资产负债表和利润表的法定格式，并要遵守注释或声明中披露的项目清单。格式源自《欧盟第 4 号指令》（2013 年修订），但英国立法者与其他一些成员国（例如德国）的立法者不同，他们尽可能使它们灵活。因此，英国公司可以在两种资产负债表格式和两种利润表格式之间进行选择。乍看之下，英国公司实际发布的财务报表（尤其是利润表）与法规中的格式不太相似。这主要是因为，除主要标题外，注释中还可以显示很多细节，部分原因是格式有时是注重实质而非形式的。与法国和德国一样，中小型公司也有例外和简化版本。

在《财务报告准则第 102 号》的基础上建立的英国公认会计原则，要求利润表包括"其他综合收益"项目，或在单独报表中列示"其他综合收益"项目（见 6.3 节）。这种类型的要求首先在 1993 年英国的《财务报告准则第 3 号》中提出，并最终蔓延到美国公认会计原则、国际财务报告准则和《中小企业国际财务报告准则》。在英国，美国公认会计原则的存在与《财务报告准则第 102 号》均是基于《中小企业国际财务报告准则》。目的是记录那些不包括在损益中的收益和损失，例如那些因固定资产重估而产生的收益和损失。这一要求在法国和德国的国内法规中没有相应的规定。

还有另外两项声明，同样不是公司立法规定的，而是《财务报告准则第 102 号》规定的。分别是权益变动表（见 6.3 节）和现金流量表。对于微型企业，可以用《财务报告准则第 105 号》（见 15.2.4 节）代替，该准则不要求编制股权变动表或现金流量表。

### 16.4.2　会计原则：与国际财务报告准则的差异

对于非合并报表和非上市公司的合并报表，英国法律允许选择"公司法会计"（英国公认会计原则）和"国际会计准则会计"。国际财务报告准则和英国公认会计原则之间的差异现在很小，因为英国公认会计原则（称为《财务报告准则第 102 号》）大致上是基于《中小企业国际财务报告准则》编制的。然而，也存在一些差异，因为《中小企业国际财务报告准则》与国际财务报告准则并不完全相同，而且《财务报告准则第 102 号》不是《中小企业国际财务报告准则》的精确副本（见 15.2.4 节）。一些差异与合并问题有关，因此不是本章关注的问题。如第 5 章（表 5-1）所示，从旧的英国公认会计原则到国际财务报告准则的巨大调整是由合并问题引起的。

正如第 15 章所解释的，《财务报告准则第 102 号》必须在《公司法》内运作，而《公司法》本身必须符合欧盟指令。几乎所有英国技术性的会计准则内容都来源于指令。然而，《财务报告准则第 102 号》并没有受到太多的限制，事实上，所有轻微的不兼容都在 2013 年的指令修订中被删除了。Collis 等（2017）解释了英国采纳修订后的指令的过程。

脱离欧盟意味着英国可以修订《公司法》，以消除该指令强加的任何限制（例如财务报表的格式）。然而，法案或《财务报告准则第 102 号》不会立即改变。

与单个公司 2019 年财务报表相关的差异汇总于表 16-5。其中一些（例如租赁会计和递延税）可能会产生重大影响。一些差异（例如合同收入和租赁会计）的产生是因为国际财务报告准则在《中小企业国际财务报告准则》和《财务报告准则第 102 号》被编写之后发生了变化。

表 16 - 5 单个公司财务报告中英国公认会计原则与国际财务报告准则的一些差异

| 主题 | 英国公认会计原则 | 国际财务报告准则 |
|---|---|---|
| 1. 报表格式 | 由《公司法》规定 | 未标明 |
| 2. 投资性房地产 | 公允价值（除非付出了不必要的成本或精力） | 成本或公允价值 |
| 3. 政府补助 | 选择直接收入或递延收入 | 选择从资产或递延收入中扣除 |
| 4. 使用寿命不确定的无形资产 | 摊销 10 年以上 | 不得摊销，但每年进行减值测试 |
| 5. 符合特定条件的研发费用 | 可以资本化 | 必须资本化 |
| 6. 工程利息 | 选择费用化还是资本化 | 必须资本化 |
| 7. 金融资产 | 两类 | 四类 |
| 8. 养老金义务 | 简化计算 | 累计福利单位法 |
| 9. 递延税 | 基于时间性差异 | 根据暂时差异 |
| 10. 租赁 | 融资租赁资本化 | 将所有租赁资本化（除少数例外） |
| 11. 可以可靠估计的合同收入 | 完成百分比 | 向客户转移控制权时 |

◀ **小 结** ▶

**总体情况**

● 从财务报表格式可以看出，相比于集团之间，各国间单个公司的会计规则和实务不尽相同。

**法国**

● 单个公司的资产负债表和利润表格式列于《会计总方案》。这些格式中的一些项目（例如法定公积金和税收规定）是债权人导向会计和税收导向会计的产物。

● 所有的财务报表必须给出真实和公允的观点，但这一原则主要影响的是附注，而不是资产负债表和利润表。

● 应用于单个公司财务报表的传统会计理论以一种"财富"的方法来确认和计量资产和负债。

● 与递延税、租赁和外汇损益有关的规则在法国公认会计原则和国际财务报告准则（以及针对个别财务报表的法国公认会计原则和针对合并报表的法国公认会计原则）之间存在差异。

**德国**

● 资产负债表和利润表的格式在《商法》中制定。所有项目都必须披露，无论它们是否重要。

● 过去，单个公司的财务报表主要由税收规则决定，尽管这种正式联系现在已经废除。

● 几个主题上的规则和实务与国际财务报告准则下的规则和实务不同，例如在存货、合同会计和商誉方面。

**英国**

● 对于非合并财务报表，英国公司可以选择英国公认会计原则或国际财务报告准则。

● 英国公认会计原则的财务报表格式在欧盟指令的约束下尽可能地保持灵活。

● 尽管英国公认会计原则现在是基于《中小企业国际财务报告准则》，英国公认会计原则和国际财务报告准则之间仍存在一些重要的差异，如在租赁会计、递延税和无形资产的摊销方面。

## ◀ 问　题 ▶

带星号问题的参考答案见书末附录 B。

16.1* 请讨论"美国会计优于德国会计"这一说法。

16.2* 讨论对德国这样的国家来说，要求或允许公司在其单个公司财务报表中应用国际财务报告准则的优点和缺点。

16.3 比较税法对财务报告的影响，英国和德国有哪些不同。

16.4 讨论"德国的单个公司财务报表仅用于税收目的"的观点。

16.5 为什么租赁资产在英国和法国的单个公司财务报表中占比不同？

16.6 "德国会计准则适用于单个国内公司，但不适用于跨国公司。"请讨论。

16.7 使用本章显示的对账数值和第 2 章中的信息，评论从德国会计转移到美国会计或国际财务报告准则会计时所需要的调整。

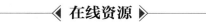

## ◀ 在线资源 ▶

扫描下列二维码即可阅读本章参考文献和推荐网站。

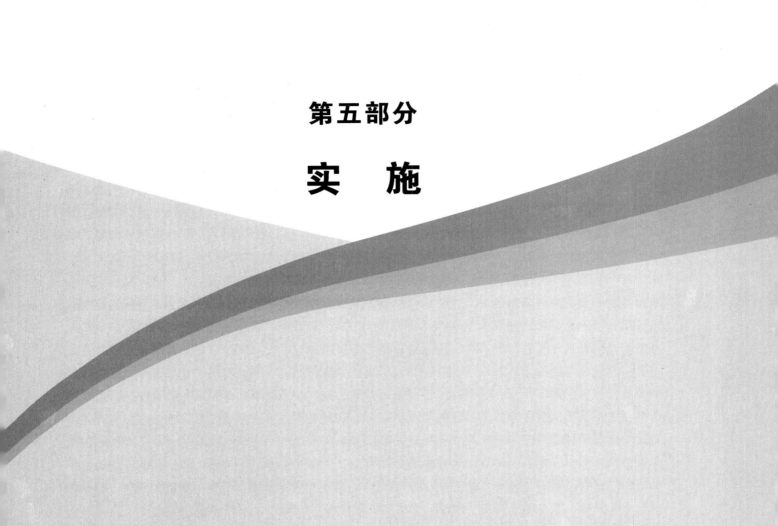

# 第五部分

# 实　施

第 **17** 章

# 财务报告准则的实施

**学习目标**

学完本章后，你应该能够：

● 解释对上市公司采纳财务报告准则的情况进行监管和实施的各种方法；

● 比较和对照美国、欧盟成员国（特别是英国、法国和德国）、澳大利亚、中国和日本的监管和实施程序。

## 17.1 引 言

第 5 章从一般意义上讨论了全球上市公司的财务报告。第 6 章至第 10 章考察了上市公司所采用的两种主要会计规则：国际财务报告准则和美国公认会计原则。第 12 章研究了中国和日本的财务报告，其中包括上市公司的财务报告。最后一章将讨论这些规则和其他各种规则是如何被监督和实施的，以及监督和实施的程度如何。各国的规则实施机制存在巨大差异，这些差异比规则本身的差异更多。它们更多地是保持本国化，而非国际化。

实施机制包括：

一连串的不同要素，包括：（1）清晰的会计准则；（2）及时的解释和应用指南；（3）法定审计；（4）监督机构的监管；（5）有效的处罚措施。所有这些要素必须有效运行，即该制度能够为投资者和债权人提供强有力的保护。

（欧盟委员会，2000 年，第 26 段）

在上面一系列要素中，我们在第（2）点之后做出补充，良好的财务报告还依赖于报告主体内部良好的公司治理，包括优秀的会计师。公司治理包括内部审计和审计委员会等问题。有关公司治理许多方面的讨论已经超出了本书的范围。读者可以参考 Tricker（2019）的研究。

本章将讨论上述要素中的倒数两个：监督机构的监管和有效的处罚措施。Leuz（2010）回顾了那些支持建立实施机构的论点。这些论点包括，信息披露的程度可能存在一个最优社会（需求）点，以及可有效避免在会计操作问题上出现独立企业之间相互商讨的局面。实施程度被认为是维持整个金融体系稳定的关键（欧盟委员会，2010；Malsch and Gendron，2011；Arnold，2012）。许多研究者一致认为，某个国家采用国际财务报告准则所获得的好处很大程度上取决于该国能够强有力地实施准则（如 Daske et al.，2008；Christensen et al.，2013）。

"实施"是一个难以量化和计量的概念。Hope（2003）曾经编制了一种国家实施指数，其中包括五个要素：审计支出、司法效率、法律条文、内部交易法律以及股东保护。他计算了 21 个国家的实施指数，其中最高的是美国，随后是英国、加拿大、挪威、瑞典和日本。分值最低的是意大利，随后是西班牙、南非、葡萄牙和德国。Brown 等（2014）指出，研究者们使用了一系列法律制度代理指标来捕捉各国在实施方面的差异，但他们也提到，这些指标很少明确关注直接影响合规的因素。为了解决这个问题，Brown 等度量了审计工作环境的质量和独立机构的会计实施活动程度。他们在 2002 年、2005 年和 2008 年对 51 个国家进行了调查，但他们没有像 Hope（2003）一样提供排名名单。初步测试表明，它们的指数（与一般法律代理指标相比）对国家层面的经济市场活动、财务透明度和盈余管理措施具有额外的解释力。Preiato 等（2015）利用 39 个国家 2003 年至 2009 年的公司数据，将这些指数应用于分析师的预测。研究表明，指数得分越高，分析师的预测效果越好。

本章我们将比较并对照七个国家的监督和实施机制，其中包括美国，欧盟的三个成员国（英国、法国和德国），以及三个环西太平洋的国家（澳大利亚、中国和日本）。选择这几个国家的原因是它们的上市公司数量庞大而且公司的市场价值较高（见表 1-5）。

本章将重点讨论公开交易的公司（即上市公司），这也是上述国家的重心。因为对其他公司的实施机制往往限于年报存档，而不是检查年报的内容。在本章讨论的国家中，上市公司的合并财务报表（有时候还包括其单个公司报表）被要求遵守美国公认会计原则、国际财务报告准则或者等同于国际财务报告准则的其他准则，无论哪套准则都包含有足够清晰的准则及应用指南。

17.2 节将考察实施的模式。17.3 节至 17.5 节将关注我们所选择国家中，实施机制是如何运行的。

## 17.2 实施的模式

本节我们要区分制定规则和实施规则（包括监督规则），考察各种类型的实施机构和监管机构，分析实施过程中审计师的作用，讨论实施和监督机构对程序的选择，并考察这些机构可以采取的管理措施和其他行动。

从概念上来看，制定规则不同于实施规则。这两种职能可以由不同机构承担，也可以合并由一个机构执行（Brown and Tarca，2005a）。比较极端的一种情况是，一些会计团体的职能只局限在规则的制定方面，而把规则的实施留给其他团体去做。典型的例子就是国际会计准则理事会，这是一个民间团体，背后没有任何国家政府的支持，它没有选择的余地，只能把实施职能留给其他团体。另外一种极端的情况是，一些团体只行使实施的职能。例如，法国的金融市场监管局（Autorité des Marchés Financiers，AMF）。此外，还有一些团体既是规则制定者又是规则实施者。大家都知道的例子是美国证券交易委员会，不过正如第 10 章介绍的，其规则制定职能大多是由财务会计准则委员会来承担的。

另一个相关联的例子是英国的财务报告委员会（Financial Reporting Council，FRC）。这是一个公私混合的机构，但它在法律上被公认为是给不采用国际财务报告准则的公司制定会计准则的机构。财务报告委员会的替代机构——审计、报告和治理管理局（Audit，Reporting and Governance Authority，ARGA）显然是一个公共机构。此外，英国的财务报告审查小组（Financial Reporting Review Panel，FRRP）是英国的重要监管机构，但它必须依靠法院来实施，下文将对此进行解释。

财务报告规则的实施职能可以由不同类型的机构承担，其中包括：

- 证券交易所；
- 股票交易监管机构；
- 政府部门和代理机构；
- 民间团体。

读者应注意证券交易所与其监管机构之间的重要区别。证券交易所本身通常都是盈利的公司。监管机构则是国家机构，其职责是保护广大投资者。

美国、澳大利亚、中国以及日本的规则实施职能由股票交易监管机构承担。根据欧洲会计师联合会（Fédérationdes Experts Comptables Européens，FEE，2001）的报告，从 2001 年欧洲会计规则的实施情况来看，挪威、瑞典和瑞士的规则实施职能由证券交易所承担；比利时、法国、意大利、葡萄牙和西班牙的规则实施职能由股票交易监管机构承担；英国的规则实施职能由民间复核小组承担；丹麦和捷克的规则实施职能由政府部门承担。剩余的欧洲国家在当时还不存在任何实施机构。但在那之后，由于受到欧洲证券监管委员会（Committee of European Securities Regulators，CESR）的鼓励，加之对《欧盟第 8 号指令》的修订，德国、荷兰以及其他成员国也建立了实施机构（见 17.4.4 节）。

没有理由认为存在一个理想的适合于所有国家的实施机构。选择哪种类型的实施机构，赋予它们哪些权力，部分地取决于该国的整体监管制度，反过来这种监管制度又被认为反映了一国的文化，或者更具体一些，反映了其政治、法律和金融环境，所有这些环境都随着时间的推移而发生变化。世界上最有效的两个实施机构是美国证券交易委员会和英国财务报告审查小组。它们是其他国家在建立实施机构时的模仿对象。例如，澳大利亚、中国、日本和法国模仿了美国证券交易委员会的模式，德国则按英国模式建立了审查小组。

Brown 和 Tarca（2007）比较了英国和澳大利亚的实施机构，但是无法得出结论哪个模式更有效。Davies 和 Green（2008）批判世界上的监管制度既烦琐又复杂。Caramanis 等（2015）则认为，以希腊为例，将英美的准则实施机制移植到其他法律和文化环境中可能效果不佳。

直到最近很多国家也只存在年度审计这唯一的监督机制，但审计师不属于法规控制的一种形式（Baker et al.，2001）。尽管审计属于监督和实施程序中的一个必要组成部分，然而只有审计这一种形式是不够的。人们发现审计师（实质上经常被他们为之提供税务咨询和管理咨询服务的董事所聘任，即使形式上有可能不是这样）很难保持独立性。会计丑闻使许多国家的立法者相信审计需要受到监督。如果有一个实施机构对其进行支持，审计师将会受益，因为他们使公司符合财务报告准则的唯一方式是提出保留的审计意见。

直到最近，职业审计团体一般还都是采取行业自律形式，至少在英美国家如此。然而，现在这种职能已经被刚刚建立起来的监管机构所代替。这里所说的监管机构指的是独立于审计职业界的监管审计师工作的机构。该监管机构可以独立于财务报告实施机构，也可以与之合二为一。独立机构的例子包括法国的国家注册审计师协会（Compagnie Nationale des Commissairesaux Comptes，CNCC）、德国的法定审计师公会（Wirtschaftsprüferkammer，WPK）和美国的上市公司会计监督委员会（PCAOB）。美国的上市公司会计监督委员会和英国的会计职业监管委员会在形式上都是独立的，但又与国家的实施机构息息相关。在法国和澳大利亚，准则实施机构的职能扩展到包括监督审计师工作（在法国是金融市场监管局，在澳大利亚是澳大利亚证券和投资委员会（Australian Securities and Invest ments Commission，ASIC））。在中国，审计专业团体是由财政部主管的。

本章后面部分总结的证据证明了审计师和准则实施机构都可以因对方的工作而受益。因为实施机构无法详细检查会计记录，所以在这方面必须要依赖外部审计师的工作。同时实施机构的存在增强了审计师的力量，使他们可以坚持遵守财务报告准则。例如在美国，审计师由公司董事任命，但是双方都清楚证券交易委员会要求严格按照公认会计原则实施会计业务和审计业务。在英国，财务汇报局 1990 年成立之前，不合规问题就已经存在，董事和审计师都必须到财务报告审查小组那里备案（尽管不是很情愿）。相比之下，在德国，由于到 2005 年都一直缺乏实施机构，因此审计师都接受了那些声称遵守国际准则然而在一定程度上未遵守的公司（见 17.4.4 节）。Humphrey 等（2009）、Malsch 和 Gendron（2011）提出了改善审计在全世界范围内的一致性和实施方面的建议。

实施机构不仅需要监督对财务报告准则的遵守情况，还要对未能遵守的情况采取适当的措施。如何监督以及行为的有效程度取决于法律授予实施机构多大的权力及其拥有多少资源（包括人力资源和物力资源）。没有哪个机构有足够的资源监督所有公司每年的财务报表是否符合会计法规。即使是资源最丰富的美国证券交易委员会，也只能监督公开交易证券的公司（大约有 14 000 家，占美国公司总量的 0.3%），而且还是选择性的监督。其他资源较少的实施机构不得不做出选择，是事前主动监督，还是事后被动监督，如果选择后者，还需要选择是只对那些提出控诉的公司进行监督，还是采用诸如轮换制和抽样等基于风险的战略，或是采用某种综合模式进行监督。它们还需要决定是否发布指南报告或（也许同时）事先禁止某种会计实务做法（有人把这种方法叫作预先清理），以及决定对未能遵守准则的事项采取什么样的行动（例如罚款、起诉公司或停市）。此外，它们还需要决定是通过金融媒体还是其他方式向公众曝光。

综上所述，设立和运行一个准则实施机构的责任包括做出以下决定：

- 监督哪些公司；
- 监督公司的哪些文件以及何时实施监督；
- 主动监督还是被动监督；
- 多大程度上依赖公司审计师的意见；
- 是否发布指南报告；
- 是否提供事先禁止措施；
- 对于未遵守准则的情况采取行政措施还是司法措施；
- 如何向公众曝光。

不同实施机构的结论不同，有些实施机构会随着时间的推移而改变它们的选择。表 17-1 总结了 2019 年美国证券交易委员会（SEC）、英国财务报告审核小组（FRRP）、法国金融市场监管局（AMF）、德国联邦金融监管局（BaFin）/财务报告执行委员会（FREP）以及澳大利亚证券和投资委员会（ASIC）的情况。后面在介绍每个国家时会提供更加详细的解释。我们还要解释为什么在欧盟范围内不是只有一个国家实施机构，而是有多个实施机构。中国和日本都没有包含在以表 17-1 为基础的文件中，但那些源于美国证券交易委员的相关组织团体会在 17.5 节中提到。

表 17-1 世界各国实施机构比较

| | 美国 | 英国 | 法国 | 德国 | 澳大利亚 |
| --- | --- | --- | --- | --- | --- |
| | 证券交易委员会 | 财务报告审查小组 | 金融市场监管局 | 联邦金融监管局/财务报告执行委员会 | 证券和投资委员会 |
| 机构类型 | 证券交易所监管机构 | 混合部门 | 证券交易所监管机构 | 混合部门 | 证券交易所监管机构 |
| 成立时间 | 1934 年 | 1991 年 | 1967 年 | 2004 年 | 1998 年 |
| **程序** | | | | | |
| 被动调查 | 是 | 是 | 是 | 是 | 是 |
| 主动监管 | 是 | 是 | 是 | 是 | 是 |
| 提前批准 | 是 | 否 | 是 | 否 | 否 |
| **权力** | | | | | |
| 公示 | 是 | 是 | 是 | 是 | 是 |
| 罚款 | 是 | 否 | 是 | 是 | 否 |
| 将公司告上法庭 | 是 | 是 | 是 | 是 | 是 |
| 从上市公司除名 | 是 | 否 | 否 | 否 | 否 |

资料来源：Adapted and updated from Brown, P. and Tarca, A. (2005a) 'A commentary on issues relating to the enforcement of international financial reporting standards in the EU', European Accounting Review, Vol. 14, No. 1.

要衡量一个实施机构是否运作并不容易。例如，毫无疑问，美国证券交易委员确保了大多数公开交易公司遵守美国公认会计原则的字面规定，但是它不能阻止安然公司复杂的创造性会计（Benston and Hartgraves, 2002），甚至不能防止 2002 年世通公司的简单误报（但是同样是灾难性的），或是 2008 年伯纳德·麦道夫的诈骗案。

更普遍的问题是，很难量化监管和监管机构的成本效益并依此来确定其存在意义（Gwilliam et al.，2005）。类似英国民间财务报告审查小组的监管机构，类似美国证券交易委员会的监管机构会使纳税人承担高得多的直接成本。但是除了私人的成本效益以外，还存在社会成本效益，因此监管机构的设立关系到所有利益相关者，而不仅仅是股东、董事和审计师。例如，因会计丑闻而倒闭的公司使得很多人失去了工作和养老金，而这些人不一定都是倒闭公司的雇员。类似这样的外部影响是主要国家的政府在考虑遵循财务报告时需要关注的一个额外因素。

监管者非常积极地为2008年和2009年盛行的、不同寻常的市场条件中的财务报告提供指引（例如，法国金融市场监管局，2008；美国证券交易委员会，2008）。

## 17.3 美 国

美国的财务报告已经在第10章讨论过了。这里我们将集中讨论与财务报告准则监督和实施有关的问题。

美国的会计师比欧洲（包括英国）或者亚洲的会计师更理所当然地认为，一旦一项准则被颁布，那么它就必须被遵守。这可能归功于证券交易委员会的权威。1934年，美国国会立法成立了一个独立的联邦监管机构，该机构从设立之初就在法规实施方面发挥了强有力的作用。美国准则制定者的记忆中不太可能存在"财务报告没有被严格规范，而且规定没有被严格实施的时代"（Zeff，1995，pp. 61 - 64）。上市公司的有价证券申请上市登记表（即招股说明书）在第一次进入市场的时候就已经经过详细的复核。其他公司的有价证券申请上市登记表和定期报告则会选择性地被复核。目前每个公司每3年被轮换复核一次。美国证券交易委员会和注册公司之间的讨论是完全保密的。美国证券交易委员会拥有对公司处以罚金和取消注册的权力，这意味着许多争端不需要任何正式行动就可以解决。美国证券交易委员会不像英国财务报告审查小组一样，需要在金融媒体上使用同样的宣传手段来"点名羞辱"。

美国证券交易委员会对准则遵循的严格实施意味着，与其他实行较宽松的监督和实施制度的国家相比，在美国存在更为严重的对准则制定者（目前是财务会计准则委员会）的游说（参见第11章）。证券交易委员会被批评阻碍了会计创新（这可能是好事也可能是坏事）（Solomons，1986，pp. 194 - 198）。

在美国证券交易所上市的非美国企业应提交财务报告，该财务报告必须遵守美国公认会计原则或由国际会计准则理事会发布的国际财务报告准则，或是根据美国公认会计原则进行调整。如果外国或者最终的美国上市申请者向证券交易委员会提交根据国际财务报告准则编制的财务报告，那么它就要像严格遵守美国公认会计原则一样去严格遵守国际财务报告准则。

安然公司以及其他会计丑闻极大地削弱了美国审计师的声誉（Zeff，2003）。《萨班斯-奥克斯利法案》禁止审计师向其审计客户提供非审计服务，要求每5年对领导审计和复核业务的合伙人进行轮换，并要求审计师向审计委员会报告而非向管理层报告。正如第10章所解释的，目前美国的审计师受到上市公司会计监督委员会的监督。该委员会负责审计师的注册，并有权进行检查和调查，执行惩戒措施以及实施处罚。

如表 17 - 1 所示，美国证券交易委员会参与预先清理那些上市申请者不甚明了的会计处理问题，而且，在它认为普遍存在对公认会计准则的误解的情况下，它还会发布《专职会计公报》。

## 17.4　欧　盟

### 17.4.1　引言

财务报告准则在欧盟的实施方式与美国非常不同，然而最近一些年，欧盟也受到了《萨班斯-奥克斯利法案》的影响（Haller et al.，2006）。很少有专门针对欧盟公司在 2005 年以前对国内会计准则遵守情况的系统研究，不过可能除了英国和法国，这种遵守准则的情况不会太理想。即使在法国，公司对遵守美国公认会计原则还是遵守国际会计准则的选择基本上还是采取哪个有利选哪个的方式（Ding et al.，2003）。Gebhardt 和 Heilmann（2004）发现，不仅德国公司未能完全遵守有关现金流量表的会计准则规定（无论是德国《会计准则第 2 号》、《国际会计准则第 7 号》，还是《美国财务会计准则公告第 95 号》），而且没有一个审计师对这种不遵守的情况提出保留意见。然而，Glaum 和 Street（2003）的研究显示，与其他公司相比，同时在德国新市场和美国证券交易所上市的德国公司，其 2000 年的国内报告对美国公认会计原则和国际会计准则的遵守程度都更高一些。

Street 等（1999）、Street 和 Bryant（2000）以及 Street 和 Gray（2001）研究了更多公司，包括欧盟内部和欧盟外部的公司，并得出了相同的结论。与公司所在地位于欧盟外部（主要是瑞士和中国）的公司相比，公司所在地位于欧盟内部（例如法国和德国）的公司在养老金、租赁、金融工具和每股收益的披露方面，对国际会计准则的遵循程度尤其低。

Schipper（2005），一位曾是财务会计准则委员会成员的美国学者，预测到对于在全欧洲范围内的执法机构的需求正在日益增加，但他也承认建立一个这样的机构存在相当大的困难，不论是在政治方面还是在其他方面。由全欧洲范围内的执法机构来代替各国的执法机构，这在短期内几乎是不可能的。然而，在欧洲证券与市场管理局（ESMA，2011 年取代 CESR（欧洲证券监管委员会））的支持下，各国的执法机构都要定期在"欧洲执法者协调会议"（European Enforcers Coordination Sessions，EECS）上会面，以交换意见和探讨经验。这些行为也会在双边关系协调中发生。Berger（2010）研究了欧洲证券监管委员会和欧洲执法者协调会议的具体运作。

欧洲证券与市场管理局（前身为欧洲证券监管委员会）将发表其从"执法决策数据库"中提取的一些摘要观点，但不会透露哪个国家做出了哪项决策。例如，一个各成员国执法机构决策的摘要观点已经在 2008 年 12 月公布了（CESR，2008）。它报道了 15 项有关国际财务报告准则的讨论结果。在几乎所有的情况下，这些做法都是正确的。也就是说，监管机构是必要的，以使上市公司采用明显正确的做法，而这些做法又恰恰是公司千方百计想要回避的。欧洲证券与市场管理局发布了实施情况的报告（例如欧洲证券与市场管理局，2018）。

在国际证券委员会组织的支持下，信息也是欧盟和非欧盟的执法机构所共享的。Berger（2010）报告显示，到 2009 年底，欧洲执法者协调会议建立了一个由国家执法者讨论并通过的 232

个案例所组成的数据库。他还讨论了实施机制如何呈现国际差异。这些各国执法的差异也带来了"监管套利"的危险（公司选择在其认为执法制度最弱的国家上市）（Brown and Tarca，2005b）。

主要欧盟国家的大多数上市公司都是由四大国际会计师事务所审计的。这些事务所"国际办公桌"（国际财务报告准则的专业知识中心）的技术资源在加强（对准则的）遵守方面发挥了重要的作用。对审计师的监管是起草《欧盟第 8 号指令》时主要关心的问题，但是其最终稿（1984 年）却流于形式，只是肯定了成员国现有做法，并没有做出任何改变。最近做出的变化是受到会计丑闻的驱动，而非受欧盟委员会的推动。预期 2006 年初会颁布修改后的《欧盟第 8 号指令》。该指令要求所有成员国在本国建立一个监督审计师的机构，但并没有提出要建立一个统一的欧盟监管机构。欧洲审计监管机构组织（European Group of Auditors' Oversight Bodies，EGAOB）于 2005 年成立，目的是鼓励各国监管者相互交流合作。

欧盟三个最大的经济体英国、法国和德国的情况将在下面三部分中分别阐述。

### 17.4.2　英国

在过去几十年间，英国的会计准则制定、监督和实施机制发生了好几次变化。在 1990 年之前，准则的制定权在会计职业界手中，准则没有任何的法律支持。准则的地位由于 1988 年《德林报告》（Dearing Report）的发布以及 1989 年《公司法》的颁布而得到加强（其中《公司法》于 2006 年进行了修订）。《公司法》要求上市公司和其他公司的董事在年报中披露任何与会计准则不一致之处。正如第 15 章所讨论的，英国会计准则委员会在 1990 年被会计准则理事会所代替，现在被一个权力更小的机构会计委员会所取代，该机构之前向财务报告委员会，现在则是向审计、报告和治理管理局提供建议。

制定准则的机构从来没有监管或实施的职能，而是建立了一个独立的财务报告审查小组，这也是审计、报告和治理管理局的一部分，以监管上市公司和大型私营企业的财务报表。所有其他公司都由商业、能源和工业战略部门（Business，Energy and Industrial Strategy，BEIS）负责。金融服务业的监管机构（2000 年起是英国金融服务管理局；2013 年后是金融行为监管局）没有参与会计准则的强制实施。

从 1991 年到 2003 年，财务报告审查小组在检查大型公司财务报表是否严重背离法案和会计准则的要求方面发挥了重要作用。该组织并没有打算监督所有管辖的公司，也没有试图采取主动监督的方式，而只是将其调查范围限制在引起它注意的公司中。它通过劝说来达到监督目的，尽管它也有权力因公司的财务报表没有遵守法规的要求（包括提供真实和公允的观点）而向法院起诉，并且要求公司董事重新编制修改的报表（董事需要自己支付费用）。

Hines 等（2000）讨论了财务报告审查小组在过去十年的工作，并对其有效性进行了评价。他们得出结论，这是一个有效的监管机构，尽管其权力有限，但确立了其法律地位。Peasnell 等（2001）研究了审查小组关注的所有公司的特征，发现这些公司确实发表了有缺陷的财务报表。他们的证据显示，这些公司在财务报表出现问题的当年更有可能面临业绩困难，而且不太可能聘请四大会计师事务所的审计师对其财务报表进行审计。还有一些不是很强的证据表明，这些公司建立审计委员会的可能性比较低，而且外部董事的比例也比较低。Fearnley 等（2002）的研究显示，财务报告审查小组改变了允许公司使用不遵循准则行为的审计师的成本和效益。虽然审查小组的监管权力只针对董事而不针对审计师，但是它仍然能促使审计师改善公司对会计准则的遵循程度，并且能提高审计师的独立性。Brown 和 Tarca（2007）查看了财务报告审查小组从 1998 年到 2004 年的业务活动。他们得出结论，虽然受制于各种政治势力，但财务报告审查小组还是完成了它的职责，他们还把它和完全不同的澳大利亚的相关办法做了比较（见 17.5 节）。

安然事件和其他会计丑闻发生以后，英国人重新思考了财务报告审查小组的作用。从 2005 年开始，审查小组的一个主要任务是确保上市公司的财务报告遵循国际财务报告准则。2004 年，《公司审计、调查及社会责任法》扩大了财务报告审查小组的审核范围，并且给予其更大的权力。特别是，审查小组的审核范围从年报扩展到了中期报告、经营和财务报告以及董事报告。其范围还包括审核公开交易公司是否符合金融行为监管局上市规则中的会计要求。

财务报告审查小组同时采用主动监督和被动监督的方式选择审核的报表。它与金融行为监管局及其下属的常设咨询小组进行讨论，确定整个经济中哪个行业或部门面临的压力较大，因此更有可能出现会计问题。之后就审核所选择的部门的大量财务报表。财务报告审查小组建立了一个风险模型来判断较容易出现会计问题的情况，如公司治理薄弱的实体。它针对热门的会计问题进行审核，同时对公众、媒体或伦敦市政厅的不满做出反应。所有的选择都要考虑不遵循准则的风险以及在不遵守准则时具有显著后果的风险。英国税务当局（英国税务海关总署）有权向审查小组披露有关公司账目的信息。

2018 年，财务报告审查小组做了 300 份调查，发出了 138 份信函要求公司做出说明，并最终产生了 2 份修正前期差错的调整结果。Berger（2010，p.31）批评道，财务报告审查小组过度关注披露不足的现象，而忽略了效果评估的问题。

财务报告审查小组不采取事先禁止措施。通常，如果被审核公司的董事承认他们的报表有缺陷并且针对审查小组提出的问题进行了纠正或解释，审查小组将对质询结论发布一个公告。在审查小组没有发现报告存在缺陷的情况下，一般不会发布任何公告，不过审查小组可能不指名某个公司，而是就它关注的事项发布一个"一般性"提示。审查小组每年公布一份活动报告。

现在来看一下审计师的问题。英国对审计师的正式监督始于为了实施《欧盟第 8 号指令》而于 1989 年修订的《公司法》的实施。该法案要求公司的审计师必须是注册审计师，也就是说他们的名字必须记载在合法的登记簿上，说明其合格并且可以被任命为公司审计师，该登记簿应当由被认可的监管团体所保管。被认可的主要团体（被贸易工业部确认）是三大注册会计师协会和英国特许公认会计师公会（ACCA）。该法案的实施意味着职业团体必须为公共利益而监督其成员，同时继续为其成员的自身利益服务。

以此种方式建立的体制并非运行得非常成功，因此于 2002 年再次进行了改革。改革后的体制中，对金融管理局负责的团体包括以下六个：会计准则理事会、会计实务理事会、财务报告审查小组、职业监管委员会以及会计、精算调查和纪律委员会。然而，2012 年进行了进一步的改革。从那时起，财务报告委员会（当时的审计、报告和治理管理局）在其规范和标准委员会的建议下发布了所有准则，而该委员会本身有三个理事会为其提供审计、会计和精算实务方面的建议。在审计方面，审计、报告和治理管理局负责制定审计准则、道德准则、投资报告准则和会计报告准则。其他机构（包括财务报告审查小组）归入审计、报告和治理管理局的执行委员会，其职责包括监督公认监管机构对审计师的监管，监督具有经济意义的主体的审计质量，监督专业会计机构对会计行业的监管。

2006 年新通过的《公司法》要求审计报告必须经过高级法定审计师（也就是负责审计业务的合伙人）签字，并代表该审计事务所。它还第一次允许公司和审计师达成责任约束协议，将审计师的责任约束在公允和合理的范围内。该法案不要求审计师轮换。

由于单个公司对准则的遵循情况在很大程度上依赖于审计师，因此与遵守国际财务报告准则的上市集团公司相比，受到监督的力度小得多。此外，许多私营公司不再被要求进行审计（见第15 章）。

### 17.4.3 法国

法国的实施机构是金融市场监管局（Autoritédes Marchés Financiers，AMF），它是由证券交易委员会（Stock Exchange Commission，COB）和其他两个股票交易机构于 2003 年合并而成的。金融市场监管局负责在上市公司中实施国际财务报告准则，但它不是一个准则制定机构。

金融市场监管局可以利用股票交易委员会于 1967 年设立的程序，Dao（2006）的论文对此进行了描述。金融市场监管局作为股票交易的监管机构，负责复核上市公司每年存档的招股说明书和各种文件（包括主动提交的和强制提交的文件）。公司金融部执行对文件的法律、经济和金融方面的一般性审查，其作用在于发现重要问题，随后委托法律和会计专家进行进一步检查。金融市场监管局的作用是验证文件是否符合当前的会计准则，并监督审计的质量。

金融市场监管局采用主动模式，按照风险基础模式选择被调查的公司，但偶尔也对媒体评论和公众的抱怨做出反应。金融市场监管局同时采用事先禁止措施和事后复核存档文件的方法。金融市场监管局通过研究来发现那些可能会受到新出现问题影响的公司，之后以不点名的方式发布建议公告，提醒注册公司遵守特定的会计处理方法或披露要求。类似的建议虽不是强制性的，但通常都会被执行。

2008 年初，金融市场监管局曾发生过一个臭名昭著的事前清算案例，涉及一家名为SociétéGénérale 的法国银行。该银行希望将 2008 年由欺诈交易造成的 64 亿欧元亏损计入 2007 年的损益表。这违反了国际会计准则的第 10 号、第 37 号和第 39 号，而且需要根据《国际会计准则第 1 号》做出公允陈述。但该银行解释说（在其注册文件中，2008，第 247 页），这种处理已经得到了金融市场监管局的批准。不出所料，它随后也得到了审计师的许可。

金融市场监管局有权拒绝招股说明书，如果认为公司财务报表不符合现行准则，也有权要求公司进行修改。它可以对公司采取行政措施，不过一般情况下不需要这样做。对于监管机构而言，发现对披露规则的背离要比发现对计量规则的背离容易得多，而后者是审计师的长项。Berger（2010）指出，金融市场监管局对 140 家最大型公司的财务报表每 3 年进行一次审查，而对其他上市公司则每 5 年进行一次审查。2017 年，金融市场监管局进行了 47 次审计和 68 次问询。2017 年，金融市场监管局的年度报告给出了所有的后续细节，包括一些法庭案件。有关调查的信息可公开获取。

对公司审计的监督是通过很多途径进行的。所有审计师都必须是国家注册审计师协会的成员。2003 年的《金融证券法》（LoideSécuritéFinancière）既可以看作对法国商法的补充，也可以看作对安然事件和其他会计丑闻所做出的反应（Stolowy，2005）。根据该法案，法国建立了审计师高级委员会（Haut Conseilde Commissariataux Comptes，H3C），但其中只有三位成员是审计师。审计师高级委员会的职能是监督审计职业界，特别是监督其道德和独立性。这一法案还要求审计师对公司内部控制制度发布一个新的报告，并且禁止向同一客户同时提供审计和咨询服务。

其他不同于美国和英国的规则包括：

● 每 6 年任命一次审计师，而不是每年都任命；

● 如果公司既提供合并报表又提供母公司财务报表，则两张报表要由审计公司的两名审计师进行审计；

● 审计师应当将其所了解的被审计客户的犯罪案件报告给检察官。

关于哪些行为被认定不符合法律的要求，法国的法规要比英、美严格很多，但是在实践中差异没那么大（Mikol and Standish，1998）。

### 17.4.4　德国

正如 17.4.1 节所述，德国会计规则的实施机制比较差，无论对上市公司还是私营公司都如此。大型和中型的私营公司第一次按照《商法》的要求（根据 1985 年会计指令法律的要求进行了修改）公开其财务报表，是执行《欧盟第 4 号指令》的结果（Eierle，2005）。但是许多公司都没有遵照执行，直到德国政府迫于欧盟委员会的压力采取了措施。

从 1998 年到 2005 年，德国的上市公司可以采用美国公认会计原则或国际会计准则代替德国的国内规则来编制合并报表，而且在 2000 年到 2005 年之间，所有在权益市场融资的主体都可以这样做。如前所述，Glaum 和 Street（2003）检验了在德国新市场上市的公司 2000 年财务报表对国际会计准则的遵循程度。他们得出的遵循比率都相当低，而且发现遵循程度最高的公司是被五大国际会计师事务所审计的公司，以及同时在美国交易所上市从而受到美国证券交易委员会监管的公司。这些结论和以前的研究相吻合（Sree and Bryant，2000；Street and Gray，2001）（见 17.4.1 节）。

这些缺陷在德国引发了一场争论，即美国证券交易委员会模式和英国财务报告审查小组哪个更有优势。2001 年，德国法定审计师协会（Institutder Wirtschaftsprüfer，IdW）建议不采用美国证券交易委员会模式，而采用英国财务报告审查小组模式建立一个实施机构。该协会认为采用美国证券交易委员会模式不符合德国放松管制和增加民间机构参与的整体发展趋势（Evans et al.，2002）。然而，2004 年最终实施的是美国模式和英国模式的折中方案。根据《财务报表监控法》（Financial Reporting Control Act，BilKoG）建立了一个新的财务报告监管框架，其中包括设立两个新的实施机构：一个民间机构和一个公共机构。这一立法的逻辑是，可以通过现有的监管框架而非特定行动来阻止不遵守法律的行为。民间机构于 2005 年成立，称为财务报告执行委员会（Financial Reporting Enforcement Panel，FREP），隶属于联邦金融监管局（BaFin）。联邦金融监管局是一个股票交易监管机构，其职能类似于英国的金融行为监管局。它是一个公共机构，负责监督财务报告执行委员会的活动，并有权复检公司的财务报表。只有联邦金融监管局可以下令发布任何纠正性的说明。如果某公司不接受联邦金融监管局的纠正说明，它可能会向法院提起诉讼。当有公司拒绝公布过失后果时，联邦金融监管局将对其处以最高 250 万欧元的罚款。此外，不遵守公布过失后果的准则是一种违法行径，可对其处以额外的罚款。

Berger（2010）对财务报告执行委员会进行了详细分析。它对前 160 家最大公司的财务报表每 4～5 年复核一次，而对其他公司则为每 8～10 年。2008 年所进行的 138 项调查共发现了 37 处差错，其中大部分被公开了。Ernstberger 等（2012）发现，被财务报告执行委员会核查的公司的会计质量都有所改善。盈余管理的减少和股票流动性的增加都证明了这一点。Hitz 等（2012）研究了联邦金融监管局在 2005 年至 2009 年发布的由财务报告执行委员会发现的"过失后果"。他们得出的结论是，市场对其中包含的负面信息做出了反应。Hitz 和 Schnack（2019）研究了德国公司关于实施行为的披露。

如果审计公司的行为被质疑，则联邦金融监管局可以让德国法定审计师协会对之进行检查，后者负责对审计职业界进行监督。2005 年开始，所有法定审计师协会的决策都受到审计监督委员会的公共监督，而审计监督委员会是一个公共部门的机构。

## 17.5　西太平洋边缘地域

### 17.5.1　引言

上述各部分考察了美国和欧盟的监管情况。如表 1－5 所示，世界上其他较大的股票市场都在太平洋一侧的亚洲地区：悉尼、上海和东京。本部分探讨对这些市场的财务报告的监管。

澳大利亚、中国和日本监管的共同特点是，它们都是基于美国证券交易委员会模式。

### 17.5.2　澳大利亚

澳大利亚证券和投资委员会（ASIC）的职能之一就是监督上市公司会计准则的实施情况（Brown and Tarca，2007）。该委员会成立于 1998 年，其前身为澳大利亚联邦政府模仿美国证券交易委员会模式于 1990 年成立的澳大利亚证券委员会。澳大利亚证券和投资委员会与澳大利亚证券交易所关系密切。澳大利亚证券和投资委员会（2018）概述了其主要活动内容。

澳大利亚证券和投资委员会在行使监督和实施职能的时候，总是采取主动的方式，从各种渠道获得信息，其中包括自己的监督计划。目前每 4 年对上市公司进行一次复核。此外，对于可能有风险的问题还会采取监管目标措施。

澳大利亚证券和投资委员会的行动促使更多的信息被公开。要求采纳的最一般措施是修改账户，并在随后的年报中披露。不同于英国的财务报告审查小组，澳大利亚证券和投资委员会有权起诉公司。与英国相对应的机构不同，虽然该组织也尽可能采用其他补救措施，但起诉事件已经发生过很多次。澳大利亚证券和投资委员会本身也被不同意其监管的公司起诉过。在和控制组样本对比后发现，在 1998 年到 2004 年之间卷入澳大利亚证券和投资委员会案件的公司通常盈利能力较差，而且不太可能是由四大会计师事务所执行审计的（da Silva Rosa et al.，2008）。Brown 和 Tarca（2005b，2007）进一步比较了澳大利亚证券和投资委员会与英国财务报告审查小组的不同之处。

2004 年的《公司法与经济改革计划（审计改革和公司披露）法案》使用财务报告委员会（FRC）及证券和投资委员会监管审计师制度代替了审计师的职业协会自律体系。财务报告委员会负责监管审计师的独立性，而证券和投资委员会负责审计师的注册。财务报告委员会还负责任命会计准则制定机构和审计准则制定机构的成员。该法案还引入了一系列措施来加强审计师的独立性，其中包括限制审计客户雇用审计师，禁止为审计客户提供某些非审计服务，审计负责人和复核合作人必须每 5 年轮换一次。

### 17.5.3　中国

中国证券监督管理委员会（China Securities Regulatory Commission，CSRC）作为国家正部级机构成立于 1992 年。1998 年中国颁布的《证券法》赋予其对市场监督和执法的广泛权力，其中包括监督上市公司的财务报告。中国证券监督管理委员会负责起草证券法，对股票的发行和交易以及上市公司和交易所的行为进行监督，审查批准审计师的资格，对违法行为进行查处。有关其活动的一些细节可以在中国证券监督管理委员会出具的报告（2019）中找到。

### 17.5.4　日本

日本金融服务管理局（Financial Services Agency，FSA）成立于 1998 年并且现在向内阁（负责）报告。它与美国证券交易委员会有相似的任务，日本金融服务管理局包括注册会计师和成立于 2004 年负责监督审计工作的审计监督委员会。日本金融服务监管局的工作人员负责复核所有文件，以检查其对相关要求的遵守情况以及审计师的意见。有关其活动的一些细节可以在日本金融服务管理局出具的报告（2019）中找到。

自 2010 年以来，日本金融服务管理局负责允许特定公司使用国际财务报告准则。这方面的条件目前已经逐渐放宽，该机构也发布了关于采用国际财务报告准则的进展报告（见第 12 章）。

————————◀ 小　结 ▶————————

- 会计准则的实施包括法定审计、监督机构的监管以及有效的处罚措施。
- 从概念上来看，制定准则不同于执行规则，但是在实务中这些职责有时是重合的。
- 准则的实施职能可以由证券交易所、股票交易的监管机构、政府部门、代理机构或者民间团体来承担。
- 各国的实施模式各不相同，这部分取决于当地的环境因素。
- 对审计师的监管可以加强审计师针对董事的独立地位。
- 每个国家实施机构的权力和运作程序各不相同。

● 执行最严格、资源最丰富的准则实施机构是美国证券交易委员会，美国的审计师由上市公司会计监督委员会监管。

● 欧盟没有一个统一的实施或监督机构，许多成员国的实施和监管机制薄弱；各国监管者之间的合作通过欧洲执法者协调会议以及欧洲审计监管机构组织进行。

● 在英国，从 1991 年开始，一个民间机构——财务报告审查小组——成为会计准则的有效实施机构。最近该组织采取了更加主动的工作方法，并与股票交易监管机构——金融服务管理局建立了密切的合作关系。

● 在法国，准则实施机构是股票交易监管机构——金融市场监管局，它采取主动监督和事先禁止等工作方式。它委托国家注册审计师协会对审计质量进行复核。国家注册审计师协会负责审计师的注册，并接受审计师高级委员会的监管。

● 在德国，会计准则的执行分别由联邦金融监管局，和一个民间机构——财务报告执行委员会承担。法定审计师协会负责审核师的注册，并受审计监督委员会监管。

● 在澳大利亚，会计准则由澳大利亚证券和投资委员会实施，这是一个股票交易监管机构，它采取主动模式，并且对某些公司采取过法律措施。审计师由澳大利亚证券和投资委员会以及财务报告委员会共同监管。

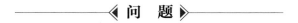

◀ **问　题** ▶

带星号问题的参考答案见书末附录 B。

17.1* 在美国，规则的制定在多大程度上与规则的执行是分离的？造成现状的历史背景是什么？

17.2* 支持和反对实施机构采取主动监管措施的论点各是什么？

17.3 为什么欧盟没有一个统一的泛欧洲会计准则实施机构？是否应该建立一个这样的机构？

17.4 为什么美国和法国都将股票交易监管机构作为会计准则的实施机构，而英国却不这样？

17.5 有人认为在大多数国家，建立和维持一个会计准则实施机构的成本大于收益。请对这种观点进行讨论。

17.6 "实施机构只不过是重复审计师的工作。"请讨论这种观点。

17.7 为什么许多国家最近开始建立审计师监管机构？这是发展还是倒退？

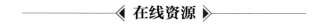

◀ **在线资源** ▶

扫描下列二维码即可阅读本章参考文献和推荐网站。

# 缩略语表

在本书第二至第四部分中包括的国际术语以及与我们所详细参考的与国家相关的术语。

## 澳大利亚

| | |
|---|---|
| AARF | 澳大利亚会计研究基金会 |
| AAS | 澳大利亚会计准则 |
| AASB | 澳大利亚会计准则委员会 |
| ASIC | 澳大利亚证券和投资委员会 |
| ASRB | 会计准则审查委员会 |
| AuASB | 审计和鉴证准则委员会（隶属于澳大利亚会计研究基金会） |
| AUP | 审计实务声明 |
| CAANZ | 澳大利亚和新西兰特许会计师 |
| CPAA | 澳大利亚注册会计师协会 |
| FRC | 财务报告委员会 |
| LRB | 立法审查委员会（隶属于澳大利亚会计研究基金会） |
| SAC | 会计概念公告 |
| UIG | 紧急问题小组 |

## 东亚

| | |
|---|---|
| AFA | 东盟会计师联合会 |
| AOSSG | 亚洲-大洋洲会计准则制定机构组 |
| ASBJ | 日本会计准则委员会 |
| BAC | 日本企业会计理事会 |
| BADC | 日本企业会计审议委员会 |
| CASC | 中国会计准则委员会 |
| CICPA | 中国注册会计师协会 |

| CSRC | 中国证券监督管理委员会 |
| HKICPA | 中国香港注册会计师协会 |
| JICPA | 日本注册会计师协会 |
| KICPA | 韩国注册会计师协会 |
| KK | 株式会社（日本股份公司） |
| YK | 有限责任公司（日本私营公司） |

**法国**

| AMF | 金融市场监管局 |
| ANC | 会计准则委员会 |
| CENA | 国家审查委员会 |
| CNC | 国家会计委员会 |
| CNCC | 国家注册审计师协会 |
| COB | 证券交易委员会 |
| CRC | 会计监管委员会 |
| CGI | 《税收法令》 |
| H3C | 审计师高级委员会 |
| OEC | 注册会计师协会 |
| PCG | 《会计总方案》 |
| SA | 股份有限公司 |
| SARL | 有限责任公司 |

**德国**

| AG | 股份有限公司 |
| AktG | 《股份法》 |
| APAK | 审计师监督委员会 |
| BaFin | 联邦金融监管局 |
| BiLiRiG | 《会计指令法》 |
| BilKoG | 《财务报表监控法》 |
| BilMoG | 《会计法现代化法案》 |
| BilReG | 《会计法》 |
| DPR | 德国会计审计机构 |
| DRSC | 德国会计准则委员会 |
| EStG | 《所得税法》 |
| EStR | 所得税准则 |
| FREP | 财务报告执行委员会 |
| GmbH | 有限责任公司 |

| GmbHG | 《有限责任公司法》 |
|---|---|
| GoB | 正规会计原则 |
| HGB | 《商法》 |
| IdW | 德国法定审计师协会 |
| KapAEG | 《企业融资简化法》 |
| KG | 有限合伙公司 |
| KonTraG | 公司控制与透明度法 |
| OHG | 无限责任公司 |
| PublG | 《公开法》 |
| WP | 审计师 |
| WPK | 德国法定审计师公会 |

### 英国和爱尔兰

| ACCA | 特许公认会计师公会 |
|---|---|
| AAIDB | 会计、精算调查和纪律委员会 |
| APB | 审计实务理事会 |
| APC | 审计实务委员会 |
| ARGA | 审计、报告和治理管理局 |
| ASB | 会计准则理事会 |
| ASC | 会计准则委员会 |
| ASSC | 会计准则筹划委员会 |
| BEIS | 商业、能源和工业战略部 |
| CCAB | 会计机构咨询委员会 |
| CGAA | 审计和会计问题协调小组 |
| CIMA | 特许管理会计师协会 |
| CIPFA | 特许公共财政与会计学会 |
| DTI | 贸易工业部 |
| ED | 征求意见稿 |
| FCA | 金融行为监管局 |
| FRC | 财务报告委员会 |
| FRED | 财务报告征求意见稿 |
| FRRP | 财务报告审查小组 |
| FRS | 财务报告准则 |
| FRSSE | 小型企业财务报告准则 |
| FSA | 金融服务管理局 |
| ICAEW | 英格兰及威尔士特许会计师协会 |
| ICAI | 爱尔兰特许会计师协会 |

| ICAS | 苏格兰特许会计师协会 |
| PLC | 公开有限公司 |
| POB | 职业监管委员会 |
| SAS | 审计准则声明 |
| SORP | 推荐会计制度 |
| SSAP | 标准会计实务公告 |
| UITF | 应急会计准则工作组 |
| UK GAAP | 英国公认会计原则 |
| UKSIP | 英国投资专业人员协会 |

**欧洲**

| ARC | 会计监管委员会 |
| CESR | 欧洲证券监管委员会 |
| EECS | 欧洲执法者协调会议 |
| EEIG | 欧洲经济利益集团 |
| EFRAG | 欧洲财务报告咨询小组 |
| EGAOB | 欧洲审计监管机构组织 |
| ESMA | 欧洲证券与市场管理局 |
| EU | 欧盟 |
| FEE | 欧洲会计师联合会 |
| FSAP | 金融服务行动计划 |
| SARG | 准则意见复核小组 |
| SME | 中小企业 |

**美国**

| AAA | 美国会计学会 |
| ADR | 美国存托凭证 |
| AICPA | 美国注册会计师协会 |
| AIMR | 投资管理与研究协会 |
| APB | 会计原则委员会 |
| ARB | 会计研究公报 |
| ASC | 会计准则汇编 |
| ASR | 会计系列公告（隶属于证券交易委员会） |
| CFA | 特许金融分析师 |
| EITF | 新兴问题任务组 |
| FAF | 财务会计基金会 |
| FASB | 美国财务会计准则委员会 |

| FRR | 财务报告披露（隶属于证券交易委员会） |
|---|---|
| GAAP | 美国公认会计原则 |
| GAAS | 公认审计准则 |
| GASB | 政府会计准则委员会 |
| IRS | 美国国家税务局 |
| PCAOB | 上市公司会计监督委员会 |
| SEC | 美国证券交易委员会 |
| SFAC | 财务会计概念公告 |
| SFAS | 财务会计准则公告 |
| SOX | 《萨班斯-奥克斯利法案》 |
| VIE | 可变利益实体 |

**其他国家**

| AAC | 非洲会计理事会 |
|---|---|
| AISG | 会计师国际研究小组 |
| AOSSG | 亚洲-大洋洲会计准则制定机构组 |
| ASAF | 会计准则咨询论坛 |
| CAPA | 亚太会计师联合会 |
| ECSAFA | 东部、中部和南部非洲会计师联合会 |
| FSB | 金融稳定理事会 |
| GLASS | 拉丁美洲会计准则制定者小组 |
| IAA | 美洲会计协会 |
| IAS | 国际会计准则 |
| IASB | 国际会计准则理事会 |
| IASC | 国际会计准则委员会 |
| IASCF | 国际会计准则委员会基金会 |
| ICCAP | 国际会计职业协调委员会 |
| IFAC | 国际会计师联合会 |
| IFAD | 国际会计发展论坛 |
| IFRIC | 国际财务报告解释委员会（现为国际财务报告准则解释委员会） |
| IFRS | 国际财务报告准则 |
| IOSCO | 国际证监会组织 |
| ISA | 国际审计准则 |
| NPAE | 公众受托责任主体 |
| NSS | 国家准则制定者 |
| OECD | 经济合作与发展组织 |
| PIOB | 公共利益监督委员会（隶属于国际会计师联合会） |

| SIC | 常设解释委员会（隶属于国际会计准则委员会） |
| SME | 中小企业 |
| SMEIG | 中小型企业准则实施小组（隶属于国际财务报告准则基金会） |
| UNCTAD | 联合国贸易和发展会议 |
| UNO | 联合国组织 |
| WTO | 世界贸易组织 |

## 准则、方法和财务报表

| CCA | 现代成本会计 |
| CNC | 现行/非现行货币折算方法 |
| CRC | 现行重置成本 |
| DCF | 贴现现金流量 |
| FIFO | 先进先出法 |
| HCA | 历史成本会计 |
| LIFO | 后进先出法 |
| MNM | 货币/非货币换算方法 |
| MD & A | 管理层的讨论和分析 |
| NRV | 可变现净值 |
| OCI | 其他综合收益 |
| OFR | 经营与财务回顾 |
| PPE | 不动产、厂场和设备 |
| SCE | 所有者权益变动表 |
| SCI | 综合收益表 |
| SORIE | 已确认的收益与费用明细表 |
| STRGL | 全部已确认利得和损失表 |

## 进一步阅读

更多的定义和缩略语可参见：

Nobes，C. W.（2006）The Penguin Dictionary of Accounting，2nd edn，Penguin，London.

Parker，R. H.（1992）Macmillan Dictionary of Accounting，2nd edn，Macmillan，London.

# 部分章末问题的参考答案

## 第 1 章

### 1.1

**问题** 第二次世界大战结束以来，世界主要的政治事件对会计和财务报告产生了哪些影响？

**参考答案** 美国在战后非社会主义世界的主导地位意味着资本主义国家受到美国公认会计原则的强烈影响，特别是被国际会计师事务所大力传播。加拿大和澳大利亚等国家受到美国的影响尤其深远。尽管印度和尼日利亚已经独立，但是英式会计实务仍然在这些国家继续存在。同样，法国和其他欧洲国家的前殖民地国家的会计实务的影响犹存。自 1958 年以来，欧盟的建立和扩张，帮助欧洲大陆保留了其会计概念和实务，但是 1973 年以后，随着英国的加入这些观念逐渐淡化。同样在 1973 年国际会计准则委员会（现在是国际会计准则理事会）的成立，可以看作政治上抵抗美国影响的产物，也可以看作英美概念和实务的渗透。在这方面英国处于美国和欧洲之间两难的地带，这和英国在许多其他事情上的立场是一样的。

苏联是战后的另外一个超级政治力量，中欧和东欧国家受苏联的影响，在 1989 年苏联解体之前使用的是社会主义会计。所有这些国家都经历了剧烈的会计变革，其中许多国家从 2004 年之后加入了欧盟。它们的会计模式都转换为欧洲大陆会计模式，并且在上市公司中开始采用国际财务报告准则。民主德国和联邦德国的政治合并削弱了德国的经济，结果使得德国的上市公司需要到世界资本市场寻找资本，并且德国的跨国公司开始采用美国公认会计原则或国际财务报告准则。在东亚，第二次世界大战后日本引入了美国的会计制度，但之后对会计制度进行了很大程度的修改。中国政府推动其改革开放的政治决定，也导致其会计制度发生了相应的变化，中国的上市公司从 2007 年起普遍开始采用与国际财务报告准则十分相似的准则。

21 世纪初，安然和安达信的崩塌损害了美国会计的声誉。源自该崩塌事件的《萨班斯-奥克斯利法案》使得纽约的资本市场吸引力有所下降。这一点有助于美国接受国际财务报告准则，以减轻外国申请上市的公司的负担。然而，2008 年的经济危机帮助了奥巴马和新政府的当选。新政府及其指派的证券交易委员会已不再热衷于要求美国公司采用外来会计准则。

**1. 2**

**问题**　为什么主要的会计师事务所已经成为国际性会计师事务所？它们主要发源于哪些国家？为什么发源于这些国家？

**参考答案**　世界上主要的会计师事务所日趋国际化，主要是为了保持在同行业中的领先地位，它们或者在国外设立当地办事机构，或者兼并、收购当地原有的事务所，以满足世界范围内的跨国客户的需要。这些事务所主要发源于跨国公司的发起国，尤其是英国和美国，这些国家的会计职业相当发达。其他跨国公司和国际会计师事务所的其他发源国还有加拿大、荷兰、德国和日本。后两个国家的会计行业相对来讲并不发达；加拿大、荷兰的会计师事务所的商业化程度远低于英美的会计师事务所。

## 第 2 章

**2. 1**

**问题**　请针对"国际财务报告实务差异的根本原因是政府对会计的干预程度不同"展开讨论。

**参考答案**　由于会计信息使用者的需求不同，任何特定国家的财务报告实务都可能有所不同。例如，税务机关可能强调客观性，有担保贷款的银行可能强调稳健性，股东则可能强调未来现金流的可预测性。与债权人和股东不同，税务机关拥有政府权力以确保对信息的需求得到满足，而且如果未招致反对，这种要求就会在财务报告中居主导地位。在一些国家，比如美国和英国，资本市场的需求具有更大的影响力，但当市场失灵时，例如 1929 年、2001 年和 2008 年的美国以及 20 世纪 60 年代的英国，政府就会代表股东进行干预。然而，在政府主体影响下建立起来的财务报告体系也或多或少地反映了资本市场的力量。进一步来说，发达的资本市场会形成基本脱离于政府控制的商业会计。例如 1998 年德国对有关法律进行修改，允许上市公司的合并报表偏离一般的德国会计原则。在欧盟中，国家之间会计规则的差异在非合并报表中被大量限制。政府通过法律手段也连带干涉了上市公司合并报表对国际财务报告准则的采用。然而，甚至在国际财务报告准则下，不同国家在实务中的理解也是不同的。有些人认为职业会计师同政府一样会对财务报告实务产生影响，法国前财政部长（后成为总理）曾在 1986 年国际经济与合作发展组织会议的报告《会计准则的协调化》（Harmonization of Accounting Standards）（1986，pp. 9 - 10）中提及：准则的标准化程度因国而异。有时候应用于每一主要问题的特定准则是由会计职业界制定出来的，虽然这有可能咨询了有关利益集团的意见，但是会计职业界仍对准则的制定负完全的责任。或者与此相反，一些国家的会计可能完全由政府监管。最近，包括法国在内的一些国家采用了一种折中的办法，即在制定准则时咨询所有利益相关者的意见。在很多情况下这些利益相关者是可以达成共识的，在不可能达成统一意见时，政府的干预将会保护公众利益。我们有充分的理由认为政府应当对准则标准化的主要内容保有最后的决定权，并确保没有任何利益集团可以对其发号施令。

**2. 2**

**问题**　历史的偶然性事件是否是造成公司财务报告国际差异的主要原因？

**参考答案**　某些国际差异可能的确只能用与会计无关的"偶然性"或"外生性"的历史因素来解释。例如：

- 迫于殖民势力而接受的明显不合时宜的财务报告体系（比如非洲的前英属和法属殖民地）；
- 欧盟成员国作为政治集团一分子而接受的外来会计思想；
- 占领国的影响（如德国对法国，美国对日本）。

对深受他国影响（例如由于之前的殖民关系）的国家而言，"偶然性"可能是影响一个国家会计模式的主要原因。然而，在其他国家，会计制度的建立可能取决于资本市场的类型和监管的性质。（参考问题 2.1 的答案。）

## 第 3 章

### 3.1

**问题** 分类可能以哪些方式作用于任一学科？试通过财务报告的国际差异来阐述你的答案。

**参考答案** 分类有助于：

（a）使描述和分析更为深入；

（b）揭示内在结构；

（c）由某一项目所处的类别可以判断其特性；

（d）预测缺失的项目；

（e）追踪项目的演进轨迹。

在国际会计中，这意味着分类有助于：

（1）总结大量差异数据；

（2）通过与其他国家类比对一国的会计概况有初步了解；

（3）判断协调化的困难；

（4）描绘协调化的进程；

（5）通过对相似国家的分析揭示问题；

（6）找到与本国相似且已经解决了相同难题的国家作为借鉴。

### 3.2

**问题** "试图对世界各国的财务报告实务进行分类的根本问题与此种分类所依据的数据适用性有关。"请发表你的评论。

**参考答案** 许多分类所依据的数据并不是为了分类而编制的。例如，根据普华永道在 20 世纪 70 年代的调查数据，由于对所有问题赋予同等权重，因此对数据的依赖可能导致重要的问题被次要问题掩盖，造成本末倒置。另外，人们会提出这样的疑问，即这些数据是关于所有公司的还是主要关于普华永道的客户的。进一步来说，一个德国的数据收集者和一个美国的数据收集者很可能会对不同的问题提出质疑。在此类数据库中这种问题不胜枚举。此类数据库还包括由毕马威会计师事务所编辑的大量最近的数据。最终结果可能只是对一堆奇怪的数据进行分类，而不是对一个国家的会计制度进行分析。

## 第 4 章

### 4.1

**问题** 国际会计准则委员会成功了吗？请给出你的理由。

**参考答案** 成功与否要从几个方面来看。本章中对这个问题给出了相当好的答案。这个问题也意味着，我们应当研究在国际会计准则理事会 2001 年取代国际会计准则委员会之前的情况。

这个问题的答案可能取决于衡量成功的标准，即是国际会计准则委员会所陈述的目标还是我们自己创造的标准。2001 年之前，国际会计准则委员会获得成功的标志体现在以下几个方面：

（a）颁布会计准则；

（b）改进会计准则；

（c）受到其他国际机构的支持（例如 2000 年被国际证监会组织认可）；

（d）受到国家机构的支持（如伦敦证券交易所、意大利全国证券交易委员会和美国证券交易委员会）；

（e）某些国家和地区的准则制定机构将国际会计准则作为制定准则的基础（例如中国香港、新加坡、尼日利亚）；

（f）在没有国内会计准则的情况下，某些大型公司采用国际会计准则（例如瑞士的全部公司，意大利的部分公司）；

（g）某些大型公司遵循国际会计准则而不是国内规则编制合并报表（例如德国）；

（h）认可公司采用国际会计准则（例如加拿大）；

（i）国际会计准则委员会在其他有争论的领域中产生影响（如《欧盟第 7 号指令》）；

（j）欧盟上市公司合并报表的编制强制遵循国际会计准则（2000 年时欧盟委员会已经宣布了这个规定）。

### 4.2

**问题** 哪一方会从会计的国际协调中获益？它们为实现这个目标做了什么？

**参考答案** 这一问题在本章正文中讨论过。获益方可以分为报表使用者和报表编制者。从纳税的角度来看，政府可以算作报表使用者，但是政府也可能希望帮助报表使用者和报表编制者。国际政府组织（如欧盟）同样如此。

报表使用者包括跨境经营的投资者和贷款人，也包括机构（如银行）。作为其他公司股票的购买方和客户或供应商的分析师，公司也会从协调中受益。跨国公司的财务报表编制者可以从简化中获益，他们自己也会因使用来自集团内部其他部分的会计信息而受益。会计师事务所有时候可以看作受益者，但目前这些事务所还在为现有的国际差异提供审计和咨询工作。关于谁在做哪些事情促进了会计的协调化，表面上看是模糊不清的。因为越大的受益者所做的事情越有限。换言之，使用者对解决这一问题并没有足够的认识，也没有被充分地组织起来解决这个问题。报表编制者也因为忙于应对或利用国际差异而无作为。然而，一些资深企业家将来自公众和民间的压力都推给了会计师，让他们来减少差异。这在壳牌等公司中尤其明显，这些公司在多家证券交易所上市，它们希望公布一套能满足所有目的的会计准则。政府在采取行动。例如，欧共体（后改为欧盟）在 20 世纪 70 年代和 80 年代积极推动会计的协调化。国际证监会组织是政府机构之间的一个委员会，该组织从 20 世纪 80 年代后期开始为国际会计准则委员会提供强大的支持。20 世纪 90 年代最值得称道的应该是国际会计准则委员会，该组织是会计师团体的一个委员会，主要受到审计职业界的控制。当然，国际差异使得某些审计师的工作过分复杂。审计师成为消除国际差异最积极的力量，但其实这些差异的存在对他们来说是有好处的。然而国际会计准则委员会成立了，而且由世界上一些资深的会计师来运作，这些人似乎成为无国界人士，他们代表公众利益和职业界的长期利益。2001 年，职业界将制定国际准则的责任移交给了独立的国际会计准则理事会。

国际会计准则理事会得到了大型公司、会计师事务所和投资者的捐赠支持。然而，国际财务报告准则的广泛应用还需要来自欧盟和美国证券交易委员会等政府力量的支持。

## 第 5 章

### 5.1

**问题**  区分"协调化"、"标准化"、"趋同"、"采纳"和"欧盟认可"。

**参考答案**  "协调化"和"标准化"经常可以互换使用。"标准化"意味着要求对所有会计主体都采用一个政策；"协调化"允许保留差异，只要财务报表的使用者能够从不同的报表中获得相似的信息即可。在这两种情况下，"××化"的后缀说明这二者都还是向某种状态演进的过程，而未必已经达到那种状态。"协调化"和"标准化"都可以既指准则（形式）又指实务（实质）。第 4 章已讨论了这些问题。

"趋同"是一个较新的术语，与"标准化"的含义大致相同。然而现在说"与国际财务报告准则趋同"比说"两个准则标准化"更贴切。"与国际财务报告准则趋同"通常指国内的一套准则逐渐朝着国际财务报告准则改进。然而对于美国公认会计原则与国际财务报告准则趋同来说，这意味着两套准则都需改变，直到差异逐渐消失。

"采纳"国际财务报告准则意味着放弃本国规则，而不是改变这些规则。欧盟对国际财务报告准则的认可只是一个程序，未必对其全部采纳。

### 5.2

**问题**  讨论国际财务报告准则和美国公认会计原则之间的根本性差异。美国证券交易委员会要求在美国证券交易所上市的外国公司将其按照国际财务报告准则编制的报表调整为按照美国公认会计原则编制的报表，这种做法正确吗？

**参考答案**  美国证券交易委员会曾要求所有不使用美国公认会计原则的主体进行账目调整。但从 2007 年起，只要外国注册主体采用国际会计准则理事会发布的国际财务报告准则，就不再需要这样做了。也就是说，欧盟认可的国际财务报告准则不被承认，日本公认会计原则也不被接受，等等。

高层次差异包括：美国公认会计原则更详细；美国公认会计原则更强调历史成本（除了一些金融工具）。这些都在 5.5 节中讨论过了。然而，它们不会影响账目调整，因为在会计实务中，细节的程度本身并不重要，很少有在美国证券交易所登记的外国注册主体选择重估资产。

国际财务报告准则与美国公认会计原则之间的巨大差异表明，仍然需要进行账目调整。然而，很大一部分差异与在向国际财务报告准则过渡时引入的原国家数据有关。

从政治角度来看，美国证券交易委员会取消对采用国际财务报告准则编制财务报告主体的账目调整可能是正确的，因为这让美国证券交易所更受外国注册公司的欢迎。

## 第 6 章

### 6.1

**问题** 解释概念框架的目的和用途。

**参考答案** 概念框架的主要目的是指导准则制定者制定会计准则。这或许是有用的，因为它限定了分歧和政治干预的范围。这一目标通过定义术语（如"资产"）以及确立财务报告的目的来实现。如果所有的准则都能符合概念框架，那么这些准则就很可能是相互协调的。然而，现有框架的某些特性是模糊的，所以在遵守这些准则时仍会存在分歧。显然，有时准则制定者会对它们自己的概念框架的某些项目提出疑问，有时会由于政治或其他原因而超越框架。

概念框架的另外一个目的是使财务报告的编制者能够理解准则，从准则的各种可选方案中做出选择，并在尚不存在准则的领域制定会计政策。财务报告的审计者和分析者也可以从这方面获得帮助。

### 6.2

**问题** "中立性是没有偏见。谨慎性是一种偏见。在同一个概念框架中不可能同时遵守这两种原则。"请对这种观点进行讨论。

**参考答案** 如果谨慎性是高于一切的原则，就像《欧盟第 4 号指令》那样，则对于中立性来说这确实是个问题。1989 年到 2010 年，在国际会计准则理事会的概念框架中，谨慎性被定义为"在不确定情况下……对判断运用的谨慎程度"（第 37 段）。谨慎性在很多情况下代表受到约束。当然，国际财务报告准则的大部分内容可能被视为缺乏谨慎性（例如，在出售前确认投资性房地产、金融资产和生物性资产的利得；或者使用合同完工百分比法）。然而，诸如"成本与可变现净值孰低"（《国际会计准则第 2 号》）等准则强调谨慎性。

2010 年概念框架的修订版中，由于谨慎性对中立性有较大的妥协作用，因此删除了谨慎性这一要求。然而，2015 年的征求意见稿又建议将其恢复。值得注意的是，谨慎性被认为是中立性的一部分。

## 第 7 章

### 7.1

**问题** "秘密公积金会让公司更强大，所以应该鼓励这种做法。"请对此进行讨论。

**参考答案** 秘密公积金可以通过多种方式获得，例如故意不确认资产、低估资产价值，或者计提不必要的预计负债。所有这些操作都使资产负债表看起来更糟，因此肯定存在秘密公积金。当然，关于预计负债的问题，哪些是必要的是一个存在争议的问题。根据《国际会计准则第 37 号》，只有在对第三方存在付款义务的情况下才应计提预计负债。

创造秘密公积金可以通过减少利润而减少股利支付来使公司更强大。以银行为例，为秘密公积金建立的一种声誉可以在经济困难时期保护自己免遭投机的压力。然而，银行也许可以通过披露自身的强大实力（假如这家银行确实很强大的话）而得到更好的保护。

从财务报告的角度来看，秘密公积金的主要问题是，它们的存在似乎降低了财务报告公允陈述的概率。那些秘密的东西怎么会有公允性呢？

**7.2**

**问题** 在《国际会计准则第 32 号》下，一些股份被作为负债处理，而一些明显的负债又被作为部分权益处理，这么做好吗？

**参考答案** 这个问题涉及陈述的公允性。一旦负债的定义被公布，那么会计实务就应该符合这个定义。不过，财务报表的阅读者会发现负债中的一些项目是符合所公布的定义的，而有些项目则不符合。以某些类型的股票（如可赎回优先股）为例，它们符合国际会计准则理事会对负债的定义，因为它们涉及发行人向股票持有人支付款项的义务。发行公司故意选择这种股票而不是普通股，是因为它们具有不同的法律特征。因此，它们的会计处理也应有所不同。

混合证券的处理更为复杂。有争议的地方是，发行者必须判定一种证券是否包含某些义务，并且如何包含某些义务，决定是否确认为负债。然而，《国际会计准则第 32 号》要求发行者将该种证券确认为一部分股票和一部分负债。一家投资银行能够将一份可转换债券分解为两个部分，并且能够轻易地分别赋值。因此，《国际会计准则第 32 号》的处理是可操作的，并且可以提供更充分的信息。

## 第 8 章

**8.2**

**问题** 为什么合并报表的做法在美国出现得比法国早？

**参考答案** 19 世纪末期，合并在美国兴起，而且在 20 世纪 30 年代早期，即证券交易委员会负责监管上市公司的时期，这被认为是集团理所当然的做法。相比之下，合并在 20 世纪 70 年代早期的法国很少见（尽管法国证券交易委员会支持），直到 1987 年，在法国，即使是上市公司也不需要进行合并。

这里涉及的因素如下：

（a）总体来说，美国拥有世界上最大的股票市场，但法国的上市公司和非董事股东相对较少。因此，在法国，相对于"法定"的财务报表来说，对"商业"财务报表的需求一直都很有限。集团报表并不是一个法律主体的报表，所以它们仅用于商业目的。

（b）美国没有关于会计的公司法，因此，用合并报表代替母公司的财务报表是很容易的。相比之下，在法国，如果编制了集团报表，就需要编制两组报表。

（c）美国是第一个具备公司集团结构的国家，部分原因在于美国的联邦性质。美国的多州集团需要控股公司和子公司的结构；但法国的整个结构则不然。

## 第 9 章

**9.1**

**问题** 导致欧洲会计制度存在差异的原因在多大程度上会继续影响欧洲采用国际财务报告准则后的会计实务，并成为这些实务产生差异的原因？

**参考答案** 第 2 章提到，造成财务报告国际差异的主要原因是不同的融资制度，加上税收制度、法律制度和殖民等外部影响的补充作用。其中一些原因可以归结为文化差异。这些原因可能仍然存在，只是强度有所减弱，这些是导致存在不同的国际财务报告准则实务的原因。如果我们只关注上市公司的合并报表，那么整个欧洲财务报告的主要目的可能几乎没有差别。然而，德国或意大利的上市公司仍然由内部股东（如政府、银行和家族）主导，这会降低它们对选择使用公允价值或对外披露信息的积极性。

如果仍然允许非合并报表采用与税收相关的方式编制，也允许采用国际财务报告准则编制，则税收的影响仍然存在。这包括隐蔽的备选方案，例如减值的辨认和计量。在这种情况下，税收导向的非合并报表选择会延伸到按国际财务报告准则编制的合并报表中。

不同的法律制度导致不同的执行机制，因此对国际财务报告准则的遵守程度也存在差异。

**9.2**

**问题**　请举例说明国际财务报告准则中的备选方案，以及各国公司如何不同地选择这些备选方案。

**参考答案**　假设这个问题涉及明确的备选方案，回答前半部分问题的最简单方法是参考表 9-1。除此之外，表 9-2 和表 9-3 中还有隐蔽的备选方案和计量范围。

做出不同选择的动机见问题 9.1 的答案。除了上述答案之外，继续执行以前国内实务做法的惯性也是做出不同选择的原因。所以我们认为，这个问题指的是选择的例子，而不是对选择方法的举例。一个简单的例子是资产负债表中所列示资产的顺序：从惯性的角度来看欧盟会选择流动性递增的顺序列示，但是澳大利亚会选择流动性递减的顺序列示。同样的惯性可以说明，与比利时、德国、意大利或西班牙相比，英国更多地选择重新计量投资性房地产。

## 第 10 章

**10.1**

**问题**　"美国会计是世界上最好的。"请讨论这种说法。

**参考答案**　如果良好的会计主要是指披露，并且多披露胜过少披露的话，那么也许你很容易就会赞同这句话。一项对所有美国年报（包括 10-K 表格和其他文件）的检验表明，年报中纯粹的信息量比任何其他裁定权中的信息量都大得多。分析师和支持有效市场假说的专业人士经常认为披露比特殊会计规则更重要。

然而，应该注意的是，这些全面的准则只强制性地适用于在美国证券交易委员会注册的公司，而许多其他美国公司仅部分或者全部采用了这些程序。就公布经过审计的年报的公司比例而言，美国要求所有现有公司遵守的制度仍比其他国家广泛得多，除去近年审计免税额的增值。

"最好"的另一个潜在含义是"主导"。在这一点上，我们很难否认会计的发展始于美国，然后传播到其他地方，至少直到 20 世纪末都是这样的。这包括合并、租赁会计、分部报告和许多详细的会计实务。

对美国会计法规的一个潜在的批评是它们如此繁多并且具体，以至于会计人员和审计师无从判断，因此导致会计有时会发生错误。可以说这是对"规则导向"的一种偏爱，而非"准则导向"。例如，子公司的具体化专门性定义致使安然能够在大量的非合并却实际控制的公司背后隐藏负债。

对美国会计的另一个担忧是，它反对现值信息和某些无形资产（如开发支出）的资本化。这可能会使财务报表使用者无法获得有用的信息。然而，美国准则的变化（例如《美国财务会计准则公告第 115 号》）要求某些投资使用现值计量，这可能是一种趋势的开始。

值得注意的是，美国会计的其他特征也可能受到批评（例如，允许使用后进先出法）。

### 10.2

**问题**　美国公认会计原则受到其他国家会计准则的影响（如果有影响的话）有多大？

**参考答案**　显然，正如美国的语言和法律体系起源于英国一样，美国的会计体系也起源于英国，这是一个深远的影响。然而，在 20 世纪的绝大部分时间里，美国本身是领导者而非追随者，因此所受到的外国的影响可能很小。此外，美国一般拥有比其他国家庞大得多的专业会计师团体。它提供了意见和批评。

在最近几年里，美国证券交易委员会和财务会计准则委员会已经认识到国际会计差异的重要性。美国财务会计准则委员会与国际会计准则委员会/理事会以及其他国家准则制定机构之间的联系已大大加强。美国证券交易委员会已经对跨国公司产生兴趣，并加入了证券交易委员会国际组织，为国际会计准则委员会提供了一定的支持。

在 1997 年，国际会计准则委员会和美国财务会计准则委员会之间的主要联系，导致双方的每股收益准则和分部报告准则都做出了改变。从 2001 年开始，美国财务会计准则委员会和国际会计准则委员会两者在某些项目上的合作意图就已经十分明了。两个委员会在 2002 年签署了正式的协议。美国财务会计准则委员会发布了几个意在采用国际财务报告准则某些方面的征求意见稿。第一个征求意见稿在 2005 年形成了会计准则。从那以后，国际会计准则理事会对美国财务会计准则委员会的影响变得重要起来。2011 年，几个与国际会计准则委员会/美国财务会计准则委员会联合的项目给美国公认会计原则带来了改变。即使在 2012 年，美国证券交易委员会明确表示不再采用国际财务报告准则，一些联合工作仍在继续，而这也对美国公认会计原则造成了影响。

## 第 11 章

### 11.1

**问题**　解释对准则制定者进行政治游说的各种动机。

**参考答案**　答案取决于我们谈论的是哪个国家。在一个以税收为主导的环境中（例如，德国的非合并会计准则），游说可能主要是为了减少盈利从而减少税收支出。每个国家的管制行业可能都希望减少盈余。然而第 11 章的大部分内容都在考察主要资本市场合并报表环境下出现的游说问题。这里游说主要关注的是如何增加盈余或者使盈余更加平稳。任何关于使负债看似增加或者需要披露敏感信息的准则建议都会遭到政治游说。这是因为管理者发现这些会影响股票价格、薪酬以及公司的声誉。

### 11.2

**问题**　举例说明美国准则制定者的政治游说，解释游说在哪些方面超越了关于正确技术解决方案的争论。

**参考答案**　本章在 11.3.1 节、11.4 节、11.6.1 节和 11.7 节中分别举例进行了说明。这里需要讨论"正确技术解决方案"的含义。这可能意味着会计准则与概念框架一致，并导致产生相关和可信的信息，受成本效益的约束。

游说超越技术问题的一个迹象是，它参考的往往是一个准则或建议准则的预期经济后果。这里，对投资所得税法案和雇员股票期权的几个阶段的争论是很有趣的。

政治游说存在的另一个迹象是，不同的群体以不同的方式进行游说，这可以通过它们如何受到影响得以预见。通货膨胀会计和石油勘探成本就是很好的例子。

## 第 12 章

### 12.1

**问题** "与美国会计不同，日本会计不是环境的产物，而是外部影响的产物。"请对这句话进行讨论。

**参考答案** 这个问题需要说明美国会计是否仅仅是其环境的产物而日本会计是否仅仅是外部影响的产物。当然，这句话夸大其词，但其中是否也包含着一定的道理呢？

问题中有关美国的部分可以通过问题 10.2 的答案来回答。

至于日本，很明显，其会计实务受到许多外部影响。《公司法》的监管框架基本以 19 世纪西欧的《商法》为基础。它同样具有税法条款占据主导地位和传统上不关注披露或合并报表的特点。

与此同时，第二次世界大战后，美国在制定《证券法》方面也发挥了重要作用，尤其是对有公开交易证券的公司。

本书的相关章节描述了日本会计师事务所具有的许多德国和美国会计实务的特点。然而，日本准则这一特殊混合物是日本独有的，它在商誉摊销、外币折算和退休福利方面具有令人感兴趣的变化。20 世纪 90 年代，日本似乎对其会计报告的国际接受程度产生了更大的兴趣，而且国际会计准则委员会对其的影响力也加强了。到 2001 年为止，日本会计与美国和国际财务报告准则中的许多差异都已经消除。从那以后，国际会计准则理事会和日本会计准则理事会的趋同程序就进入了日程，几乎没有再出现过重大分歧。

### 12.2

**问题** 20 世纪 90 年代初，哪些因素可以用来预测中国会计的发展方向？

**参考答案** 20 世纪 90 年代初，中国的经济改革已经步入正轨。经济特区已经建立，股票市场的计划也很先进。另一个容易预见的变化是 1997 年香港回归中国。

此外，很明显，在全世界的任何地方，只要允许中国人经营业务，他们就很善于把握市场。所有这些因素都表明，一个强大的、涵盖重要股票市场的社会主义市场经济已经诞生。它反映了适合这种经济体制的会计类型，即英美会计。

自 20 世纪 70 年代美国与中国恢复外交关系以来，美国会计对中国的影响力不断扩大，而英国会计的影响力也一直通过在中国香港的盛行而日益深远。可以预计，中国政府在对会计进行改革时会接受较大的审计公司的帮助。中国香港于 1993 年采用国际会计准则（代替英国准则）就是一个典型的良好转向，这一点应该也能预料到。这一切为中国 1997 年加入国际会计准则理事会铺平了道路，并在 2007 年（为了上市公司）实现了更加完整的趋同。

## 第 13 章

### 13. 1

**问题** 根据本章和以前各章的信息，举例说明两个国家会计制度之间或某个国家会计制度与国际财务报告准则之间存在的主要差异。

**参考答案** 特别重要的主题包括养老金、商誉以及递延税。在许多情况下，大多数递延税差异是由对其他问题的调整所带来的。例如，如果养老金负债增加，那么伴随而来的就是递延税资产的增加。

养老金的问题很复杂。第 7 章已经有所讨论。通常情况下，从德国会计准则调整到美国会计准则或国际财务报告准则需要调高养老金费用和负债。德国巴斯夫公司（见表 16 - 4）的情况恰恰相反，因为它的养老金基金并没有在《商法》的合并中体现出来。养老金基金有盈余，因此在合并的时候改善了财务报表的状况（在其年报调节表附注中进行了解释）。

商誉调整解释起来相对简单。根据德国或英国的国内会计准则，商誉通常是需要摊销的。然而，根据美国准则或国际财务报告准则，商誉不需要摊销，而是每年进行减值测试。这样就减少了一大笔费用，但在经济不景气的年份，却可能会产生更大的减值费用。

### 13. 2

**问题** 财务报告存在差异的理由具有说服力吗？差异应该基于公司规模还是其他特征？

**参考答案** 问题的关键在于不同类型的公司财务报告的目的是否不同，以及不同的目的是否需要不同的会计处理。公司的规模本身似乎并不是决定因素，尽管规模可能与其他因素有关，例如是否上市。当然，较大型的非上市公司也可能比一家小公司拥有更多的利益相关者（比如更多的员工）。

上市和非上市可能是导致差异的一个明显原因。相对来说这比较容易定义。尽管对"上市"这个词的确切定义是有争议的。上市公司拥有更多的"外部所有者"（见第 2 章），因此对信息公开的需求更大。如果公司没有上市，可能信息使用者（如银行）可以去索取其所需要的信息，因此公开报表或审计规则对这类公司就不是那么必要（例如在美国就是这样）。而且，非上市公司的规模通常较小，因此可能会减免公开的成本，或者至少减免一部分。

对于非上市公司是否应当被允许采用简化的确认计量规则还没有达成一致意见，而且诸如贷款人需要的信息是否真的与股东不同这样的问题的答案还不是很清楚。

## 第 14 章

### 14. 1

**问题** 在欧盟内协调公司的财务报告是否可取且可能？

**参考答案** 协调的可取性应与受益者有关：股东、贷款方、公司和其他各方。欧盟关于资本自由流动的目标也是相关的。然而，协调化也带来了昂贵的费用。协调是否只对跨国企业而言才是真正划算的，这值得商榷。还需要考量的是，基于各个国家不同的因素，是否有可能在不同的国家保持不同的会计制度。大公司和小公司、上市公司和非上市公司以及合并和非合并报表的成本和收益也各不相同。

协调的可能性需要区分（1）上市公司的合并报表和（2）其他类型的财务报告。对于（1），2002 年，通过欧盟法规对国际财务报告准则的要求，已经实现了很大程度的统一。就第（2）点而言，可以在指令的程序等和迄今在事实上所做出的协调等方面的进展下进行讨论。这些问题都在本章提到过。

值得一提的是，不仅仅是欧盟的机构在致力于欧盟的协调化，国际会计准则委员会对欧盟也起到了一定的影响作用。此外，资本市场的压力也使得许多欧洲公司脱离传统的实务。正如之前提到的，欧盟对使用国际财务报告准则的规范已经大大促进了欧盟上市公司合并报表的协调化，但是在某些程度上依然存在着不同国家对国际财务报告准则的理解差异。

**14. 2**

**问题** 在中欧和东欧，转型前的会计在哪些方面影响了之后的会计？

**参考答案** 中欧和东欧的会计都受到了转型前会计的影响，因为这两个地区都普遍重新采用第二次世界大战前具有德国基础的《公司法》和《商法》，这些法典被认为与欧盟指令一致。

会计在计划经济中的地位低下，意味着会计主要扮演的是簿记员的角色，负责处理日常交易，因此，高级会计（如合并）和复杂会计以及审计行业几乎都必须从零开始。这一行业很难引导实务和规章的改进，所以财政部必须发挥主导作用。

## 第 15 章

**15. 1**

**问题** 美国、英国、法国和德国对于哪些企业应该接受会计监管的问题有不同的答案。在你看来，哪个国家是"正确"的？

**参考答案** 在所有的政治和经济环境下，不太可能有一个适合所有国家的"正确"答案。让所有企业接受会计监管（就像在法国和德国那样）意味着一个干涉主义国家出于税收和破产的目的而寻求对会计账簿的控制，同时希望能够保护所有的利益相关者。但是，可能没有足够的资源使这项工作在实务中发挥作用。在另一个极端下（如美国），不存在干涉主义的国家可能只希望保护上市企业的投资者。这忽略了其他利益相关者的利益，但可以在可用的资源范围内实现。英国采取了一种折中路线，即试图保护所有公司（但不包括合伙企业和个体经营者）的所有利益相关者（尤其是股东和债权人）。在实务中，非上市公司的实施力度一直较弱，部分原因是资源缺乏。

**15. 2**

**问题** 在英国，不同类型的单个公司有不同的会计准则。为什么不同类型公司之间的区别，不单单取决于公司是开放式公司还是封闭式公司？

**参考答案** 上市公司和私营公司的区别最初是在 20 世纪初期引入的，目的是使《公司法》能够对有权向公众发行股票的公司实施更严格的披露准则，而不是将其强加于所有公司。需要记住的是，英国的法律术语"上市有限公司"涵盖许多未上市的公司。大多数私营公司都很小，而且不属于集团，但也有一些私营公司除外。1948 年，为了将家族公司与上市公司的子公司区分开来，就产生了私营公司。《欧盟第 4 号指令》的实施促进了德国的改革创新，即按销售额、资产总额和员工人数来衡量企业规模。这些做法不仅适用于股东，而且适用于所有利益相关者。英国法律规定，现在通常假定所有上市公司都是大型公司，并对规模低于特殊规定的小型公司予以豁免。只有上市公司才可能仅仅向股东发送财务报表的摘要而不是完整的版本。这样看起来，英国的立法机构是务实的，能够将任何可用和合适的规定区别开以用于特定目的。

欧盟对国际财务报告准则的规定与上市公司有关，但这也只对合并报表施加约束，而这个问题却涉及"私营公司"。然而，国际会计准则理事会发布的《中小企业国际财务报告准则》在很大程度上利用了上市/未上市的区别。这形成了自 2015 年生效的新英国公认会计原则的基础。

英国会计准则委员会的小企业财务报告准则是根据规模标准制定的：与公司法中使用的标准相同（即仅适用于私营公司）。这里有成本效益方面的考虑。全面实施准则成本很高，而且对于那些可能没有多少利益相关者的小公司来说尤为沉重。

## 第 16 章

### 16.1

**问题**　请讨论"美国会计优于德国会计"这一说法。

**参考答案**　回答这个问题前先需要说明，所谓"优于"是针对达到什么样的目标而言的。的确，从希望进行财务决策的投资者所需的信息来看，美国会计似乎是更优的，这不仅仅是因为它披露的信息更多。当然，美国会计的运行成本十分高昂，它需要监管者、准则制定者、审计师、大量的年度报告和季度报告等。对德国这样一个拥有有限资本市场的国家，这些可能是不必要的。因此，对德国来说，美国会计实务可能比较糟糕。尤其是，德国财务报告的主要目标是谨慎地计算可供分配的利润和应税利润，所以将会计和税法条例联系在一起是明智的做法。在美国，纳税计算与财务报告的编制是分离的，从而增加了额外的费用。

美国财务报告比德国财务报告提供更多不稳定的盈利数据。它可能适合参与活跃证券市场的用户，但可能不能反映长期趋势，而后者正是传统上德国财务人员和经理一直关注的。

从 20 世纪 90 年代开始，德国的大型上市公司普遍采用美国准则或国际财务报告准则编制合并报表。从 2005 年开始，要求德国公司采用国际财务报告准则，而已经采用美国公认会计原则的公司集团可以延迟到 2007 年采用。因此，德国采用国际财务报告准则编制合并报表，根据《商法》规定编制其他报表。

### 16.2

**问题**　讨论对德国这样的国家来说，要求或允许公司在其单个公司财务报表中应用国际财务报告准则的优点和缺点。

**参考答案**　支持继续使用《商法》而不采用国际财务报告准则的人认为，单个财务报表主要是为了确定所得税负债和可分配利润编制的，而并不是为了给资本市场提供信息。现有德国规则被认为比国际财务报告准则更适合税收和分配目的，规则的改变将带来更高的纳税账单。对这种说法的回应是，可以像英国那样，在税收计算时使用商业数据作为起点，并在会计记录之外进行调整。尽管有时候公司税可能会发生一些变化，但是没有理由使整个税收额都上升。在某种程度上，从 2010 年开始的这种分离就像是《会计法现代化法案》生效了。

进一步反对向国际财务报告准则转换的理由是德国会失去制定会计准则的控制权，且并非将其交给欧盟机构，而是交给一个非选举而来的民间机构，该机构是被来自英美国家的会计师把持的。对于那些希望到国际资本市场融资的德国跨国公司来说，付出这个代价可能是值得的，但对于大部分德国公司而言却是没有必要的。

两套不同的规则并存是很困难的，对其进行协调的压力会日渐增加。假设德国认为很难影响国际财务报告准则，当地规则可能会逐渐向国际财务报告准则转换（可能比英国慢），而不是国际财务报告准则向德国会计准则转变。

## 第 17 章

### 17.1

**问题** 在美国，规则的制定在多大程度上与规则的执行是分离的？造成现状的历史背景是什么？

**参考答案** 对于美国公开交易证券的公司，监督其财务报告规则的制定和执行是证券交易委员会的职责。美国证券交易委员会是在 20 世纪 30 年代由于股票市场崩溃而成立的一个联邦机构。从一开始美国证券交易委员会就行使严格的执行权力，但授权于一个民间团体（目前是美国财务会计准则委员会）制定准则，自己仅仅保留监督的权力而不是亲自去制定准则。这一战略的好处是将技术细节交由专家来完成，并避免美国证券交易委员会受到直接的批评。由于将执行准则，准则制定机构往往会受到游说，但受到游说的不是美国证券交易委员会而是美国财务会计准则委员会。如果美国采纳了国际财务报告准则，美国证券交易委员会可能会比其他国家更严格地执行这套准则。

### 17.2

**问题** 支持和反对实施机构采取主动监管措施的论点各是什么？

**参考答案** 主动监管措施需要建立一个机构，并且需要足够的预算，这些对一个实施机构来说可能一开始都是不存在的。此外，花费资源对其进行调查的公司，未必就一定是违规公司。另外，如果调查所有的上市公司，这种威胁会使得公司减少违规行为，也可能促使审计师更严格地把关。所有的实施机构都至少是被动反应的，但是完全的反应性监管可能会导致亡羊补牢的后果。

**图书在版编目（CIP）数据**

国际会计：第 14 版/（英）克里斯托弗·诺布斯，
（英）罗伯特·帕克著；毛新述，何玉润，刘青青译.
北京：中国人民大学出版社，2025.2.--（工商管理经典译丛）.-- ISBN 978-7-300-33649-7

Ⅰ.F811.2

中国国家版本馆 CIP 数据核字第 20259QQ578 号

工商管理经典译丛·会计与财务系列

**国际会计（第 14 版）**

［英］克里斯托弗·诺布斯
罗伯特·帕克 著

毛新述　何玉润　刘青青　译

Guoji Kuaiji

| | | |
|---|---|---|
| **出版发行** | 中国人民大学出版社 | |
| **社　　址** | 北京中关村大街 31 号 | **邮政编码**　100080 |
| **电　　话** | 010 - 62511242（总编室） | 010 - 62511770（质管部） |
| | 010 - 82501766（邮购部） | 010 - 62514148（门市部） |
| | 010 - 62511173（发行公司） | 010 - 62515275（盗版举报） |
| **网　　址** | http://www.crup.com.cn | |
| **经　　销** | 新华书店 | |
| **印　　刷** | 北京七色印务有限公司 | |
| **开　　本** | 890 mm×1240 mm　1/16 | **版　　次**　2025 年 2 月第 1 版 |
| **印　　张** | 24.25 插页 2 | **印　　次**　2025 年 2 月第 1 次印刷 |
| **字　　数** | 570 000 | **定　　价**　86.00 元 |

# Pearson

尊敬的老师：

您好！

为了确保您及时有效地申请培生整体教学资源，请您务必完整填写如下表格，加盖学院的公章后以电子扫描件等形式发我们，我们将会在 2~3 个工作日内为您处理。

**请填写所需教辅的信息：**

| 采用教材 | | | | □ 中文版　□ 英文版　□ 双语版 | |
|---|---|---|---|---|---|
| 作　者 | | | 出版社 | | |
| 版　次 | | | ISBN | | |
| 课程时间 | 始于　　年　月　日 | | 学生人数 | | |
| | 止于　　年　月　日 | | 学生年级 | □ 专科　　□ 本科 1/2 年级<br>□ 研究生　□ 本科 3/4 年级 | |

**请填写您的个人信息：**

| 学　校 | | | |
|---|---|---|---|
| 院系/专业 | | | |
| 姓　名 | | 职　称 | □ 助教 □ 讲师 □ 副教授 □ 教授 |
| 通信地址/邮编 | | | |
| 手　机 | | 电　话 | |
| 传　真 | | | |
| official email（必填）<br>（eg：×××@ruc.edu.cn） | | email<br>（eg：×××@163.com） | |
| 是否愿意接受我们定期的新书讯息通知：　□ 是　□ 否 | | | |

系/院主任：＿＿＿＿＿＿＿＿（签字）

（系 / 院办公室章）

＿＿＿年＿＿月＿＿日

资源介绍：

——教材、常规教辅资源（PPT、教师手册、题库等）：请访问 www.pearsonhighered.com/educator。（免费）

——MyLabs/Mastering 系列在线平台：适合老师和学生共同使用；访问需要 Access Code。　　（付费）

地址：北京市东城区北三环东路 36 号环球贸易中心 D 座 1208 室（100013）

Please send this form to：cece.zhang1@pearson.com

Website：www.pearson.com

中国人民大学出版社　管理分社

# 教师教学服务说明

中国人民大学出版社管理分社以出版工商管理和公共管理类精品图书为宗旨。为更好地服务一线教师，我们着力建设了一批数字化、立体化的网络教学资源。教师可以通过以下方式获得免费下载教学资源的权限：

★ 在中国人民大学出版社网站 www.crup.com.cn 进行注册，注册后进入"会员中心"，在左侧点击"我的教师认证"，填写相关信息，提交后等待审核。我们将在一个工作日内为您开通相关资源的下载权限。

★ 如您急需教学资源或需要其他帮助，请加入教师 QQ 群或在工作时间与我们联络。

中国人民大学出版社　管理分社

🔔 **教师 QQ 群：** 648333426(工商管理)　114970332(财会)　648117133(公共管理)
　教师群仅限教师加入，入群请备注 (学校 + 姓名)

☎ **联系电话：** 010-62515735，62515987，62515782，82501048，62514760

✉ **电子邮箱：** glcbfs@crup.com.cn

📍 **通讯地址：** 北京市海淀区中关村大街甲 59 号文化大厦 1501 室（100872）

管理书社

人大社财会

公共管理与政治学悦读坊